소비에트 체제와 유라시아시대 북한 대중문화의 접변과 변곡

이 책에 실린 대부분의 글은 학술지에 일차적으로 게재되었으며, 각 장마다 학술지 출처를 밝히는 번거로움을 피하기 위해 아래와 같이 목록을 만들었다.

1부 :

공임순: 「홍범도 트러블 - 카자흐스탄 · 북한 · 남한의 홍범도에 대한 서사적 재현과 곤경」, 『상허학보』 제71호, 상허학회, 2024년 6월.

조영추: 「북한 초창기 이기영의 『조쏘문화』 쏘련기행문 연재본 재고 : 「나의 蘇聯紀行」(1~3)을 중심으로」, 『구보학보』 제38집, 구보학회, 2024.12.30

박영은: 「탈북 망명인 한진의 예술세계에 투사된 유라시아적 특성과 문화접변」, 『노어노문학』 제36권 제 1 호, 한국노어노문학회, 2024년 3월.

2부 :

홍성후: 「그로테스크 캐리커처」, 『근대서지』 제29호, 근대서지학회, 2024년 6월.

함충범 · 정태수: 이 글은 정태수의 논문(「북한영화의 국제교류 관계연구(1972~1994): 소련 · 동유럽을 중심으로」, 『현대영화연구』 44, 한양대학교 현대영화연구소, 2021)과 함충범의 발표자료(‘『조선영화』를 통해 살펴본 소비에트 해체 전후 동유럽 영화에 대한 북한의 시선 변화’, 2023년 한양대학교 HK+ 러시아 · 유라시아연구사업단 제2차 국내학술대회, 2023)의 일부 내용을 단행본의 대주제에 부합하게 재구성한 뒤 종합적으로 수정 · 보완하여 3장과 4장을 중심으로 포함하고 있음.

3부 :

정세진: 「시베리아횡단철도 건설을 둘러싼 역사적 쟁점 소고 - 군사 · 전략적 가치와 경제적 가치와의 대립적 관점과 한반도와의 관련성을 중심으로」, 『한국시베리아연구』 제25권 제3호, 2021년.

김은정: 「김정은 시대 전민과학 기술을 통한 인재화의 꿈」, 『통일인문학』 96호, 건국대학교 인문과학연구원, 2023.12에 게재된 원고를 수정 보완.

HK러시아·유라시아 연구시리즈 24/50

소비에트 체제와 유라시아시대 북한 대중문화의 접변과 변곡

한양대학교 아태지역연구센터
러시아 · 유라시아 연구사업단 엮음

민속원

총설

I

한양대학교 아태지역연구센터 러시아·유라시아연구사업단은 한국연구재단의 인문한국HK사업의 일환으로 "유라시아의 정체성과 문명공존"에 대한 연구를 2007년부터 10년간 수행한 바 있다. 그리고 그 후속으로 인문한국플러스HK+ 사업의 아젠다인 "유라시아의 경계 변용과 문화 동학: 유라시아학 체계의 확장과 심화" 연구를 2018년부터 진행하고 있다. 『소비에트체제와 유라시아시대 북한 대중문화의 접변과 변곡』라는 제목으로 출판되는 이 책은 인문한국플러스사업 2단계의 3년차 결과물이다.

본 연구사업단은 2018년부터, 지난 10년간 수행한 유라시아 지역연구 성과에 기반하여 HK+사업의 1단계 아젠다인 "유라시아의 융합과 변용"이라는 대 주제 하에 3년에 걸친 연차별 주제를 각각 "유라시아 지역의 문화 제국주의와 문화 갈등", "유라시아의 상대주의와 자문화 중심주의", "유라시아의 문화 혼종성과 상호문화주의"로 설정하고 관련 단행본을 출간하였다.

하지만 유라시아 공간의 다양한 패러다임 교체와 변화에 대한 인식과 더불어, 특히 2020년 들어와 펜데믹 현상으로 유라시아 지역에서도 복잡한 카오스적 상황에 직면하게 되는 현실을 목도해야 했다. 이를 인문학적 관점에서 면밀하게 연구해야 한다는 인식하에 제기한 2단계 1년차 주제가

"유라시아 역사 · 문화 정체성의 혼돈과 진화"였다. 그리고 2단계 2년차에는 "유라시아의 동과 서: 경계와 해체, 수용과 통합"이라는 주제에 집중했다. 이것은 오늘날 유라시아 지역뿐만 아니라 전 세계가 직면하고 있는 지구적 차원의 위기의식과 함께 제4차 산업혁명의 다양한 징후를 인문 · 예술의 관점에서도 분석할 필요성이 강하게 대두된 현상을 반영한 것이기도 했다. 그동안 집중적인 연구 대상이 되지 못한 유라시아 역사 · 문화 정체성의 다양한 현상들과 더불어, 유라시아지역 내에서 발생하고 있는 경계와 해체, 수용과 통합의 현상 등을 면밀하게 검토할 때 유라시아학 체계의 심화가 이루어질 수 있기 때문이다.

상기 연구를 기반으로 하여 2단계 3년차 연구의 주제로 선정한 것이 "소비에트체제와 유라시아시대 북한 대중문화의 접변과 변곡"이었다. 유라시아 담론을 한반도로 견인하기 위한 필수 관문으로서 '북한'에 대한 인문학적 탐색의 필요성을 인식하고 이를 시도한 것이다. 냉전의 종식과 통일에 대한 기대감이 커져 가면서 국내 학계에서도 북한의 체계와 문화예술에 대한 연구가 진행되어 오기는 했다. 하지만 '유라시아'라는 인문 공간의 확대 속에서 북한의 대중문화가 통 · 공시적 관점에서 어떠한 변모를 거쳐 왔는지에 대해서는 거의 알려져 있지 않기 때문이다.

북한 예술의 경우에는 1950년대 중반을 전후로 소련의 영향에 종속되거나 여기서 탈피하려는 내부적인 노력이 두드러졌다. 당시 북한의 대중문화와 선전에서 보인 민족주의 메시지와 민족해방과 독립에 대한 강조는 소련의 그 어떤 위성국가들보다도 두드러지고 선명한 것이었다. 1953년 이전에는 북한의 많은 예술 분야에서 작품의 제작태도 · 작가관 · 작품의 형식과 내용 · 제도 등의 측면에서 소련 예술의 영향이 두드러졌다. 초기북한 미술의 경우, 풍경화가 아니라 사람들의 생활과 투쟁을 묘사한 인물화를 그려야 한다는 소위 주체시대 김일성의 발언 역시 소련의 사회주의 리얼리즘에 그 기원을 둔 것이다. 이와 더불어 효율과 효과, 정량화된 성과를 중시하는 기술자로서의 예술가상 역시 소련의 영향 아래 있던 초기 북한예술에서 형성된 것이다. 1950년대 후반부터 북한식 사회주의 리얼리즘의 기원을 소련이 아닌, 북한 내부에서 찾으려는 시도가 진행되기도 했지만, 그 이전에는 소련의 영향을 배제할 수 없었던 것이다.

뿐만 아니라 북한영화사에서도 유일체제 확립(1967) 이후 1960년대 후반~1970년대 초반의 시기를 '영화예술의 혁명전통'으로 추앙하고 있지만, 초기 북한영화는 영화사에 드리워진 소련의 영향을 결코 무시할 수 없다. 초기 북한영화 형성과정에서 소련영화의 수용과 영향에 대해 당대 신문, 잡지의 담론을 활용한 실증적 접근이 필요한 것은 이러한 맥락에서이다. 이에 본 연구팀은 소련의 스탈린주의 문예이론이 북한 예술에 미친 영향을 탐구한 선행연구에 기반해 북한내부에서 이를 어떻게 수용했는지를 분석하고, 현재의 관점에서 그 명암明暗과 미학성에 대한 논란에 대해서도 조명을 시도하였다.

상술한 문제의식과 주요 연구내용을 중심으로 본 연구팀은 HK+학술회의를 2023년 12월 1일 개최하였고, 여기서 발표된 논문들을 수정, 취합하여 러시아－유라시아 연구 시리즈의 단행본으로 발간한 것이다. 이러한 연구를 통해 '한반도'가 중심이 되는 유라시아 연구, 다시 말해 '북한'을 포함한 한반도에서 발산하는 유라시아학의 역사·문화적 교두보를 구축할 수 있을 것으로 판단된다.

II

소비에트 체제와 유라시아 시대 북한 대중문화 및 과학기술과 교육에 있어서의 영향 관계를 규명하는 본 단행본은 다음과 같이 3부로 구성되어 있다. 그 소주제로서 1부 "유라시아 문화지형도에서 본 북한과 소련 문학의 접변과 의미장", 2부 "북한 대중예술에 반영된 소련 및 포스트소비에트 문화의 영향과 명암明暗", 3부 "소련체제와 유라시아시대 북한의 과학・외교・기술・교육의 지향과 확장"으로 구분되어 있다. "유라시아 문화지형도에서 본 북한과 소련 문학의 접변과 의미장"이라는 주제로 구성된 제1부에 해당하는 글은 다음과 같다.

먼저 「'홍범도' 트러블: 카자흐스탄・북한・남한의 홍범도에 대한 서사적 재현과 곤경」을 집필한 공임순은 2024년 한국사회를 뜨겁게 달구었던 '홍범도 논란'에서 출발하며, 이 논란을 확산하는 데는 현 정부의 역할이 컸다는 점을 제기한다. 그리고 현 정부를 동조하는 측에서 제기하는 쟁점이 첫째, 불완전한 자료에 근거한 독립운동사의 사실 왜곡, 둘째, 자유시 참변의 학살 가담, 셋째, 홍범도의 공산주의자 경력 즉 항일 빨치산 투쟁, 넷째, 건국 정신과 위배되는 건국훈장 최고 등급인 대한민국장 수여라는 점을 지적하고 있다.

제1장에서 필자는 이 네 가지 쟁점을 통해 홍범도 논란의 근저에 있는 냉전의 적대와 분열을 문제 삼고, 소련 적군 편입에 대한 학계의 소극적 방어 논리가 지닌 한계도 지적한다. 2장에서는 홍범도에 관한 남겨진 기록이 드문 현실을 고려해 귀중한 사료 가치를 지닌 「홍범도 일지」에 대한 시간별 서사 분절을 시도하고 있다. 나아가 필자는 홍범도의 삶의 궤적이 한반도 국경을 넘어 중국과 소련 및 카자흐스탄에 이르는 트랜스 아시아의 흔적을 내재하고 있다는 점을 직시한다. 3장에서 카자흐스탄, 북한, 남한의 대표작을 중심으로 홍범도 서사의 다시쓰기, 종속, 우회의 서사적 재현과 곤경을 분석하고 있는 것은 그러한 맥락에서이다. 1989년 연재와 개작본이 동시 출간된 김세일의 『홍범도』, 2007년 작

리빈의 『홍범도』, 가장 최근작인 방현석의 『범도』에 그려진 항일 빨치산 영웅, 반일 의병대장 및 고결한 인간 영웅의 형상은 이 서사적 곤경을 내재한 구성적 산물이라는 논지이다. 세 작품은 당대적 맥락과 입지를 반영한 홍범도의 전형을 새롭게 재창출하며, 영웅의 공통점 위에 항일 빨치산, 반일 의병장, 고결한 인간의 차별적 형상을 새겨놓게 되었기 때문이다. 이러한 관점을 견지하며 필자는 '홍범도 트러블'을 단순한 부정성이 아닌, 과거를 현행화하는 능동적 계기로 전환하려는 실천적 노력이 필요함을 결론으로 제시하고 있다.

조영추는 1947년에 발간된 조소문화협회 기관지인 『조쏘문화』에 실린 월북작가 이기영의 첫 소련기행문 「나의 蘇聯紀行」(1~3)의 전모를 밝힘으로써 소련기행문 연구의 외연과 평가를 확장하는 데 목적을 두고 있다. 이기영은 1946년 8월 10일부터 1947년 10월 17일까지 제1차 '방소사절단'의 일원으로 소련을 방문해 고위층 인사와 일반인들을 직접 만났다. 제1차 방소사절단 단장이자 당시 조소문화협회 위원장으로 활동한 만큼 이기영이 집필한 소련기행문은 정치제도, 산업경제, 교육, 문화예술 등 전반적인 영역에 걸쳐 소련 사회의 선진성을 소개하는 데에 집중한다.

이 글을 통해 조영추는 기존 연구에서는 문헌 고증의 제약으로 인해 이기영의 첫 소련 방문에 관한 기행문 창작 양상을 간략하게 언급하는 정도였던 것을 실질적인 현지 자료 조사를 통해 획기적으로 진척시키고 있다. 필자는 연변대학교 도서관 소장 자료를 통하여 1947년 『조쏘문화』에 실린 「나의 蘇聯紀行」 연재글 세 편을 새로 발굴・조명함으로써 평양에서 모스크바까지 가는 여로에서 생긴 견문과 소감들을 구체적으로 제시하고 작가의 기행문 개작 양상까지 고찰한 것이다. 나아가 기존 연구에서 드러났던 이기영 소련기행문 창작 양상에 대한 문헌 오류와 문제점을 정정하여 보다 정확한 면모가 규명되도록 노력하였다. 더 중요한 것은, 북한 사회 내부에서 이기영이 '조소친선'의 정치적 슬로건 아래 문화행정가로서 역할을 함께 수행하였으며 그 과정에서 생산한 개인적 여행 소감과 경험을 새로 발견할 수 있다는 것이다. 이를 통하여 소련기행문 창작에 있어 이기영은 단순히 보고서적인 기행문을 창작한다는 기존 연구의 관점에 벗어나, 이기영의 소련기행문 창작에 대한 평가를 갱신하며 제1차 방소사절단 성원들의 기행문 창작 전모를 복원하는 데에 기여할 것으로 기대된다.

박영은은 그간 탈북 망명 예술가인 한진(본명 한대용)의 문학세계 연구에서 크게 주목하지 않았던 유라시아적인 특성을 '문화접변'의 관점에서 살펴보았다. 국내에 '한진'이라는 작가가 소개된 것은 소련 체제의 붕괴와 함께 카자흐스탄의 고려극장이 한국의 문화계와 교류를 시작하면서부터였다. 일제 강점기인 1931년 북한에서 태어나 특출난 두뇌로 김일성종합대학까지 마치고 모스크바에 유학했다는 점, 대학시절 6.25에 참전하여 동족상잔의 아픈 경험을 갖게 되었다는 점, 모스크바에 유학하는 동안 북한 체제를 비판하다가 결국 망명을 선택했으며, 오랜 디아스포라의 역정歷程을 거쳐 카자흐스탄 고려인 사회의 핵심 지식인으로 정착했다는 점, 북한의 극작가 한태천의 아들로서 모스크바 영화대학의 시나리오과에서 수학했으며 끝까지 희곡의 창작을 통해 자신의 문학세계를 가꾸어 나갔다는 점, 고려인 사회의 유일한 전문예술기관인 고려극장에서 다수의 고려인 예술가들과 함께 활동했으며, 그들 가운데 최고의 문학적 성취를 보여 주었다는 점 등의 이력은 국내 문화예술계에서도 그를 주목하게 만들었다.

이 글에서는 다양한 삶의 이력과 시선이 그의 작품에 투사된 양상을 조명하며 소비에트 이데올로기 찬양 및 반미의식 표출, 어머니 테마의 변주를 통한 새 조국 카자흐스탄에 대한 인식 표출, 강제이주 참상에 대한 묘사와 한국의 고전에 접목된 디아스포라의 애환 표출 양상을 고찰하였다. 한진이 한국의 고전을 변형시켜 유라시아적 특성의 현지화와 결합된 미학적 성취를 이루었다는 점은 향후에도 의미있는 재평가 작업이 이루어져야 할 부분이다. 그 과정에서 한진이 자신의 기억에 저장되어 있던 한국의 고전을 현지인들의 기대지평에 맞추어 각색하면서 발생하는 '문화접변'은 자연스런 일이었다. 하지만 한진의 문학적 성취는 단순히 고국에서 얻은 고전의 기억을 재생시키는데 국한하지 않고 그것들을 토대로 그 지역의 이데올로기나 정서에 맞는 작품으로 창조해 냈다는 점에서 '원 소스 멀티 유즈'의 발전적인 문학생산의 선례로 기록될 수 있다. 나아가 한진은 자신의 재능을 구소련 혹은 중앙아시아의 문화적·정신적 바탕에 접목시켜 새로운 미학으로 발현시키며, 고국 잃은 고려인들의 영혼을 어루만지는 예술가로 깊이 뿌리내렸다는 점에서 유라시아 문화지형도의 이정표로 평가받을 수 있을 것이다.

이 책의 제2부에서는 "북한 대중예술에 반영된 소련 및 포스트소비에트 문화의 영향과 명암明暗"이라는 소주제로 북한의 풍자만화와 북한의 영화 교류 양상에 주목했다.

홍성후는 소련의 영향을 받은 1950년대 북한의 풍자만화에 대해 분석하고 있다. 특히 필자는 1950년대 북한의 풍자만화가 소련의 '그로테스크 캐리커처'로부터 영향을 받았다는 점에 집중하고 있다. 그리고 북한의 『호랑이』와 『활살』, 소련의 『크로코딜』에 실린 캐리커처를 통해서 1950년대 북한의 풍자만화를 소련만화의 영향이라는 카테고리 안에서 검토하고 있다. 의도된 형상의 과장과 왜곡, 섬뜩하고 기괴함과 동시에 유머를 동반한 1950년대 북한의 풍자만화는 제국주의와 자본주의를 향한 사상무기였다. 또한 풍자만화는 인민의 생활 속에서, 그들을 대변하는 가장 친근한 대중예술이었다. 따라서 풍자만화야말로 예술의 정치화를 단적으로 보여주는 시각언어이자 막강한 선전・선동 예술이었던 셈이다. 북한은 인민을 정치화하여 철저한 공산주의자로 만들고 사회주의 조국이 유토피아라는 것을 선전하기 위해 예술의 기능을 눈여겨보았다. 그중 인민과 가장 친밀한 만화를 주목했다.

이 글을 통해 필자가 분명히 하고자 하는 것은 북한만화에서 나타나는 '예술의 정치화'가 정당한지를 논하는 것이 아닌 사회주의 예술의 다양성이다. 이를 이해하는 것은 북한미술이 사회주의 리얼리즘이라는 교조적이고 형식적인 틀 안에서만 움직인 것이 아니라, 사회주의 리얼리즘을 어떻게 활용하고 확장하려고 했는지 당대를 이해할 수 있다고 본다. 또한 1950년대 북한의 미술가들은 소련과 동유럽, 중국을 통해 많은 것을 주고받으면서 지식을 공유했고, 다양한 지식인들과의 교류를 통해 사고의 폭을 확장했다. 특히 만화가들은 국제적인 지식 전반을 취하면서도 그 지식을 가장 일반의 형태로 인민에게 제공하는 특수한 역할을 수행해야만 했다. 따라서 그것을 단순히 전체주의적 움직임으로만 볼 것이 아니라 사회주의 체제에서 허락된 국제관계와 다양성으로 이해하는 것이 만화를 넘어 북한미술에 대한 이해의 폭을 넓히는 데에 도움이 된다는 점을 주장하고 있다.

함충범과 정태수는 소비에트 해체와 북한의 영화 교류 양상을 소련을 중심으로 고찰하고 있다. 북한은 폐쇄적인 사회 구조를 지니며 대외적으로도 매우 고립된 것으로 알려져 있다. 그러나 북한의 국제 교류 양상이 항시 비활성화 상태를 유지하였다고는 보기는 어렵다. 특히 사회주의 종주국 소련과는 보다 밀접한 관계망을 형성하였다. 그런데, 이러한 분위기는 소비에트 해체라는 미증유의 역사적 사건을 계기로 크게 전환되었다. 하지만 소비에트의 해체 자체가 그러하였던 바대로, 이로 인한 북한의 대외 관계 및 영화를 통한 국제적 차원의 문화·예술 교류 양상이 일거에 뒤바뀌었다고는 할 수 없다. 반세기에 걸쳐 동구권을 지배해 왔던 사회주의 사상의 소멸과 이를 바탕으로 하는 국가 블록의 와해가 다발적으로 진행됨에 따라 북한 영화교류의 변화 역시 일련의 흐름 속에서도 다양한 양상을 나타내었던 것이다. 그럼에도 이러한 지점에 착목한 연구는 찾아보기 쉽지 않다.

이러한 관점을 배경으로 이 글에서 필자들은 1985년 소련에서 개혁·개방 정책이 도입된 이후에도 북한이 소련과의 <영원한 전우>(1985) 합작 및 영화 기술 협정(1987)과 다양한 영화 상영 행사 등을 통해, 그리고 각종 영화제 참가 및 평양영화축전 개최를 통해 공세적인 영화 교류를 시도하였다는 점을 제시하고 있다. 그러나 1989년 동유럽 사회주의 국가들의 몰락을 전후해서는 영화 합작 및 협약이 단절되었고, 영화 상영 행사도 눈에 띄게 감소하였다. 또한 국제 영화제의 경우 해외에서 열리는 영화제에 참가하던 것이 평양영화축전 개최로 대체되었다. 그리고 1991년 말 소비에트 해체가 공식화된 뒤 한동안은 북한의 영화 교류 활동의 중심이 평양영화축전으로 맞추어졌고, 따라서 이전의 다양성은 약화되어 갔다. 이에 필자들은 소비에트 해체와 북한의 영화교류에 대한 연구의 시간적 범주를 1985년부터 1989년까지의 '소련의 개혁·개방기'와 1989년부터 1991년까지의 '동유럽 사회주의 체제의 몰락기', 1991년부터 1993년까지의 '소비에트 붕괴 및 국가 복원의 시기'로 설정하고, 소비에트 해체에 따른 북한의 영화 교류의 변화상을 관계 당사국인 소련을 중심으로 '영화 합작 및 협약', '영화 상영 행사', '국제 영화제와 영화 담론'이라는 크게 세 가지 측면에서 살펴보았다. 그리고 이를 통해, 소비에트 해체로 인해 파생된 시대의 변화가 북한영화계에 미친 직간접적인 영향을 탐구하고 세계사의 조류 속 동시기 북한영화사의 특수성을 보다 거시적으로 고찰하고 있다.

제3부는 "소련체제와 유라시아시대 북한의 과학·외교·기술·교육의 지향과 확장"에 대해 살펴보고 있다. 소련은 1920년대부터 1950년대까지 국가 주도의 과학기술 발전을 경제 현대화의 핵심 전략으로 설정하고 추진한다. 러시아 혁명 이후, 농업 중심의 러시아 경제를 공업 중심의 경제로 탈바꿈시키고 사회주의 계획 경제 체제를 구축하기 위해, 볼셰비키는 절대적으로 부족한 과학기술 전문 인력을 양성하고 대중화시키기 위해 과학기술 연구·교육기관을 대대적으로 설립하게 된다. 그리고 소련은 외국 기업과의 기술 이전 협정 체결, 서방 국가의 기술자 및 과학자 초빙 등 적극적인 과학기술 협력을 추진하였다. 따라서 제2차 세계 대전 이전 소련의 과학외교는 자국의 경제 성장과 체제 발전에 필요한 선진 과학기술 확보를 목표로 하는 "과학을 위한 외교"였다. 이러한 소련의 경험은 향후 북한을 대상으로 한 소련의 과학외교에 많은 영향을 미쳤다. 제2차 세계 대전 이후 소련은 동북아시아 지역에서 사회주의 진영 확대와 국제적 영향력 강화를 목표로 과학외교를 전략적으로 활용하였다. 초기 소련의 과학외교는 자국의 경제 성장과 체제 선전을 위한 선진 과학기술 확보에 주력하였으나, 냉전 시대에 접어들면서 북한과의 협력을 통해 과학기술 이전 및 전문 인력 양성에 집중하는 양상으로 변화하였다.

이에 신보람은 소련-북한 간의 과학 협력을 소련의 과학외교 전략이라는 맥락에서 심층적으로 분석하고, 이를 통해 소련이 추구했던 정치적, 이념적 목표를 규명하였다. 소련의 과학외교는 단순한 기술 이전을 초월하여 소비에트식 과학 체계의 이식과 더불어 "인민을 위한 과학기술" 혹은

"사회주의 과학"이라는 이념적 기제를 전파하는 데 주력하였다. 즉, 과학기술을 매개로 사회주의 진영 국가 간의 결속을 강화하고 궁극적으로는 사회주의 진영의 확장 및 공고화를 도모했던 것이다. 이에 필자는 먼저 소련 과학외교의 형성 과정과 역사적 맥락을 고찰한다. 나아가 1940년대 초반부터 1950년대까지 북한을 대상으로 전개된 소련의 과학외교 활동을 실증적으로 분석하였다. 특히 소련이 북한에 제공한 직접적인 물질적 지원보다는 과학외교를 통해 양국이 공유하게 된 인식 체계, 이념적 가치, 그리고 이를 기반으로 형성된 '사회주의 과학' 담론에 주목하여 소련 과학외교의 본질을 심층적으로 규명하였다.

정세진은 시베리아횡단철도 건설을 둘러싼 역사적 쟁점에 대해 논하며, 시베리아횡단철도에 관련된 쟁점을 통해 당시 한반도철도와의 관련성을 고찰하고 있다. 동아시아 국제관계사는 철도를 중심으로 펼쳐졌다. 일본은 한반도철도를 완성하고 러일전쟁에 승리하면서 만주로 세력권을 넓혀나갔다. 일본이 만주로 진출하기 위해 가장 먼저 구축해야 하는 철도가 한반도종관철도였다. 일본이 종관철도 건설에 더 적극적으로 나섰던 배경이 시베리아횡단철도 때문이었다. 일본은 시베리아횡단철도가 한반도에 대한 세력 확장의 수단으로 건설되었으며, 이러한 이유로 한반도종관철도를 완성하면서 러시아에 강력히 대립하였으며, 종국적으로 러일전쟁에서도 승리하였다.

이에 필자는 시베리아횡단철도의 군사 전략적 가치와 경제적 가치의 담론을 제시하고 이를 한반도와 연계하여 횡단철도의 역사적 의의를 모색하고 있다. 그리고 시베리아횡단철도를 둘러싼 역사적 쟁점을 군사 전략적 가치, 경제적 가치와의 대립적 논증을 한반도와의 관련성을 연결하여 설명하였다. 특히 러시아와 일본과 관련된 시베리아횡단철도는 '북한'

을 통과하는 경의철도가 한반도철도의 핵심이었다는 점을 강조하고 있다. 일본이 러시아와의 제국주의 경쟁의 승리의 전제 조건이 한반도의 북쪽, 북한과 관련된 경의철도 건설이었기 때문이다.

김은정은 사상교육이 큰 비중을 차지하는 북한의 교육에 대해 주목하고 있다. 교육법에 의하면 북한 교육의 목표는 사회주의 교육을 발전시키고, 자주적인 사상과 창조적 능력을 가진 인재를 키우는 것에 있다. 북한은 교육정책이나 교육의 필요성을 기술할 때 김일성의 교시인 "사회주의 교육에 관한 테제"(1977.09.05)나 김정일의 교시 "교육사업을 더욱 발전시킬 데 대하여"(1984.07.22) 등을 반복적으로 인용하면서 교육정책 방향의 당위성을 주장한다. 주체형 공산주의 육성이라는 이념적 목표를 제거하고 북한의 교육을 살펴보면 북한교육의 핵심 목표는 과학기술 발전으로 현대사회의 일원으로 자리매김하는 것에 있음을 알 수 있다. 북한은 건국 초기 과학기술에 기반한 정권 안정화를 도모했으며 그것을 교육에서 찾았다.

이에 필자는 김정일에게서 찾고 있는 북한의 과학기술의 강조가 건국 초기부터 제기되었음을 검토하고 이 기조가 시대에 따라 어떻게 변화 발전해 왔는지 고찰하였다. 그리고 북한의 고등교육을 중심으로 기존의 교육과 현재 교육의 차이를 차이점을 도출해 내었다. 이를 위해 기존의 교육과 김정은 시대의 원격교육과 원격시험 등 변화된 북한의 교육에 대해 살폈다. 김정일 시대가 과학기술을 발전시켜 과학자, 기술자, 전문가를 육성하는 것이었다면 김정은 시대는 교육의 과학화, 인재양성을 표방하면서 고등교육 강화를 꾀하고 있다. 고등교육의 강화가 초·중교육의 강화를 견인할 수 있다고 생각하기 때문이다. 교육방법 또한 2012년을 기점으로 세계적인 교육발전이라는 목표에 대한 질적 담보를 위해 기존의 원리교육에서 벗어나 실용교육으로의 전환을 꾀한다. 실용교육의 중심에 원격교육이 있는 것이다. 김정은 시대의 교육의 주요 특징은 교육 수준을 높이는 교육 혁명과 통합을 통한 원격교육의 확산, 대학의 구조 개혁, 원격시험을 통한 지식의 정보화에 있다. 과학기술전당의 개관 이후 북한의 원격교육은 보편화된 것으로 보인다. 북한이 현재 원격교육 프로그램 개발은 물론, 교육의 질을 위해 교사와 교수를 평가하고 교육하는 프로그램과 교수안 개발에 박차를 가하고 있다는 현실의 문제에 주목하고 있다.

III

남과 북의 사회와 문화는 80여 년에 달하는 그 분단의 기간만큼이나 이질적인 측면이 적지 않다. 그럼에도 불구하고 남・북한 정상의 완화 모드에 힘입어 2018년 남북한 문화교류의 물꼬를 잠시 보여주기도 했다. 하지만 2022년 발발한 러시아의 우크라이나 침공은 남한과 북한의 관계에도 심한 경색을 야기했다. 한반도 평화정착을 최우선의 과제로 삼을 수밖에 없는 우리의 경우, 관계 복원을 위한 준비작업으로서 북한의 과거와 현재에 대한 체계적이고 깊이 있는 연구가 다른 어느 때보다도 절실히 요구되는 시점이 아닐 수 없다. 또한 우리가 앞으로 북한과 올바른 관계를 형성해 나가기 위해서는 무엇보다도 북한의 실체에 대해 정확한 인식을 갖출 필요가 있다.

그렇다고 남북간의 이질화의 골을 하루아침에 메워 줄 방안이 존재하는 것은 아니다. 여기서 반세기 동안 상호대립과 소외관계를 지속해온 남북 주민들간의 심리사회적 통합을 촉진하는 일이야말로 결코 소홀히 취급될 수 없는 주요 이슈이다. 남북한의 공통성을 중심으로 그 공유

영역을 넓혀나가는 전략이 필요한 것이다. 그러나 심리사회적인 통합은 여타의 정치경제적인 제도적 통합에 비해서 장기간에 걸친 노력과 지속적인 인내를 필요로 하며, 정치·경제적 정책만큼 그 효과가 단시일내에 가시화되는 것도 아니다. 이런 이유에서 남북간의 심리사회적 이질성을 무조건적으로 부정적으로 바라보기보다는 긍정적인 관점에서 문제의식을 갖고 긴 호흡으로 풀어가야 하는 지혜가 필요하게 된다.

서로 상반된 체제에서 살아온 남한과 북한의 경우 정신적·정서적 화합을 이끌어내는데 있어 '문화예술'처럼 유용한 것은 없다. 이에 본 연구사업단은 이 단행본에서 제시하고 있듯이 소비에트 체제와 유라시아 시대에서 북한의 사회·문화예술 현상이 작용해온 흐름의 단면들을 포착하기 위해 노력했다. 이 단행본이 거창하게 내세운 책 제목에 온전하게 부합되지는 못한 부분도 있겠지만, 북한을 단순히 우리와 동질화하거나 무조건적 적대감으로 이질화하는 시각에서 벗어나, 거대한 소비에트 및 포스트소비에트 체제에서 사회·문화예술계에 투사된 북한을 둘러싼 의미장을 통찰할 수 있는 첫걸음으로 이해해주길 바란다. 이러한 논의를 계기로 앞으로 관련 연구의 다양한 지적 담론들이 활발하게 펼쳐지길 기대한다.

마지막으로, 아직까지 국내에는 연구가 미진한 소비에트 체제와 유라시아시대 북한 문화의 접변과 변곡점 연구에 대한 저술에 참여해주신 연구사업단의 공동 연구진과 동료 학자들에게 고마운 마음을 전한다. 아울러 필진들의 고뇌가 완성도 높은 책으로 재탄생하는데 모든 수고를 다해주신 민속원 출판사와 편집담당자께도 깊은 감사를 표한다.

한양대학교 아태지역연구센터
러시아·유라시아연구사업단

목차

제1부 유라시아 문화지형도에서 본 북한과 소련 문학의 접변과 의미장

1장 '홍범도' 트러블_ 공임순
: 카자흐스탄 · 북한 · 남한의 홍범도에 대한 서사적 재현과 곤경

2장 북한 초창기 이기영의 『조쏘문화』 쏘련기행문 연재본 재고_ 조영추

3장 탈북 망명인 한진의 예술세계에 투사된 유라시아적 특성과 문화접변 _ 박영은

제2부 북한 대중예술에 반영된 소련 및 포스트소비에트 문화의 영향과 명암明暗

4장 그로테스크 캐리커처_ 홍성후
: 1950년대 북한 풍자만화에서 소련의 영향

5장 소비에트 해체와 북한의 영화 교류 양상_ 함충범 · 정태수
: 소련을 중심으로

제3부 소련체제와 유라시아시대 북한의 과학·외교·기술·교육의 지향과 확장

6장 소비에트 과학 외교와 북한의 과학_ 신보람

7장 시베리아횡단철도 건설을 둘러싼 역사적 쟁점 소고_ 정세진
: 군사·전략적 가치와 경제적 가치와의 대립적 관점과 한반도와의 관련성을 중심으로

8장 김정은 시대 전민과학 기술을 통한 인재화의 꿈_ 김은정

제1부

유라시아 문화지형도에서 본 북한과 소련 문학의 접변과 의미장

'홍범도' 트러블_ 공임순

북한 초창기 이기영의 『조쏘문화』 쏘련기행문 연재본 재고_ 조영추

탈북 망명인 한진의 예술세계에 투사된 유라시아적 특성과 문화접변_ 박영은

1 2 3

'홍범도' 트러블

: 카자흐스탄 · 북한 · 남한의 홍범도에 대한 서사적 재현과 곤경

‖ 공임순

현 정부가 촉발하고 동조 그룹이 제기하는 '홍범도 논란'의 쟁점은 크게 네 가지이다. 첫째 불완전한 자료에 근거한 독립운동사의 사실 왜곡, 둘째 자유시 참변의 학살 가담, 셋째 홍범도의 공산주의자 경력 즉 항일 빨치산 투쟁, 넷째 건국 정신과 위배되는 건국훈장 최고 등급인 대한민국장 수여이다.

1장에서는 이 네 가지 쟁점을 통해 홍범도 논란의 근저에 있는 냉전의 적대와 분열을 문제 삼고, 소련 적군 편입에 대한 학계의 소극적 방어 논리가 지닌 한계도 지적했다. 2장에서는 홍범도에 관한 남겨진 기록이 드문 현실을 고려해 귀중한 사료 가치를 지닌 「홍범도 일지」에 대한 시간별 서사 분절을 처음 시도했다. 이 속에서 자전적 일대기를 틀 짓는 특정 시간대의 공백이 가시화되었는데, 특히 '자유시 사건'은 망각과 의도적 침묵 사이의 어디쯤에서 지워졌음을 환기했다.

3장에서는 카자흐스탄, 북한, 남한의 대표작을 중심으로 홍범도 일대기의 다시쓰기, 종속, 우회의 서사적 재현과 곤경을 분석했다. 1989년 연재와 개작본이 동시 출간된 김세일의 『홍범도』, 2007년 작 리빈의 『홍범도』, 가장 최근작인 방현석의 『범도』에 그려진 항일 빨치산 영웅, 반일 의병대장, 고결한 인간 영웅의 형상은 이 서사적 곤경을 내재한 구성적 산물이라는 점을 밝혔다. 4장에서는 '홍범도 트러블'을 단순한 부정성이 아닌, 과거를 현행화하는 능동적 계기로 전환하려는 실천적 노력이 필요함을 결론으로 제시하였다.

1. 현재 '홍범도 논란'과 네 가지 쟁점 - 들어가며

2021년 8월 15일 홍범도 유해가 마침내 한국에 안착했다. 그의 사후 78년, 연해주로 이주한 지 100년이 되는 해였다. 특별 수송기 편에 실린 그의 유해는 공군 전투기가 삼각 편대로 늘어선 엄호 비행의 극진한 예우 속에서 대한민국 상공에 들어섰다. 오랜 기다림의 축하연으로서 손색없는 귀환 행사이기도 했다.[1)]

전 세계적인 코로나 팬데믹의 여파로 대대적인 환영식은 갖지 못했지만, 유해 봉환식과 안장 및 흉상과 기념 공간 설치까지 홍범도에 대한 추모 열기는 지속되었다.[2)] 하지만 정권 교체와 함께 극적인 변화가 초래되었다. 홍범도 기념 사업의 주축인 국가권력이 앞장서서 이를 유예하거나 철회했기 때문이다. 육군사관학교에 세워진 홍범도 흉상이 2년여 만에 철거된 것이 단적인 사례일 터였다.[3)] 이 일련의 사태와 맞물려 한국

---

1) 홍범도 유해 봉환은 김영삼 정부 시절인 1995년부터 추진되었다. 하지만 북한의 거센 반발과 현지 고려인들의 반대로 뜻을 관철하지 못했다. 이 흐름이 바뀐 것은 고려인의 현지화가 진행되면서 남한의 유해 봉환에 대한 동조 분위기가 높아진 덕분이다. 필자는 2019년 카자흐스탄 알마티와 크질오르다를 방문해 고려인 협회장을 비롯해 고려인들과 귀중한 만남의 자리를 가질 수 있었는데, 현재 젊은 세대는 윗세대와 달리 홍범도에 대한 관심이 적거나 잘 알지 못한다고 이들은 입을 모았다. 따라서 2021년에 성사된 홍범도의 유해 봉환은 남한 정부의 노력뿐만 아니라 현지 변화가 한몫했음을 염두에 두어야 할 것이다. 관련한 기사는 「봉오동전투 영웅 홍범도 장군 유해 봉환, 이번에도 논의만」, 『한겨레신문』, 2019.04.22; 「평양이 고향인 홍범도 장군 유해가 한국으로 온 까닭은」, 『이데일리』, 2021.08.21 등이다.

2) 2021년 코로나 팬데믹의 영향으로 공식적인 국민 추모 행사는 온라인 기념 공간에서 펼쳐졌다. 국가 누리집에서 한시적으로 추모 공간이 마련되었는가 하면 국가 보훈처 공훈전자사료관과 홍범도 기념사업회 누리집에서 사진과 영상이 온라인으로 제공되었다. 윤혜숙, 「홍범도 장군의 귀환」, 『대한민국 정책 브리핑』, 2021.08.19에서 당시 포스터와 온라인 추모 사이트를 확인할 수 있다.

3) 현 집권 세력은 국민 여론에 크게 개의치 않은 모습을 보인다. 흉상 철거에 대한 반대가 60%를 넘어섰지만, 정부 방침 그대로 실행되었기 때문이다. 또한 국방부가 추진하던 '국군 역사 기념관' 건립 사업도 중단되었는데, 2021년 발표대로라면 "독립군, 광복군, 무관학교 기념관"을 설치해 자료 전시 및 증강현실 체험과 역사 교육을 시행할 예정이었다. 건물 규모는 지하 3층, 지상 4층이었다고 한다. 「'홍범도 지우기' 이어 국군 역사 기념관도 백지화」,

사회는 해묵은 역사 논쟁을 재연하게 되는데, 이른바 '홍범도 논란'으로 압축되는 네 가지 쟁점이 그러하다.

먼저 염두에 두어야 할 것은 이 네 가지 사안이 갑자기 돌출하지는 않았다는 점이다. 잠복해 있던 문제들이 현 집권 세력의 전폭적인 지지와 비호 아래서 다시 부상했다는 것이 더 진실에 가깝다. 따라서 홍범도 논란을 주도하는 이들은 현 집권 세력의 동조자로서의 위치를 점하는 경우가 많다. 이를 전제하고서 홍범도 논란을 정리하자면 다음과 같다.

첫째 불완전한 자료에 근거한 독립운동사의 사실 왜곡, 둘째 자유시 참변의 학살 가담, 셋째 홍범도의 공산주의자 경력 즉 항일 빨치산 투쟁, 넷째 건국 정신과 위배되는 건국훈장 최고 등급인 대한민국장 수여이다.

위 네 가지 쟁점 중 첫 번째 독립운동사의 사실 왜곡은 네 번째 쟁점과 직결되어 있다. 독립운동의 역사적 사실에 비추어 훈장 수여 및 등급 여부가 판가름 나기 때문이다. 건국훈장 최고 등급인 대한민국장 포상은 그에 값하는 업적과 헌신을 요구하기 마련이다. 사후적 인정과 평가에 따른 포상인 만큼 기록과 증언이 뒷받침된 역사적 객관성의 담보 또한 필수적이라 하겠다.

이 맥락에서 간과할 수 없는 일면이 있다. 그것은 홍범도가 일찌감치 건국훈장 수상자로 이름을 올렸다는 점이다. 5·16 군사쿠데타 직후 박정희 군부는 1962년 3·1절 기념식을 맞아 "건국 이래 최대 규모"[4]의 건국훈장 포상 계획을 수립해 총 208명에 이르는 수상자를 발표했다. 최고 등급인 중장中章의 김구를 필두로 복장複章과 단장單章의 순으로 이승만 정권에서 백안시된 독립유공자들을 대거 선정한 것이다.[5] 이중 홍범도

〈MBC 뉴스데스크〉, 2023.10.27 참조.

4) 「한일합병 전부터 5·16까지 약 만 명, 건국 이래 최대의 상훈 계획」, 『동아일보』, 1962.02.24.

5) 건국훈장은 1949년 4월 27일 대통령령 〈건국공로훈장령〉이 제정·공포되며 시행되었다.

는 "해외 임시정부 요인으로 항일 운동이 나라 안팎에서 뛰어난 분 등"에게 주어지는 복장을 받았다. 비록 "의병대장으로서 일본 병사들을 일개 대대 이상 쳐부순 독립투사 등"[6]의 중장에는 미치지 못하나 복장에 값하는 업적을 국가가 공식 인정한 셈이었다. 따라서 기 수여된 건국훈장을 전적으로 거부하기에는 무리가 있다. 현재 논란이 최고 등급인 대한민국장 추서에 모아지는 이유도 여기에 있다 하겠다.

대한민국장은 가장 두드러진 업적을 지닌 사람에게 주어져야 한다는 당위적 입장에서 독립운동사의 사실 여부가 관건이 된다. 문제는 이를 증명할 기본 자료가 서로 충돌한다는 점에 있다. 대표적으로 홍범도의 공로를 판별하는 봉오동과 청산리전투의 전과戰果가 그러한데, 상해 임정의 발표와 일본군 기밀문서 사이에 놓인 커다란 낙차는 이 논란에 불을

제1회 건국훈장은 대통령 이승만과 부통령 이시영이 수상했다. 대한민국 수립 후 최초라는 상징성을 띤 건국훈장을 최고 권력자들이 사이좋게 나눠 가진 셈이었다. 세 등급으로 단순 분류되었던 건국훈장은 1962년에 중장, 복장, 단장으로 재조정되었다. 중장은 일급, 복장은 이급, 단장은 삼급에 해당한다. 이승만 정권 시기에 제1회 수상자였던 이승만과 이시영 외에 독립유공자들에 대한 포상이 전혀 없었기 때문에 박정희 정권은 1962년 3·1절 기념식을 맞아 독립운동가에 대한 대대적인 포상을 통해 제1공화국과 차별화되는 행보를 과시하고자 했다. 이로써 임정의 상징적 인물은 이승만에서 김구로 옮겨지는 전환점이 마련된다. 김구를 배제한 이승만의 건국훈장 수여가 갖는 문제는 김상구, 『김구 청문회』 2, 매직하우스, 2014, 34장에서 다루고 있으며, 김구가 임정 주석의 자리에 올려짐으로써 4·19 국면을 뒤흔든 통일론의 의미에서 멀어지는 과정에 대해서는 공임순, 「1960년과 김구: 추모·진상 규명·통일론의 다이어그램」, 『한국학 연구』 35, 인하대학교 한국학 연구소, 2014를 참조할 수 있을 것이다.

6) 「애국자에 훈장」, 『경향신문』, 1962.3.3. 본문의 중장과 복장 외 단장은 "언론·책을 통해 민족의식을 높이 닦아 일본 사람에게 체포되어 6년 이상의 옥살이를 겪은 분 등"이었다. 하지만 "국시에 위반된 자, 정치적 과오가 있는 자, 납북자, 이북 거주자, 변절자, 미확인자 등"은 심사 단계에서 제외하는 예외 조항이 부가되었다. 말하자면 아무리 뛰어난 항일업적을 지닌 자라도 이를 근거로 심사 단계에서 걸러지도록 한 것이다. 아이러니하게도 홍범도는 이 예외 조항의 대상이 되기 쉬웠으나 냉전의 장벽으로 그의 말년 행적이 제대로 알려지지 않아 복장 수상의 영예를 안을 수 있었다. 만주의 항일 운동을 부단히 자기화한 이범석의 잘못된 출처가 남한의 공식 담론으로 유통되었기 때문인데, 그에 따르면 홍범도는 자유시에서 방랑 생활 끝에 병들어 불쌍하게 사망한 이력을 갖고 있었다. 「건국공로훈장 수상자 프로필, 길이 살아있는 선열의 얼」, 『동아일보』, 1962.02.26의 홍범도 프로필은 이범석의 증언에 기대어 이를 되풀이한다.

지핀다. 봉오동전투의 경우 임정 군무부 발표는 일본군 전사자 157명, 독립군 전사자 4명(장교 1, 병사 3)인데 반해 일본군 자료는 일본군 전사자 1명, 독립군 전사자 33명(안산 북방 부근 3, 남부 봉오동 부근 6, 상上 봉오동 부근 24)으로 기술되어 있다. 독립군 전사자만이 아니라 일본군 전사자 수에서 157명 대 1명의 격차가 발생하는 것이다.[7]

한정된 시공간에서 벌어진 봉오동전투가 이러할진대 더 넓은 지역에서 10여 차례에 걸쳐 일어난 청산리전투는 두말할 나위가 없다.[8] 이 기본 자료 간 균열과 마찰은 아무리 보조 자료를 동원한다 해도 극복되기 힘든 거리이다. 폴 벤느Paul Veyne는 후대 역사가의 피할 수 없는 곤경으로 사실의 공백을 든 바 있는데,[9] 현장이 사라진 지금 남겨진 자료는 전혀 다른 기록과 기억을 전하고 있는 셈이다. 이 공백을 채우는 것은 사가의 주관적 판단과 추론의 몫일 수밖에 없다. 봉오동전투와 청산리전투는 사료의 충돌이 빚어내는 사실의 공백으로 인해 그 긴장감을 배가한다.

일본군 전사자는 1명에서 157명을 오간다. 최근 학계의 동향은 120여 명의 사상자(전사자와 부상자 불분명)로 절충점을 찾곤 한다.[10] 하지만 그것은

---

7) 임정의 전황 보고와 전과에 대한 대표적 기록은 다음과 같다. 「북간도(北墾島)에 재(在)한 아(我) 독립군(獨立軍)의 전투정보(戰鬪情報)」, 『독립신문』, 1920.12.25, 4쪽. 반면 일본군 보고 건은 야스카와 추격대(安川 追擊隊), 「봉오동 부근 전투상보(鳳梧洞附近戰鬪詳報)」, 『한국독립운동사』 5, 한국독립운동사연구소, 1991, 579쪽에서 확인 가능하다.

8) 청산리전투는 6일간 백운평, 천수평, 완루구, 어랑촌, 맹개골, 만기구, 쉬구, 천보산, 고동하곡 등지에서 크고 작게 10여 차례 벌어졌다. 김춘선, 「발로 쓴 청산리전쟁의 역사적 진실」, 『역사비평』 52, 역사비평사, 2000은 청산리전투 현장에 대한 최초의 답사기로서 이 지역을 탐문한 결과 청산리전투가 일개 마을이 아니라 청산리로 불리는 지역에서 산발적으로 벌어진 전투였음을 밝혀낸다. 이를 반영해 청산리 전역(戰役)이 청산리전투와 청산리대첩 대신 사용되기도 한다. 일본군 사상자 수의 격차는 이범석, 『우둥불』, 사상사, 1971, 86쪽에서 제시한 3300여 명을 최대치로, 최소치는 강덕상, 『朝鮮』 4, 현대사 총서 28, みすず書房, 1972, 223쪽에서 일본군이 보고한 7명이다.

9) 폴 벤느(Paul Veyne), 이상길 · 김현경 옮김, 『역사를 어떻게 쓰는가』, 새물결, 2004, 2장 참조.

10) 대표적으로 홍범도 연구를 지속해 온 장세윤의 경우 일본군 사상자 수를 대략 100~150명,

추정일 뿐 확정은 아니다. 이 불확실성의 지대에서, 현재 홍범도 논란의 한 축인 '무승부 설'이 파생된다. 임정 자료가 전과를 과장했다는 주장에 힘입은 일본군 자료와 최근 학계의 연구를 조합한 이른바 '무승부 설'은 무장과 조직력에서 월등히 앞선 일본군에 맞서 빈약한 무기와 인원으로 선전했다는 이상의 의미를 부여할 수 없다는 것이다. 이 연장선상에서 대한민국장 추서뿐만 아니라 흉상 철거의 물리적 행사가 정당화된다. 이 파편은 김좌진, 지청천(일명 이청천), 이범석의 흉상 철거가 보여주듯 독립운동사 전반을 향한다.

사실 과장에 따른 공적 과다의 혐의가 첫 번째와 네 번째 쟁점을 가로지른다면, 두 번째 쟁점인 자유시 참변은 이와 연동하는 홍범도의 과오에 초점이 맞추어진다. 자유시사변과 참변 사이에서 참변의 참혹성과 비극성을 부각하는 명명의 정치를 동반하며, 독립운동사가 일견 외면해 온 '역사적 트라우마'가 수면 위로 끌어올려지는 것이다. 청산리전투 후 파상공세의 일본군에 밀려 홍범도를 비롯한 독립군들은 이만을 거쳐 자유시에 도착해 전열을 재정비하면서, 소련 적군과의 협력을 도모하게 된다. 이 와중에 상해파 공산당과 이르쿠츠크파 공산당 간의 주도권 다툼으로 상해파 계열의 독립군이 상당수 희생되는 불상사가 발생했고, 이로 인한 전력 약화는 물론 독립군 간의 분열 역시 가속화되었다. 홍범도는 이청천과 더불어 이르쿠츠크파 편에 서서 동족 살상에 가담했다는 혐의가 두 번째 쟁점의 핵심을 이룬다.[11]

독립군 사상자를 수십 명으로 잡는다. 2005, 2007년에 이어 최근 2021년 논문에서는 전사자와 부상자를 합해 120여 명으로 추계하고 있다. 2005년과 2021년의 연구 서지는 다음과 같다. 장세윤, 「독립군의 봉오동전투와 청산리대첩의 재검토」, 『중국 동북 지역 민족운동과 한국 현대사』, 명지사, 2005; 장세윤, 「1920년 봉오동전투와 청산리 독립전쟁의 주요 쟁점 검토」, 『재외한인연구』 54, 재외한인학회, 2021.

11) 자유시사변과 참변 간에는 어감과 밀도의 차이가 있다. 같은 사건이라 해도 명명의 정치학이

동족 살상의 현장에 그가 있었다는 증거는 없다. 가담까지는 아니더라도 방관했다는 주장이 나오는 이유이다. 그가 이르쿠츠크파를 지지한 것은 사실이기 때문이다. 여기에 사태 직후에 설치된 고려 군사 혁명 법정의 재판위원으로 참석해 상해파 계열 독립군을 시베리아 벌목장으로 강제 노역게 했다는 기록도 있다.[12]

이르쿠츠크파와 상해파가 주장한 실종자를 포함한 사망자 수는 96명에서 600여 명으로 심대한 차이가 있다. 강제 노역자 수는 428명으로 알려져 있으나 김홍일은 『대륙의 분노』에서 강제 노역자가 천 명을 넘는다고 적고 있기도 하다.[13] 희생의 크기가 크면 클수록 가담자 혹은 방관자로서 홍범도에게 돌아갈 책임 역시 적지 않기 때문이다. 하지만 여기서 더 중요한 것은 독립군이 소련 적군과 연합전선을 펴려 했던 행위 자체를 문제 삼는 방식이다. 소련이라는 적색 공산주의자를 믿은 피의 대가가 이른바 자유시 참변으로 이어졌다고 하는 뿌리 깊은 반소·반공의 냉전 심성이 당시 사건을 해석하는 사후적 기제가 되고 있기에 이들에게 자유시 참변은 6·25전쟁의 동족상잔과 같은 맥락에서 받아들여질 뿐이다. 이러한 강한 혐오와 부정 의식은 세 번째 쟁점과 맞물려 기존의 빨갱이 담론과 유사한 효력을 발휘하게 된다.

세 번째 쟁점의 요체는 홍범도의 공산주의 경력과 관련된다. 홍범도는

발동하기 때문인데, 예컨대 참변은 참혹성과 비극성의 측면에서 사변보다 더 강한 책임과 비난의 수사가 동반된다.

12) 「중대 사건 판결」, 『붉은 군사』, 1921.12.24. “1921년 11월 27일로 30일까지 4일 동안 고려혁명군 법원은 재판위원장 채동순, 위원 홍범도·박승만이 출석해 금년(1921년) 6월28일 자유시 병변(兵變) 범죄자 50명을 판결하였는데, 세 사람은 2개년, 다섯 사람은 1개년 징역에 처하고”라고 하여 재판위원으로 홍범도를 거론한다. 윤상원, 「러시아지역 한인의 항일무장투쟁 연구」, 고려대 박사논문, 2009, 220쪽에서도 이 자료를 원용해 홍범도가 고려혁명군 법정의 재판위원으로 복무했음을 지적하고 있다.

13) 김홍일, 『대륙의 분노』, 문조사, 1972, 106쪽.

적군 빨치산을 부대원으로 거느린 전력이 있다. 적군 빨치산 6명이 홍범도 부대와 합세해 백군(백계 러시아인의 군대, 반反혁명군)과 맞서 싸웠으며, 이들 중 일부는 1년여 동안 적군의 정규 기술을 전수하는 훈련 교관으로 활약하기도 했다. 이들은 봉오동전투에도 참여해 전공을 세웠다. 항일이 공통의 목표였기에 가능한 일이었다. 독립 투쟁의 일환이라고는 하나 적군과 손잡은 사실에는 변함이 없는 것이다. 더구나 자유시 사건 이후 적군 산하의 제5군단 직속 조선(한인)여단 제1대대장으로 복무한 것도 친공親共의 혐의를 짙게 한다. 레닌과 극동 민족대회에서 만나 감사 표시로 받은 마우저 권총, 금화 100루블, 적군 모자와 외투 및 김승빈에 따르면 레닌 친필 서명의 조선군 대장 증명서까지 홍범도의 공산주의 경력은 차고 넘친다는 것이 세 번째 쟁점을 틀 짓는다.[14]

항일 투쟁의 공훈에 대한 레닌의 감사 표시가 동족 학살에 대한 포상이라는 식의 홍범도에 대한 적색 혐의는 항일 투쟁을 상쇄하고도 남을 냉전의 반소·반공 심리를 자극한다. 적군 산하의 제5군단 직속 조선(한인)여단으로 옮긴 이후 실질적으로 해산 절차를 밟으며 소련 적군의 부대원으로 활동하지 않았다는 사실도 여기서는 중요하지 않다. 이 말은 곧 소극적 방어만으로 현재 홍범도 논란을 피하거나 비껴갈 수 없다는 뜻을 담고 있기도 하다. 당시의 진실에 보다 가까이 다가가려는 노력은 계속되어야겠지만 사료의 양적 축적이 사실과 진실 담보의 수단이 되지 못한다는 벤느 식의 사실 공백은, 과거를 과거성過去性으로 접근할 필요성을 제기한

---

14) 김승빈은 회상기인 「중령에서 진행된 조선 해방 운동」, 독립운동가 자료, 독립기념관, 33쪽에서 레닌이 홍범도에게 친필 서명한 조선군 대장 증명서를 선물로 줬다고 전한다. 이 부분을 인용하자면 이렇다. 단 한자는 독해의 편의를 위해 한글로 바꿨다. "홍범도는 그해 겨울(1921년) 조선독립군 부대의 대장의 명의로써 세계혁명의 수령인 레닌 동지를 방문하였는데 그 담화의 내용은 미상(未詳)하나 레닌 동지에게서 권총을 선물로 받고 또 레닌 동지가 친필 서명한 조선군 대장이라는 증명서를 받았다."

다. 순전한 과거는 하나의 이상일 뿐 현재적 개입과 해석의 열린 장이라고 하는 캐롤 글럭Carol Gluck의 언급을 상기컨대 현재의 홍범도 논란은 일회성으로 끝나지 않을 이념적 각축장으로 언제든 재점화될 여지를 남긴다.[15]

이 글은 현재 홍범도 논란의 쟁점이 홍범도 관련 서사와 무관하지 않음을 동아시아를 시야에 둔 카자흐스탄, 북한, 남한의 대표작을 중심으로 살피는 데 목적을 둔다. 각기 작품들이 홍범도를 어떻게 구현하고 있는지를 되짚음으로써 서사적 재현에 내재한 곤경을 비판적으로 규명하고 성찰할 기회로 삼고자 하는 것이다. 기존 논의에는 없었던 최초의 시도라는 점도 덧붙여 지역과 시대를 감안한 홍범도 형상을 서사적 재현의 곤경과 결부해 다루고자 하는 뚜렷한 목적의식을 갖고 있다. 대상 작품은 카자흐스탄 『레닌 기치』에 1965~69년까지 연재되고 1989년 한국에 개정판을 포함해 단행본으로 출간된 김세일의 『홍범도』, 2007년 북한에서 전기 장편으로 출간된 리빈의 『홍범도』, 남한에서 가장 최근작으로 발표된 2023년 방현석의 『범도』가 그것이다. 이를 위한 선행작업으로 2장에서는 홍범도의 자전적 일대기인 「홍범도 일지」에 대한 시간별 서사 분절이 행해진다. 2장에서 다시 언급되겠지만, 직접 발화와 기록이 거의 남아 있지 않은 현실에서 「홍범도 일지」는 논의에 값하는 자료적 위상과 가치를 지니고 있기 때문이다.

---

15) Carol Glurk, "The Invention of Edo", ed. Stephen Vlastos, *Mirror of Modernity*, Univ of California press, 1998, p.226. 과거성은 'pastness'를 번역한 개념이다. 현재의 욕망과 상실 및 가치와 이념이 투여된 과거는 이미 지나간 과거가 아니다. 그 회복이나 복원이 불가능하다는 탈근대적 인식론에 정초해 있다는 점에서, 과거성은 만들어진 전통과도 궤를 같이한다.

2. 「홍범도 일지」의 화소별 분류와 침묵의 지점

「홍범도 일지」는 김세일이 1989년 제3문학사에서 『홍범도』를 출간하면서 부록으로 실어 처음 한국에 알려졌다. 「홍범도 일지」가 쓰인 시점에 대해서는 의견이 갈린다. 보통 태장춘의 희곡 <홍범도>(원제 <의병들>) 상연을 앞두고 틈틈이 모아온 단편적 자료와 기억을 바탕으로 손수 썼다고 알려지지만, 이 희곡이 막을 올린 것은 1942년이다.

그런데 「홍범도 일지」는 아래 도표에서 볼 수 있듯 1938.6월에서 끝난다. 시차가 있는 것이다. 적어도 이 이후라는 점 외에 시기를 특정하기가 쉽지 않다. 궁색하나마 1938~1942년의 어느 시점에 그 자신 아니면 구술을 받아 대필자가 작성했다고 보는 편이 현재로서는 위험을 더는 방법이다. 원본은 호주머니에 들어 있는지 모르고 빨래하던 중에 소실되고, 현재 이함덕과 이인섭의 필사본만이 남아 있다. 이인섭 본은 이함덕의 필사본을 기본으로 정서한 것이라 보충 자료로서의 성격이 크다. 따라서 이함덕 본을 중심에 놓고 볼 때, 총 39쪽에 본문 33쪽의 긴 단편소설 정도의 분량이다.[16]

홍범도의 파란만장한 삶에 비하면, 그 자신을 드러내는 기록은 손에 꼽을 만하다. 이인섭이 고려극장 측에 의뢰해 「홍범도 일지」를 입수하는 과정에서 듣게 되는 다음의 전언은 이 단적인 방증일 것이다. 홍범도 생전에 연극 <홍범도>를 제작한 고려극장의 당 책임 비서 김진은 "우리가 Kzyl-orda(크질오르다)에 살 때 홍범도 노인이 우리들과 친근히 접촉하였기에 그의 생애를 알기는 하는데 자세한 연대 역사는 이야기나 들었지

16) 이함덕, 「홍범도의 일지」, 독립기념관. 독립기념관에 소장된 이함덕의 필사본은 「홍범도의 일지」라는 제목을 달고 있다. 하지만 이인섭 본을 포함해 통칭 「홍범도 일지」로 불리고 있어서 본문에서는 「홍범도 일지」로 통일했다.

누가 기록한 것은 없"[17]다는 말로 기록의 부재를 증언한다. 크질오르다에서 홍범도와 가깝게 지냈던 인물이 이렇게 이야기할 정도로 남겨진 기록은 소련 당국에 제출한 이력서와 자서전을 비롯해 「홍범도 일지」 등의 몇 편에 지나지 않음을 이 발언은 재확인시켜 주고 있는 셈이다.

정해진 틀에 맞춰 기술된 공식 이력서나 자서전과 달리 「홍범도 일지」는 사적인 회고록의 상대적으로 자유롭고 구체적인 행적이 담겨있다. 당시 고려인 사회에는 그의 투쟁을 기록한 메모 형식의 수첩이 있다는 소문이 파다했다고 하는데, 이 사료 역시 분실되어 현재 확인할 길이 없다.[18] 따라서 「홍범도 일지」가 그 수첩인지 아닌지, 홍범도 자신이 쓴 것인지 아닌지 등 확인해야 할 사안이 많으나 지적했다시피 원본은 유실되고 필사본만이 남은 상태에서 이 작업은 사실상 불가능하다. 이 한계를 인정한 위에서 「홍범도 일지」가 지닌 일대기 서사의 특징을 살려 시간별로 분절한 결과는 아래와 같다. 제도 교육에서 소외되어 독학이 학력의 전부였던 홍범도의 생경하고 투박한 말투는 이 시간 테이블이 없이는 해독하기가 어렵다는 점도 고려했다.[19] 출생에서 크질오르다 정착

---

17) 김진은 고려극장의 소개에 의하면 1913년 연해주에서 태어나 집단농장에서 경력을 시작했다. 1932년 <홍범도>를 연출한 태장춘 등과 함께 고려극장을 조직했으며 뛰어난 연기력을 인정받아 당국의 표창을 받은 고려인 유명 배우 중 한 명이다. 그가 <홍범도> 연극에 출연했는지는 현재 남아 있는 희곡 대본만으로 알 수 없다. 이인섭은 당시 고려극장의 당 책임비서로 있던 김진에게 홍범도 관련 자료를 수집하는 데 애로점이 있음을 말하며, 자료와 사진을 요청하는 편지를 보냈다. 김진은 적극적인 도움을 약속하면서, 태장춘에게 있던 일기를 등사해 그에게 보냈다. 김진이 이인섭에게 보낸 편지 원문은 필자가 확보하지 못해 반병율, 『홍범도 장군』, 한울 엠플러스, 2014, 32~33쪽에서 재인용했다.

18) 김기철, 「홍범도 장군의 전투 경로와 쏘련에서의 만년 생활」, 『레닌 기치』, 1989.04.11 참조.

19) 고아로 어렵게 자라난 홍범도에게 학교 문턱은 높을 수밖에 없었다. 자신을 무식자로 칭한 데서도 알 수 있듯, 그는 일제의 공교육을 받을 처지가 아니었다. 독학으로 문맹을 겨우 면할 정도의 글자를 익히는 데 만족해야 했던 것이다. 「홍범도 일지」 특유의 난해함 때문에 시간 흐름에 따른 내용 정리는 기본 자료의 확인이라는 점에서도 필요했다. 홍범도의 투박한 문체는 홍범도를 체계적으로 배제한 이범석의 정연하고 유려한 글쓰기와는 대조를 이룬다. 이와 관련해서는 공임순, 「'청산리전투'를 둘러싼 기억과 망각술」, 『국제어문』 76, 국제어문

까지 그의 삶의 경과를 보여주는 아래 도표는 이함덕의 필사본을 기초로 반병률이 이인섭 필사본을 참조하여 주해한 「홍범도 일지」를 대상으로 삼아 재구성한 것이다.[20]

〈표 1〉 「홍범도 일지」의 서사 분절과 세부 내용

화소	세부 내용	비고	
북한 평양 출생	고려 평양 서문 안 문열사 앞에서 탄생, 생후 7일 만에 모친 사망	1868	
고아로 성장	초 9세에 아버지 사망	1877	
평양 군영 생활과 도망	두 살 올려 코코수(나팔수)로 4년 군영 생활, 장교 살해 후 도망	1883	
제지 공장과 산문에서 은둔	제지 공장 3년, 금강산 신계사에서 삭발승으로 2년 은둔	1887	
산골에서 포수 훈련과 생활	강원도 회양 산골에서 3년 포수 훈련과 생활	1892	
김수협과 의병 봉기	김수협과 의병 봉기, 김수협 사망 후 3년여 단신 의병 활동	1895	
결혼 생활과 농사	총기 부족으로 의병 활동 멈추고 농사지으며 8년 결혼 생활	1897	시간 비약
포수 부대 결성, 의병 투쟁	포수 의병 부대로 동학쟁이 및 일병과 조선인 보조 천여 명 사살	1907	
아내 체포와 고문	아내와 아들 끌려가 아내는 고문으로 사망	1908.03	
일진회와 일병 연합부대 격퇴	일진회와 일병 연합부대 격퇴, 대표적인 일진회 인물들 사살	1908.04	
큰아들 양순 사망	의병 활동으로 큰아들 양순 사망	1908.05	
간도와 노령으로 이동	부하 파견 뒤 연락이 없어서 간도와 노령으로 이동, 이범윤의 농간	1908.12	

학회, 2018에서 언급했다.

20) 이함덕, 「홍범도의 일지」, 앞의 자료 및 반병률, 앞의 책, 49~134쪽을 함께 참조했다. 이후 본문 인용은 가독성 차원에서 반병율이 주해한 「홍범도 일지」를 텍스트로 하여 괄호 안에 면수로 표시한다.

문창범 술수로 투옥과 고문	이범윤의 수하 문창범의 지시로 투옥과 고문으로 죽을 고비를 넘김	1910.03
금광 노동 등으로 무기 구매	금광 등지에서 일하며 총기 구매, 땅속에 묻어두고 때를 기다림	사이 기간
러시아 빨치산 6명 합류	백군에 패한 러시아 빨치산 6명과 합세해 백군과 전투, 격퇴	1919.08
최진동과 연합, 봉오동전투	최진동과 연합해 봉오동전투를 벌임, 일병 오륙백 명 사살	1920.04
러시아 빨치산 3명 귀환	소왕령을 적군이 점령, 3명 빨치산 귀환 희망하자 부하 대동 전송	1920.06
말리거우에서 일병과 전투	기관총으로 일병 부지기수 사망	1920.07
청산리전투, 아군 상실	청산 어구에서 일병과 전투 후 우둥불 쬐던 아군 군사 사망, 도주	1920.09
러시아로 이동, 무장해제	러시아로 이동, 이만에서 무장해제 후 자유시 입성	1921.02
까란다시유일니와 연합	자유시에서 까란다시유일니와 연합, 두 달 만에 이르쿠츠크로 이동	자유시 사건 빠짐
모스크바 회의와 레닌의 후원	모스크바 민족 대표 회의 참석, 레닌과 접견하여 자유시사변 대화	1921.12
김창수, 김오남에 화를 당함	김창수, 김오남이 공격해 이 두 개가 부러지고 권총으로 맞응수	1923.08
이만, 카멘 등지에서 농사	양봉 협동조합 조직과 운용, 카멘에서 대작을 이룸	1923
레닌길 조합 운영	직커우재 논농사 실패 후 레닌 길 조합에서 3년 동안 일함	1934
카자흐스탄 강제 이주	스탈린 명으로 카자흐스탄 얀쿠르칸에서 머묾	1937.07
크질오르다 이주 후 정착	크질오르다에서 2백 원으로 주택 구입, 당 간부 연금 생활	1938.04
사돈 무고로 경찰서행	술집 창부 생활한 사돈의 무고로 경찰서행, 내무부에 사돈 고발	1938.05
쏘베트 후보에게 투표	쏘베트 후보에게 투표지 부침	1938.06

「홍범도 일지」는 출생에서 성장, 평양 군영 생활과 출가, 국내 의병 활동, 가족의 참사, 간도와 노령으로의 이동, 봉오동과 청산리전투, 모스크바 극동 민족대회 참가, 레닌과의 만남, 카자흐스탄의 크질오르다 강제 이주와 정착까지 1868년에서 1938년에 이르는 시간대를 펼쳐놓는다.

일대기 서사가 지닌 자기 행적과 기억의 축도로서 「홍범도 일지」는 별도의 비고란과 연관하여 크게 두 가지 점을 환기케 하는데, 하나는 사후의 기억 작용에 따르는 불분명한 기억과 오류의 가능성이다. 시간의 경과가 초래한 망각과 혼란은 비록 당사자의 구술과 기록이라 해도 피할 수 없는 일면이 있다. 가령 홍범도 부대와 동행했던 적군 빨치산의 이름이 『레닌 기치』에 투고한 「원쑤를 갚자」와 일치하지 않는 경우처럼 말이다.[21] 다른 하나는 의도적 배제와 침묵의 가능성이다. 비고란의 1897년부터 1907년까지의 꽤 긴 시간 공백은 일견 망각의 징후로도 보이지만, 그렇다고 해서 의도적 배제와 침묵이 아니라고 단정 지을 수도 없기 때문이다. 말줄임표(……)로 괄호 친 특정 시간대의 누락은 이 두 가능성을 모두 내재하며 긴 공백으로 남겨졌기에 오히려 눈에 띄는 경우라고 할 수 있다면, 아래 인용문은 필자의 방점 표시가 아니었다면 그냥 지나쳤을 수 있는 비가시적 공백이라는 점에서 더욱 눈길을 끈다.

> (러시아-필자 보충) 이만 싸인발로 와서 정월 26일 (제)2군단(에)게 무장을 바치고 2월 6일 자유시로 들어올 때 무장 몇 개를 준 것을 기록한즉

---

21) 「홍범도 일지」에 맞춰 비고란에 시간을 계상했을 때 정확하지 않은 부분이 있다. 가령 8년 농사지은 횟수로 따지면 1905년이 맞지만, 갑진년, 서기로 환산하면 1904년으로 적혀 있는 경우 등이다. 이러한 시간착오와 더불어 인물과 장소에 대한 혼란도 눈에 띈다. 「홍범도 일지」에 이와노위츠, 완실네 꼬사, 까리먼니츠의 적군 빨치산 3명이 1941.11.7. 『레닌 기치』에 투고한 「원쑤를 갚자」에서는 와씰리 찌모페예위츠와 이완 꼰스딴찌노브의 2명으로 인원과 이름을 달리하는 사례가 대표적이다.

> 말건 일대 707병이고 노식 (총) 4개이고 철 4만7천 개이고 폭발 2804개이고 코코 6개, 단총 40개고 전후 다 2군단에 넘기고 **자유시 들어와 까란다시유일니와 연합하여 양색 만에 일꾸쓰크 들어와 있다가 모쓰크바 1921년 12월 11일에 일꾸쓰크서 떠나 모쓰크바(에) 당진하여**(방점은 필자) 객정에서 개를 열고 전기부랴 사진 찍고 첫 번 또로츠끼 놈이 나와 보고한 후에 심야식까(가) 몽고 국기(를) 간부에(게) 취식키고 깔닌(이) 나와 보고하고 그 담에 일본 가다야마가 축하 삼아 몇 마디 말하고 그 나머지는 잘 모르겠습니다. …… 그리고 **레닌께서 저를 불러오라고 사단이 내려옴으로 제 레닌께 들어가서 뵈온 일도 있고 말씀에 대답한 일**이 있었다. 자유시사변을 묻는데 몇 마디 대답한 일이 있었다. (92~94)

"자유시 들어와 까란다시유일니와 연합하여 양색 만에 일꾸쓰크 들어와 있다가 모쓰크바 1921년 12월 11일에 일꾸쓰크서 떠나 모스크바(에) 당진하여"의 시간 경과는 2월 6일 자유시 입성, 8월 이르쿠츠크 이동, 12월 모스크바의 여정을 담고 있다. 자유시 사건은 8월 이르쿠츠크로 이동하기 2개월 전인 6월 28일에 벌어졌다. 여기서 까란다시유일니로 표현된 깔란다라시는 통합 총사령관을 맡은 자유시 사건의 당사자로 그의 명령에 따라 독립군 간의 살상이 벌어졌다. 하지만 자유시 사건의 핵심 주역이라 할 깔란다라시는 자유시 사건과 어떠한 연계 없이 한번 등장할 뿐 더 이상 언급되지 않는다. 홍범도 부대와 연합한 소련 적군의 대장으로서만 회자될 따름이기 때문이다.

깔란다라시가 자유시 사건과 무관하게 이야기되는 표면의 시간 경과는, 말줄임표로 시간 비약을 흔적으로 남긴 것과는 대조적인 일면을 띤다. 왜냐하면 "자유시 들어와 까란다시유일니와 연합하여 양색 만에 일꾸쓰크 들어와 있다가"에서 양색, 즉 2개월 만에 이르쿠츠크로 떠났다는 자연스러운 시간 흐름 속에서 자유시 사건의 공백을 느끼기는 쉽지 않기 때문이다. 대신 자유시 사건은 위 인용문 마지막에서야 비로소 등장함으로써 간접화의 매개를 거치게 되는데, 이는 사건의 참여자이면서 증언자로서의 그를 역사적 현장에서 떼어내는 데 효과적으로 기여한다. 대신 레닌이라는 권위자에 기대어 이 사건을 보고하고 전달하는 관찰자의 위상과 지위를 점하게 되는 일종의 비켜서기가 가능해진다는 측면에서, 헤이든 화이트 Hayden White가 말했던 바의 어떠한 연대기나 일대기도 '선택된 시간과 사건의 형식'임을 재각인시키기에 이른다.[22]

1943년 사망을 앞둔 5년여의 시점까지 그의 생 전반의 이력이라 할 「홍범도 일지」는 '선택된 시간과 사건의 형식'으로서 일대기 서사의 특징을 공유한다. 무엇보다 그것이 현재 홍범도 논란과 직결된 역사적 트라우마의 현장을 건너뛴 것이라는 점도 특기할 만하다. 그렇다면 「홍범도 일지」를 중심 사료로 삼았던 김세일의 『홍범도』를 필두로 리빈의 『홍범도』와 방현석의 『범도』는 「홍범도 일지」에 노정된 이 곤혹의 지점과 어떤 식으로든 맞닥뜨릴 수밖에 없었을 터, 이와 관련된 논의가 3장 각 절에서 이루어진다. 앞질러 말하자면 다시쓰기, 종속, 우회의 기술과 결부된 서사적 곤경이 3장 각 절의 초점이다. 따라서 개별 작품론이 취하기 마련인 세부 분석은 각 절의 구성상 한계가 있음을 미리 밝혀둔다. 이를 염두에 두면서, 다음 논의를 이어가 보자.

---

22) 일대기와 연대기는 연속적인 시간 연쇄가 특징이다. 그래서 원칙적으로 일대기와 연대기는 무한히 이어질 수 있는 것이다. 가령 자전적 일대기라면, 한 개인이 죽기까지 계속 써 내려갈 수 있다는 말이 된다. 하지만 이것은 원칙적으로 그렇다는 것이지 모든 시간과 사건을 연대기나 일대기로 담아낼 수는 없는 법이다. 헤이든 화이트(Hayden White), 천형균 옮김, 『19세기 유럽의 역사적 상상』, 문학과 지성사, 1991, 15~18쪽에 따르면, 일대기와 연대기의 초보적 역사 기술도 선택된 시간과 사건의 형식으로서만 드러날 뿐이어서 서사화가 필요하기는 마찬가지이다. 파편화된 조각에 일정한 질서를 부과하고 가치와 의미를 창출하는 서사 양식은 역사와 허구의 차이보다 공통점을 찾는 헤이든 화이트의 주장에서 핵심 논거를 이룬다.

3. 홍범도에 대한 서사적 재현과 전형의 재창조

1) 김세일의 『홍범도』: 항일 빨치산 영웅의 일대기와 다시쓰기

김세일의 「홍범도」는 『레닌 기치』에 1965년 10월 23일 연재를 시작해 1969년 5월 24일 124회로 끝이 났다. 근 4년여에 걸친 장기 연재였다. 그는 「작가의 말」에서 이 작품을 1965년 여름에 진즉 탈고했으며, 『레닌 기치』의 연재는 일단 1편을 발표한 후 독자의 반응을 봐가며 이어가기로 했다는 전말을 전하기도 했다.[23] 다행히 상당한 반향과 인기를 얻어 완주할 수 있었다는 그의 말대로 홍범도에 대한 최초의 소설화는 대단히 성공적으로 이뤄졌다.

홍범도에 대한 최초의 소설화라는 상징성이 더해져 연재 기간 내내 독자들의 의견 개진도 잇따랐다. 소박한 인상평이 대부분이었지만 전문적 비평과 첨언도 적지 않았다. 말하자면 「홍범도」는 하나의 '미디어 현상'이 되었다고 해도 좋을 만큼 다양한 참여의 장을 연 셈이었다. 항일 빨치산 경력의 인물들도 여기서 빠질 수 없었다. 이들은 매회 신문 지상에 실린 소설 장면을 각자의 경험이나 기억과 교차시켜 가며 추체험하는 적극적 독자이자 평자였기 때문이다. 개별적 기억으로 파편화된 과거의 현장을 소설 장면을 통해 되살려내는 이 예외적 실감이야말로 증언을 겸한 집단 발화의 욕구로 분출되었던 것인데, 이 가운데 소설 창작의 동기를 제공한 이인섭과 홍범도 부대원이었던 김승빈도 있었다.

현재 남아 있는 이인섭과 김승빈의 편지는 집단 동참의 흐름을 증언하는 흔적들에 다름 아니다. 이들은 매회 접하는 소설 장면들을 꼼꼼히

---

23) 김세일, 「작가의 말」, 『홍범도』 1, 제3문학사, 1989, 21쪽.

독해하며 잘못을 지적하고 이견을 나타내거나 수정을 요구하기도 했다. 몇 회의 지명과 인물명, 시간과 대화 등의 구체적인 세부 사항부터 허구적 인물의 과도한 등장으로 인한 소설 취지의 훼손까지 다양했다. 이들이 전하는 메시지는 소설에서 다루는 사건의 깊숙한 관련자들이라는 면에서도 외면할 수 없는 것이었다.[24]

물론 그때그때 반영된 것도 있었지만 연재가 끝난 후 대폭 보강하고 수정하려는 김세일의 의중이 반영되어 개작본이 쓰였다. 그것이 공교롭게도 1989년 한국에서 거의 동시적으로 출간되며 두 개의 판본을 낳게 되는데, 하나가 신학문사에서 전 3권으로 나온 연재본 『홍범도』라면 다른 하나는 제3문학사에서 총 5권(1989년 3권, 1990년 2권)으로 간행된 개작본 『홍범도』이다. 어긋난 의사소통의 결과라 해도 동일 작가의 연재와 개작본이 한꺼번에 모습을 드러내는 당혹스러운 상황이 벌어진 것이다. 작가가 개작본의 「뒷글」에서 이 아쉬운 심경을 전한 것도 이해가 간다. 그로서는 보강과 수정을 거친 개작본이 더 완성된 형태에 가까웠을 터이기 때문이다.[25]

"상기 신문사에서 오랫동안 부주필로 있던 찾기 쉬운 작가(본인)를

---

24) 이인섭, 「편지」, 1968.01.18; 1968.03.07; 1968.11.09. 김승빈, 「편지」, 1970.03.02, 독립기념관. 이인섭은 소설 구상부터 탈고, 연재까지 김세일과 긴밀하게 연락을 주고받았다. 자신이 수집한 자료와 정보를 제공하고, 소설 창작을 독려하는 등 이인섭이 김세일의 『홍범도』에 끼친 영향은 막대하다. 그와 주고받은 편지는 1961년부터 보이는데, 사소한 세부 묘사부터 사실과 어긋나는 내용 및 보완이 필요한 지점에 이르기까지 멀리 떨어진 두 사람의 필수적인 소통 수단으로 활용되었다. 이를 통해 김세일은 자신이 잘 알지 못하던 당시의 역사적 사건과 인물들을 그려 나갔음을 남은 편지는 또한 알려준다.

25) 김세일이 언제부터 개작하기 시작했는지는 불분명하다. 다만 고송무는 자신이 김세일을 방문했을 때 이미 '작가의 말'까지 다 마쳐놓은 개작본을 넘겨받을 수 있었다고 말해 그 전에 작업이 마무리되었음을 짐작게 한다. 더불어 저자에게 원성을 산 신학문사의 경우 연재본 입수를 위해 부단히 노력해 드디어 결실을 거두었음을 편집부 명의의 서문으로 강조하고 있는 것으로 보아 부러 연락하지 않았다는 작가의 의심은 오해일 수도 있다. 혹은 1980년대 진보 운동과 담론의 출판 수요가 작가와 협의 없이 서둘러 연재본 『홍범도』를 내게 했을 수도 있을 것이다.

찾아주지 않아서 개정판이 아니고 60년대에 『레닌 기치』 신문에 발표되었던 것을 그대로 출판하게 되어 두 가지 '홍범도'가 세상이 나오게"[26] 되었다면서 그는 자신의 의중이 어디에 있는지를 명확히 밝혔지만, 이 발화와 별개로 뜻하지 않게 공존하게 된 두 판본은 연재 당시(엄밀하게 말해 연재 이전 포함)와 이후로 이어지는 다시쓰기를 가시화하는 효력을 낳게 된다. 작가의 아래와 같은 말은 이에 대한 단서로서도 뜻깊은 것이다.

> 『레닌 기치』 신문에 발표된 원문에는 '자유시사변'(혹은 '흑하사변')에 대하여 간단히 서술되어 있다 나니 그 내용과 그에 대한 평가가 불충분하였기 때문에 그 사변의 참가자들과 목격자들인 독자들은 이것을 읽고 신중한 평들을 하면서 동시에 그 사변의 전말과 실정을 자세히 알려주는 보충적 자료들을 많이 보내주게 되었다. 그리하여 작가는 이 자료들에 의하여 '자유시사변'을 주제로 소설 「홍범도」 4권 즉 제6편과 제7편을 쓰게 되었다. …… 이 모든 사실들을 서로 연쇄시켜 쓰다 나니 제6편과 제7편이 쓰여지게 되었는데 그 대신 이전 원문에서 제5편의 마지막 장들인 제27장, 제28장, 제29장, 제30장이 전부 없어지고 말았다. 그리고 홍범도의 만년 생활이 어떻게 흘러갔는가를 보여주는 소설 「홍범도」 5권 즉 제8편과 제9편은 전혀 새로 쓰여진 것이다. (5, 333~334)

김세일은 『레닌 기치』에 당도한 "수다한 독자들의 독후감, 평론, 보충적 자료들을 받을" 수 있었음을 재차 강조하며, 그가 확보한 "새로운 자료들을 참작·고려하여 이 소설을 더 완성한 개정판"으로 만들었음을

---

26) 김세일, 「뒷말」, 『홍범도』 5, 앞의 책, 1990, 131쪽. 이후 인용은 본문에 괄호로 권수와 쪽수를 표시하는 것으로 대신한다.

자부한다. 이어 그는 "어떤 부분들이 고쳐지고 어떤 것들이 보충되어졌는가?"를 자문한 뒤 위 인용문과 같이 답하고 있다. 하나는 김좌진과 이청천과 관련된 청산리전투의 보완이라면, 다른 하나는 자유시 사건의 전폭적인 개정이었다. 앞부분에 비해 자유시 사건은 거의 새로 쓰였다고 할 만큼 대대적인 수정과 보완이 행해지며 개정판을 내게 한 추동력이 되었음을 위 인용문은 확인시켜 주고 있다.

"그 내용과 그에 대한 평가가 불충분하였기 때문에 그 사변의 참가자들과 목격자들인 독자들은 이것을 읽고 신중한 평들을 하면서 동시에 그 사변의 전말과 실정을 자세히 알려주는 보충적 자료들을 많이 보내주게 되었다"는 말이 가리키고 있는 것도, 자유시 사건 관련자들의 다양한 반응과 입장이었다. 이 집단 동참의 물결 속에서, "『레닌 기치』 신문에 발표된 원문에는 '자유시사변'(혹은 '흑하사변')에 대하여 간단히 서술"되어 있던 것을 전면적으로 손보게 되었다는 것이다. 사소한 오류는 말할 것도 없지만 근본적인 입장 차까지 자유시 사건에 대한 다양한 참여와 목격담이 1989년 1~3권에 이어 1년 뒤 발간된 4~5권 중 4권을 오롯이 자유시 사건에 바쳐지게 했던 것인데, 이러한 결정적인 차이를 빚어낸 자유시 사건을 중심으로 장과 목차에 따라 나눠본 것이 아래 도표이다. 연재본과 개작본을 가르는 최소한의 근거로서 아래 도표는 자리한다.

〈표 2〉 자유시 사건에 대한 두 판본의 차이

신학문사 연재본/ 장별 목차		제3문학사 개작본/ 장별 목차		첨가 여부
46장	조선혁명군 내의 반목	6-0	서장	첨가
		6-1장	니꼴라엡스크 사변	첨가
		6-2장	싸특의용군의 혼란	첨가
		6-3장	고려공산당의 창당과 음모	첨가

		6-4장	고려혁명군과 싸특의용군의 알력	일부 첨가
47장	자유시사변과 조선혁명군의 해체	6-5장	이르쿠츠크로 간 홍범도	첨가
		6-6장	기로에 선 통의부 부대	첨가
		6-7장	가택 수금된 홍범도	첨가
		7-1장	홍범도와 통의부 부대	첨가
		7-2장	연합 거부	첨가
		7-3장	비극의 자유시사변	일부 첨가
		7-4장	아들 용환의 죽음	첨가
		7-5장	혈전	첨가
48장	레닌과의 역사적 만남	7-6장	레닌과의 역사적인 만남	일부 첨가

위 도표는 「홍범도 일지」의 공백－작가가 표방한 연재본의 간단한 서술-개작본의 대폭적 수정을 집약하고 있기도 하다. 위 도표에서 볼 수 있듯 신학문사의 연재본은 46장과 47장으로 간단하게 넘어간 데 비해 제3문학사의 개정판은 4권을 전부 자유시 사건에 할애하며 그 비중을 비교할 수 없이 확대하게 된다. 게다가 연재본의 46장과 47장의 매수는 통틀어도 15장에 불과했던 것과는 달리 개작본은 6편의 7장과 7편의 5장을 합쳐 총 13장으로 재구성함으로써 이 변모의 과정을 여실히 드러낸다. 별도로 마련된 비고란은 각 장 대부분이 첨가되었음을 또한 알려주고 있다.[27]

27) 선행연구에서 판본 간 차이에 주목한 논의는 임형모, 「홍범도를 매개로 하는 체제 옹호의 정치 서사 연구」, 『열린 정신 인문학 연구』 19, 인문학 연구소, 2018이 유일하다. 그는 2장을 빌려 두 판본 간 차이를 논하면서도 개작본이 연재본의 연장이라는 결론에 도달한다. 그것은 체제 옹호와 찬양의 관점에서 보면 개작본은 더 정교해진 정치 텍스트의 성격을 가진다는

늘어난 비중에 상응하는 서장의 첨가는 4권이 새롭게 쓰였음을 알리는 표식이기도 하거니와 더 중요하게는 자유시 사건의 임박한 비극을 알리는 본편의 예고편으로 작용한다. "중립지대 이남의 연해주 지역"(4, 29)에 속속 모여든 일본군, 백파 군대 및 만주 지역의 독립군과 빨치산의 긴박한 움직임은 일촉즉발의 위기감을 증대시키며 전투의 무대를 노령으로 옮겨 놓는 배경 막의 역할을 하기 때문이다. 이 서장의 개관을 통해 본편은 고려혁명군과 싸특의용군 간의 알력을 6편에서 그리고 자유시 사건의 발발과 살상을 7편에 담아내며, 연재본에서 못다 했던 당시 정황을 상세히 소묘하게 된다. 이 사이에 배치된 「아들 용환의 죽음」은 기존에 없던 장으로 집단적 시련에 더해진 개인적 고통의 배가된 비극을 알리는 효과적인 주조음으로 기능하게 되는데, 7편 3장의 「비극의 자유시사변」에 뒤이어 「아들 용환의 죽음」을 나란히 배치함으로써 동족상잔과 유비 되는 가족 상실의 더없이 비정한 현실과 역사의 무게를 일깨우고 있기에 말이다.

> 사실 나는 상가집에 가서 조문하는 인사를 한 번도 드려보지 못한 사람이오. 어쩐지 나는 그런 인사를 받으면 가슴이 더 쓰라려 난단 말이오. 그러니 남들도 아마 그럴 거요. 내일 이 소식을 들으면 숱한 군인들이 나한테로 찾아올 수 있으니 당신한테 부탁하는 것은 우리 군인들 중에서 한 사람도 나한테로 조문하러 오지 말게 해주오. 더구나 **지금 만주에서 온 우리 독립군들은 허영장 군대 군인들이 100여 명이나 비참하게 죽은 일로 하여 누구나 다 맘속으로 상중에 있단 말이오.** 내 아들의 죽음은

점에 초점을 맞추었기 때문이다. 이렇게 사회주의 리얼리즘의 공식 문법으로 두 텍스트가 환원되는 한, 자유시 사건을 둘러싼 다시쓰기의 의미는 포착되기 어렵다. 필자는 그와 달리 다시쓰기의 소설적 동력을 중시하는 입장에서 논의를 전개한다.

거기 비하면 아무런 일도 없단 말이오. (4, 206)

"허영장 군대 군인들이 100여 명이나 비참하게 죽은" 자유시 사건의 동족상잔은 아들 용환의 죽음조차 슬퍼할 겨를을 없애 버린다. 이러한 홍범도의 잇따른 좌절과 실의는 여기서 끝나지 않는다. 이후 장면은 "예정한 대로 조선 국경선으로 나가는 것이 아니라 심지어 조선에 가까이 있는, 즉 일본 출정군들이 남아서 무력간섭을 그냥 계속하고 있는 연해주로도 가지 않고 정반대되는" 이르쿠츠크행의 유배형이나 다름없었기 때문이다. 실제 유배형이었다는 의미가 아니라 그에게는 "근 일 년이나 줄곧 무위도식하는 군인 생활에 짜증이 생길 지경"(4, 219)으로 평생의 숙원이던 항일무장투쟁의 전선에서 멀어져 다른 독립군과 빨치산들의 활약을 듣는 처지로 전락했다는 점에서 그러하다. 자연히 그와 고락을 함께했던 가까운 부하들의 이탈도 가속화되는 속에서, 그의 삶의 절정기도 끝나가고 있음을 7편 5장의 「혈전」은 드러내 준다. 이는 7편 6장의 「레닌과의 역사적인 만남」으로도 지워지지 않는 어두운 그림자를 드리우게 됨을 동 제목의 연재본과 비교한 아래 두 지문에서 엿볼 수 있다.

1. 1922년 1월 6일 홍범도는 모스크바 야로쓸라블리역에서 숱한 사람들의 배웅을 받으면서 원동행 기차를 탔다. 그는 레닌한테서 선물받은 군복을 입고 또 그에게서 표창받은 권총을 옆구리에 차고 특급차에 앉으니 자기의 온몸이 배려심 많은 레닌 선생의 부드러운 손길에 포옹되어 있는 듯한 느낌을 받게 되는 것이었다. **홍범도는 세상에서 자기보다 더 행복한 사람은 없는 것같이 생각되었다.** …… 자기가 탄 열차가 달리면서 모스크바로부터 멀어지고 자기의 목적지가 가까워지면 질수록 **자기가 레닌 선생의 훈시를 충분히 실행할 책임과 의무가 더욱더 무거워짐을**

느끼었다.[28)]

2. 그러던 차에 홍범도가 모스크바에 가서 레닌을 접견하고 그이에게서 금판에 그의 이름을 새겨 붙인, 보통 '금단표'라고 부르는 권총을 표창받아 가지고 왔다는 소문은 그들의 격분을 자아내기까지 하였다. 그들은 마치 **'자유시사변' 때 홍범도가 깔란다리스윌리와 한편을 하여 싸특의용군 군인들을 죽인 값으로 레닌에게서 그런 선물을 받았다는 허무한 말까지 날조해 하고 있다. 이렇게 말하고 이렇게 생각하는 사람들이 홍범도를 헤치려고 얼마든지 서둘 수 있는 것이다.** (4, 256~257)

첫 번째 예문은 연재본의 대단원을 이루는 모스크바에서 원동행 열차를 탄 홍범도를 비춘다. 47장의 「자유시사변과 조선혁명군의 해체」에 이은 48장의 「레닌과의 역사적 만남」의 마지막 부분이자 이 소설의 최종 결말이기도 하다. 출생에서 죽음에 이르는 일대기 서사가 온전히 고수된 개작본과 달리 연재본은 원동행 귀환으로 끝을 맺음으로써 개작본과는 다른 의미와 효과를 창출하게 되는데, 그것은 달리는 기차와 동궤의 전진하는 홍범도의 형상으로 마무리되는 이 장면에서 특히 두드러진다. 기대와 열정에 가득 찬 그의 모습은 이른바 루카치Georg Lukács가 말했던 갈 길을 비추는 창공의 별 마냥 빛나는 레닌의 훈시가 있었기에 또한 가능한 것이었다. 레닌의 훈시가 앞길을 비추는 가운데 그는 이를 충실히 수행하는 것만으로도 모범적인 항일 빨치산 영웅으로 거듭날 것임을 달리는 열차의 상징성과 교호하는 밝은 미래가 보증하는 형세이다.[29)]

---

28) 김세일, 『홍범도』 3, 신학문사, 1989, 294쪽.
29) 게오르그 루카치(Georg Lukács), 김경식 옮김, 『소설의 이론』, 문예출판사, 2004, 27~28쪽.

실상 『레닌 기치』에 연재된 시점에서, 실현되지 않은 소설 속 미래는 일대기의 실현된 과거와 겹친다. 소설 속에 남겨진 낙관적 미래가 일대기의 지나간 삶과 어긋나는 부분이 생겨날 수밖에 없다. 그럼에도 소설은 미래로 투사된 홍범도의 긍정적 영웅 형상을 주조하는 것으로 '실현된 과거'보다 '실현될 혹은 가능한 과거'를 미래로 선취하며 레닌 훈시와 합치되는 홍범도의 모범적 전형을 창출하게 되는데, 이는 "유감스럽게도 무장해제 시에 사소한 희생자들도 있게 되었다"(3, 286)로 소략하게 처리된 자유시 사건에 관한 기술을 동반하며 이루어진다. 따라서 작가가 밝혔던 연재본의 자유시 사건에 대한 간단한 서술이란 이를 포함해 「레닌과의 역사적 만남」에 값하는 홍범도의 긍정적 영웅 형상이었음을 첫 번째 예문은 되짚게 하는 것이다.

이와 반대로 두 번째 예문은 자유시 사건의 피해에 대한 상세한 기술과 함께 연재본의 낙관적 미래 전망과는 거리를 둔다. 「레닌과의 역사적인 만남」에서 홍범도는 연재본과 마찬가지로 레닌에게서 "홍범도 이름을 새긴 권총, 군모와 군용 외투 한 벌" 및 "돈으로 금화 100루블"을 선물로 받았다. "조선 인민의 항일 투쟁에서 홍범도 부대가 특별한 전공을 세운"(4, 237) 데 대한 치하였다. 하지만 이 기쁨은 자유시 사건으로 쌓인 오해와 불신으로 인해 습격의 빌미가 된다. 레닌에게서 받은 선물을 싸특의용군을

루카치의 이 유명한 경구는 서사시적 세계와 산문적 세계를 나누는 기준으로 즐겨 인용되곤 한다. 루카치가 서사시적 세계와 산문적 세계를 구분한 것은 서사시적 세계가 이미 완성된 의미를 지닌 세계라는 점을 강조하기 위해서였다. 이 닫힌 세계에서 남은 문제는 개인이 자신에게 주어진 공간을 찾아내는 일뿐이라고 그는 주장한다. 반면 산문적 세계는 어떠한 약속이나 보장도 없이 개인을 모험의 도정에 오르게 하는 환멸과 불안의 서사를 정초한다. 근대 소설이 산문적 세계와 불가분의 관계를 맺고 있다는 루카치의 견해는 이로부터 비롯되는 것이다. 따라서 레닌 훈시가 삶의 명확한 지침으로 주어진 세계는 완결된 서사시적 세계의 모방이며, 홍범도 또한 이 세계 안에서 자신에게 주어진 역할을 다하기만 해도 의미는 충족된다. 이 속에서 사회주의 리얼리즘의 공식 문법이 지닌 세계관이 드러난다고도 할 수 있을 터이다.

죽인 대가라고 믿는 반대편 그룹 일부가 그를 살해할 작정으로 "다짜고짜로 피장으로 홍범도의 머리를 마구 쳐 죽이려고" 했기 때문이다. 극단의 테러 시도가 심지어 한 번으로 끝나지 않으리라는 불길한 미래는 5권에서 새로 쓰인 홍범도의 우울한 말년과 맞물리며 항일 빨치산 영웅 형상에 균열을 가하게 된다.

홍범도 최초의 소설화인 김세일의 두 판본은 '자유시 사건'의 다시쓰기가 주요하게 작용했음을 재인식게 한다. 우연찮게도 공존하게 된 두 판본의 존재는 이 다시쓰기에 대한 고려 없이 제대로 된 이해가 불가능하다는 점도 일깨운다. 매일 신문에 실린 「홍범도」의 애독자이자 증언자로서 항일 빨치산 투사들은 자신의 기억과 경험을 바탕으로 말해지지 않거나 간과된 지점을 문제 삼으며 결국 작가가 개정판을 내게 했던 또 다른 주역이었다. 개작본의 다시쓰기를 추동한 이 힘들은 김세일의 '홍범도'가 지닌 당대적이고 동시대적 의미를 되돌아보게 하는데, 그것이 현재의 홍범도 논란과 이어지는 '역사적 트라우마'의 지점이기도 하다는 점을 상술한 논의는 드러내 주고 있다 하겠다.

2) 리빈의 『홍범도』: 반일 의병대장의 초상과 김일성 교시의 종속

리빈의 『홍범도』는 북한에서 2007년에 장편 전기 문학을 표제로 걸고 나온 일대기 소설이다. 금성출판사 판의 이 소설은 현재 한국에서 접할 수 있는 홍범도를 초점화한 유일한 장편 문학으로서 의미가 깊다. 이 소설을 다룬 선행연구는 없어서 직접적인 참고가 되기에는 한계가 있지만, 홍범도가 언급되거나 보조 장치로 등장하는 소설은 자료의 제약을 감안하고라도 눈에 띈다.

가령 "대대로 전라도의 바닷가 어촌 마을의 어부로 살아온 정천득은 젊은 나이에 나라를 빼앗긴 울분을 참을 길 없어 홍범도 의병대를 찾아간다고 갓 결혼한 아내를 데리고 북간도로 향했다"[30]와 같이 주요 인물의 배경으로 활용되거나 "홍범도의 청산리전투에 소년 전령으로 뛰어들어 오늘에 이르기까지의 복잡다단한 한 생이 화면처럼 눈앞에 흘러갔다"[31]로 대변되는 친분을 부각하는 방식도 있다. 말하자면 같은 부대원 출신이라는 점을 소설 전개에 꼭 필요치 않음에도 끼워 넣는 간접 제시가 선호되는 것이다. 2000년 이후 쓰인 소설들의 대체적인 경향이 그러하다면, 어린 시절부터 죽음까지 온전히 그를 주인공으로 삼은 리빈의 『홍범도』는 손에 꼽을 만한 대표작으로 봐도 손색이 없을 것이다.

소설은 크게 총 4장으로 구성된다. 1장 방황, 2장 축적, 3장 격랑, 4장 운명의 순으로 아래 세부 제목을 포함한다. 그중에서 소설의 첫 포문을 여는 것은, '나는 평양 사람이요!'라고 하는 그의 출생지를 담은 소제목이다. 이것은 소설 발표 당시 북한과 남한의 유해 봉환을 둘러싼 갈등을 반영하는 상징성 짙은 소제목이 아닐 수 없다. 왜냐하면 북한은 남한의 유해 봉환 시도에 적극 맞서면서 이 근거로 홍범도의 평양 출신 연고를 앞세웠기 때문이다. 홍범도의 직접 발화를 연상시키는 이 소제목을 출발점으로 소설은 1887년 평양 일대를 무대로 그의 성장기를 비추며 홍범도의 이후 행적을 숨 가쁘게 펼쳐놓게 된다.

무엇보다 이 소설은 1887년 평양 군영 생활에서 1910년 부대원을 이끌고 조선 국경을 넘어가기까지가 전체 분량의 3분의 2를 넘는다. 소설이 어디에 주안점을 두고 있는지를 잘 보여주는 이러한 양적 구성은 평양의 군영 생활을 비롯해 평안도와 함경도 및 접경인 두만강과 압록강

---

30) 김금옥, 「강산의 환희」, 『청년문학』, 2008.09, 21쪽.
31) 안동춘, 「영원」, 『조선문학』, 2009.04, 22쪽.

지대가 주요 무대라는 점을 환기한다. 즉 홍범도의 기원과 연관된 소설 전략으로써 일면 그의 출신을 명확히 하는 것이자 다른 일면으로 항일 의병 투쟁의 본산이 북한이라는 점을 강조하는 이중 효력을 거두게 되는 것이다. 이 맥락에서 「홍범도 일지」와 리빈의 『홍범도』의 서사를 비교해 보는 것은 의미가 있을 터인데, 전술한 2장의 분절을 좀 더 큰 층위로 나누고 여기에 소설의 목차를 대입해 본 결과는 다음과 같다.

〈표 3〉 「홍범도 일지」와 리빈의 『홍범도』 비교

「홍범도 일지」/ 화소 분절	리빈, 『홍범도』/ 장과 목차		주요 공간
출생	없음	해당 목차 없음	없음
군 입대와 탈주	1.1 1.2	나는 평양 사람이요! 탈출	평안도
피신과 은둔	1.3 1.4 1.5 1.6 1.7 1.8 1.9	리인선 허천에서 수안까지 첫 타격 공사관 밀실에서 유서 삼수에서 리옥녀	함경도 양강도
김수협과 의병 봉기	1.10 2.1 2.2	남행길 의분을 안고 가홍의 교훈	평안도
결혼 생활, 농사	2.3	징벌	함경도, 서울
포수 의병부대의 결성과 투쟁	2.4 2.5 2.6 2.7 2.8 2.9 3.1	헌병대 감방 벗과 원쑤 안산사 포연대장 김태욱, 하세가와 일석이조 개전 조선 군대 일어나다	함경도

	3.2 3.3 3.4 3.5	김치명 삼수성 개가 생시 같은 꿈도 있고 꿈 같은 생시도 있다 모지름	
아내 체포와 고문	3.6	어머니와 아들	함경도
일진회와 일병의 연합부대 격퇴	없음	해당 목차 없음	없음
양순의 죽음	3.7 3.8 3.9	홍량순 치명상을 입은 뒤 산중의 범 바다에 뛰어들다	함경도
간도, 노령 이동	3.10 3.11 4.1 4.2 4.3 4.4	안중근 근심이 짙어갈 때 선각자들 그는 누구인가? 전야 피눈물을 머금고	만주 연해주
금광 노동 등으로 총기 마련	4.5 4.6	십 년 세월 어머니와 아들	연해주
러시아 빨치산 합류, 백군과의 전투	없음	해당 목차 없음	없음
봉오동전투	4.7	총칼로 조선 사람 본때를 보이라!	만주
청산리전투	4.8	청산리대첩	만주
자유시 사건	4.9 4.10	황혼기에 이르러 지구의 저편에서	연해주
레닌 만남	4.10	지구의 저편에서	모스크바
협동조합 운영	4.10	지구의 저편에서	우수리스크 이만
카자흐스탄 이주	4.10	지구의 저편에서	크질오르다

「홍범도 일지」의 서사 분절을 따라 리빈의 『홍범도』 목차 구성은 보다시피 두드러지게 항일 의병 투쟁에 맞춰져 있다. 전기 문학의 성격상 그의 말년까지를 다루고 있다고는 하지만 4장 10절이 전부이기 때문이다. 자유시 사건부터 레닌과의 만남 및 협동조합 운영과 카자흐스탄의 강제

이주와 죽음에 이르는 근 20여 년간이 한 절에 축약된 셈으로 소제목처럼 지구의 저편에서 들려오는 이방의 소식인 양 일괄 처리되고 마는 것이다.

이러한 소설 구성상의 차이는 북한 국경을 떠나기 전과 후가 확연히 갈리는 비대칭성을 낳을 뿐만 아니라 만주와 연해주의 활동 역시나 이 연장선상에서 바라보게 한다. 주요 공간을 적시한 별도의 비고란이 예증하듯이 평안도, 함경도, 두만강과 압록강의 접점인 양강도 등 북한 북부의 공간이 홍범도의 활약상을 견인하는 주요 무대가 되어 봉오동과 청산리대첩에 비견되는 후치령, 삼수성 개가를 전면화하는 식이다. 2.9절 개전에서 3.3절 삼수성 개가까지 소설의 절정부를 이루는 반일 의병 투쟁의 간고함과 치열함 및 승전은 이를 제일의로 하는 소설의 방향성과 어울려 총기 제작에 대한 특유의 장면들을 선보이게 되는데, 아래 예문은 그 좋은 실례가 될 것이다.

> 지휘 성원들의 모임을 소집하고 병신년에 자신이 참가하여 풍부한 경험을 쌓은 바 있는 전국 의병 전쟁이 총패배로 끝난 기본 원인이 총이 약해서이며 <을사 5조약> 이래 다시 터진 오늘날의 의병 전쟁 가운데서 많은 부대들이 견뎌내지 못하고 속속 자취를 감추고 있는 원인 역시 **총이 약한 탓이라는 것을 격렬히 강조한 다음 철소의 복구를 정식 제안**하였다. 겸하여 철소에 드나든 적이 있는 자는 물론 그의 친척들일지라도 모조리 찾아내라는 지시를 떨구었다.[32]

총과 철에 대한 홍범도의 집착은 비단 위 예문에서만 나타나지 않는다.

---

32) 리빈, 『홍범도』, 금성청년 출판사, 2007, 239~240쪽. 이후 본문의 인용은 괄호 안의 쪽수 표시로 대신한다.

패배의 기본 원인을 총의 약세에서 찾는 위 장면을 포함해 "총대가 약해가지고서는 운명을 지켜낼 수 없"(434)다고 하는 절대 신념의 차원으로까지 화하기 때문이다. '총칼로 조선 사람 본때를 보이라!'라는 소제목의 봉오동 전투 또한 총, 포탄, 화약, 야포, 총대, 총칼로 변주되는 무기 절대주의에 입각해 있기는 마찬가지이다. "총이 약한 탓에 강한 총대한테 나라가 먹히웠으니 구원의 길은 보다 강위력한 총에 있다!"(425)로 집약되는 총대 더 강한 총의 대결이 그의 삶 전반을 관통하고 있다고 해도 과언이 아닐 정도이다.

이처럼 총에 대한 강한 집념을 갖고 그는 직접 철강소를 짓고 주물 전문가를 데리고 낡고 투박한 화승총과 총알, 여기서는 포탄으로 명명된 수류탄을 자체 제작하기 위해 그야말로 분투한다. 일종의 총대 철학과 실천이라 부를 만한 것으로 이 지점에서 교차하는 김일성의 다음 교시는 소설에 투여된 당대적 접점을 환기하기에 충분하다. 김일성은 "유명한 의병대장인 홍범도는 자체로 쇠돌을 녹여 화승대를 만들고 철알을 부어가지고 왜놈들을 무찔렀습니다"[33]라고 홍범도의 더 강한 총의 신념에 힘을 보태는 발언을 남긴 바 있기 때문이다.[34]

홍범도가 실제 철강소를 짓고 무기를 만들었는지에 대한 여부는 불분명하다. 「홍범도 일지」에서는 이 같은 기록이 전혀 없다.[35] 무엇보다

---

33) 김일성, 「병기공업을 더욱 발전시키기 위하여」, 1961.05.28., 『김일성 저작집』 15, 조선노동당 출판사, 1981, 127쪽.

34) 선군사상과 총대는 김정일 시대를 특징짓는 통치 메커니즘과 슬로건이다. 이 글은 당대의 사회정치적이고 역사적인 맥락을 염두에 두면서도 총대 사상을 본격적으로 해부하지는 않는다. 김일성은 『세기와 더불어』 3, 조선노동당 출판사, 2011, 243쪽에서 홍범도의 무장 의병투쟁을 높이 평가하면서 그와 같은 명장이 더 많았으면 얼마나 좋겠느냐는 말로 무기의 중요성을 변함없이 강조하고 있다.

35) 장세윤은 1997년 독립기념관에서 펴낸 『홍범도 생애와 독립전쟁』에서 박원희의 증언을 빌려 홍범도 부대가 자체적으로 무기를 조달하려 애썼다고 전한다. 다만 박원희가 어떤 경로로 이 증언을 했는지는 명확하지 않다. 당시 간도에서 떠돌던 소문이 출처인지 아니면 가까운

1897년에서 1907년 사이의 긴 공백기에 무기 제작 일화가 끼어들어 사실과 허구의 긴장 관계를 창출하며, 그 원료인 화약의 확보에서 실패를 거듭하는 총신과 총알, 폭탄 제조에 이르는 장면들을 재구성하게 된다. 김일성 교시와 합치되는 홍범도의 이러한 총대 논리는 북한 지역을 무대로 반일 투쟁에 집중된 이 소설과 동궤에서 그의 초상을 틀 짓게 되는데, "총과 함께 억세게 살아온" 조국과 민족을 향한 일편단심의 "절세의 애국자, 세기의 위인"으로서의 '일국화一國化'된 영웅의 형상 그것이었다.

> 나라와 민족의 존엄을 되찾고저 인생을 백절불굴의 애국 의지로 총과 함께 억세게 살아온 홍범도, **오늘도 반신상으로 굳건히 서 있는 그의 근엄한 눈길은 절세의 애국자, 세기의 위인의 손길에 의해서 그가 품어오던 염원이 현실로 활짝 피여난 조국, 나라와 민족의 존엄을 선군의 총대**로 굳건히 지켜나가는 조국의 숭엄하고 자랑찬 모습을 무한한 긍지 속에 바라보는 듯싶다.(493)

소설의 대미를 장식하는 서술자의 논평은 홍범도를 애국자와 위인의 반열에 올려놓는다. 크질오르다에 세워진 반신상은 오로지 조국애의 화신으로 그를 되비출 뿐이다. "나라와 민족의 존엄을 선군의 총대로 굳건히 지켜나가는 조국의 숭엄하고 자랑찬 모습을 무한한 긍지 속에 바라보는 듯"싶다는, 이 소설이 표방하는 전기적 성격에 걸맞게 홍범도의 애국자 형상을 부각하지만, 조국애로 평면화되는 그의 영웅담 속에서 북한을 무대로 한 반일 투쟁 못지않게 결론으로 치달아 가는 말년의 형상은

관련자에게서 들은 지가 불분명한 채로 이야기되고 있어서 여전히 논란이 남는다. 이 외 다른 사료에서 이 사건을 언급한 경우는 발견하지 못했다.

이 조국애의 수렴점과 관련해 간과할 수 없는 일면을 지니고 있다.

4장 10절에 압축된 그의 말년 형상은 한 마디로 '김일성 바라기'로 요약될 수 있는 것이었다. "쇠잔해 가던 기운이 다시금 활력을 되찾"은 데는 "상해 림정과도 아무런 인연이 없"고 "사대와 교조에 물젖은 온갖 잡색의 주의 주장들과 각파 구국군들과는 질적으로 다른 새 형의 참신한 혁명운동"을 이끄는 조선 청년 공산주의운동의 진두에 "젊디젊으신 김일성 장군님"이 서 있었기 때문이다. "멍든 가슴속에 밝은 빛을 던지기 시작"한 크나큰 환희의 소식이 만주 땅을 건너 그에게 전해지면서, 그는 "가슴이 터질 듯한 격동을 금할 수 없"게 되어 노구의 몸을 일으켜 안도행에 나서게 된다. 쇠락해 가는 그의 노년과 극적인 대조를 이루는 김일성의 젊음의 표지는 끝내 성취하지 못한 조국 해방의 과업을 완수할 "구원된 조국"(489)의 현현으로 김일성을 고양케 한다. 김일성을 향한 그의 격정과 감화는 물신화의 경향을 낳으면서 얼마 남지 않은 그의 생을 온통 사로잡게 됨을 아래의 장면은 확인시켜 주고 있다.

> "안도로 가자구! 나는 죽는 한이 있어도 김일성 장군님을 뵈와야 할 사람이야. 그전엔 눈을 못 감아!" …… 한 해가 지났으나 부상은 낫지 않았다. **속절없이 흐르는 나날과 더불어 홍범도는 김일성 장군님을 그리는 마음에 더욱더 애가 끓었다.** 이러한 그한테 이만에서 멀지 않은 소만 국경지대인 동녕현성을 김일성 장군님께서 들부셨다는 충격적인 소식이 전해졌다. 동녕현성으로 말하면 일제가 소련을 침공할 목적으로 각종 군사 장비와 수천 명의 병력을 집결시키고 난공불락의 요새라고 떠들던 곳이다. 이런 곳을 잠깐 사이 묵사발로 만드시다니?! 더구나 만주 땅에서 뿌리 깊은 큰 세력을 가지고 제노라 으스대던 오의성, 사충항, 리삼협, 채세영 등의 반일 부대들까지 한데 묶어 세우시고 총지휘하시어

> 그렇듯 큰 커다란 대승을 거두시다니! **그이시야말로 이 세상 모든 애국 총대들을 하나로 묶어 일제를 때려부실 위인이시다! 내 조국의 숨결을 이어주실 민족의 구원자이시다!** (491)

전성기를 지난 그의 말년은 조국에 대한 그리움과 죄스러움을 더욱 깊게 할 뿐이었다. 침체와 실의의 세월을 보내던 그를 다시 일으켜 세운 "젊디젊은 김일성 장군"에 대한 맹목적 믿음도 이에 비례해 커진다. 이것이 노구의 그를 이끌어 안도로 향하게 했지만, 길목인 밀산에서 그는 일본 경찰대에 발각되어 "허리에 심한 타박을 받았고 허벅다리에 관통상"을 입게 된다.

동행했던 부하들의 만류로 다시 이만으로 돌아올 수밖에 없게 된 그는 김일성과 만날 절호의 기회를 잃고 마는데, 이 안타까운 형상은 "안도로 가자구! 나는 죽는 한이 있어도 김일성 장군님을 뵈와야 할 사람이야. 그 전엔 눈을 못 감아!"의 외침에 고스란히 담겨있다. 김일성에 대한 홍범도의 절절한 애정이 묻어나는 장면이 아닐 수 없다. 즉 지고의 존재에 대한 그의 순정한 충정의 발로가 이 에피소드를 감싸고 있는 셈이다. 덧붙여 이 에피소드는 홍범도가 그토록 갈구해 온 김일성과의 만남을 가로막는 혼사 장애와 같은 사건들의 개입으로 역사적 사실의 과도한 일탈을 막는 역할도 한다. 지척에 있는 김일성을 직접 보지 못하는 데 대한 명분이 이 에피소드를 통해 확보되는 까닭이다.

"한 해가 지났으나 부상은 낫지 않는" "늙고 병든 몸"은 "조국으로, 장군님 가까이로 바투 다가가고 싶어 속"을 끓이고 "조국의 하늘가를 바라"보는 눈물겨운 정경을 빚어낸다. "백골이 되어서라도 부디 조국에, 모란봉 기슭에 묻히도록 은총을 베풀어 주시옵기를 ……"를 바라는 마음 역시 이 흐름에서는 자연스럽다. 그에게 조국은 일제에 의해 상실된 고토의 회복이기도 하지만, "숨 꺼진 조국이 김일성 장군님에 의해서 꼭 다시 재생"되어 할 "구원"의 미래이기도 하기 때문이다. 이러한 조국과 김일성과의 유기적 일체화 속에서, 그는 '김일성 바라기'로 말년의 삶을 일관하게 된다.[36] 전기 문학의 일대기 서사를 취하면서도 4장 10절에 그려진 말년의 형상은 일대기 서사를 초과하는 뒤틀림을 생성시키는 것이다. 이는 2006.4월 『천리마』에 실린 아래의 인물평과도 상동 관계를 이루는데, 여기서 관건은 마치 소설 속 김일성 바라기로서의 홍범도를 되비추듯 탁월한 영도력이 문제의 중심이 된다.

> 그는 1937년 가을 중앙아시아로 이주하여 카자흐스탄의 크질오르다에서 말년을 보내다가 1943년 가을 사망하였다. 지금도 크질오르가의 신분등록소에는 홍범도의 사망증서가 보관되어 있으며 공동묘지 구역에는 그의 반신상이 세워져 있다. 이처럼 홍범도는 일제에게 빼앗긴 나라를 찾기 위해 의병 운동, 독립군 운동으로 이름을 남긴 뛰어난 인물이었다. 하지만 그는 반일 투쟁에서 심각한 교훈을 남겼다. **탁월한 영도자를 모실 때만이 일제에게 빼앗긴 나라를 찾고 민족의 존엄을 떨칠 수 있다는 것이 그의 반일 투쟁 행적이 보여주는 교훈이다.**[37]

반일 의병 운동과 독립 투쟁의 공적은 누구도 부인할 수 없다. 그런데

36) 김일성과의 물리적 거리는 김일성을 정점으로 하는 재귀적 수렴 구조에서는 그리 중요하지 않다. 더 정확히 말하면 물리적 거리보다 그를 따르려는 불굴의 신념과 실천이 관건인 것이다. 이러한 측면에서 둘 사이의 만남이 성사되지 않음으로써 발생하는 강렬한 파토스는 북한 소설 특유의 감화와 감격에 입각한 자발적 복종의 논리를 견인하며, 연령이 아닌 젊음의 생명력과 영도력 우위의 위계화를 정초하게 된다. 김일성의 젊음의 표지와 긍정적 의미화는 공임순, 「김일성의 청년상과 (남)북한의 상징 투쟁과 체제 전유의 방식들」, 『민족문학사연구』 39, 민족문학사연구소, 2009에서 다루었다.

37) 정창규, 「홍범도의 생애와 반일 투쟁 행적」, 『천리마』, 2006.04, 89쪽.

이에 대한 존경과 추모는 말미의 엄격한 한계 위에서 행해져야 하는 것이다. “탁월한 영도자를 모실 때만이 일제에게 빼앗긴 나라를 찾고 민족의 존엄을 떨칠 수 있다는 것이 그의 반일 투쟁 행적이 보여주는” 심각한 교훈이기 때문이다. 이 정해진 결론에 따라 홍범도는 어찌 보면 실패한 영웅으로 남을 수밖에 없게 된다. 그에게는 김일성과 같은 탁월한 영도자를 접할 기회가 애초부터 주어지지 않았던 까닭이다. 이 결핍은 홍범도가 택한 것이 아니기에 현실에서는 이뤄지지 않을 소망 충족의 ‘백일몽’을 필요로 한다. 이것이 리빈의 『홍범도』로 구현되었다고 말할 수 있는 이유이다. 이 관점에서 자유시 사건은 김일성의 영도력 부재에 대한 증거로 회수될 뿐임은 두말할 나위가 없다. 사실과 허구의 임계점에서 홍범도의 애국자 형상에 내재한 ‘김일성 바라기’의 그늘은 전기 문학의 성격을 비트는 문제적 지점으로 그 서사적 곤경을 노정하고 있다 하겠다.

3) 방현석의 『범도』: 고결한 인간 영웅들의 형상과 속물적 현장의 우회

방현석의 『범도』는 가장 최근작에 속한다. 2023년 마치 홍범도 논란을 예견한 듯이 동 시기에 발표된 이 작품은 작가의 오랜 탐구가 빛을 발한 결과로 볼 수 있다. 「작가의 말」에서 그는 13년 전부터 이 이야기를 준비해 왔음을 특별히 강조하고 있기 때문이다. “자료를 뒤지고 주인공의 발자취를 따라 만주와 중앙아시아, 러시아 답사”[38]는 물론 소설의 집필에만 꼬박 3년을 보냈다고 그는 밝힌다. 작품을 완성하기까지 그가 들인 수고로움의 표현이기도 할 터인 「작가의 말」에서 유독 빠진 이음새가

38) 방현석, 「작가의 말」, 『범도』 2, 문학동네, 2023, 전자책 기준 561쪽. 이후 인용은 본문의 쪽수 표시로 대신한다.

있다. 바로 『오마이뉴스』에 2021.08.15일부터 12.21일까지 '홍범도 실명소설'의 타이틀로 주 2회 총 37화가 실린 「저격」의 존재이다.

「저격」은 홍범도의 귀환에 맞춰 『오마이뉴스』가 기획한 연재물이었다. 어린 시절부터 성장기까지가 그려진 이 지면을 통해서 『범도』의 밑그림이 먼저 제시된 셈이지만, 이에 대한 언급은 「작가의 말」 어디에도 없어서 의아함을 남긴다. 『범도』의 선행 텍스트라는 점도 그렇지만, 매체와 결부된 귀환의 동시대적 맥락과 의미를 함축하기 때문이다. 여기에 현재의 홍범도 논란이 더해지면, 『범도』는 한 역사적 인물의 이야기를 넘어 지극히 현재적 실천과 헤게모니 경합을 내포한 화제성 짙은 시대 텍스트로 자리매김하게 된다.

작가가 무/의식적으로 누락한 「저격」과 그 뒤를 잇는 『범도』로 서두를 연 데는 이 소설이 특정 시기만을 대상으로 삼았다는 점과 무관하지 않다. 시기의 근접성을 고려해 김세일의 개정판 『홍범도』, 리빈의 『홍범도』, 방현석의 『범도』를 나란히 놓고 보면, 양적 구성의 차이는 있을지언정 일대기 서사로서의 완결성은 5권의 볼륨답게 김세일의 개정판 『홍범도』가 가장 높다. 출생에서 죽음까지의 전 과정을 망라하기 때문인데, 여기에 비해 리빈의 『홍범도』는 출생을 제외한 성장에서 죽음까지가 그려진다. 반면 방현석의 『범도』는 성장에서 청산리전투까지를 본편으로 하고 에필로그를 따로 두어 극장 수위로 생을 달리한 홍범도의 마지막을 간략하게 정리한다. 프롤로그와 짝하는 에필로그는 일면 본편의 연장으로 보이기도 하지만, 일인칭 화자인 범도의 시선을 벗어나 작가의 목소리로 이행한다는 점에서 본편으로 보기에는 이질성을 지닌 것도 사실이다.

에필로그를 제외하고 소설은 평양 군영 생활에서 청산리전투까지로 한정된 특정 시간대를 선보이는데, 이는 「저격」에서 예고된 바가 있다. 흥미롭게도 「저격」은 허구의 사실 효과로써 우연히 손에 넣게 된 비망록을 이야기의 출발점으로 삼는다. 흩어진 자료를 이어줄 결정적 단서를 찾아 나선 내 앞에 뜻하지 않게 「어느 극장 수위의 회상」이 주어지면서 드디어 이야기가 완성된다는 숨겨진 문서의 존재는 최초의 여 사격수였던 내 할머니의 일기와 함께 발화의 신빙성을 높인다. 액자 소설에서 흔히 차용되곤 하는 이 세상에 드러나지 않은 이야기의 보고는, 「저격」의 내 할머니와 그 남자를 극화하는 진실성 효력의 매개가 되는 것이다. 공적인 일대기의 전설적 영웅이라기보다 내 할머니에게 심장을 저격당한 남자로 사사화私事化되는 이 같은 「저격」의 서사 기법은 『범도』에서는 일인칭 화자로 구현됨으로써 사실상 일대기 서사를 이완하는 효력을 거두며, 2권의 적지 않은 분량에도 불구하고 『범도』의 시간대를 한정하는 데 일조하게 된다.[39]

인물의 내면 흐름을 좇아가며 『범도』는 아래 도표처럼 「홍범도 일지」의 시간과 사건의 축선을 전부 담아내지 않는다. 청산리전투 이후 에필로그를 넣는다 해도 이만 이동과 자유시 사건 및 레닌과의 만남 등은 전부 지워지기 때문이다. 에필로그는 그가 극장의 수위 생활로 말년을 보냈다는 그야말로 「저격」에서 우연히 발견한 「어느 극장 수위의 회상」과 공명하는 듯한 요약 제시로 일대기 서사를 기본 틀로 한 앞 절의 두 작품과는 확연한 차이를 드러낸다. 3장 2절에서 시도했던 것과 같은 방식으로 「홍범도 일지」의 서사 분절에 맞춰 『범도』의 목차를 대입해 본 결과는 아래와 같다. 장 아래 절이 있기는 하지만 따로 소제목이 없어 각 화소에 이중으로 겹치는 경우도 발생하는데, 그만큼 시간 흐름이 더디다는 신호로 읽을 수 있다. 이는 허구적 인물의 개입과도 긴밀하게 연관된 것이어서 비고란에 주요한 허구 인물을 별도로 적시했다.

39) 방현석, 「저격」 (1), 『오마이뉴스』, 2021.08.15.

〈표 4〉「홍범도 일지」와 방현석의『범도』비교

「홍범도 일지」/ 서사 분절	방현석,『범도』/ 장과 목차		주요한 허구 인물
어린 시절	1장	포수의 원칙	신포수
군 입대와 탈주	2장	백무아	백무아, 차이경, 남창일
피신과 은둔	3장	네가 알고 내가 안다	남매 수경, 수이 금희네, 장진댁
	4장	그물에 걸리지 않는 바람처럼	
김수협과 의병 봉기	5장	과연 김수협	진포, 이진 부부 여연, 선형
	6장	앞물결과 뒷물결	
	7장	다이나마이트	
	8장	단독 여단	
결혼 생활, 농사	9장	포수의 것은 포수에게	조강록, 현창하
포수 의병의 부대 결성과 투쟁	9장	포수의 것은 포수에게	임창근 자매 금희, 은희
	10장	신화의 전설	
	11장	금희 동생 은희	
아내 체포와 고문	11장	금희 동생 은희	동일
일진회와 일병의 연합부대 격퇴	11장	금희 동생 은희	동일
양순의 죽음	11장	금희 동생 은희	동일
간도, 노령 이동	12장	하늘의 해도 빛을 잃다	정협 마적단 얀코프스키
	13장	연해주의 그들	
금광 노동 등으로 총기 마련	14장	그 여자 김 알렉산드라	황 아바이
	15장	철혈 광복단	
러시아 빨치산 합류, 백군과의 전투	15장	철혈 광복단	동일
봉오동전투	16장	보급대장 김성녀	마을 주민들
청산리전투	17장	청산리의 그들	독립군
자유시 사건	없음	해당 목차 없음	없음
레닌 만남	없음	해당 목차 없음	없음
협동조합 운영	없음	해당 목차 없음	없음
카자흐스탄 이주	에필로그	극장 수위	없음

위 도표에서 꼽은 주요한 허구적 인물 중 주목되는 두 명의 여성 인물은 백무아와 진포이다. 백무아는 「저격」에서 조선 최초의 여 사격수였던 내 할머니의 투사이자 변주라 할 수 있다면, 『범도』에서 이 명성에 걸맞는 존재는 진포이다. 그녀는 남성들만의 의병 세계에서 타의 추종을 불허하는 독보적인 실력과 투쟁력으로 당당히 한 자리를 차지하기 때문이다. 진포를 위시해 소설은 명멸하는 포수들로 전반부를 이끌어 간다. 1장의 제목이 '포수의 원칙'인 데서 드러나듯이, 포수는 생업을 뛰어넘는 삶의 근거와 가치로 제시되는 것이다. 1장에서 신포수가 주요한 허구적 인물로 등장하는 이유도 여기에 있을 텐데, 그는 죽은 홍범도의 아버지 역과 포수로서 삶의 준거를 육화한 스승의 자리를 겸한다. 1장의 마지막은 의미심장하게도 포수의 철칙을 지키는 두 개 여단으로의 분리였다. 신포수와 홍범도 각기 하나의 여단으로서 신포수는 산에 남고, 홍범도는 세상으로 나가는 첫 발걸음을 떼게 된다.

홍범도의 평생 연인이자 등불인 백무아가 본격적으로 등장하는 2장은 여러모로 인상적이다. 특히 그녀의 등장을 위한 시간착오가 그러한데, 「홍범도 일지」에서 평양 군영 입대와 생활을 환산하면 1883년이라는 점을 별도의 비고란을 통해 밝힌 바 있지만 이 소설에서는 1884년 갑신정변을 배경으로 한다. 관아의 학정으로 말미암아 진주를 시작으로 김천의 곡창인 개령을 포함해 삼남으로 번져 나간 대규모 농민 봉기인 김천과 울산 민란은 1862년에 발생한 사건이다. 그런데 소설은 홍범도가 백무아와 만나게 되는 결정적 사건이 되는 오빠 백무현의 죽음을 위한 무대로 1884년 갑신정변의 시간대에 1862년의 김천과 울산 민란을 끌어들이는 전형적인 시간착오를 범한다. 작가는 인터뷰에서 이를 서사적 개연성으로 통칭하며 시간착오의 의도성을 암시하지만,[40] 이와 결부된 공간착오 또한 무시할 수 없는 일면이다. 무엇보다 홍범도가 평양 군영에서 차출되어 갑신정변의 본무대인 한양에서 김천·울산으로 이동해 가는 경로는 일대기 서사와 어긋나는 공간 비약이 아닐 수 없기 때문이다.

홍범도가 평양 군영 생활 중에 살인을 저질러 한반도 북부 지방을 중심으로 의병 투쟁을 벌인 것은 비교적 잘 알려진 사실이다. 그런데 『범도』에서는 갑신정변의 현장에서 그 주역들과 얽힌 사건이 도입되면서 일대기 서사와 어긋나는 틈새가 만들어진다. 갑신정변의 주역이라 할 김옥균과 홍영식 등이 에피소드의 주요 인물들로 기능하지는 않지만, 이들과 접점을 지닌 허구적 인물들이 역사적 사건을 대리하며 홍범도와 사적 관계망을 형성하기 때문이다.

대표적인 인물이 위 도표 2장 비고란에서 제시된 차이경일 것이다. 그는 김옥균의 겸종으로 상전의 역모죄에 엮여 처형되는 비극적 인물로 그려지는데, 그와의 짧은 만남은 11장까지 이어지는 긴 인연의 단초가 된다는 점에서도 중요하다. 차이경이 죽은 후 홍범도는 고아로 남겨졌을 동생들을 찾아 나서 이들과 귀중한 가족의 연을 맺기 때문이다. 여기서 홍범도의 부인이 되는 차이경의 동생 수경은 두 가지 점에서 이채를 띤다. 먼저 그녀는 「홍범도 일지」에 단 한 줄로 처리된 리 씨 부인을 대체하는 허구적 인물로 등장하여 홍범도의 일생에서 가장 단란했던 한때를 같이하게 된다는 점이다.[41] 다음으로 그녀는 작가가 강조했던 "항일무장투쟁에 나섰던 평범한 사람들의 비범한 이야기"[42]를 매개하는

---

40) 「우리가 지워버린 평범한 이들의 아름다운 헌신 이야기 쓰고 싶었다」, 『부산일보』, 2023. 10. 19.

41) 「홍범도 일지」에서 결혼 생활은 "함경도 북청 단양 리가에게 서방 들어 팔 년을 농사하여 먹다가"로 단 한 줄로 기술되고 있다. 이 짧은 정보를 통해 결혼 생활의 전모를 알기는 어렵지만, 부인의 성이 이 씨라는 점은 명시적으로 드러난다.

42) 방현석, 「소설 『범도』, 장군 홍범도, 그리고 2023년 한국」, 『르몽드 디플로마티크』, 2023. 09. 26. 작가는 이 인터뷰 외에 다른 지면을 통해서도 『범도』에서 구현하고자 했던 주제 의식을 다음과 같이 표방한다. "나는 우리 역사가 지워버리고, 우리 문학이 외면한 사람들의 이야기

능동적 행위성agency을 부여받고 있다는 사실이다. 홍범도를 투항시키고자 갖은 고문과 압박을 가하는 일제 경찰(헌병)에 맞서 그녀는 굴복하기보다 혀를 깨물어 자결하는 쪽을 택하는 독립성과 주체성을 지닌 인물로 그려지며, 이러한 그녀의 저항적 기개는 차이경에서 그녀를 거쳐 두 아들 양순과 용환으로 대물림되는 비극적 가계도와 길항하게 된다.

허구적 인물 수경이 실존 인물 리 씨를 배후로 하듯 이 소설의 주요한 허구적 인물들의 근저에는 실존 인물들의 영향이 짙게 배어 있다. 순전한 허구적 인물로 여겨지는 백무아 역시 마찬가지이다. 작가는 그녀가 1920년 광복군 총영에서 파견한 국내 폭파결사대 제2지대 안경신과 미군정청 정보요원으로 활약했던 현 앨리스를 모델로 한 것임을 밝히며 어느 것도 실재가 아닌 것이 없음을 피력하기도 했는데,[43] 이 실제 같은 허구 못지않게 허구가 가미된 실존 인물의 존재가 "평범한 사람들의 비범한 이야기"를 견인하는 또 다른 축선임을 13장 「연해주의 그들」과 14장 「그 여자 김 알렉산드라」 및 17장 「청산리의 그들」은 잘 보여준다. 공적 역사에서 지워진 망각의 무게만큼이나 이 역사 속 실존 인물들은 그들과 그 여자 등으로 일종의 거리감을 발생시키지만, 이 공백을 채우는 허구적 의장에 힘입어 아래와 같은 소설의 백미를 탄생시키게 된다. 14장 「그 여자 김 알렉산드라」의 최후를 그린 처절하리만치 아름다운 장면이 그것이다.

> '내가 죽을 자리는 내가 정하겠다.' 그리고 열세 걸음을 걸어 바위 위에 올라선 다음 공원을 가득 채운 시민들을 둘러보며 말했지요. '제가

를 쓰기로 작정했다. …… 항일무장 투쟁에 나섰던 평범한 사람들의 비범한 이야기"를 그리고 싶었다는 것이다. 이러한 작가의 의도가 반영되어 실존 인물 리 씨를 대신한 수경의 허구적 캐릭터가 완성되었음을 짐작게 한다.

43) 「소설 '범도' 조명, 역사 교과서에 나오지 않는 독립운동가들」, 『인천 투데이』, 2023.10.27.

방금 걸어온 열세 걸음은 제 심장에 새긴, 빼앗긴 조국 조선의 13도입니다. 조선 동포 여러분, 연해주에서 태어나고 자란 제가 밟아보지 못한 조선 13도에 여러분이 평등의 씨앗을 품고 해방의 꽃을 피워주십시오.' 그렇게 말하고 알렉산드라는 군중의 맨 앞줄에 서 있던 저를 바라보았어요, 저는 눈물을 흘리며 고개를 끄덕였습니다. 반드시 그렇게 하겠다. ……

진포는 유언을 끝낸 알렉산드라가 다시 흰 수건으로 눈을 가리려는 사형 집행관의 손길을 뿌리쳤다고 한다. '가리지 마라. 나는 내 최후를 똑똑히 지켜볼 것이다.' 흰파 반란군 사형 집행관 율리네크는 그녀의 요구를 들어주었다. 한 번도 보지 못한, 이토록 당당한 조선 혁명가가 선택한 최후를 그는 방해하려 들지 않았다. 다섯 개의 총구에서 동시에 불을 뿜었고 알렉산드라는 서 있던 바위 위에 쓰러졌다. 바위를 피로 물들이며 아무르강으로 떨어진 그녀의 시신은 강물 속으로 사라졌다. (2, 354~355)

김 알렉산드라는 실존했던 인물이다. 알렉산드라 페트로브나 김Александра Петровна Ким은 노령으로 이주한 한국계 소련인으로 최초의 항일 공산주의자로 불린다. 그녀는 불행한 가정생활 끝에 볼셰비키에 입당해 빨치산 활동과 극동 지역 인민위원회의 외무위원장으로 연해주 한인의 지도자적 역할을 담당했다.[44] 한인사회당 적군을 만드는 데 결정적인 기여를 한 김 알렉산드라의 마지막을 전하는 사람은 5장에서 등장한 허구적 인물 진포이다. 홍범도를 사이에 둔 김 알렉산드라와 진포의 인연이 실제 백군에 의해 처형된 김 알렉산드라의 최후를 증언하는 데까지 이른 것이

---

44) 마뜨베이 찌모피예비치 김(Matvei Timofeevich), 이준형 옮김, 『일제하 극동 시베리아의 한인 사회주의자들』, 역사비평사, 1990, 111~119쪽 참조.

다. 김 알렉산드라의 최후를 허구적 인물 진포가 중계한다는 설정은 예컨대 구전으로만 전해지는 이야기를 텍스트상의 진실로 만드는 데 효과적이다. 조선 팔도를 의미하는 여덟 걸음이든 혹은 소설에서 바뀐 열세 걸음이든 구전의 역사적 현장화가 허구적 인물 진포를 매개로 이루어진다는 사실은 실존 인물에 덧입혀진 허구의 의장을 재각인케 하기에 충분하다.[45]

"가리지 마라. 나는 내 최후를 똑똑히 지켜볼 것이다"라며 죽음 앞에 초연했던 김 알렉산드라에게는 "진포 내 아이들을 만나면 꼭 전해줘요. 엄마가 정말로 사랑했다고"로 대변되는 평범한 어머니의 일상이 있다. 죽음을 앞둔 인간이라면 항용 겪기 마련인 삶에 대한 강렬한 유혹은 이 평범한 모성을 파고들며 그녀의 항복을 요구하지만, 그녀는 이를 완강히 거부하고 자신의 아이가 살아갈 정의롭고 평등한 세상을 위해 기꺼이 목숨을 바치는 숭고한 모성의 힘을 보여준다. 이 감동적인 장면을 완성하는 것은 진포의 다음 외마디가 아닐 수 없다. "저는 이제 혁명가로 살아갈 거예요." 이 다짐은 김 알렉산드라의 못다 이룬 변혁의 꿈을 이어받겠다는 자기 선언이자 약속과도 같다. 나아가 김 알렉산드라가 죽기 전 "우리 조선 13도에서 피워낸 해방의 꽃을 전 세계 피압박 민족에게 전할 수 있도록 연대해 달라"고 부탁했던 바의 진정한 국제적 연대의 이상을 반향하는 것이기도 하다. 상호 신뢰와 애정에 바탕한 이 두 여성의 결속은,

---

45) 김승화, 정태수 편역, 『소련 한족사』, 대한교과서 주식회사, 1989, 89~90쪽. 김 알렉산드라가 죽기 전 남긴 유언은 공산주의자의 씨가 자라서 멋진 꽃을 피우게 해달라는 부탁이었다고 한다. 이와 함께 여덟 걸음만 걷게 해달라는 마지막 소원이 전설처럼 전해지는데, 작가는 여덟 걸음 대신 조선 13도를 의미하는 열세 걸음으로 이를 바꾸어 기술하고 있다. 어느 것이 맞는지는 구전의 특성상 판별하기 어렵다. 구전은 특정 저자 없이 저마다의 이야기를 덧붙인 집단 창작의 소산이기 때문이다. 진포는 이 구전의 현장을 생생한 실감으로 되살리는 허구적 의장이자 능동적 작인이다.

적지만 거대한 변화의 물결이 되어 "평범한 사람들의 비범한 이야기"를 계속 써나갈 터였다.

13장 「연해주의 그들」의 페티카 최재형도 이 일부로서 자리매김한다. 그는 "혼자 성공하지 않"고 "자신이 소유한 드넓은 토지를 개간해 부를 독점하는 길을 선택하지 않고 조선 사람들에게 기회를 나누어" 주며 "조선인 마을마다 학교를 세우는"(2, 222) 기업가적 양심과 동포애의 담지자이기 때문이다. 열정적 혁명가의 길을 걸었던 김 알렉산드라와 짝하는 최재형의 독립군에 대한 자금과 무기 지원은 결국 소련과 일본 양국에서 배척되는 운명을 피할 수 없게 했는데, 그의 죽음 역시 김 알렉산드라 못지않게 비극성을 띤다. 그와 관련된 남겨진 이야기는 에필로그의 뒤를 받치는 「쓰지 못한 이야기」로 보충되며 살아서도 죽어서도 안식을 얻지 못한 그의 "헌신은 무한했으나 바란 대가는 전무"(2, 563)했던 고달픈 행로를 전하게 된다. "일본군은 그의 시신을 없앴고, 러시아는 그의 가족들을 일본 간첩으로 몰아 살해했고, 대한민국 정부는 묻힐 시신조차 남기지 못한 채 외로운 영혼으로 돌아온 그의 허묘마저 없애 버렸다."(2, 541)

공적 규범과 가치의 사적 체현이 고결함의 구체적 형상을 만든다고 했던 조지 모스George Mossee의 말대로 홍범도를 중심으로 한 사적인 관계망은 허구와 실존 인물들을 망라하고 고결함의 연대체라 부를 만한 유사한 속성과 특징을 공유 및 변주한다.[46] 이 안에서 어떤 인물도 극도로 악하거나 비열해지지 않는다. 심지어 동지를 배반하고 밀정이 된 악인 엄인섭조차 그러하다. 엄인섭은 안중근의 단지회 동맹회의 일원으로 홍범도와는 결의형제한 막역한 사이이기도 하다. 그런데 그는 어두운 얼굴로 홍범도의

---

46) 조지 모스(George Mossee), 서강여성문학연구회 옮김, 『내셔널리즘과 섹슈얼리티』, 소명출판, 2004, 4장 참조.

곁에 머물다가 자신의 정체가 발각되기 전에 텍스트에서 사라진 후 전언과 풍문으로만 떠돌 뿐이다. 이 추방과 퇴장의 결과 그가 어떤 이유와 동기에서 동지를 배반하고 밀정이 되었는지를 확인할 길이 없어진다. 즉 그가 겪었을 인간적 분노와 한계 및 약점과 탐욕 등의 평범한 인간들의 비범함 못지않게 생존욕과 관련된 속물성이 끼어들 자리가 마련되지 않는 것이다. 이는 일인과의 대결 외에 이 소설의 갈등과 대립이 드문 것과도 밀접한 상관성이 있다. 청산리전투로 마무리될 수밖에 없었던 이 소설의 아래와 같은 결말도 포함해서 말이다.

> 말문이 막혔다. 나는 한 번도 이 전쟁에서 살아남아 독립을 볼 것이라는 생각을 해본 적이 없었다. 나에게는 살아서 머무를 집이 없고 죽어서 묻힐 집이 없다. 나를 포수막에서 떠나보내며 신포수가 했던 말을 잊은 적이 없었다. 그것이 그의 운명인 동시에 나의 운명이라는 것을 그때는 몰랐다. 내가 낙명시킨 짐승들의 먹이가 되겠다, 이왕이면 범의 먹이가 되었으면 좋겠지만 삵이라도 괜찮다, 신포수의 그 말은 내가 살아 있는 무언가를 향해 방아쇠를 당길 때마다 내 심장을 고요하게 만들어 주었다. 짐승의 먹이로 사라졌을 신포수의 길을 따라갈 기회는 내게 주어지지 않을 것이다. 그래서는 안 되었다. **노루를 향해 방아쇠를 당기지 못해 산을 내려온 나는 얼마나 많은 사람의 목숨을 거두었나. 비록 적이라 할지라도 사람이었다. 그리고 나와 함께했던 얼마나 많은 사람을 먼저 떠나보냈는가. 신포수가 포수로 지은 죄업을 홀로 산에 묻었듯이 나는 군인으로 지은 죄업을 이 전장에 묻고 끝내야 마땅했다.** (2, 535)

위 마무리는 소설의 시작인 첫 장과 맞물린다. "우리 여단은 이제 …… 두 개의 여단으로 분리한다"(1, 49)고 했던 소설의 출발이 결말로 되돌아오는 순환 구조의 형식을 띠고서, '포수의 원칙'이 재천명되고 있기 때문이다. 여기서 홍범도는 단독 여단으로 살아온 삶의 행적과 부합하는 결산의 시점이 점점 다가오고 있음을 냉엄하게 직시한다. 포수의 원칙이란 그런 것이다. 산짐승의 목숨을 거두며 산에 남았던 신포수가 산짐승에게서 죽을 자리를 찾아야 하듯, 세상에 발 디딘 홍범도는 적일지라도 그가 죽인 사람들에 대한 죄업을 전장에서 치러야 하는 것이 마땅한 법이다.

이러한 '포수의 원칙'을 강조하며 소설은 홍범도가 전장에서 생을 마칠 것이라는 암시로 끝을 맺는다. 그가 죽을 자리는 일상의 자리가 아닌 전장임을 포수의 원칙은 일깨우기 때문이다. 소설이 더 이상 진전하지 못하는 것도 이 포수의 원칙과 결부된 고결한 연대체와 무관하지 않다. 이후 사건들은 애초 지향을 훌쩍 뛰어넘어 극한의 갈등과 대립의 속물적 현장을 펼쳐놓을지도 모르기에 소설은 본편의 청산리전투에서 이만 이동과 자유시 사건 등을 건너뛰어서 에필로그의 극장 수위로 직행해 간다. 본편과 에필로그 사이에 놓인 간격은 이 우회의 기술이 낳은 불가피한 산물이다. 전장 안에서 마무리된 본편의 홍범도와 에필로그의 극장 수위 사이에 존재했을 전장 바깥의 남루하고 속악한 현실을 지우는 대가로 남한의 최근작 『범도』의 성과가 가능했음을 확인케 되는 대목이다. 따라서 우회의 기술이 지운 서사의 공백은 동 시기의 홍범도 논란과 교착하는 어떤 서사적 곤혹의 지점으로 더 폭넓은 논의와 개입을 요한다 하겠다.

4. 서사적 재현의 곤경과 '홍범도 트레블'의 현행화 - 나오며

이 글은 현재 '홍범도 논란'에서 출발했다. 주지하다시피 이 논란을 확산하는 데는 현 정부의 역할이 컸다. 이에 힘입어 현 정부를 동조하는 측에서 제기하는 쟁점은 크게 네 가지이다. 1장에서는 이를 중심으로 한국 사회의 뿌리 깊은 냉전/반공 심성이 문제시되었다. 그 근저에 깔린 적대와 분열 없이 현재의 홍범도 논란은 해석될 수 없기 때문이다. 아울러 소련 적군으로 편입은 되었으되 실제 활동은 없었다는 식의 홍범도에 대한 소극적 방어논리가 지닌 한계도 짚어졌다.

2장에서는 홍범도에 관한 남겨진 기록이 드문 현실을 고려해 귀중한 사료 가치를 지닌 「홍범도 일지」에 대한 시간별 서사 분절이 처음 시도되었다. 이 속에서 자전적 일대기를 틀 짓는 특정 시간대의 공백이 또한 가시화되었는데, 현재의 홍범도 논란과 관련해서도 주목되는 지점이 아닐 수 없다. 3장에서는 「홍범도 일지」를 토대로 카자흐스탄·북한·남한의 '홍범도' 관련 대표작들을 3절로 나누어 분석했다. 다시쓰기, 종속, 우회의 기술과 결부된 각 작품의 서사적 곤경이 3장을 아우르는 주된 초점이었다.

홍범도의 삶의 궤적은 한반도 국경을 넘어 중국과 소련 및 카자흐스탄에 이르는 트랜스 아시아의 흔적을 내재한다. 3장의 국경을 가로지르는 대표작들의 존재가 또한 이 방증일 것이다. 세 작품은 당대적 맥락과 입지를 반영한 홍범도의 전형을 새롭게 재창출하며, 영웅의 공통점 위에 항일 빨치산, 반일 의병장, 고결한 인간의 차별적 형상을 새겨놓게 된다.

말해진 것 못지않게 때로 말해지지 않는 것이 더 많은 인간적 진실을 내포하기 마련이다. 「홍범도 일지」가 그렇듯 망각과 의도적 침묵 사이의 어디쯤에서 남겨진 공백에는, 역사적 트라우마가 잔존해 있을지 모를 일이다. 어떠한 일대기도 선택과 배제의 산물이라는 헤이든 화이트의 말을 상기하며, 이 글은 '홍범도 트러블trouble'이라는 부정성을 내포한 용어로 이 불가피한 사태를 담아내고자 했다.

따라서 '홍범도 트러블'은 지나가 버린 과거가 아니라 부단히 현행화하는 사건에 붙여져야 할 또 다른 이름이다. 어떤 과거도 현행화되지 않는다면 기억에서 사라져 갈 운명임을 그리스어 어원 'histor'를 살린 탐/사探/史는 되새기게끔 하기 때문이다.[47] 부당한 권력의 압력에 맞서는 용기를 포함해 탐/사는 이 고된 작업의 산물로서 값어치를 지닌다.

'홍범도 트러블'이 단순히 한때의 부정적 현상으로 머물지 않기 위해서는 일국적 시선을 벗어나 아시아를 가로질러 고난을 자청했던 이들의 탈식민과 해방 및 더 나은 인간적 삶을 위한 분투를 기억할 필요가 있다. 누군가에게 홍범도는 항일 빨치산의 국제적 연대를, 또 누군가에게는 기층 민중의 더 나은 삶의 이상을, 혹은 조국애의 헌신으로 투사되고 재의미화되었다. 이 각축하는 현장을 가로질러 홍범도는 서사적 재현과 곤혹의 탈/식민과 탈/냉전을 매개하게 된다. 이 글은 무엇이 홍범도인지가 아니라 이 모든 것의 복합체가 홍범도라는 점을 재인식하는 위에서 어떤 홍범도가 우리 곁에 있는지를 되묻고, 이를 비판적으로 접근함으로써 그의 이동의 궤적만큼이나 공공의 유산으로 화할 수 있는지를 탐문하는 첫걸음을 떼고자 했음을 결론을 대신하는 말로 삼으려 한다.

---

47) 그리스어 어원 'historia'에는 찾아서 안다는 뜻이 함축되어 있다. 저절로 주어지는 앎이 아니라 스스로 묻고 회의하고 발견하는 과정을 이르는 표현이다. 따라서 원제 The New History와 무관하게 탐사(探査)를 전용한 마리아 루시아 G. 팔라레스-버크(Maria Lúcia Pallares-Burke), 곽차섭 옮김, 『탐史』, 푸른역사, 2007은 'historia'의 원뜻을 살린 번역어로 보인다. 필자는 이를 원용해 탐/사(探/史)를 써서 현행화하는 과거의 유동적인 의미를 나타내고자 했다.

참고문헌

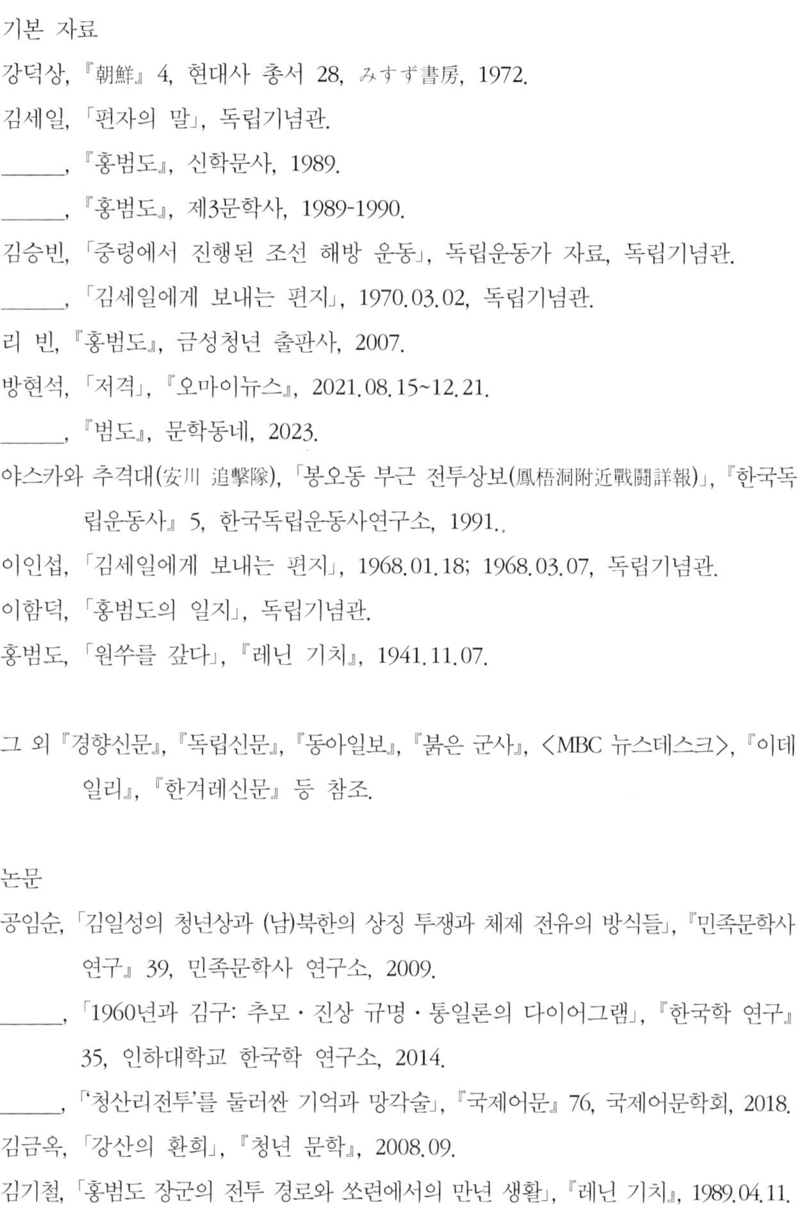

기본 자료

강덕상, 『朝鮮』 4, 현대사 총서 28, みすず書房, 1972.

김세일, 「편자의 말」, 독립기념관.

______, 『홍범도』, 신학문사, 1989.

______, 『홍범도』, 제3문학사, 1989-1990.

김승빈, 「중령에서 진행된 조선 해방 운동」, 독립운동가 자료, 독립기념관.

______, 「김세일에게 보내는 편지」, 1970.03.02, 독립기념관.

리 빈, 『홍범도』, 금성청년 출판사, 2007.

방현석, 「저격」, 『오마이뉴스』, 2021.08.15~12.21.

______, 『범도』, 문학동네, 2023.

야스카와 추격대(安川 追擊隊), 「봉오동 부근 전투상보(鳳梧洞附近戰鬪詳報)」, 『한국독립운동사』 5, 한국독립운동사연구소, 1991..

이인섭, 「김세일에게 보내는 편지」, 1968.01.18; 1968.03.07, 독립기념관.

이함덕, 「홍범도의 일지」, 독립기념관.

홍범도, 「원쑤를 갚다」, 『레닌 기치』, 1941.11.07.

그 외 『경향신문』, 『독립신문』, 『동아일보』, 『붉은 군사』, 〈MBC 뉴스데스크〉, 『이데일리』, 『한겨레신문』 등 참조.

논문

공임순, 「김일성의 청년상과 (남)북한의 상징 투쟁과 체제 전유의 방식들」, 『민족문학사연구』 39, 민족문학사 연구소, 2009.

______, 「1960년과 김구: 추모 · 진상 규명 · 통일론의 다이어그램」, 『한국학 연구』 35, 인하대학교 한국학 연구소, 2014.

______, 「'청산리전투'를 둘러싼 기억과 망각술」, 『국제어문』 76, 국제어문학회, 2018.

김금옥, 「강산의 환희」, 『청년 문학』, 2008.09.

김기철, 「홍범도 장군의 전투 경로와 쏘련에서의 만년 생활」, 『레닌 기치』, 1989.04.11.

김일성, 「병기공업을 더욱 발전시키기 위하여」, 1961.05.28, 『김일성 저작집』 15, 조선노동당 출판사, 1981.
방현석, 「소설 『범도』, 장군 홍범도, 그리고 2023년 한국」, 『르몽드 디플로마티크』, 2023.09.26.
안동춘, 「영원」, 『조선문학』, 2009.04.
윤상원, 「러시아지역 한인의 항일무장투쟁 연구」, 고려대 박사논문, 2009.
윤혜숙, 「홍범도 장군의 귀환」, 『대한민국 정책 브리핑』, 2021.08.19.
임형모, 「홍범도를 매개로 하는 체제 옹호의 정치 서사 연구」, 『열린 정신 인문학 연구』 19, 인문학 연구소, 2018.
장세윤, 「독립군의 봉오동전투와 청산리대첩의 재검토」, 『중국 동북 지역 민족운동과 한국 현대사』, 명지사, 2005.
______, 「1920년 봉오동전투와 청산리 독립전쟁의 주요 쟁점 검토」, 『재외한인연구』 54, 재외한인학회, 2021.
정창규, 「홍범도의 생애와 반일 투쟁 행적」, 『천리마』, 2006.04.
Carol Glurk, “The Invention of Edo”, ed. Stephen Vlastos, *Mirror of Modernity*, Univ of California press, 1998.

단행본
김상구, 『김구 청문회』 2, 매직하우스, 2014.
김승화, 정태수 편역, 『소련 한족사』, 대한교과서 주식회사, 1989.
김일성, 『세기와 더불어』 3, 조선노동당 출판사, 2011.
김홍일, 『대륙의 분노』, 문조사, 1972.
반병율, 『홍범도 장군』, 한울 엠플러스, 2014.
이범석, 『우둥불』, 사상사, 1971.
장세윤, 『홍범도 생애와 독립전쟁』, 독립기념관, 1997.
게오르그 루카치(Georg Lukács), 김경식 옮김, 『소설의 이론』, 문예출판사, 2004.
마리아 루시아 G. 팔라레스－버크(Maria Lúcia Pallares-Burke), 곽차섭 옮김, 『탐史』, 푸른역사, 2007.
마뜨베이 찌모피예비치 김(Matvei Timofeevich), 이준형 옮김, 『일제하 극동 시베리아의 한인 사회주의자들』, 역사비평사, 1990.
조지 모스(George Mossee), 서강여성문학연구회 옮김, 『내셔널리즘과 섹슈얼리티』, 소명출판, 2004.
폴 벤느(Paul Veyne), 이상길 · 김현경 옮김, 『역사를 어떻게 쓰는가』, 새물결, 2004.
헤이든 화이트(Hayden White), 천형균 옮김, 『19세기 유럽의 역사적 상상』, 문학과 지성사, 1991.

1 **2** 3

북한 초창기 이기영의 『조쏘문화』 쏘련기행문 연재본 재고

‖ 조영추

국문요약

이 글은 1947년에 발간된 조소문화협회 기관지인 『조쏘문화』에 실린 이기영의 첫 소련기행문 「나의 蘇聯紀行」(1~3)의 전모를 밝힘으로써 소련기행문 연구의 외연과 평가를 확장하는 데 목적을 둔다. 이를 위하여 먼저 2000년대부터 방선주, 백태일, 한상언 등 학자에 의해 정리된 목차 자료를 바탕으로, 연변대학교 도서관 소장 자료를 새로 추가하여 1947년에 발행된 『조쏘문화』 원문에 대한 실증적 분석을 진행하였다. 기존 연구에 보이는 이기영 소련기행문 창작 양상에 대한 문헌 오류와 문제점을 정정하여 보다 정확한 면모가 드러나도록 한다. 아울러, 「나의 蘇聯紀行」(1~3)을 중점적으로 분석함으로써 평양에서 모스크바까지 가는 여로에서 생긴 견문과 소감들을 구체적으로 제시하고 재북 시기 문필 활동 연구에서 소홀히 다루었던 이기영의 기행문 개작 양상도 함께 살펴보았다. 이를 통하여 북한 초창기 소련기행문 창작에 있어 이기영은 단순히 보고서적인 기행문을 창작한다는 기존 연구의 관점을 갱신하는 동시에 제1차 방소사절단 성원들의 기행문 창작 전모를 복원하는 데에 기여할 것으로 기대된다.

1. 서론

이기영은 1946년 8월 10일부터 1947년 10월 17일까지 제1차 방소사절단의 일원으로 처음 소련을 방문하게 되어 소련의 고층 인사와 일반 사람들을 직접 만났다. 그가 관련 여행기에서 소련 사람에 대한 인상에 대해 두루 언급한다는 것과 친소 경향을 보인다는 것은 주지의 사실이겠으나, 정작 그가 소련을 직접 방문하기 전에 조선의 땅에서 만난 소련 사람들에 대한 인상을 구체적으로 어떻게 서술하는지, 그것을 문학 작품에서 어떻게 구현하는지 등의 문제에 대하여는 그 답을 떠올리기 쉽지 않을 수도 있다. 최근에 오태호가 1988년 월북 작가 해금 이후 단행본과 소논문, 그리고 박사학위 논문의 형식으로 된 이기영에 대한 연구 상황을 체계적으로 정리한 바 있다. 조사 결과에 따르면, 월북 이후의 작품들에 대한 독해와 평가가 북한의 토지개혁을 재현한 장편소설 『땅』(1948)과 19세기 말부터 1930년대까지 식민지 조선의 현실과 민족해방운동을 그려낸 대하소설 『두만강』(1부1954, 2부1957, 3부1961)에 집중되어 있음을 알 수 있다. 그리고 해방 직후 바로 출판된 단편 소설 『개벽』(1946.7)[1]과 장편소설 『형관』(1946.11)[2] 등 소설 작품을 통하여 새로운 정치적・역사적 현실에 대응한 이기영의 창작 양상을 살펴보는 선행연구[3]도 있지만, 그보다 일찍 나온 그의 해방기 최신작에 해당하는 세 편의 작품, 즉 수필 「동지애」(1946.2)[4]와 두 편의 희곡 「닭싸움」(1946.3)[5]과 「해방」(1946.4)[6]은 별 주목을

1) 이기영, 「개벽」, 『문예전선』 창간호, 1946.7.

2) 이기영, 「형관」, 『문화전선』 제2, 3, 4호, 1946.11, 1947.2, 1947.4. 개작본 「농막선생」은 1950년 4월에 조소문화협회중앙본부에 의해 출판된 바 있다.

3) 이기영 연구 성과에 대한 보다 상세한 설명은 오태호 논문의 각주 1~5번 참조. 오태호, 「한반도 통합문학의 가능성 탐색－월북 이후 이기영의 대표 작품을 중심으로」, 『한국학연구』 67, 인하대학교 한국학연구소, 2022, 67~68쪽.

받지 못했다. 이기영은 「동지애」에서 '적군'과 그들의 동지애에 대한 인상을 기술했으며, 연이어 발표한 두 편의 희곡 「닭싸움」과 「해방」에서도 '붉은 군대'에 관한 서사적 요소에 관해 쓴 바 있다. 그러나 당시 김남천이 「닭싸움」에 대한 혹평에서 지적하였듯이, 이 세 편의 글이 "인간 심리의 기계적인 처리에 그치고 말았"으며 "안이한 공식성을 현실 생활의 어려움을 은폐"[7]하는데 이용한 면이 있어 예술성이 떨어진 작품으로 취급해 오기도 했다. 이 세 편의 글은 카프의 대표작가 혹은 농민소설의 대가로 평가받는[8] 이기영의 문학적 역량을 보여주지 못하지만, 해방을 맞이하면서 조선의 땅에서 소련군과의 첫 조우에 대한 작가의 묘사와 상상을 점검하는 차원에서 적합한 검토 대상이기에 주목을 요한다.

먼저 「동지애」에서 언급하였듯이, 작가는 삼팔선 이북 지역에 사는 관계로 소련 군인을 자주 만날 기회가 있었다. 초면에는 옷차림으로 인해 인상이 별로 좋지 않았지만 시간이 지남에 따라 소련 군인들이 마치 '농군'처럼 느껴졌고, 어린애들과 같은 천진함이 있다는 평가까지 내렸다. 일본군이 대화혼大和魂이나 무사도武士道에 따라 엄격한 상하질서를 관철하는 것과 달리, 소련군들 사이에는 위계질서가 없어 보이고 상호간에 평등주의와 동지애로 뭉친 모습을 보였기 때문이다.

> 그런데, 이번에 나는 삼십팔도 이북에 사는 관계로 적군을 자주 만나볼 기회가 있었다. 나도 처음에 그들을 볼 때는 복장이 추한데다가

---

4) 이기영, 「동지애」, 『우리문학』 창간호, 1946.2.

5) 이기영, 「희곡－닭싸움(二幕三場)」, 『우리문학』 제2호, 1946.3.

6) 이기영, 「희곡－해방(全一幕)」, 『신문학』 창간호, 1946.4.

7) 김남천, 「창조적 사업의 전진을 위하여－해방 후의 창작계」, 신형기 엮음, 『해방 3년의 비평문학』, 세계, 1988, 244쪽(원문 출처: 『문학』 1, 1946.7).

8) 김홍식, 『작가 이기영, 그 치열한 삶과 문학적 진실의 수준』, 예옥, 2020, 20쪽.

행동이 난잡하여 저런 무규율한 군대가 독립전쟁을 어떻게 하였던가 하는 의심이 없지 않았다. 그들은 상관을 대할 때도 조금도 기탄이 없이 서로 떠들고 노는 것이 마치 동료와 같은 평등주의였다. 언뜻 보면 군인이라기보다도 농군과 같은 감이 나고 천진하기가 어린애들과 같았다. 그래 그들은 사실 조선 아이들과 같이 놀기를 좋아하고 처음에는 무서워하던 아이들도 붉은 군대를 사귀에서 도처에 그들의 동지가 되어 있지만은 이런 실례를 두고 보더라도 붉은 군대는 참으로 순진하기가 짝이 없다.[9]
(밑줄은 필자, 이하 동일)

현실에서 소련군에 대한 목격담을 비교적 상세하게 담아내는 「동지애」와 달리 희곡 「닭싸움」에 와서는 소련 군인을 작품 인물로 구체적으로 형상화하지 않았다. 「닭싸움」은 훔쳐 간 '닭'을 둘러싼 마을 사람들의 싸움이 일본 광산에 끌려갔다가 해방으로 인해 고향으로 귀환한 주인공의 윤리 교육을 통해 끝내 화해로 끝맺게 되는 이야기에 관해 서술한다. 마을 사람들이 함께 만세 소리를 외치는 장면으로 결말이 나는데, 그중에서 '붉은 군대 만세'라는 구호가 외쳐진다. 소련군을 소리의 형식으로 작품 속에 호명하고 등장시키는 셈이다.

선생: (의미심장하게) 그렇지. 모두 다 따져보면 '닭싸움'에 불과한 거지. …… 자 그럼 인제부터 우리도 사람다운 싸움을 합시다.
상식: (좇아와서 악수를 하며) 선생님 감사합니다.
김: 닭싸움이 아주 죄명이 되겠네. (일동대소)

9) 이기영, 「동지애」, 『우리문학』 창간호, 1946.2, 42쪽.

농위원장: 그럼 오늘 회의는 이것으로 끝이 나습니다. 폐회를 하기 전에 다 같이 우리나라 건국을 위하여 만세를 부르고 헤집시다.

명수・상식: 거 좋습니다.

농위원장: 그럼 선생님께서 선창해 주십시오.

일동기립－

선생: 조선독립만세! (두 팔 쳐들며 힘껏)

일동: 만세!

선생: 붉은 군대 만세!

일동: 만세!

만세성중에 하막.[10)]

이어서 발표된 다른 희곡 작품인 「해방」은 해방 전야 유치장에서 수감되었던 조선인들이 해방을 맞이하여 일본 순사의 탄압 밑에서 성공적으로 탈주하여 길거리로 나간 이야기를 묘사했다. 아래의 인용문에서 드러나듯, 작품 말미에 작중 인물들이 함께 "조선독립만세"를 크게 외치며 "붉은 군대 만세"를 외치는 장면으로 막을 내린다. 「닭싸움」과 마찬가지로 소리로 소환하는 형식으로 소련군의 강한 존재감을 부각한다.

거리의 만세성과 합류하여 그들도 만세를 고창하며 다 같이 나가는데 막동, 인화, 학보, 춘희는 발길로 쓰러진 포순사를 한번 씩 걷어차고 나간다. 정의수를 선두로 세우고 나간다.

---

10) 이기영, 「희곡－닭싸움(二幕三場)」, 『우리문학』 제2호, 1946, 31쪽.

춘희: (맨 나중으로 나가다가 포순사의 낯짝에다 침을 뱉으면) 에이 개 같은 놈!

일동: 만세! 조선독립만세! 붉은 군대 만세! (만세성중에 부대는 비인 채로 막은 내린다.)[11]

남원진이 지적하였듯이, 1946년 봄부터 북한 사회에서의 소련에 대한 인식은 서서히 긍정적으로 변화하기 시작했는데[12] 이는 위에서 언급된 이기영의 해방 최신작에 쓰인 소련군에 관한 표상들을 통해서도 엿볼 수 있다. 특히 두 편 희곡의 결말에 공통적으로 "붉은 군대 만세!"의 기표를 기입하였는데, 이 구호 자체가 일종의 이념적 코드ideological code처럼 작용하여 탈식민자인 조선 사람으로 하여금 일본 제국주의를 물리치고 해방을 가져다준 소련 사람들에 대한 우호적인 인식과 인상을 주입한 것이다. 실제로 교류와 만남이 이루어지기에 앞서 선결적인 방식으로 pre-determined ways 조소 양국 사람들의 친선 관계를 고정한 것이다. "붉은 군대 만세!"는 언어의 명령적 수행성을 발휘하여 서로 낯설거나 만나지 못한 사람들의 경험과 인식을 사회적으로 통합하고 조직화하는 것이다. "붉은 군대 만세!"를 일동 외치는 순간, 조선 사람들이 '조소친선'이라는 새로운 제도적 영역에 포섭되어 방대한 담론의 구조망 안으로 사로잡힌 셈이다. 이 시기까지만 해도 소련 군인에 대한 단순한 인상과 인식을 작품 안에서 단적으로 쓰는 데 머물렀던 작가 이기영은 자신이 곧 조소문화협회 중앙위원장으로 거듭나 조소 양국의 교류 사업을 전담하는 역할을 맡게 될 것을 예감하기라도 한 것일까?

---

11) 이기영, 「희곡－해방(全一幕)」, 『신문학』 창간호, 1946, 115쪽.

12) 남원진, 「해방기 소련에 대한 허구, 사실 그리고 역사화」, 『한국현대문학연구』 34, 한국현대문학회, 2011, 283쪽.

여하튼, 1946년에 52세의 이기영은 제1차 방소사절단의 일원으로 소련의 땅을 처음 밟았으며, 같은 해에 〈북조선 주요 간부들의 득표현황〉 자료를 통하여 알 수 있듯이, 그는 99.9%의 득표율[13]로 조소문화협회 중앙위원장으로 당선되었다. 그는 더 이상 "붉은 군대 만세!"라는 명백하고 추상적인 개념에만 갇히지 않고, 소련의 실제에 다가가 사회주의 사회의 제도적 모습과 일상생활을 직접 경험할 수 있었던 것이다. 선행연구에는 1946년에 처음 소련을 다녀온 이후 이기영이 쓴 「人民의 나라 쏘련邦의 躍進相－朝鮮人民代表團의 總括的報告」나 그것을 단행본 형식으로 재수록된 『쏘련參觀記(一)』(이찬과 공저)을 위주로 그의 소련기행문 글쓰기가 공식 문건으로서 정교하고 탄탄한 보고서적인 특성을 보인다는 관점이 주가 된다.[14] 그리고 이기영의 소련기행문이 이태준의 경우처럼 단행본으로 나오기 전에 먼저 몇 차례 매체에 연재됐을 것이라는 주장도 제기되었으나, 관련 문헌들을 소상히 검증하지 못했기에 이 추측은 더 이상 규명되지 못했다. 그러나, 지금까지 필자가 찾아본바, 이기영의 첫 소련 방문, 특히 소련을 찾아가는 긴 여로에서 보고 느꼈던 경험 위주로 쓰인 기행문 세 편도 있다. 이는 1947년에 조소문화협회의 기관지인 『조쏘문화』에 실린 「나의 蘇聯紀行」(1~3) 연재본인데, 작가가 비교적 유연한 필치로 자신의 경험과 소감을 기록하는 한편, 소련을 건국 사업을 진행하는 데에 중요한 견학과 친목의 대상으로 형상화시켜야 한다는 조소문화협회의 위원장으로서의 발화도 공존한다. 다시 말해, 이기영은

---

13) 기광서, 『북한 국가의 형성과 소련』, 선인, 2018, 358쪽 참조.

14) 임유경, 「자료해제] 미(美) 국립문서보관소 소장 소련기행 해제」, 『상허학보』 26, 상허학회, 2009, 354쪽; 배개화, 「북한 문학자들의 소련기행과 전후 소련의 인식」, 『민족문학사연구』 50, 민족문학사학회, 2012, 368쪽; 조영추, 「해방기 소련 기행문학 연구－이태준, 한설야, 오장환을 중심으로」, 연세대학교 박사학위논문, 2021, 42쪽.

소련에서의 방문 체험과 지식을 담은 보고서적인 글을 집필했을 뿐만 아니라, 비교적 자유롭고 유연한 '여행기'적 글쓰기도 시도했음을 새로 확인할 수 있다는 것이다. 특히, 「人民의 나라 쏘련邦의 躍進相－朝鮮人民代表團의 總括的報告」와 「나의 蘇聯紀行(1~3)」을 함께 살펴보면, 그의 소련기행문 글쓰기는 이태준과 이찬에 비해 더 복합적이며 제도적 담론과 경험 기반의 서술들 사이에 나타난 '단절disjunction'의 양상들이 보다 선명하게 드러난다. 여기서 단행본이나 잡지 및 신문에 실린 단편적인 기행문을 함께 살펴보거나 같은 기행문이 남북한의 매체에서 다르게 게재된 사실과 관련 개작 양상까지 종합적으로 조명하는 이유는 단지 기행문의 내용적 차이점을 확인하도록 하기 위해서가 아니다. 이러한 텍스트들의 활성화되는 흐름을 좇아감으로써 이기영의 소련기행문은 새로운 국제 질서의 재편에 관여되어 각종 권력 관계들에 의해 부단히 재생산된activated 텍스트임을 새삼 확인할 수 있기 때문이다. 기행문 개작본들 사이에 보인 차별지점들은 '조소친선'에 관한 지식과 담론의 조정 및 규범화 과정을 더 세세하게 보여줄 것이며, 같은 경험에 대한 행위자의 주관적 인지Embodied Knowing와 조직의 선택적 해석 사이에 형성된 낙차들의 시퀀스sequence도 확연히 드러낼 것이다.

이에 이 글은 1947년에 발간된 조소문화협회 기관지인 『조쏘문화』에 실린 이기영의 첫 소련기행문 「나의 蘇聯紀行」(1~3) 연재본 전모를 밝히고 소련기행문 글쓰기 연구의 외연과 평가를 확장하는 데 목적을 둔다. 이를 위하여 먼저 2000년대부터 방선주, 백태일, 한상언 등 학자에 의해 정리된 목차 자료를 바탕으로, 연변대학교 도서관 소장 자료를 새로 추가하여[15] 1947년에 발행된 『조쏘문화』 잡지 원문에 대한 실증적 작업을 진행하

15) 소련기행문 자료 수집에 큰 도움을 주신 연변대학교 도서관 조선－한국학문헌자료실 관원

고자 할 것이다. 기존 연구에 보이는 이기영의 소련기행문 창작 양상에 대한 문헌 오류나 문제점 등을 정정하여 보다 정확한 면모가 드러나도록 할 것이다. 이러한 실증작업의 바탕 위에서, 「나의 蘇聯紀行(1~3)」을 중점적으로 분석함으로써 평양에서 모스크바까지 가는 여로에서 생긴 견문과 소감들을 구체적으로 제시하고 이기영의 재북 시기 문필 활동 연구에서 소홀히 다루었던 기행문 개작 양상도 조명할 것이다. 이를 통하여 소련기행문 창작에 있어 이기영이 단순히 보고서적인 기행문을 창작했다는 기존 연구의 관점을 갱신하며 제1차 방소사절단 성원들의 기행문 창작 전모를 복원할 수 있을 것이다.

2. 1947년 『조쏘문화』 문헌 고증과 소련기행문의 게재

임유경이 지적하였듯이, 1945년 11월 소련군과의 친선 단체로 창립된 조소문화협회는 북한과 소련 간의 교류를 전담함으로써 건립 초창기의 북한으로 하여금 국제 사회와 관계를 맺게 했던 당대의 대표적인 냉전 기구이다.[16] 1946년 초 이기영과 한설야가 각각 협회의 위원장과 부위원장으로 취임하면서 '소련문화의 수용과 보급'을 본격적으로 전개하다가, 1947~1948년을 거치며 조·소 양국 간의 문화 교류에 그치지 않고 이북의 주요 도시에 지방 지부를 조직하여 대거 회원을 모집함에 따라 대중 단체의 외양과 체제를 갖추어 나가게 되었다. 한국 전쟁에서 일정한 문화선전사업을 담당했지만 소련의 영향력이 점차 축소함에 따라 문화보

석길매 선생님께 감사드린다.

16) 임유경, 「상연되는 미래 – 북한 형성기 사회주의 문화기획과 문학」, 『현대문학의 연구』 79, 한국문학연구학회, 2023, 139쪽.

급·선전기구로서가 갖는 위상과 역할이 현저하게 줄어들었다. 요컨대, 1946년 말까지 조소문화협회는 지식인을 중심으로 한 대외문화교류기관으로서 대중에게 소련문화를 전문적으로 보급하는 단체로 자리 잡혔으며, 1947년 초반까지 건국 운동의 수요에 따라 사회주의제도의 선진성과 소련의 국가 건설 경험을 대중적으로 학습시키는 데 중요한 역할을 이행했다.[17]

1946년에 창간한 조소문화협회 중앙위원회(중앙본부)기관지인 『조쏘문화』(조쏘친선)는 협회의 주요 활동 양상과 문화 사업 기획의 모습을 기록해 온 중요한 자료라고 할 수 있다.[18] 제1차 방소사절단은 1946년 8월 10일에 출발하여 10월 17일까지 방문 일정을 마치고 평양에 도착했다. 바로 이 기간에 『조쏘문화』 제2집[19]도 9월 25일에 발간됐으며, 약 3개월 지나 12월 28일에 제3집이 발행되어 처음으로 이기영과 이찬이 쓴 소련 기행에 관한 보고문과 시 작품이 실렸다. 『조쏘문화』의 창간과 제1차 방소사절단의 교류 활동이 거의 같은 시기에 이루어졌음을 알 수 있다.

그러나 한상언이 지적하였듯이, 그동안 북한의 문학예술에 관한 연구에서 『조선문학』이나 『문학신문』 등 중요 문예 기관지에 관한 연구 성과들이 상당량 축적되고 있는 데 비해, 『조쏘문화』의 경우는 자료 발굴과 접근의 어려움으로 인해 아직도 충분히 조명받지 못하고 있다.[20] 창간호의 실물이 현재까지 확인되지는 못했지만, 2019년에 이르러 한상언영화

---

17) 류기현, 「1945~1950년 朝蘇文化協會의 조직과 활동」, 서울대학교 석사학위논문, 2016, 6~7쪽.

18) 『조소문화』 잡지는 1949년 8월부터 순간 『조쏘문화』, 월간 『조쏘친선』, 그리고 계간 이론잡지 『朝蘇文化』의 외양과 체제를 변경하면서 발행해 나갔지만, 1954년 9월 발행된 제호부터 『조쏘친선』은 『조쏘문화』로 다시 개칭되었다.

19) 현재까지 『조쏘문화』의 창간호는 원문 확인되지 않은 상태다. 1946년과 1947년의 발행날짜를 비추어보면 창간호는 1946년 6월에 발행한 가능성이 크다.

20) 한상언, 「『조쏘문화』 및 『조쏘친선』 목차 소개」, 『근대서지』 19, 근대서지학회, 2019, 546쪽.

연구소가 여태까지 수집 및 보관하고 있는 『조쏘문화』의 호수와 목차를 공개한 바 있는데, 「[자료] 『조쏘문화』, 『조쏘친선』의 권호와 목차」가 바로 그것이다.[21] 국립중앙도서관이 원문을 제공하고 있는 미국 국립문서기록관리청 컬렉션과 통일부 북한자료센터 소장 자료, 미의회도서관 소장 자료, 방선주에 의해 편집한 『북한논저목록』[22] 등 국내외 기관에서 소장하고 있는 이 잡지의 호수와 목차들을 아울러 정리하였기 때문에 현재까지 가장 완비된 일차 자료 목록집이라고 할 수 있다.

아쉽게도 이 목록집에서는 제1차 방소사절단에 관한 보도나 기행문을 실렸을 가능성이 큰 1947년의 제5, 6, 7집 잡지 원문을 확인하지 못하고 목차만 확인할 수 있는 상태다. 구체적으로 보면, 1947년에 발행된 제4집은 미국 국립문서기록관리청(국립중앙도서관 원문제공)을 통해 파악할 수 있지만, 제5, 6, 7집이 국립중앙도서관 사이트에서 원문을 확인할 수 없는 관계로 『북한논저목록』에서 목차를 인용하기로 한다. 1948년의 경우 '집' 표지에서 '권호' 표기로 바꾼바, 제3권 1호부터 시작하여 총 6호가 발행되었다. 그중에, 제3권 3호, 4호, 6호는 국립중앙도서관에서 원문을 확인할 수 있으며, 1호와 5호(8 · 15 해방삼주년기념호)는 목차만 제공하고 2호의 목차는 결여된 상태이다. 1949년에 이르러, 월간 주기로 발행되어 총 12호가 출간되었는데, 1월호와 3월호, 4월호, 그리고 8월호를 제외한 나머지 8권의 잡지는 국립중앙도서관이 제공하는 원문 자료를 통하여 확인할 수 있다. 요컨대, 한상언 연구소가 정리한 목록집에 따르면, 『조쏘문화』는 1946년~1949년에 각각 1/3, 3/4, 1/2, 그리고 1/4에

21) 1946년부터 1963년6월까지 발행된 『조쏘문화』 총188권 중 146권의 목차를 참조할 수 있다. 편집부, 「[자료] 『조쏘문화』, 『조쏘친선』의 권호와 목차」, 『근대서지』 19, 근대서지학회, 2019.

22) 방선주, 『북한논저목록』, 한림대학교 아시아문화연구소, 2003.

해당하는 잡지의 원문이 확인되지 못한 상태이다. 1946년에서 1949년까지는 이기영과 이태준, 이찬, 한설야, 그리고 오장환의 첫 소련 방문이 성사되었으며 관련 경험과 소감이 기행문집 혹은 기행시집의 형태로 창작・출판된 시기이기도 한다. 이 점을 감안한다면 이러한 『조쏘문화』의 원문 결여 상태는 연구자에게 조소문화협회와 기관지, 그리고 방소 문인들 사이에 형성된 상호작용의 양상과 제도적인 기획 실태를 파악하는 데에 지장을 줄 수밖에 없다는 점을 새삼 확인할 수 있다.

이처럼 『조쏘문화』 문헌 고증의 제약으로 인하여 이기영의 소련기행문이 단행본 출판 이전 몇 차례로 잡지에 실렸는지, 관련 연재에 관한 전모를 파악하지 못해 왔다. 기존 연구도 이기영이 1947년 첫 방소사절단의 일원으로 처음으로 소련을 방문한 역사적 사실과 단행본 형식으로 나온 『쏘련參觀記(一)』(이찬과 공저)만을 분석 대상으로 하여 이기영의 소련 기행문 특징을 천명한다. 필자는 연변대학교 도서관에 소장한 1947년~1948년의 『조쏘문화』 잡지 원문에 의존하여 이기영의 첫 소련 방문에 대한 세부적인 양상을 새롭게 재구성하고자 한다. 아래와 같이 박태일과 한상언의 문헌 조사 결과를 검토한 다음, 1947년에 『조쏘문화』에 실린 이기영의 소련기행문 연재본 수록 상황을 밝히고자 한다.

첫째, 2017년에 박태일은 재북 시기 이기영 문학에 관한 기존 문헌지에서 보이는 정보 오류를 바로잡았을 뿐만 아니라, 작가의 문필 활동 전모를 재조명하는 데 큰 도움이 되는 '낱글' 107편과 '정론' 85편, '창작문학' 22편, 그리고 기행문집 4권과 작품집 2권을 발굴하여 이기영 연구의 새로운 장을 마련해 주었다.[23] 그 가운데 이기영의 소련기행문에 대한

---

23) 박태일, 「재북 시기 리기영 문학의 실증적 바탕 1」, 『비평문학』 65, 한국비평문학회, 2017; 박태일, 「재북 시기 리기영 문학의 실증적 바탕 2」, 『현대문학이론연구』 71, 현대문학이론학회, 2017.

자료도 언급한 적이 있는데, 그의 조사에 따르면 이기영이 처음으로 소련에 다녀온 이후 쓰인 기행문은 1947년 『조쏘문화』 제4집에 1회 실렸으며, 이어서 제6집, 제7집에 두 차례로 걸쳐 실렸다는 것이다.[24] 1947년 제8집[25]부터 관련 내용이 없어 연재를 마무리하지 않은 것으로 보이며, 대신 한설야의 「冬宮 앞에서」라는 그의 첫 방소 기행문이 실렸다는 것이다. 박태일의 추측에 의하면, 『쏘련 기행』(문화전선사, 1950)을 냈다는 기록도 있다. 이는 「나의 蘇聯紀行」 연재본과 맞물려 있을 수 있으나, 역시 원서를 확인할 수 없어 정확히 알 수 없다고 한다.[26] 그러나 박태일은 "리기영이 「쏘련참관기(1)」에 실었던 자신의 기행문을 「쏘련견학기」라는 이름으로 돌아오자마자 먼저 『로동신문』에 연재했다"[27]고 제시하기도 했으나, 1946년 12월 5일 자에 실린 「쏘련견학기」[28] 원문을 확인한 결과에 따르면 이 글은 이기영이 아니라 방소사절단의 다른 성원인 홍기주洪箕疇가 집필한 것임을 유의해야 한다.

요컨대, 이기영이 1960년에 낸 『리기영선집』 14: 기행문집[29]은 그가 연이어 1949년 6월과 1952년 2월, 1953년 11월에 소련을 방문한 경험을 기록했으며 1958년 4월에 동독과 체코를 방문한 글도 포함되지만, 제1차 방문에 관한 글이 수록되어 있지 않다. 『조쏘문화』에 실린 「나의 蘇聯紀行」 연재본은 미완인 형태로 남게 된 셈이며, 지금까지 확인된 단행본 자료에도

---

24) 박태일, 「재북 시기 리기영 문학의 실증적 바탕 1」, 『비평문학』 65, 한국비평문학회, 2017, 158~159쪽.

25) 1947년에 『조쏘문화』는 8집까지 발행되었으며, 바로 이 집부터 이찬이 이기영을 대신하여 책임편집자로 담당했다. 『조쏘문화』는 1948년 발행분부터 '집(輯)' 표기에서 권호 표기로 바뀌었다. 다만, 잡지 원문 확인한 결과로는, 1948년 첫 호에다가 제3권 제1호로 표시되면서 9집이라는 표기도 병행하였다. 제2호부터는 '집' 표기 없이 '제3권 제2호'로만 표시되었다.

26) 박태일, 앞의 글, 2017, 159쪽.

27) 박태일, 위의 글, 158쪽.

28) 홍기주, 「쏘련견학기(완)」, 『로동신문』, 로동신문사, 1946.12.5.

29) 이기영, 『리기영선집』 14: 기행문집, 조선작가동맹출판사, 1960.

수록돼 있지 않아 이기영의 다른 기행문들보다 주목을 덜 받게 된다는 것을 알 수 있다.

둘째, 한상언연구소가 제공한 목록집에서는 1947년 8월에 발행된 『조쏘문화』 제6집 목차 중에 박태일 논문에서 언급된 「나의 蘇聯紀行(二): 車中二萬五千里」라는 글, 즉 이기영 소련기행문의 두 번째 연재글이 반영되지 않았다. 필자가 원문을 확인한 결과, 「나의 蘇聯紀行(二)」와 「쏘聯의 保健施設: 訪쏘醫師團歸還座談會」[30] 두 편의 글이 함께 목차에서 누락된 것으로 보인다.

---

30) 이 좌담회는 1947년 4월 7일 오후 6시에 조소구락부에서 진행한 것으로 출석자는 주로 방소 의사단 성원들과 문인들이었다. 구체적으로 보면, 의사 쪽에 북조선중앙병원 피부과 노백희(盧栢熙), 내과 조연순(趙連淳), 외과 김병일(金秉日), 보건부 이성배(李成培), 보건국장 이동화(李東和), 보건국 차학호(車學鎬), 이창식(李昌植)이 있었으며, 문인 쪽에는 교육국장 한설야(韓雪野), 김철우(金哲宇), 임하(林河), 전동혁(田東赫), 안막(安漠), 김세일(金世一), 이종률(李鐘律), 김동운, 협회 측 이찬(李燦), 송영(宋影)이었다. 이찬은 사회자로서 좌담회 절차를 이끌었으며, 문인들이 질문하고 의사들이 답을 하는 식으로 교류가 이루어졌다. 문인들이 다 각자의 관심 사항이나 궁금한 질문 한 개씩을 제출하였다. 여기서 간략하게 문인들의 질문만을 소개하기로 한다.
이찬: "쏘련에 가서 제일 인상 깊은 것이 무었습니까?"
한설야: "교수는 모두 외국어로 하였습니까?", "지금까지 배우신 것과 진단명 치료방법이 다르지 않습니까?" "치료비는 어떠습니까?"
전동혁: "꼴로모시에 대하여 말씀하여 주시면 좋겠습니다."
김철우: "약이 풍부합니까?"
임하: "약품에 차이는 없었습니까?
「쏘聯의 保健施設: 訪쏘醫師團歸還座談會」, 『조쏘문화』 제6집, 1947, 83~88쪽.

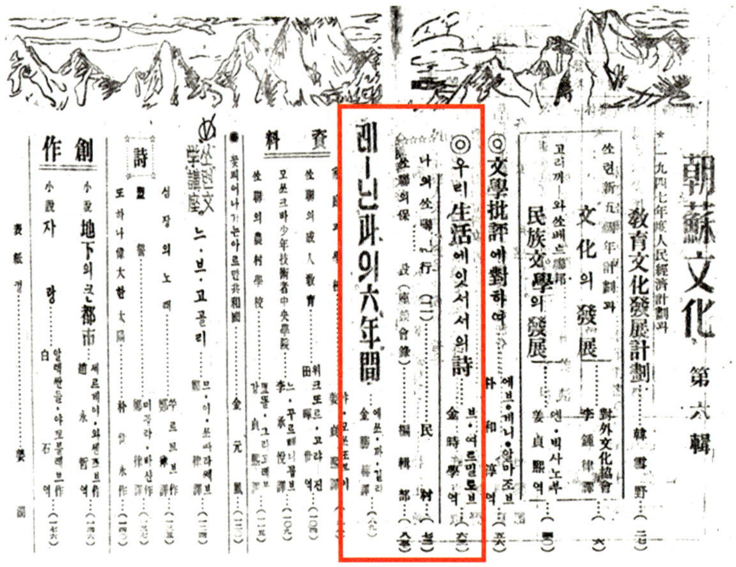
朝蘇文化 第六輯

一九四七年度人民經濟計劃과 敎育文化發展計劃……韓雪野

쏘련新五個年計劃과 文化의 發展……對外文化協會 李鍾律 譯

고리끼―와 쏘베트聯邦 民族文學의 發展……엔·빅사노부 姜貞熙 역

◎文學批評에 對하여……에브·게니·알마조브 朴和淳 역

◎우리生活에 있어서의 詩……브·여르밀로브 金時學 역

나의 쏘聯紀行(二)……民村

쏘聯의 保健施設(訪쏘醫師團)……編輯部

레―닌과의 六年間……에쓰·까·길리 金勝林 譯

資料

쏘聯의 成人敎育……위크또르·고랴진 田暉世 역

모쓰크바少年技術者中央學院……느·꾸르떼니꼬브 李泳悅 譯

쏘聯의 農村學校……브또·그리꼬레브 강貞熙 譯

쏘련文學講座 느·브·고골리……므·이·쏘바라예브 鄭律 譯

詩

싱장의 노래……쁘르브 作 鄭律 譯

또하나 偉大한 太陽……朴永作

創作

小說 地下의 큰都市……세르게이·와쎈쯔브 作 趙永哲 역

小說 자랑……알렉싼돌·야꼬블레브 作 白石 역

〈그림 1〉 1947년 8월에 발행된 『조쏘문화』 제6집의 목차

5. 『조쏘문화』 제6집 / 미국 국립문서기록관리청

1947.
1947年度 人民經濟計劃과 教育文化發展計劃 …… 韓雪野(27)
쏘련 新五個年計劃과 文化의 發展 …… 對外文化協會, 李鍾律 譯(6)
고리끼와 쏘베트聯邦 民族文學의 發展 …… 엔.빅사노부, 姜貞熙 譯(40)
文學批評에 對하여 …… 에브.게니.알마조브, 朴和淳 譯(56)
우리 生活에 있어서의 詩 …… 브 · 여르밀로브, 金時學 譯(63)
레-닌과의 六年間 …… 에쓰.까.길리, 金勝林 譯(89)
〈資料〉
家庭과 學校 …… 야.모쓰또보이, 姜貞熙 譯(98)
쏘聯의 成人教育 …… 위크또르.고랴진, 田暉世 譯(104)

〈그림 2〉 「『조쏘문화』, 『조쏘친선』의 권호와 목차」(『근대서지』 19, 2019)에 실린 목차 일부

〈그림 1〉의 잡지 원문 목차와 〈그림 2〉의 정리된 목차를 비교해서 보면 알 수 있듯이, 「우리 생활에 있어서의 시」와 「레닌과의 육년간」이라는 두 편 글 사이에 「나의 蘇聯紀行(二)」과 「쏘聯의 保健施設: 訪쏘醫師團

歸還座談會」가 들어가 있다. 이 두 편 글의 목차 정보가 잡지 목차의 첫 번째와 두 번째 페이지 사이에 소재하여 마침 책의 중간 부분에 끼어 있기 때문에 쉽게 넘어갔을 가능성이 있다. 이는 「『조쏘문화』, 『조쏘친선』의 권호와 목차」의 각주가 일러주듯이, 1947년 제5~6집에 관한 목차를 2003년에 출간된 『북한논저목록』에서 인용하는 관계로 원문을 직접 확인하지 못한다는 사실을 보여준다. 이렇듯 거의 20년 동안 목차집에 의존하여 연구를 전개할 수밖에 없었던 것은 『조쏘문화』 문헌 구성 작업의 지난함을 방증하기도 한다.

셋째, 연변대학교 도서관 소장 자료를 통하여 박태일과 한상언 연구소가 제공한 목차집에서 충분히 반영하지 못한 1947년 『조쏘문화』의 제5, 6, 7집 원문을 살펴봄으로써 아래와 같이 『조쏘문화』에 실린 이기영의 소련기행문 서지 사항을 파악할 수 있다. 그리고 목차집에서 전체적으로 제시하지 않은 1948년에 출간된 『조쏘문화』 제3권 제2호(쏘련科學技術特輯號)의 목차를 따로 부록에서 제시한다.

－1946년－

「人民의 나라 쏘련邦의 躍進相－朝鮮人民代表團의 總括的報告」, 『조쏘문화』 제3집, 1946.12.

－1947년－

「나의 蘇聯紀行」, 『민성』 제3권 제1,2합병호, 1947.2.

「나의 蘇聯紀行: 웨로세로푸一週間」, 『조쏘문화』 제4집, 1947.3.

[단행본] 이기영·이찬, 『쏘련參觀記(一)』, 조쏘문화협회 중앙위원회, 1947.4.

「나의 蘇聯紀行(二): 車中二萬五千里」, 『조쏘문화』 제6집, 1947.8.

「나의 蘇聯紀行(三)」, 『조쏘문화』 제7집, 1947.9.

또한, 1949년까지 이기영을 제외한 다른 문인들, 즉 이찬, 한설야, 오장환의 첫 소련방문 글쓰기의 수록 상황이 아래와 같이 정리된다.

– 이찬 –

「오롤로바 女史에게(歸還報告文)」, 『조쏘문화』 제3집, 1946.12.

「勝利의 地」, 『조쏘문화』 제3집, 1946.12.

– 한설야 –

「十月革命記念: 冬宮앞에서 訪쏘紀行手帖」, 『조쏘문화』 제8집 十月革命特輯號, 1947.11.

「쏘련여행 · 레뽀르따쥬 – 조선인 · 꼴호즈」, 『조쏘문화』, 제3권 제2호 쏘련科學技術特輯號, 1948.5.

– 오장환 –

「레닌墓에서」, 『조소친선』 10월호, 1949.10.

위에서 제시된 서지 사항들을 보면, 우선 『조쏘문화』에 실린 이기영의 소련기행문은 1947년 제4집, 제6집, 그리고 제7집까지 총 3회로만 연재되었다는 것을 알 수 있다. 「나의 蘇聯紀行(三)」의 말미에서 '계속'이라는 말을 붙인 것으로 보아 제3회는 최종회가 아닌 것을 추정할 수 있다. 이어서 1947년의 마지막 호인 제8집에 한설야의 「十月革命記念: 冬宮앞에서 訪쏘紀行手帖」가 실렸다. 한설야가 조소 간의 교육 협력을 추진하기 위해 교육국장의 신분으로 1947년 7월 24일부터 9월25일까지 약 두

달간 소련을 방문하고 체류했다는 점을 고려하면, 이는 잡지의 10월 혁명특집호 기획에 맞춰서 이기영의 기행문보다 현장성을 선보인 한설야의 소련기행문을 게재하는 것이 더 적합했다는 것을 짐작할 수 있다. 1948년의 두 번째 호인 제3권 제2호에서 연속적으로 한설야의 소련기행문이 실린 점을 통하여 잡지의 기획 의도를 미루어 보면 중단되었던 이기영의 소련기행문이 다시 연재되었을 가능성이 매우 희박하다고 볼 수도 있다. 요컨대, 이기영의 소련기행문이 3회에서 중단된 이유는 작가 본인이 계속 쓰지 않았기 때문일 수 있지만, 『조쏘문화』 잡지가 실효성을 강조하고 조소 양국 사이에 진행하고 있었던 교류 활동들을 즉각적으로 반영하기 위해 게재 내용을 조절하는 기획 의도가 작용했기 때문이기도 하다.

여기서 유의해야 할 것은, 제1차 방소사절단의 성원인 이태준의 소련기행문이 『조쏘문화』에 실리지 않았다는 점이다. 단행본 형식 이외에 이태준의 소련기행문 일부 내용은 여러 차례로 남북한 잡지에 게재된바[31] 있지만, 『조쏘문화』에 수록되지 않았다는 것이 다소 특이한 사항이다. 그러나 이는 이태준이 조소문화협회와의 관계가 밀접하지 않았다는 사실을 의미하지 않는다. 이태준의 두 번째 소련 방문기인 『혁명절의 모스크바』(1950)에 따르면, 그가 1949년 10월 혁명 32주년 기념절에 초청받아 모스크바에 두 번째로 가게 된 사실을 통지받았던 자리는 바로 "'조쏘 순간'에 나온 시인 크리바쵸프 씨를 비롯한 쏘련 문화인들과 조선 문화인들이 '복스'의 평양문화회관에서 좌담회를 갖고 있는 자리에서였"[32]기 때문이다. "그때

31) 이태준의 첫 소련기행문은 『문화일보』, 『문학』, 『문학평론』, 『인민의 벗』 등 잡지에 실린 적이 있다. 자세한 서지 사항에 대하여 조영추, 「해방기 소련 기행문학 연구－이태준, 한설야, 오장환을 중심으로」, 연세대학교 박사학위논문, 2021, 4쪽 참조.

32) 이태준, 『(이태준 전집6) 쏘련기행 중국기행 외』, 소명출판, 2015, 197쪽(이태준, 『革命節의 모쓰크바』, 문화출판사, 1950.3).

는 마침 '조쏘친선과 소비에트 문화순간'이 개최되어 북조선 방방곡곡에 다채로운 쏘련 문화예술의 보급행사가 절정에 오르고 있는 때였다."[33] 초기에 이태준은 이기영과 이찬, 한설야처럼 조소문화협회에서 기관 직위를 갖지 않아 『조쏘문화』에도 관련 기행문을 싣지 않았지만, 그가 1946년에 소련을 다녀온 이후 남북한 사회에서 적지 않은 호소력을 발휘함으로써 조소문화협회와 긴밀한 관계를 맺어나갔으며 조소 간의, 내지 중국과 동유럽 사회주의국가들과의 문화 교류 사업과 지식 축적에 힘을 기울였다.

3. 이기영의 「나의 蘇聯紀行」 연재본 재고

제1차 방소사절단 단장이자 당시 조소문화협회 위원장으로 활동한 만큼 이기영이 집필한 소련기행문은 정치제도, 산업경제, 교육, 문화예술 등 전반적인 영역에 걸쳐 소련 사회의 선진성을 소개하는 데에 집중한다. 1946년 12월, 즉 방소 일정이 끝난 지 일 개 월여의 시점에서 이기영은 「人民의 나라 쏘련邦의 躍進相－朝鮮人民代表團의 總括的報告」를 『조쏘문화』 제3집에 발표했다. "각 부문별 보고는 각 대표들의 구체적으로 전문적인 보고가 있겠음으로 나는 총괄적인 쏘련의 정치, 경제를 중심한 일체의 보고를 이제 이하와 같이 제출하는 바이다."[34] 글의 서문에서 일러둔 듯이, 이기영은 총괄적인 보고서의 형식을 취하여 "쏘련은 어떠한 나라인가"부터, "쏘련 인민과 정치", "쏘련의 산업 경제", "쏘련의 교육제도", "쏘련의 문화시설", "청년과 여성", "쏘련의 선거제도", "보건과 위생"까지

---

33) 이태준, 위의 책, 195쪽.

34) 이기영, 「人民의 나라 쏘련邦의 躍進相－朝鮮人民代表團의 總括的報告」, 『조쏘문화』 제3집, 1946, 84쪽.

총 7개의 절로 나누어 사회주의국가 소련의 제반 영역의 선진 양상을 역설한다. 이 글은 곧 1947년 4월에 이찬과 공저한 『쏘련參觀記(一)』[35]에 수록되기도 하였기 때문에, 선행연구들은 이기영이 쓴 소련기행문이 방소사절단에 동행한 이태준이 쓴 기행문보다 보고서적인 성격이 더 강하다는 점을 지적한다.

그러나 『조쏘문화』에 총 3회로 연재된 「나의 蘇聯紀行」을 살펴보면, 이기영의 소련기행문 창작은 보고서 논조나 찬양 일변도의 언술만으로 구성된 것이 아니다. 먼저 제목이 제시한바, 이 세 편의 기행문을 통해 이기영은 "조선인민대표단"이 아니라 작가 및 여행자 "나"로서의 안목을 가지고 여행 견문을 토로하는 장을 따로 마련한 것으로 나타난다. 물론 소련의 약진상과 사회제도의 우월성을 거론하는 부분도 여전히 확인할 수 있지만 「人民의 나라 쏘련邦의 躍進相」에서 찾을 수 없는 작가의 사적인 여행 체험과 소감을 기록하고 있음을 알 수 있다. 또한, 「人民의 나라 쏘련邦의 躍進相」의 서두에 이기영은 "북조선 평양에서 모스크바까지 왕복 노정의 약 절반을 제하면 불과 일 개 월 여의 견학을 하였"[36]다고 서술한다. 해당 서술에 의하면 이 소련행 보고서는 목적지 모스크바와 기타 방문지인 스타린그라드와 레닌그라드, 그리고 소연방 공화국인 알미니야와 그루지야에 안착하면서 보고 들었던 일 개 월여의 견문을 개괄한

---

35) 『쏘련參觀記(一)』의 제2부는 <쏘련의 문화 · 예술>인데, "그 생성과 발전"과 "예술문화인들의 과도적 역할", "민족문화문제의 해결", "뛰어난 제 시설과 빛나는 제도들", "전중 전후의 문화예술계", "국제문화기관과 조소문화교류문제", 그리고 "결어(結語)"라는 일곱의 절로 나누어진다. 서문에 밝히듯이, 이찬은 소련 방문 동안 정치, 경제, 산업 등 영역의 건설도 보았지만 "보다 많이 직접 우리들의 영역인 문화예술부면의 그것을 보려 하였"다고 한다. 책 말미에 "一九四六一一三 於西伯利亞國際列車"라는 낙인을 통하여 방소 일정이 끝나고 귀국의 여로에서 탈고한 것으로 짐작할 수 있다. 이기영 · 이찬, 『쏘련參觀記(一)』, 조쏘문화협회 중앙위원회, 1947. 4.

36) 이기영, 「人民의 나라 쏘련邦의 躍進相 - 朝鮮人民代表團의 總括的報告」, 『조쏘문화』 제3집, 1946, 84쪽.

것이다. 이와 달리, 「나의 蘇聯紀行」는 출발 첫날인 8월 10일부터 모스크바 도착 날인 8월 25일까지, 즉 모스크바로 이동하는 장거리의 여로에서 얻었던 견문을 바탕으로 기행문을 작성한 것이다. 특히, 이태준이 몸 상태가 여의치 않아 여러 날 동안 격리하게 되어 사절단 일행과 함께 이동하지 못했다는 점[37]을 고려하면, 그의 모스크바로 향하는 길에 대한 견문 서사는 이기영과 이찬의 기술과 달라질 수밖에 없다는 것을 알 수 있다. 따라서 여태까지 이태준을 제외한 방소사절단 성원들이 격리촌부터 모스크바까지 이동하는 여로에 대하여 이찬의 기행문집 「소련기」[38]에 기록된 관련 내용에 의존하여 파악할 수밖에 없다. 이기영의 『조쏘문화』에 실린 「나의 蘇聯紀行」 연재본은 이를 보다 입체적으로 복원할 수 있기 때문에 중요한 문헌적 가치를 지닌다. 요컨대, 기존 연구에서 주목하지 못한 이기영의 「나의 蘇聯紀行」 연재본에 대한 분석을 통하여 방소사절단 세 명의 작가인 이기영과 이찬, 그리고 이태준이 각자 맡은 기행문 작성의 목적에 따라 달리 나타났지만, 그들이 공통적으로 작가와 여행자로서의 역할을 수행하여 긴 여로에서의 경험을 묘사한 바 있음을 새로 확인할 수 있다.

---

37) 일정이 남들보다 미루어지게 된 관계로, 차를 타고 모스크바로 찾아가는 방소사절단과 달리 이태준은 결국 8월 27일에 베드로호 중좌와 함께 비행기를 타고 4일을 걸려 모스크바에 도착했다. 이태준은 기행문에서 이와 같이 서술한 바 있다. "그러나 나는 더 한층 우울하지 않을 수 없었다. 검변 결과가 좋지 않다는 것이다. 호역은 아니나 좌우간 다시 한번 검변할 필요가 있으니 같이 떠날 수 없다는 것이요, 또 나 자신도 배탈이 낫지 않아 그대로 떠나자 하여도 하루 이틀 길도 아니고 곤란하게 되었다. 16일 석양, 일행들은 떠나고 나만 그저 남아 있게 되었다." 이태준, 『(이태준 전집6) 쏘련기행 중국기행 외』, 소명출판, 2015, 25쪽.

38) 이찬은 이기영과 공동 저자로 1947년 4월에 『쏘련參觀記(一)』을 펴낸 다음에, 1947년 9월에 단독 저자로 『쏘聯記』를 내놓았다. 위에서 언급했듯이, 『쏘련參觀記(一)』은 보고서의 형식으로 소련의 예술문화 발전 역사와 현황을 소개하는 책이라고 한다면, 단행본 『쏘聯記』는 작가 본인이 소련 방문의 일정과 장소대로 소련에서 목격한 풍경과 소감을 세세하게 기록한 기행문이다. 이찬, 『쏘聯記』, 조쏘문화협회 중앙본부, 1947.9.

1) 「나의 蘇聯紀行(一)」: '잉여'에 대한 기록과 삭감, 그리고 재생산

이기영의 「나의 蘇聯紀行(一): 웨로세로푸 一週間」은 8월 10일 평양에서 출발하여 방역 조치로 인하여 일주 동안 위로실로프의 격리촌에 머물러야 했던 경험을 기록한다. 일정에 따라 먼저 1946년 8월 10일에 평양에서 비행기를 타고 출발한 첫날의 정황을 소개한 다음에, 방역 조치를 수행해야 해서 송학령의 격리촌에서 일주일 동안 생활하고 8월 15일 해방 1주년을 맞이하기 위해 격리촌에서 기념행사를 개최한 경험을 그 사이에 서술한 뒤, 마지막으로 8월 16일에 국제열차를 타고 모스크바를 향해 출발한다는 내용으로 글을 마무리했다.

이 글이 1947년 3월에 『조쏘문화』 제3집에 실린 바 있지만 한 달 전, 즉 1947년 2월에 남한에서 출간한 잡지 『민성』의 '북조선 특집'에 먼저 「나의 蘇聯紀行」이라는 제목으로 게재했다는 사실이 있다. 조영추의 연구에 의하면, 『민성』 초판본과 『조쏘문화』 판본의 구성과 내용이 전반적으로 유사하지만, 일부 서술이 삭감된 흔적을 발견할 수 있다. 그가 정리한 바를 바탕으로 아래와 같이 두 판본의 상이한 부분을 원문 순서대로 네 가지로 보충하여 정리한다. 앞에 세 개 대목은 8월 10일의 기행문 내용이며 네 번째 대목은 8월 11일의 내용이다.

첫째, 기행문에 소련군대 관계자에 대한 설명 부분이다. 『민성』 초판본에 출발하던 날 환송하러 온 소련군대 인사들의 이름이나 동행한 조선인 방문단 성원에 대한 간단한 묘사를 붙였는데, 즉 "스리브흐 대장, 비비숍흐 소장, 로마렌코 소장, 시비씬 정치고문관차석, 이그나체푸 대좌 등 붉은 군대 최고 사령부와, 북조선임시인민위원회 각 정당, 사회단체 대표 여러 분이 나와서 특히 사절단 일행을 보내기 위하여 폭서暴暑를 무릅쓰고 과분한 전송餞送까지 해 주신데 대해서는 감송감격하기 마지 않았다."[39]고한다. 반면에, 『조쏘문화』 판본의 경우, 소련군대 인사들의 이름들을 생략하여 그것을 "쏘련 군대 최고사령부대표"라고 요약된다. 그리고 『민성』 초판본에 "외객으로는 이그나체푸 대좌 영양令孃, 이동화 씨 영양이 동행하게 되었다"는 기술이 있지만, 『조쏘문화』 판본에 역시 "이그나체푸 대좌 영양令孃"이 삭제되어 "외객으로는 이동화 씨 영양이 동승하게 되었다"는 말만 나온다.

둘째, 기행문에 프랑스 작가 앙드레 지드의 소련방문 경험담에 관한 작가의 견해이다. 『민성』 초판본에 지드에 대하여 "그는 자기의 계급적 사상으로 인간은 자본사회와 같이 각층 계급이 각기 다르게 있어서 지배계급과 피지배계급이 착취계급과 피착취계급이 있어야만-그래야만 귀한 것과 천한 것이 구별되고 빈자가 있는 반면에 부자가 있는 것이라고" 지적한다. 이어서 이기영은 이를 "관념론적 이원론을 주장함이 아닐까"[40] 라고 평가한다. 반면에 『조쏘문화』의 판본에 이르러 그것이 "극악한 자유주의를 주장함이 아닐까"라는 혹평으로 바꿔 비판의 강도를 한층 높인다. 전반적으로 봤을 때, 이기영은 방소 일자에 따라 매일의 일정과 견문을 기록하는 방식으로 기행문의 서술 구조를 짜 놓았다. 이러한 맥락을 고려하면, 지드의 방소 소감을 인용하여 비판하는 내용은 기행문의 전체 흐름과 크게 관련이 없어 보인 듯하다. 그러나 비판의 내용보다 이러한 내용이 문맥상 도입된 위치를 더욱 관심 있게 봐야 한다. 기행문에서 지드를 언급하기에 앞서 작가는 비행기에 탑승하여 본격적으로 소련행이 시작됐을 때에 느꼈던 감격과 흥분의 심정을 표시했다. 그 와중에 그는 출발 전날 김일성과의 면회 자리에서 들었던 소련 견학에 대한 김일성의

39) 이기영, 「나의 蘇聯紀行」, 『민성』 제3권 제1,2합병호, 1947, 18쪽.
40) 이기영, 위의 글, 18쪽.

당부와 지시를 떠올린다고 서술했다.

"동무들이 쏘련방을 견학함에 있어서는 무엇보다도 어느 정도까지의 사상적 준비가 있어야 할 것이요. 만일 그렇지 않고 종래의 안목 그대로 아무런 준비도 없이 그냥 갔다가는 그렇지 않아도 생활풍습이 다른데 쏘련의 진상을 여실히 파악하기가 어려울 것이요. (생략)"

과연 장군의 이 말씀은 지당하다. 시월혁명 이후 위대한 사회주의국가로 발전한 세계에서 오직 하나인 이 나라의 진상을 알려할 진대 우선 이 나라에 대한 관심과 예비지식이 없이는 안 될 것이다.

나는 그 후 이 개 월여 간 쏘련을 각 방면으로 견학하는 중에 더욱 그런 생각을 깊게 하였다. 그것은 안드레 지-드가 「쏘련기행」에 썼다는 것과 대척적인 호대조好對照가 될 것이다. 왜 그러고 하면 안드레 지-드야 말로 뿌르죠아 작가의 안목으로 쏘련을 관찰하였기 때문이다. (생략)[41]

위의 인용문에서 보듯이, 소련에 대한 "지-드의 불찰不察"[42]에 대한 비판 내용은 방소 첫날에 생겨난 견해가 아니라 방소 첫날에 관한 기행문에서 삽입한 2개월 동안에 얻었던 소감과 깨달음이다. 지드를 비롯한 자본가의 사상이 아니라 "진보적 사상가"[43]의 안목으로 소련을 파악하기 위한 사상 준비의 중요성을 강조하면서 소련 제도와 사회상에 대한 지드와의 입장 차를 분명하게 드러내고 있는 것이다. 그러나 이러한 내용을 방소 첫날에 관한 기행문에서 길게 배치한 이유는 작가 본인이 지드와의 의견차

41) 이기영, 「나의 蘇聯紀行－웨로세로푸 一週間」, 『조쏘문화』 제4집, 1947, 35쪽.
42) 이기영, 위의 글, 36쪽.
43) 이기영, 위의 글, 36쪽.

를 노출하기 위하여 썼다기보다 그 전날에 들었단 김일성의 방소 지시 내용을 소환하고 어필하기 위한 것에 더 가깝다.

셋째, 지드에 대한 비판 내용 뒤에 바로 붙인 말은 격리촌이 소재한 송학령에 대한 설명이다. 『조쏘문화』 판본에는 "송항영은 지리적으로 조선과 가까운 관계일지 전곡도 흡사히 조선 것과 같다"[44]고 간단하게 서술한 반면에, 『민성』 초판본에는 송학영의 지명 유래와 식민지 시기 조선인의 이주 역사의 관계까지 소개한다. "송학영은 원래 조선 사람의 개척지였다 한다. 솔깽이 "영슈"이 서던 곳이래서 지명을 이룬 것인데, 지금은, 이 지방에 있던 동포들이 중앙아시아로 이주하였다 한다."[45]

넷째, 격리촌에서의 몸 상태에 관한 서술이다. 격리촌에서 대변 검사를 받아야 하는데 이기영은 변비증 때문에 곤란한 상황이었고, 독촉을 몇 번 당하여 시도했다가 결국 "간신히 義務를 履行했다"는 에피소드를 기술한다. 아래의 인용문 내용은 『민성』 초판본에 비교적 경쾌한 어조로 서술됐지만 『조쏘문화』 판본에는 전체 삭제된 것으로 나타난다.

> 머리가 띠-한게 신기神氣가 좋지 않다. 검변을 한다고 대변을 보라는데 변비증이 생겨서 안 나온다. 다른 동무들은 다들 보았는데 나 혼자만 불통이다. 아침을 먹고 나서도 독촉을 몇 번 당했지만 여전하다. 그래 계학가稽謔家 홍기주洪箕疇씨에게 '대변大變'났다는 놀림을 받기까지 하다가 독촉이 연발하므로 일대노력을 한 결과, 간신히 의무를 이행하였다. 대소를 물론하고 노력해서 안 되는 일은 없는가 보다.[46]

44) 이기영, 위의 글, 38쪽.
45) 이기영, 「나의 蘇聯紀行」, 『민성』 제3권 제1,2 합병호, 1947, 19쪽.
46) 이기영, 위의 글, 19쪽.

이처럼 여행 서사들의 비교분석을 통하여 『조쏘문화』 판본은 『민성』 초판본보다 작가의 사적인 경험과 소감을 노출하는 것을 더 자제하는 모습을 확인할 수 있다. 이는 당시 소련방문이라는 사건을 남/북 사회의 정세를 의식하고 남북한에서 매체의 특성과 독자층에 맞추어 기행 서술을 재배치remapping함으로써 소련 방문에 대해 남북 사회에서 거두고자 한 의미와 실효를 다르게 기획했던 저자(혹은 편집자)의 글쓰기 의도를 반영하기도 하는 것이다. 특히, 『민성』 초판본에서 이기영은 조선인 여행자로서 소련을 가는 장거리 여로에 겪었던 신체적 불편을 여실히 기록하는 데 비해, 『조쏘문화』 판본에서는 관련 서술들을 삭제하여 소련방문이 몹시 순조로울 뿐만 아니라, 소련이 접근하기 쉬운 나라라는 인상 혹은 착각을 한층 강화시킨다. 이러한 서사의 조정을 통해 발휘하게 되는 '리얼리티' 효과가 이기영의 다른 소련기행문에서 소환되고 마치 여행 경험의 진실처럼 '고정'되어 버린다는 점을 흥미롭게 볼 수 있다. 그는 1949년에 두 번째로 소련을 다녀와 기행문집 『소련은 인민의 위대한 벗』(1950)을 출판한 바 있다. 아래의 인용문에서 보듯이, 소련이라는 나라가 자신과 '체질에 맞다는' 사실을 작위적인 수사법으로 부각하고 있는데, 관념이 현실과 실제 경험을 압도하는 한 예증으로 볼 수 있다.

> 나의 이번 쏘련 방문은 불과 한 달 남짓한 짧은 기간이었다.
>
> 그러나 내가 생각해 보아도 방쏘 중에 나의 몸은 확실히 튼튼해진 것 같다.
>
> 이것은 나의 기적일까?
>
> 나는 삼년 전에 제일회 조선인민 방소사절단 일행 이십오 명 중의 한 사람으로 쏘련을 방문하였었는데 그때도 그러했다.
>
> 삼년 전에는 두 달 반 이상이나 쏘련의 각지를 여행하고 돌아왔건만

나의 건강은 오히려 고국에 있을 때보다도 좋아졌었다.

그러면 이게 무슨 까닭인가? 나는 이렇게 대답하겠다. 약한 사람이라도 소련에 가면 강해진다고![47]

요컨대, 기행문학은 그 장르 자체가 기록성과 즉시성이라는 특징을 지닌 만큼 어느 정도 작가들의 솔직하고 즉흥적이며 일탈적인 언술이 가능하고 권장되며, 때로는 신중치 못하거나 잘못된 인식이 파생되기도 한다. 기존 연구들은 작가들이 보인 정치적 입장 외에 기행문학 내부의 다양한 서사적 요소에 대해서는 외면하거나, 그것을 단지 '잉여'적이며 부차적인 서사의 조각들로 인식하고 마는 경향이 있다. 그러나 위에서 분석했듯이, 남북에서 다르게 게재된 이기영의 「나의 蘇聯紀行(一)」을 종합적으로 살펴보면, 이러한 '잉여'적인 경험들이 한낱 '사소'한 것들이 아니라, 관련 기록들의 삭제되거나 재생산된 흔적 자체가 우리로 하여금 당대 남북한 사회에서 소련기행문을 '공개했던 기준'을 가늠하게 만든다.

2) 「나의 蘇聯紀行(二)」: 사회주의종주국에 대한 의문의 시선과 경험의 조정

앞서 분석했던 것처럼, 「나의 蘇聯紀行(一)」의 『민성』 초판본과 『조쏘문화』 판본의 낙차들에 의하면 『조쏘문화』 판본은 보다 정교화된 모습을 갖추고 있음을 알 수 있다. 그러나 여기서 유의해야 할 점은, 「나의 蘇聯紀行(一)」의 『민성』 초판본은 말미에 "끝"이라는 말을 붙여 이기영의 소련기행문 게재의 일회성 혹은 유일성을 제시하는 데 비해, 『조쏘문화』 판본은

---

47) 이기영, 『쏘련은 人民의 偉大한 벗』, 평양: 문화출판사, 1950, 137쪽.

"계속"이라는 표시를 달아 추후 연재 기획을 예고했다는 것이다. 이처럼 이기영 소련기행문의 남북 연재 기획의 불일치는 당시 남한 정세의 악화로 인해 북한에 관련 기사와 보도들이 계속 실릴 수 있는 조건들이 보장되지 못했다는 점을 상기시킨다. 그러나 북한 사회 내부에 있어 『조쏘문화』는 「人民의 나라 쏘련邦의 躍進相－朝鮮人民代表團의 總括的報告」 등과 보고서적인 기행문만을 게재한 것이 아니라, 잡지 연재물의 장으로서 작가의 감수성을 비교적 많이 표출하는 여행기 서사도 허용 내지 환영한다는 점을 간과해서는 안 된다. 곧이어 『조쏘문화』 제6집에 실린 「나의 蘇聯紀行(二): 車中二萬五千里」를 살펴보면, 이기영의 기행문 창작도 일정 정도의 유연성을 가지며 사회주의 사회의 이미지 쇄신 작업이 이루어지는 가운데 균열의 지점들도 함께 노출된 글쓰기라는 점을 발견할 수 있기 때문이다. 이는 이기영이 식민지 조선에서 농촌 현실을 줄곧 관심에 둔 작가로서의 안목에 기인한 것이며, 피식민자로서의 자기 인식에 기반한 소련에 대한 "불편한" 시선들에 대한 기록을 통하여 엿볼 수 있다.

부제목에서 보듯이, 「나의 蘇聯紀行(二)」는 작가가 8월 17일부터 8월 21일까지 차로 모스크바를 향해 떠난 여로에서 이루어진 견문들로 구성된다. 오랜 시간을 차에서 지낼 수밖에 없었던 이기영은 차창을 통하여 바라본 소련 땅의 광활함에 감탄하다가 점차 땅의 용도에 대해 다른 생각을 하게 되었다.

> ① "일락서산日落西山"이란 말은 조선에서나 쓸 말이지 이 고장에서는 동이 닿지 않는다. 어제 오늘 …… 가도 가도 막막한 들뿐인즉 산이 있어야 해가 떨어지지 어느 산에서 떨어지느냐 말이다.

> ② 다시 시야를 평원으로 넓히자 막막한 초원에는 이따금 목장이

있을 뿐! 펀-한 벌판이 대부분 공지로 묶어 있다. 하긴 거기에는 곡초처럼 자라난 목초 채취장으로 소용되는 모양이다. 조선과 같은 산간협지에서 살던 우리들의 안목은 이 땅에 수전을 만들었으면 얼마나 벼가 잘 되랴 싶은 아까운 생각이 든다.

그런데 오늘은 어제보다도 쾌청인지라 대지의 낙조는 참으로 장관이다. 이것은 정말 대륙이 아니고서는 볼 수 없는 대자연의 황홀한 광경이었다.[48]

모스크바에 가려면 길에 광활한 평원 지대를 거쳐야 한다. 작가는 하루종일 차 안에서 지낼 수밖에 없었으며, 흐르는 시간에 대한 감각도 무디어지게 되었다. 작가는 강원도 같은 산간 협지에서 살아왔기 때문에 늘 해가 산에 떨어지는 모습을 통하여 시간을 확인했으나, 산이라는 좌표를 찾아볼 수 없는 평원 지역에 있다 보니 결코 시간을 확인할 수 없었다. 이는 농경 문명에 익숙하던 작가가 땅을 보고 수전으로 사용되는 농경지의 풍경을 습관적으로 찾으려 했으나, 그러지 못했다는 서술과 비슷하다. 소련에 가는 여로에서부터 자신이 조선인으로서 몸에 배었던 생활 습관과 인식을 스스로 발견·조정하게 되었으나, 의문스러운 지점을 기록하기만 하고 깊은 성찰까지 나아가지는 않았다. 그러나 흥미로운 점은, 광활한 대지와 장엄한 낙조를 빈번하게 마주해야 할 상황에 있다 보니 작가가 이를 단순한 외부의 풍경으로 묘사하는 데에 머물지만은 않았다는 점이다. 아래의 인용문에서 확인할 수 있듯이, 작가의 눈에서 보인 소련이라는 '행복한 나라'에서 봤던 풍경이 그로 하여금 피식민지인으로서만 가졌던 암담한 기억의 풍경과 심경을 연상하게 했다.

---

48) 이기영, 「나의 蘇聯紀行(二): 車中二萬五千里」, 『조쏘문화』 제6집, 1947, 74쪽.

행복도 발전한다 하거니와 고상한 인간 생활을 누구나 누리게 할 수 있는 그런 사회가 눈 앞에 보이는 게 이 나라다. 이와 같은 희망과 동경은 나의 심중에서도 무지개처럼 뻐적오른다 …… 팔・일오 해방 전에는 이러한 경치를 만주 대륙에서 보았건만 그때는 다만 피안의 태양과 같이 절망에 가까운 비통을 상징할 뿐! 낙일의 후광은 도리어 비통한 느낌을 주었다.[49]

이처럼 소련에서 봤던 아름다운 경치와 인민들의 행복해 보이는 모습을 묘사하다가 식민지 시기 조선에서 겪었던 고난의 서사로 필치를 전환하는 글쓰기 패턴을 「나의 蘇聯紀行(一)」에서도 찾을 수 있다.[50] 소련 사회를 통하여 새로운 미래의 가능성을 예감하는 동시에 식민지 생활에 대한 상실의 기억과 뒤돌아볼 수 없었던 과거에 대한 유념도 함께 따라오게 되는 것이다. 그러나 여기서 관심 있게 봐야 할 것은, 작가가 식민지 시기의 고통과 상처를 소환하는 수준에 그치지 않았고 '민촌'이라는 자신의 호와 작품을 사회주의 사회의 '인민의 농촌'이나 '인민의 동리'라는 뜻으로 재전유한 수사법이다. 이는 식민지 조선의 과거와 독립 국가 조선의 미래를 '매끄럽게' 연결하는 논리에 기반한 것이라 할 수 있다.

나는 왕년에 카푸에 가맹한 뒤로부터 은근히 이와 같은 북방의 새나라

49) 이기영, 위의 글, 74쪽.
50) 격리촌의 잔디밭에서 소련 사람들이 '괭이잡이'와 '도적놈 붙들기' 유희를 하는 장면에서 이기영은 "문득 경술합병 전에－그래도 내 나라를 가지고 있던 시절의 농촌 풍경을" 회상한다. 옛날 농촌에서 청년들끼리 달밤에 "말달리기와 숨박곡질을 하고 씨름과 줄다리기 유희 등으로 밤 깊은 줄을 모르면서 무아무중으로 놀았"는데, "일제 철제하의 삼십육 년간은 농촌이나 도시를 물론하고 소위 오백년 유래 지 고풍이 일조에 없어지고 인민은 아무런 오락도 모르는 살풍경의 지옥 생활을 계속하던 것이다". 이기영, 「나의 蘇聯紀行－웨로세로푸 一週間」, 『조쏘문화』 제4집, 1947, 39~40쪽.

－인민의 나라를 동경하고 희망하였던 것인데 나의 단편 중 「민촌」이란 소설 제목을 나의 소호로 친구들이 불러주는 것을 그대로 받은 것도 본의인즉 인민을 사랑하고자 한 심경의 표현이었다.

(중략)

그러므로 북조선의 위대한 민주 건설은 남북조선을 통일하는 기초와 지반이 될 것이요, 따라서 완전 독립과 아울러 조선 천지는 어디나 '인민의 도시'와 '인민의 농촌'이 될 것이니 그때야말로 옛날의 상놈들만 살던 '민촌'은 정말 '인민의 동리'로 의미가 새로워질 것이다.[51]

그러나, 정적靜的인 풍경을 특정한 서사적 논리를 활용하여 그것에 담긴 감정과 함의를 갱신할 수 있겠지만, 전혀 다른 언어와 문화습관을 가진 소련 사람들과 접촉하는 가운데 모면할 수 없었던 불편함을 서사적 수법을 통하여 쉽게 회수하거나 무화하지는 못할 것이다. 이는 이기영이 차창을 통하여 집시족을 보게 된 경험과 러시아 아이가 자신을 보고 "야폰스크"라고 불렀던 묘사를 통하여 엿볼 수 있다. 아래의 인용문에서 보듯이, 그가 길에서 음식을 구걸하면서 사는 집시족을 보고 그것을 '나라 없는 민족'이 영원한 '고아'라는 감회를 도출하거나, 소아한테 일본인이라고 오인받고 인종 차별적인 '호칭'을 들었을 때 '고소'밖에 못한다는 반응을 보인다는 것이다.[52] 이는 불가해한 세계 앞에서 작가의 언어가 좌절되는

---

51) 이기영, 「나의 蘇聯紀行(二): 車中二萬五千里」, 『조쏘문화』 제6집, 1947, 75~76쪽.

52) 참고로 이태준의 소련기행문에도 자신을 소련 사람한테 중국인이라고 오인받았다는 기술이 나타난다. 그에 따르면, 비행기로 모스크바에 가는 예정이었지만 열악한 날씨의 영향으로 4일이나 걸렸다. 도중에 비행기가 잠시 K시에 착륙되어 저녁 때 구락부 식당으로 가게 되었다. "미하에로흐 소위는 식권을 타가지고 있었고 식당에서 일 보는, 하나같이 혈색 좋은 처녀들은 나를 중국 사람이냐고 묻기도 했다." 이태준, 『(이태준 전집6) 쏘련기행 중국기행 외』, 소명출판, 2015, 40쪽(이태준, 『쏘련기행』, 조소문화협회조선문학가동맹, 1947).

장면이자 식민지 시대에 이미 경험해 봤을지도 몰랐던 피식민자로서의 무력감과 모욕감이 다시 찾아온 순간이기도 하다.

> ①빠이칼 이남에서부터 남녀노소의 걸인이 승객에게 구걸하는 것을 보고 이상히 생각하였는데 강소좌에게 물어보니 그들은 쓰간족의 집씨군이라 한다. 지금 이들은 원동지방으로 나가고 있는데 이 집씨군이 쏘련 내에만도 수십만 명을 헤일 수 있다 한다.
>
> (생략)
>
> 나라가 없는 민족은 고아와 같은 것이다. 그런 민족의 갈 길은 오즉 두 가지밖에 없을 것이다. 즉 하나는 이 집씨족과 같이 유랑민족이 되든지 그렇지 않으면 식민지의 노예 생활이 있을 뿐이다.
>
> 유태 민족이 오늘날 세계에 횡행하고 쏘련에서도 그들에게 자치주를 만들어 준 것은 그들은 첫째 경제를 유지하였고 정치, 문화적으로 세계에 공헌이 있었기 때문이다. 그런데 집시군은 순수 예술파로서 생활을 원시적 그대로 유랑을 일삼기 때문에 아무런 발전이 없다는 것이다. 그러나 그들은 예술을 전업하는 만큼 쏘련 레코-트 수입의 삼분의 일은 그들이 하였고 다른 판이 오원이라면 그들의 십오원, 이십원의 고가라 한다. 그리고 키-타의 천재가 많다 한다.[53]

> ②끄라스노얄스끄 역에서 일본 포로병들이 노역하러 가는 일군을 보았다. "일크스크"에서도 그 외의 역에서도 놈들을 발견할 수 있었다. 이 놈들은 악질분자이기 때문에 생산 부문에는 넣지 않고 보국대에 편입하였다 한다. 그런데 역마다 지날 때에 소아들은 우리 일행을 보고

---

53) 이기영, 앞의 글, 80쪽.

"야폰스키"라 하며 호기의 눈을 굴리는데는 고소苦笑를 불금하였다.[54]

어쩌면 작가가 침묵과 고소를 통해 이러한 만남이 야기했던 불편함을 해소한 경험에 대한 기술은 '첫 방문'에 대한 여행기에만 기록되어 있을지도 모른다. 임유경의 분석[55]에 기대어 볼 때, 이기영을 비롯한 조선 문인들의 소련기행문에는 사회주의 선진국이자 이차 세계대전 전승국으로서의 소련을 견학하고 관찰하면서 그들이 스스로 과거 '일본 국민으로서의 조선인'이라는 '발화 위치'가 갖던 불안정성을 새삼 인지하게 됨으로써 '이름의 되찾음'이라는 차원에서 자존감을 환기하고 자기 표상을 시도하는 모습이 반복적으로 나타난다. 소련과 함께 사회주의국가로서 미래에 대한 희망을 공유할 수 있지만, 식민지 과거에 대한 고통의 기억과 번뇌들을 역시 이야기하거나 공통감각으로 공유하지는 못할 것이다. 다르게 표현하자면, 민족 건설에 있어서 소련을 이상적인 발전 모델로 삼고 미래에 대한 청사진을 제시할 수 있으나, 타인의 눈에서 자신을 과거 '일본국민으로서의 조선인'이라는 '인상'을 지우는 방법을 '소련 견학'을 통하여 습득할 수 없는 것이다. 소련인들에 의해 다른 나라 사람으로 '착각'되거나 자신들을 전혀 이해치 못하는 사람들과 대화를 나눠야 하는 등 어색한 상황에 놓이게 되었다는 경험은 '조소친선'의 제도적 담론과 어긋나는 것이다. 조소 양국 간의 우호적 관계가 구축되고 강화됨에 따라 '해방자', 롤모델 또는 은인으로서의 소련으로부터 '차별적' 시선을 받았다는 서술이 또 다른 '잉여적' 것으로 여겨지며 허용되지 않은 '단절'의 경험적 요소 experiential disjunctures로 작용했을 것이다.

---

54) 이기영, 위의 글, 81쪽.

55) 임유경, 「'오빼꾼'과 '조선사절단', 그리고 모스크바의 추억－해방기 소련기행의 문화정치학」, 『상허학보』 27, 상허학회, 2009, 249쪽.

4. 결론을 대신하여: 「나의 蘇聯紀行(三)」과 미완으로서의 '여旅/餘정'

땅이 넓으니 하늘도 주저앉았다.
지평선 위에서 발버둥치는 해
아득히 먼 길을 내다보고
하루밤 다리를 쉬여 가려는 강
그러나 너는 내일 또
다른 지평선 위에서 헤매리라
오- 위대한 붉은 군대의 조국이여!
광대무변한 이 땅의 넓음이여!
시베리아 벌판에서 낙조를 바라보면서.[56]

「나의 蘇聯紀行(二)」의 말미에 위와 같은 「낙조」라는 시를 붙이는 것으로 기행문을 마무리한다. 광활한 이국의 천지의 낙조 풍경에 잠긴 작가의 마음속에 미래에 향한 무한한 희망의 구절이 흘러나왔는데, 이찬과 이태준의 기행문에서는 찾을 수 없는 독특한 묘사로서 이기영의 기행 서사의 특징을 드러낸다. 모스크바로 찾아가는 여로를 기술한 견문 서사에 있어, 이태준은 조선의 자연 풍물(예컨대 백화나무나 유도화 등)과 전통문화 속 실제 인물이나 고전 이야기를 활용하여 조소 간의 유사성과 차이점을 세세하게 부각하는 데에 주력한다.[57] 반면에 이찬의 기행 서사는 특수하게 심미적이고 문화적인 성향을 보이지 않고 비교적 소박하고 포괄적인 언어로 여로에서 생긴 일들을 기록하는 편이다. 앞에서 분석했듯이, 이기

---

56) 이기영, 위의 글, 82쪽.
57) 조영추, 위의 글, 67~74쪽.

영은 소설 창작을 통하여 식민지 조선에서의 농촌 현실과 생활을 집진하게 묘사한 작가로 활동해 왔기에, 그의 관심사와 연결의 수사법도 역시 소련의 땅과 인민들의 일상 모습과 깊게 관련된다. 임유경에 따르면, 탈식민자의 주체위치에서 출발하여from within 소련에서 경험한 것과 배운 정보 및 지식을 기술한다는 차원에서, 방소 문인들의 소련기행문은 "일종의 '자기 민족지autoethnography'의 공간으로서 의미화될 수 있다고"[58] 한다. 이런 관점에서 이기영과 이태준, 그리고 이찬은 '자기'만의 성향과 관심사에 출발하여 소련의 '첫 인상'들을 포착하고 문자화하는 데에 작가로서의 역할을 충실하게 수행한다고 본다. 그러나 이기영은 이태준과 이찬보다 역시 행정가로서의 역할이 보다 뚜렷하였기 때문에 그의 기행 서사에서 개인적 경험담과 '조소친선' 및 새국가 건립이라는 제도적 담론 구조 안에 문화행정가로서의 발화 사이에 드러낸 낙차와 분열이 더 크게 보인다는 것도 사실이다. 「나의 蘇聯紀行(三)」[59]에 이르러 작가의 기행 서사 요점과 전략이 달라진다는 점을 통하여 이를 엿볼 수 있다.

「나의 蘇聯紀行(三)」에서 이기영은 8월 24일부터 28일까지의 여정을 서술하였는데, 8월 24일부터 26일까지 역시 여로에서 관찰한 소련 노동자들의 모습, 농업 시설, 날씨 변화 등에 관한 견문이 기술된다. 그런가 하면, 8월 27일에 모스크바 도착하여 본격적으로 사회주의 소련의 중심도시를 방문하기 시작하였는데, 기행문의 거의 2/3의 분량으로 레닌 박물관에서 통역사에 의해 들었던 레닌의 일대기를 전술된 것으로 나타난다. 「나의 蘇聯紀行(三)」가 제1회와 제2회처럼 여행 견문을 중심적으로 기술하는 것과 달리 독자들에게 소련 역사에 관한 지식을 제공하는 데에

---

58) 임유경, 「상연되는 미래－북한 형성기 사회주의 문화기획과 문학」, 『현대문학의 연구』(79), 2023, 152쪽.

59) 이기영, 「나의 蘇聯紀行(三)」, 『조쏘문화』 제7집, 1947.9.

역점을 둔다는 것을 쉽게 알 수 있다. 이기영은 소련이라는 '(사회주의)세계'에서 '오인' 받았고 소통의 능력을 가지지 못한 존재가 아니라 건국 사업에 중추적 역할을 행사하고 지식 전달과 조직 특권을 행사하는 문화행정가로서의 발화 위치에 서 있었을 때, 그는 소련기행문을 통하여 조소친선이라는 새로운 '제도' 공간에서 필요한 지식들을 언술・전달하면서 조선 사람들의 인식 세계와 역사 감각을 조정coordinating하고 조직화하는 일을 담당해야 했다. 「人民의 나라 쏘련邦의 躍進相－朝鮮人民代表團의 總括的報告」는 관적 방문 활동에 대한 보고서로서 문화행적가의 역할을 완수했음을 보여주는 한편에, 『조쏘문화』에 실린 「나의 蘇聯紀行」 연재본은 미완의 형태로서 이기영의 첫 소련 여행의 실상을 온전히 드러내지 못한다. 그러나 이렇게 불완전한 형태로 남겨진 기행문 작품은 오히려 탈식민지 작가와 새 나라의 문화행정가라는 겹쳐진 발화 위치에서 나온 서술들이 결국 지속하고 통합되기 어려운 '창작의 실상'을 재차 일깨워 주기도 한다.

이상에서 살핀 대로, 선행 연구가 문헌 고증의 제약으로 인해 이기영의 첫 소련 방문에 관한 기행문 창작 양상을 간략하게 언급하는 정도였던 반면, 이 글은 연변대학교 도서관 소장 자료를 통하여 1947년 『조쏘문화』에 실린 「나의 蘇聯紀行」 연재글 세 편을 새로 발굴・조명함으로써 평양에서 모스크바까지 가는 여로에서 생긴 견문과 소감들을 구체적으로 제시하고 작가의 기행문 개작 양상까지 고찰하였다. 이처럼 작가의 기행문 서사군群을 함께 살펴봄으로써 북한 건립 초창기에 소련기행문 창작 및 게재 자체가 남북 사회의 정세 변동과 출판 상황에 크게 관여되었다는 점을 다시금 확인할 수 있다. 더 중요한 것은, 북한 사회 내부에서 이기영이 '조소친선'의 정치적 슬로건 아래 탈식민 국가의 작가와 새 나라 문화행정가로서 역할을 함께 수행하였으며 그 과정에서 생산한 개인적 여행 소감과 관적 서술 사이의 경험적 낙차들을 새로 발견할 수 있다는 것이다. 이를 통하여 소련기행문 창작에 있어 이기영은 단순히 보고서적인 기행문을 창작한다는 기존 연구의 관점에 벗어나, 이기영의 소련기행문 창작에 대한 평가를 갱신하며 제1차 방소사절단 성원들의 기행문 창작 전모를 복원하는 데에 기여할 것으로 기대된다.

*부록[60]: 『조쏘문화』 목차: 1947년 제 5~7집 및 1948년 제3권 제1~3호

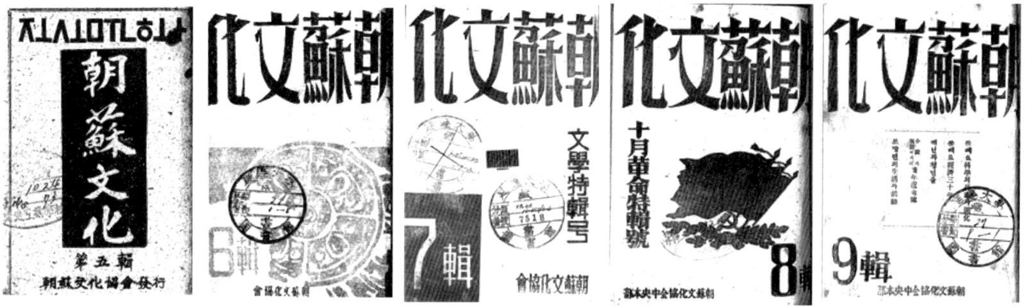

〈그림 3〉『조쏘문화』 제5집~제9집의 잡지 표지

1947년

『조쏘문화』 제5집, 1947년 5월 10일 발행

表紙. 컽 …… 黃憲永

쏘베트社會에 있어서의 이데오로기와 政治 …… 쎄 · 까크, 姜貞熙 譯(10)

〈蘇聯人民經濟〉

計劃的 管理方法으로서의 獨立採算 …… 게 · 꼬슬로브, 金禮鏞 譯(42)

쏘聯人民經濟計劃과 그의 一年間의 成果 …… 嚴承烈(54)

國家의 經濟的 發展에 있어서의 쏘베트 商業의 役割 …… 엠 · 마까로보, 李承悅 譯(62)

一九四七年度 產業復興計劃의 基本內容 …… 金祥鶴(27)

---

60) 밑줄 친 부분은 한상언 연구소가 제공한 목차집에 포함되지 않은 내용이거나 구별된 부분임을 명시한다. 잡지 차례와 원문의 제목이 다를 경우, 원문의 제목을 우선적으로 따른다.

<쏘聯人民의 氣風>

쏘聯英雄 "올레그·꼬세보이"…… 靑年뿌라우다에서, 本協會飜역部 譯(79)

쓰딸린그라드의 戰鬪 …… 엔·갈니치, 本協會飜譯部 譯(83)

우리祖國軍隊 …… 아·세라피·모뷔휘, 쏘련通信部(88)

-쏘聯諸民族共和國巡禮記-따드지크사회주의 쏘베트공화국 …… 玄希安(73)

<五·一節>

抗日勞動爭議實記 …… 編輯部(97)

人民經濟計劃完遂 發明勞動者-靑水工場에서 …… 李貞求(101)

메-데의 由來 …… 編輯部(97)

<資料>

스타하노부 運動 …… 吳正鉉(91)

作家 代議員 …… 류센코(92)

新途程에 서있는 알바니야 女性들 …… 보챠로(94)

[評論] 파제예프와 靑年近衛隊 …… 쏘피야·넬쓰, 閔二順 譯(107)

<詩>

作別 …… 야·이싸꼽쓰끼, 田東爀 역(121)

로動詩人 …… 마야꼽쓰끼, 鄭律 譯(123)

잠불의 余生은 인민에게 …… 잠불, 정律 譯(127)

<創作>

[콩트] 監視所에서-英雄都市 레닌그라드 防衛插話中에서 …… 찌호노브, 김례용 譯(132)

十月의 밤 …… 꼰스딴띤파우스도보스키, 元應瑞 譯(135)

세멘트 공장의 비밀 …… 세르게이·와센쪼브, 趙英哲 譯(145)

1947년

『조쏘문화』 제6집, 1947년 8월 5일 발행

一九四七年度 人民經濟計劃과 敎育文化發展計劃 …… 韓雪野(27)

쏘련新五個年計劃과 文化의 發展 …… 全聯盟對外文化協會 編, 李鍾律 譯(6)

꼬리끼와 쏘베트聯邦 民族文學의 發展 …… 엔・빅사노부, 姜貞熙 역(40)

文學批評에 對하여 …… 에브게니・알마조브, 朴和淳 譯(56)

우리 生活에 있어서의 詩 …… 브・여르밀로브 著, 金時學 譯(63)

나의 쏘聯記行(二)－車中二萬五千里 …… 民村(72)

쏘聯의 保健施設－訪쏘醫師團歸還座談會 …… (83)

레-닌과의 六年間－레-닌 運轉手의 回想記 …… 에쓰・까・길리 筆, 金勝赫 역(89)

〈資料〉

家庭과 學校 …… 야・모쓰또보이, 姜貞熙 譯(98)

쏘련의 成人敎育 …… 위크또르・고랴-진, 田暉世 譯(104)

모쓰크바 少年技術者中央學院 …… 느・꾸루뻬니꼬브, 李承悅 譯(109)

蘇聯의 農村學校 …… 뽀똘・그라고레브, 姜貞熙 譯(115)

꽂 피어나가는 아르만共和國 …… 金元鳳(120)

쏘련文學講座(1)－文豪評傳 느.브.고골리 …… 므・이・쓰따라쎄브, 鄭律 譯(124)

〈詩〉

심장의 노래 …… 쑤르꼬브 作, 정률 譯(125)

맹서 …… 미꼴라・바샨 作, 정律 譯(137)

또 하나 偉大한 太陽－쓰딸린大元帥께 드리는 獻詩 …… 朴世永(140)

<創作>

地下의 큰 都市(小說) …… 세르게이・와센쪼브 原作, 趙英철 역(146)

[短篇]자랑 …… 알렉싼들・야꼬볼렙 作, 白石 역 (176)

表紙. 컽 …… 姜湖

1947년

『조쏘문화』 제7집 文學特輯號, 1947년 9월 20일 발행

全朝鮮에 人民의 政權을 樹立하자 …… 金昌滿(6)

反自然主義 鬪爭에 있어서의 막심・고리끼 …… 안・볼꼬브, 李敬植 譯(12)

쏘베-트文學의 몇가지 特點 …… 므・챠르늬, 이승열 譯(35)

로사아文學에 對한 뿌루주아的 誹謗 …… 모뜨이레와, 李在善 譯(83)

加盟諸共和國의 民族演劇藝術과 그 現代的 테－마 …… 뿌친쩨ㅂ 述, 飜譯部 譯(128)

西歐作家들과 쏘베-트文學 …… 姜貞熙 譯(136)

生活속에 보다 더 깊이 들어가라 …… 飜譯部 譯(119)

生活 속에서 배우라! …… 飜譯部 譯(124)

쏘베-트作家는 말한다－英國 作家의 質問에 쏘聯 作家는 다음과 같이 對答한다 …… 이영수 역(91)

나의 쏘聯紀行(三) …… 民村(167)

레-닌과의 六年間－ 레닌專屬運轉手의 回想記 …… 길리 作, 金勝赫 譯(156)

〈資料〉

一九四八年度의 藝術映畵主題計劃 …… (142)

外國에서의 쏘-베트극과 映畵 …… (144)

쏘聯文學講座(2) 고-골리의作品 …… 브・이・쓰뜨라쎄브 作, 朴曉鐘 譯(146)

신선한 아침의 나라-쏘련 화가 식스롭쓰키가 본 조선 …… 번역부 제공(164)

〈詩〉

白鷺 …… 샤끼르・까씀베크 作, 飜譯部 譯(182)

處女의 沈默 …… 아・베즈멘스끼 작, 鄭律 譯(184)

〈創作〉

[단篇小說]까쟈 …… 아・똘스또이 作, 姜貞熙 譯(191)

[단篇小說]알히쁘 할아버지와 료니까 …… 고리끼 作, 하바롭쓰크 원동국립출판부 驛, 朝쏘文化協會飜譯部 校閱(200)

커트 …… 姜湖

1948년

『조쏘문화』 제3권 제1호, 1948년 4월 25일 발행

쏘베트科學의 長成과 開花-쏘련 科學아까데미야 總裁 …… 에쓰・이・바빌로브(2)

쏘베트 經濟의 三十年 …… 쁠라노브에・호쟈이쓰트보 誌, 金禮鏞 譯(41)

쏘베트 科學과 人民經濟-쏘련 科學아까데미야 總裁 …… 에쓰・바빌로브(58)

工業化의 쏘베트的 方法 …… 이・로크쉬, 金壽鎭 譯(65)

世界 平和 樹立에 있어서의 쏘聯의 役割 …… 崔英(26)

레-닌과 青年들 …… 리・포띠에와 作(116)

레-닌과의 六年間(三)－레-닌 專屬運轉手의 回想記 …… 에쓰・짜・길-리, 金勝赫 譯(125)

小說「青年近衛隊」와 演劇「青年近衛隊」…… 쁘라우다紙 揭載, 飜譯部譯(132)

[詩] 모쓰크바 …… 엠・이싸고브쓰키, 巴園 譯(24)

[短篇小說] 어머니와 딸 …… 아・돌스또이 作, 姜貞熙 譯(145)

쓰딸린의 生活과 活動 …… 金哲宇(165)

1948年 쏘련 重要 카렌다 …… 金禮鏞 編(卷末)

1948년

『조쏘문화』 제3권 제2호, 쏘련科學技術特輯號, 1948년 5월 30일 발행

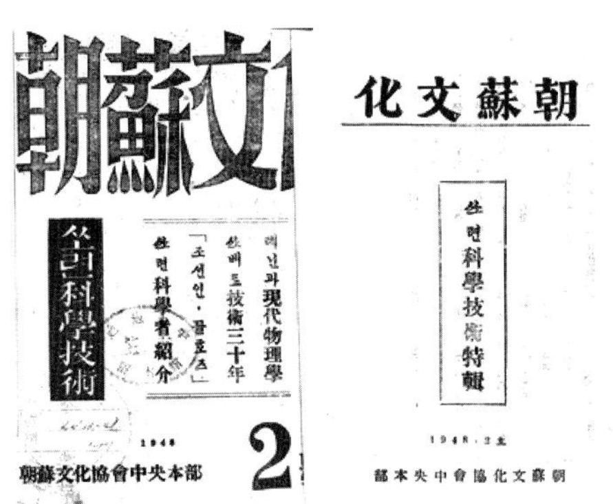

〈그림 4〉『조쏘문화』 제3권 제2호 잡지 표지

科學에 對한 쓰딸린의 말씀 …… (2)

레-닌과 現代物理學 …… 翰林博士 에・쓰・바빌로브 述, 李承悅 譯(4)

資本主義와 社會主義下에서의 科學 …… 무・루빈쉬떼인 崔昊錫 譯(18)

쏘베트 技術 三十年 …… 아까데미야 會員 쉐뱌꼬브, 金禮鏞 譯(35)

地下 까스工場: 石炭을 어떻게 地下에서 까스화하여 採掘하는가 …… 技師 끼리젠꼬(58)

쏘련에서의 電力 生産 …… 아까데미야 會員 게・엠・끄리지자노프스끼(70)

쏘련에서의 自動車 生産 …… 아까데미야 會員 에・아・츄다꼬브(115)

쏘련 冶金學者의 勝利 …… 아까데미야 會員 엔・떼・구드쪼브(104)

쏘련에서의 稻作의 機械化 …… 나딸린, 全東勳 譯(79)

[쏘련여행・레뽀르따쥬] 조선인・꼴호즈 …… 韓雪野(86)

[事實과 數字] ― 科學과 生活에서 …… 李庚 譯(123)

볼쉐비끼는 自然을 改造한다 …… 그・이・구레위치, 이경 譯(129)

쏘련에 있어서의 天然物 保護區域들 …… 엣・엠・쁘레오브라젠쓰키이(140)

[쏘련科學者紹介]

物理學者 …… 쎄르게이・바빌로브(24)

化學者 …… 니콜라이・젤린쓰끼(62)

地質學者 …… 불라디미트・오브르체후(41)

言語學者 …… 이완・메쉬치나노브(48)

冶金學者 …… 이완・바르진(108)

農學者 …… 뜨로힘・리센꼬(82)

氣象學者 …… 알렉산더・미쿨린(119)

農學者 …… 니콜라이・찌찐(94)

醫學者 …… 블라지미르・휠라또브(127)

光學者 …… 드미뜨리・막수또브(53)

醫學者 …… 예브게니・따레예브(135)

電氣學者 …… 라지렌꼬 夫婦(74)

物理學者 …… 알릭까노브 兄弟(145)

멘데레-브의 生涯와 業績 …… 쓰・이・볼후위치, 白文翼 譯(150)

1948년

조쏘문화 제3권 3호(통권11호), 1948년 8월 1일 발행

조선민주주의인민공화국 헌법 실시와 공화국 최고인민회의 선거에 제하여 전조선

인민에게 고함 …… 북조선 민주주의 민족통일전선 중앙위원회(2)

쏘베트 愛國心과 그의 偉力 …… 쁘・위씬쓰끼, 李承悅 譯(12)

어떤 經濟討論에 對하여-발가의 著書를 中心으로 한 …… 라프체프, 김해명 譯(26)

貨幣와 獨立採算 …… 게・꼬즐로브, 金禮鏞 譯(35)

虛僞는 敗亡하며 事實은 남아 있는다-歷史의 僞造者에 대하여 …… 완다・와씰렙쓰까야, 赫湖 譯(45)

共產主義者는 節約을 爲하여 싸운다 …… 베・꼬르제예브 作, 姜貞熙 譯(52)

作業의 安全과 勞動의 保護 …… 이・비겔, 趙基弼 譯(58)

<勞動生產性 提高와 原價低下를 위하여>

企業所의 收益性 提高 …… (71)

每個 勞動者들의 個人 責任量 完遂 …… 아보리쏘브(75)

生產品 品質의 不斷한 提高 …… (79)

기계와 설비의 최고도 이용 …… (83)

[實話] 處女主人－브리까드 班長 …… 와씨리이・아자예브 작, 姜貞熙 譯(62)

雜誌『哲學의 諸問題』…… 쁘・유-진, 李承悅 譯(89)

人間・藝術家・思想家－아・므・고리끼-逝去日 十二週年에 際하여 …… (103)

쏘聯 人民 音樂을 育成한 民族音樂家들 (上) …… 朴榮根(111)

[短篇小說] 歸鄕 …… 쓰딸린賞 桂冠作家 니콜라이・위르타 作, 崔浩 譯(121)

[科學解說] 原子에네르기 …… 아스타호브 述, 金日成大學理論物理學講座 譯(156)

참고문헌

1. 기본자료

이기영, 「희곡－닭싸움(二幕三場)」, 『우리문학』 제2호, 1946.

______, 「희곡－해방(全一幕)」, 『신문학』 창간호, 1946.

______, 「人民의 나라 쏘련邦의 躍進相-朝鮮人民代表團의 總括的報告」, 『조쏘문화』 제3집, 1946.

______, 「나의 蘇聯紀行」, 『민성』 제3권 제1,2합병호, 1947.

______, 「나의 蘇聯紀行－웨로세로푸 一週間」, 『조쏘문화』 제4집, 1947.

______, 「나의 蘇聯紀行(二): 車中二萬五千里」, 『조쏘문화』 제6집, 1947.

______, 「나의 蘇聯紀行(三)」, 『조쏘문화』 제7집, 1947.

______, 『쏘련은 人民의 偉大한 벗』, 평양: 문화출판사, 1950.

______, 『리기영선집』 14: 기행문집, 조선작가동맹출판사, 1960.

이기영 · 이찬, 『쏘련參觀記(一)』, 노동출판사, 1947.

이 찬, 『쏘聯記』, 조선출판사, 1947.

이태준, 『(이태준 전집6) 쏘련기행 중국기행 외』, 소명출판, 2015.

홍기주, 「쏘련 견학기(완)」, 『로동신문』, 로동신문사, 1946.12.05.

「쏘聯의 保健施設: 訪쏘醫師團歸還座談會」, 『조쏘문화』 제6집, 1947.

2. 국내 논문 및 단행본

기광서, 『북한 국가의 형성과 소련』, 선인, 2018.

김홍식, 『작가 이기영, 그 치열한 삶과 문학적 진실의 수준』, 예옥, 2020.

남원진, 「해방기 소련에 대한 허구, 사실 그리고 역사화」, 『한국현대문학연구』 34, 한국현대문학회, 2011, 283~319쪽.

류기현, 「1945~1950년 朝蘇文化協會의 조직과 활동」, 서울대학교 석사학위논문, 2016.

박태일, 「재북 시기 리기영 문학의 실증적 바탕 1」, 『비평문학』 65, 한국비평문학회, 2017, 143~171쪽.

______, 「재북 시기 리기영 문학의 실증적 바탕 2」, 『현대문학이론연구』 71, 현대문학이론학회, 2017, 215~257쪽.

방선주, 『북한논저목록』, 한림대학교 아시아문화연구소, 2003.
신형기 엮음, 『해방 3년의 비평문학』, 세계, 1988.
오태호, 「한반도 통합문학의 가능성 탐색－월북 이후 이기영의 대표 작품을 중심으로」, 『한국학연구』 67, 인하대학교 한국학연구소, 2022, 65~98쪽.
임유경, 「자료해제] 미(美) 국립문서보관소 소장 소련기행 해제」, 『상허학보』 26, 상허학회, 2009, 349~367쪽.
_____, 「'오빼꾼'과 '조선사절단', 그리고 모스크바의 추억－해방기 소련기행의 문화정치학」, 『상허학보』 27, 상허학회, 2009, 229~273쪽.
_____, 「상연되는 미래－북한 형성기 사회주의 문화기획과 문학」, 『현대문학의 연구』 79, 한국문학연구학회, 2023, 125~161쪽.
조영추, 「해방기 소련 기행문학 연구－이태준, 한설야, 오장환을 중심으로」, 연세대학교 박사학위논문, 2021.
편집부, 「[자료] 『조쏘문화』, 『조쏘친선』의 권호와 목차」, 『근대서지』 19, 근대서지학회, 2019, 548~679쪽.
한상언, 「『조쏘문화』 및 『조쏘친선』 목차 소개」, 『근대서지』 19, 근대서지학회, 2019, 545~547쪽.

1 2 3

탈북 망명인 한진의 예술세계에 투사된 유라시아적 특성과 문화접변

‖ 박영은

국문요약

이 글에서는 그간 탈북망명인 한진의 문학세계 연구에서 크게 주목하지 않았던 유라시아적인 특성을 '문화접변'의 관점에서 살펴보았다. 다양한 삶의 이력과 시선이 그의 작품에 투사된 양상을 조명하며 소비에트 이데올로기 찬양 및 반미의식 표출, 어머니 테마의 변주를 통한 새 조국 카자흐스탄에 대한 인식 표출, 강제이주 참상에 대한 묘사와 한국의 고전에 접목된 디아스포라의 애환 표출 양상을 고찰하였다. 한진이 한국의 고전을 변형시켜 유라시아적 특성의 현지화와 결합된 미학적 성취를 이루었다는 점은 향후에도 의미있는 재평가 작업이 이루어져야 할 부분이다. 그 과정에서 한진이 자신의 기억에 저장되어 있던 한국의 고전을 현지인들의 기대지평에 맞추어 각색하면서 발생하는 '문화접변'은 자연스런 일이었다. 하지만 한진의 문학적 성취는 단순히 고국에서 얻은 고전의 기억을 재생시키는데 국한하지 않고 그것들을 토대로 그 지역의 이데올로기나 정서에 맞는 작품으로 창조해 냈다는 점에서 '원 소스 멀티 유즈'의 발전적인 문학생산의 선례로 기록될 수 있다. 나아가 한진은 자신의 재능을 구소련 혹은 중앙아시아의 문화적 · 정신적 바탕에 접목시켜 새로운 미학으로 발현시키며, 고국 잃은 고려인들의 영혼을 어루만지는 예술가로 깊이 뿌리내다는 점에서 유라시아 문화지형도의 이정표로 평가받을 수 있을 것이다.

1. 서론: 모스크바 8진의 망명과 한진의 유라시아적인 삶의 궤적

국내에 '한진(본명 한대용)'이라는 작가가 소개된 것은 소련 체제의 붕괴와 함께 카자흐스탄의 고려극장이 한국의 문화계와 교류를 시작하면서부터였다. 일제 강점기인 1931년 북한에서 태어나 특출난 두뇌로 김일성종합대학까지 마치고 모스크바에 유학했다는 점, 대학시절 6.25에 참전하여 동족상잔의 아픈 경험을 갖게 되었다는 점, 모스크바에 유학하는 동안 북한 체제를 비판하다가 결국 망명을 선택했으며, 오랜 디아스포라의 역정歷程을 거쳐 카자흐스탄 고려인 사회의 핵심 지식인으로 정착했다는 점, 북한의 극작가 한태천의 아들로서 모스크바 영화대학의 시나리오과에서 수학했으며 끝까지 희곡의 창작을 통해 자신의 문학세계를 가꾸어 나갔다는 점, 고려인 사회의 유일한 전문예술기관인 고려극장에서 다수의 고려인 예술가들과 함께 활동했으며, 그들 가운데 최고의 문학적 성취를 보여 주었다는 점 등의 이력[1]은 국내 문화예술계에서도 그를 주목하게 만들었다.

특히 1991년 고려일보의 주필이 되어 신문사에 헌신하다 1993년 별세한 상황을 고려할 때, 그의 마지막 작품으로 볼 수 있는 「나무를 흔들지 마라」는 그가 세상에, 그리고 남과 북의 문단에 던지고 싶었던 간절한 메시지였고, 국내 문화계에서도 이에 큰 관심을 보이기도 했다. 이는 일방적으로 북한에 편향을 보이던 그의 내면이 변화된 국제정서에 맞추어 현실적인 방향을 잡은 것이자, 구소련 붕괴 후 남한사회를 접하면서 자연스럽게 남한이 북한을 대신해 나가게 된 궤적과 무관하지 않다. 이로서

1) 조규익, 「한진 희곡의 미학과 문학세계」, 231쪽; 조규익 · 김병학, 『한진의 삶과 문학』, 글누림출판사, 2013.

이념이나 힘의 우위가 아니라 동질성에 입각한 민족의 통합만이 가장 바람직한 조국의 미래라는 그의 관점은, 민족은 하나라는 원칙 위에서 통일을 갈망하는 지식인의 표상으로 국내에 소개된 것이다.

탈북 망명작가라는 그의 이력은 2019년 〈굿바이 마이러브 NK: 붉은 청춘〉이라는 김소영 감독의 영화에서도 소개되고 있다. 이 영화는 한국전쟁 중, 북한에서 모스크바로 유학을 떠난 8명의 청년들의 삶의 궤적, 즉 모스크바국립영화대학교VGIK에서 공부하던 이들이 1956년 북한에서 종파사건이 일어난 후 김일성 체제를 비판하고 1958년 소련으로 망명했던 사건에 대해 다루고 있다. 모스크바영화대학 유학생 중 허웅배, 최국인 등이 주도했던 이 사건에 한진 역시 참여했고, 이를 계기로 한진 인생의 유라시아적인 도정이 시작되었음에 주목한 것이다.

전도유망한 모스크바 유학생이었던 한진의 삶을 완전히 뒤흔들어놓은 이 망명사건은 소련과 북한의 공산주의 체제 운영의 분명한 차이에서 기인한 것이었다. 이들 모스크바 유학생들은 소련 체제, 즉 사회주의 종주국의 심장부인 모스크바에 와서 북한 체제에서보다는 어느 정도 자유로움을 느꼈다고 볼 수 있다. 세계 여러 나라에서 유학온 이들과도 어울리며 그들은 진정한 자유와 평화의 본질을 희미하게나마 깨닫기 시작했다. 또 소련은 국제주의를 표방한 나라였기에, 여러 민족들이 법적으로 평등하고 화해와 친선을 다해 노력하는 모습에 그들은 고무되었다. 나아가 그들은 조국으로 돌아

〈사진 1〉 영화 〈굿바이 마이러브 NK: 붉은 청춘〉 포스터

가서도 이와 같은 이념을 철저히 실천하여 그렇게 자유로운 나라를 이루는데 일조할 수 있을것이라 생각했던 것이다.

특히 1956년 2월 14일부터 26일까지 모스크바에서 열린 제20차 소련공산당 전당대회에서 서기장 흐루시초프가 스탈린 개인숭배를 배격했다는 소식이 들려오면서부터 사회 분위기는 더없이 자유롭고 민주적으로 형성되어가고 있었다. 이 대회에서 서기장 흐루시초프는 스탈린에 대한 개인숭배를 비판하며 혁명의 다양한 노선을 인정하고, 서방 세계와의 국제적 평화공존, 우호협력을 천명하였다. 이러한 분위기로 인해 예전에 스탈린 개인숭배의 선봉에 섰던 영화대학의 일부 촬영가, 미술가. 평론가들은 시대가 바뀌자 사회적 비난과 스스로 느끼는 부끄러움을 감당하지 못해 교단을 떠나거나 자살하는 일이 생겼고 반대로 스탈린 체제에서 억압을 받았던 양심적 지식인들은 교단으로 돌아왔다. 그들은 학생들에게 개인숭배가 어떠한 결과를 가져오는지, 즉 그것이 문화와 예술을 어떻게 말살시키는지를 명확히 가르쳐주었다.

하지만 이들 모스크바 유학생들이 조국으로부터 들은 소식은 절망적이었다. 소련과는 정반대로 개인독재와 개인숭배로 점차 심화되고 있었으며 동시에 남로파, 연안파, 소련파가 차례로 숙청되고 있다는 소식이 들려왔다. 정치적으로 새로운 봄을 맞은 모스크바의 분위기와 달리, 북한에서는 김일성 체제가 강화되고 있었던 것이다. 소련의 분위기와는 달랐던 북한의 모습에 절망했던 모스크바 유학생들의 의식 전환에 대한 당시의 상황을 연구자 김병학은 다음과 같이 전하고 있다.

> 1957년 11월 27일, 제8차 재소련 조선유학생대회(조선유학생동향회)가 열리던 날은 꽤나 쌀쌀했다. 예정대로 대회가 시작되었고 대표자들이 단상에 나와 당과 수령을 찬양하고 체재옹호의 발언을 쏟아냈다.

회의는 예상대로 별 탈 없이 진행되었다. 그렇게 한참 회의가 진행되고 유학생대회는 서서히 마무리 단계로 접어들었다. 그때 별안간 허웅배가 토론할 것이 있다며 발언을 신청하더니 거침없이 단상으로 올라갔다. 허웅배는 그 자리서 첫째, 당에 개인숭배와 개인독재가 있고, 둘째, 조선전쟁의 방화자는 김일성이라고 우렁하게 외쳤다. 그리고 "영명한 백전백승의 김일성 장군이라고들 하는데 만일 그렇다면 왜 우리가 전쟁에서 패해 압록강, 두만강변까지 밀려났겠는가? 만일 그때 중국이 도와주지 않았더라면 우리는 미국의 식민지배 아래서 신음하고 있었을 것이다"라고 외쳤다.

뜻밖의 발언에 맨 앞자리에 앉아있던 대사관 직원과 간부들은 황망한 표정을 감추지 못했다. 자리를 가득 메운 학생들 사이에서는 심한 동요가 있었다. 곧바로 체제옹호 열성분자들이 일어서더니 욕지거리를 퍼부으면서 허웅배에게 달려들어 멱살을 잡고 끌어내렸다, 그는 끌려나가면서도 계속하여 "당에 개인숭배와 개인독재가 있고 조선전쟁의 방화자는 김일성이다"라는 소리를 연신 외쳐댔다. […] 며칠 후 허웅배는 허심탄회하게 토의할 준비가 되어있다는 대사관 측 제안의 진정성을 믿고 제 발로 대사관 2층 집무실로 찾아갔다. 그리고 곧바로 붙잡혀 구금되고 말았다.[2)]

허웅배 사건은 전 모스크바 유학생들에게 커다란 파장을 불러일으켰다. 허웅배의 이런 움직임은 그의 가계家系가 연안파와 연결되어 있었기 때문이기도 했다. 연안파는 김도봉, 최창익, 무정 등을 중심으로 중국공산당의 지휘를 받던 조선의용군으로 중국 연안에서 항일투쟁을 전개했고, 해방 후 월북했으나 한국 전쟁, 종파 사건 등으로 밀려났다, 허웅배는

2) 김병학, 「한진의 생애와 작품 세계」, 앞의 책, 160~161쪽.

독립운동가 왕산 허위 장군의 손자이자, 아버지 역시 만주에서 독립운동을 했던 연안파였다.

허웅배를 중심으로 김일성 독재를 비판했던 이 사건은 당시 영화대학 유학생들에게는 자신들의 생사를 결정해버린 역사적 사건이 되고 말았다. 유학생으로 선발된 학생들은 두말할 것 없이 사회성분과 당성에서 흠결이 없는 최고의 출신성분을 자랑하고 있었다. 유학생에 선발되려면 무엇보다도 먼저 전쟁에서 일정한 공훈을 세워야 했고 공훈을 세운 자들은 상급부대나 관련기관에서 추천을 받아 유학시험을 치렀기에 매우 어려운 관문을 통과한 인재들이었다. 이들 모두 한국전쟁에 인민군으로 참전하여 공을 세우고 소련 유학생으로 선발되었으며, 가족의 무한한 신뢰와 기대를 한 몸에 안고 유학을 떠나온 인물들이었다. 그 가운데 특히, 한진의 경우 아버지 한태천은 종군작가이자 북한 예술계의 고위층이었으며,[3] 한진 본인과 여동생은 인민군으로 복무하고 있었으니 신분과 당성과 전쟁공헌도로 보아 외국유학 대상자 1등급에 해당하는, 어느 누구와 비교해도 뒤지지 않을 프로필을 갖고 있었다.

---

3) 아버지 한태천은 1906년 11월 26일에 태어나 소학교 교원으로 일하다가 극작가가 되었다. 그는 1935년부터 희곡을 쓰기 시작하여 나중에는 북한에서 저명한 극작가의 반열에 올랐다. 1935년에 첫 순수예술희곡 <토성랑>을 내놓았고 이듬해에는 <산월이>를 발표했다. 8.15 광복 이후에는 주로 극장에서 상연하는 희곡을 창작했으며 북한의 사회주의 사실주의 희곡 정착에 크게 기여했다. 광복에서 그가 쓴 희곡으로는 새로운 사회주의 건설 투쟁을 그린 <바위>(1946), 사회주의적 인간상을 표현한 <햇불>(1947), 인민경제의 부흥과 발전을 묘사한 <위대한 동맥>(1948) 등이 있다. 또 1948년에 조기천의 장편서사시 <백두산>을 성공적으로 각색하여 평양국립극장 무대에 올리기도 했다. 김병학, 「한진의 생애와 작품세계」, 앞의 책, 134쪽.

〈사진 2〉 모스크바 영화대학 조선유학생 동료들
왼쪽으로부터 정린구(7기생), 김순자(8기생), 허웅배(7기생), 한대용(7기생), 리경진(6기생), 김종훈(8기생), 리진황(9기생). 이들 중 김순자를 제외한 모두는 나중에 소련으로 망명했다. (1956년 11월)

당시 모스크바에서 벌어졌던 허웅배 사건은 즉각 북한에 알려졌다. 유학생 자녀를 둔 가족들은 모두 심각한 고민에 빠졌지만, 특히 한진의 가족은 북한 정권의 핵심계층이었고 아버지는 당시 김일성의 측근이었던 지라 그가 아들 때문에 겪는 고통은 누구보다도 더했다. 때문에 평양에 있는 가족들은 한진에게 반성하고 돌아오라는 편지를 집요하게 보냈고, 한진의 아버지는 전화까지 걸어 귀국을 종용했다. 그러나 한진은 아무리 부모형제가 애원하더라도 동료를 배신하고 조국으로 돌아가지 않겠다는 선택을 했다. 북한에서 출생하고 교육을 받았으며 한국전쟁에 참전까지 한 그가 북한을 비판하면서 망명하게 된 것은 체제의 모순에 대한 절망감 때문이었다. 통제사회인 점은 마찬가지였으나 모스크바는 북한 체제를 객관적으로 바라볼 수 있는 지점이었고, 제한적이나마 모스크바에서 자유를 맛본 한진으로서는 김일성의 우상화에 주력하는 북한체제를 용인할 수 없었던 것이다. 하지만 결국, 이 사건 이후 이들 영화대학 북한유학생들은 북한대사관의 요청으로 학교에서 퇴학을 당했고, 그날부로 기숙사에서 쫓겨났다.

결국 그들은 모스크바에서 40~50km 떨어진 모니노라는 곳의 숲으로 들어가 천막을 치고 생활하기 시작했다. 그들은 생존을 위해 인근 집단농장에 찾아가 일을 도와주고 양배추, 토마토, 감자 같은 야채를 몇 개씩 얻어와 연명하며, 망명허가가 나오기를 기다렸다. 부득불 조국으로 되돌아가는 열차를 타게 된다면 열차가 조국에 당도하기 전에 뛰어내려 목숨을 버리겠다는 비장한 각오만 속으로 다졌다. 모스크바 8진으로 불리는 망명유학생들이 모니노 숲에서 결의를 했던 당시 상황을 영화 〈굿바이 마이러브 NK: 붉은 청춘〉에 등장하는 촬영감독 김종훈은 다음과 같이 전하고 있다.

> 대사관에서 영화대학에 편지를 썼지. 우리 학생들을 전부 소환하니까 오늘부터 장학금도 주지 말고, 기숙사도 다 내쫓으라고. 교장이 너희는 다 퇴학시켰으니까 기숙사에서도 나가고 학교도 나오지 말라고 말했지. 그래서 우리는 할 수 없이 모포를 걸머쥐고 떠났는데 갈 데는 없고… 제일 첫 정거장, 모니노 그곳으로 갔지. 한 사오십 킬로 떨어진.. 가다가 천막을 하나 만들어 치고, 모포로다가… 그리고 서로서로 앉아서 그날을 그렇게 지냈지. 거기서 한 달 동안 살았는가? 거기서 콜호즈에 가서 일도 하며 살았는데… 거기서 주로 뭘했는가 하면 토론을 하고, 앞으로 어떻게 되고 앞으로 죽을 수도 있다.
>
> 그러면 우리 소련 중앙당에다가 편지를 쓰자. 그래서 흐류쇼프 앞에다가 편지를 썼어. 왜 우리가 여기에서 투쟁을 시작했고, 왜 우리가 여기에 남아야 하는 걸…
>
> 편지를 써서 보냈어. 중앙당에… 만약에 우리를 붙들어서 돈을 주면서 차표를, 비행기표를 주면서 너희 나가라고… 그땐 휘발유를 몸에

뿌리고 붉은 광장에 가서 말이다. 국인이랑 경진이랑, 오야붕들이지 그렇게 말하니까. 우리들도 너희가 그렇게 하면 우리도 같이 가서 휘발유 뿌리고 죽자고 말이다.

결국 소련정부는 이들 유학생들의 망명을 허용하기로 했다. 북한 정부는 이들을 돌려달라고 항의했지만 거절당했다. 당시 모니노 숲으로 찾아온 허웅배는 몸을 피하고 있던 동료 최국인, 리경진, 한대용, 정린구, 김종훈, 량원식, 리진황에게 "이제부터 우리들은 참사람眞人이 되었으니 이름을 '진眞'으로 쓰자"고 제안했다. 그리고 이들은 모니노숲에서 회의 끝에 이름의 마지막 글자를 '진'으로 바꾸기로 결의한다.[4] 〈굿바이 마이러브 NK: 붉은 청춘〉은 당시 결의에 찼던 이들 8진의 우정과 의리에 대해 생생하게 전하고 있다.

물론, 망명유학생들은 넘기 어려운 산을 넘었다. 하지만 그들 앞에 나타난 건 아직 평탄한 길이 아니었다. 소련 문화성에서 그들을 소련 전역으로 한 명 한 명 갈라놓은 것이다. 망명 유학생들이 모스크바에서 함께 산다면 잦은 회합을 갖고 불필요한 의견을 표출함으로써 소련과 북한 양국간의 선린관계를 삐걱거리게 할 수 있다는 염려 때문이었다. 그리하여 리경진은 모스크바 근교로, 정린구는 중부 시베리아 이르쿠츠크로, 한진은 서부 시베리아 바르나울로, 김종훈은 러시아 북서부 항구도시 무르만스크로, 리진황은 우크라이나 키예프 근교 도네츠크로, 량원식은 러시아 볼가강 근방 스탈린그라드로, 최국인은 카자흐스탄 남부 알마아타로 발령받았다.

---

4) 그 가운데 허웅배, 리경진, 한대용은 글을 쓰는 사람들이라 '진'이라는 필명을 쉽게 쓰게 되었고, 그러다보니 이들은 본명보다는 점차 '허진, 리진, 한진'이라는 필명으로 더 널리 알려지게 되었다. 이들은 나중에 재소 고려인문학계에서 문사 3진 트로이카를 형성했다.

결국 이들 8진은 유라시아 곳곳에 흩어져 살게 되었지만, 망명 발령지로 떠나기 전 이들은 행동강령을 지어 공유하였다. 그 이후에도 그들의 우정은 삶에서 큰 비중을 차지하게 되는데, 한진의 아내 지나이다 이바노브나 역시 한국의 광복절마다 이들 8진이 모여 축하파티를 했다는 점과 함께 남편이 어려운 일을 겪을 때도 이들이 마음을 다해 도와주었다는 점을 들며, 8진의 우정에 대해 다음과 같이 전하고 있다.

> 남편 대용이 아팠을 때, 허진과 선옥은 인맥을 이용해서 종양학자들을 찾아주었어요. 그리고나서 한진을 입원시켜주었고, 병원에서 한 달동안 검사를 한 후 수술을 받게 해주었어요. 둘은 돌아가면서 한진을 문병왔어요. 세상에 서로를 그만큼 잘 이해해주는 친구들이 없었을걸요. 친형제 이상의 관계를 가지고 있었어요. 단일민족의 운명으로 묶은 그 관계 말이예요. 민족이 운명은 그들을 뭉쳐줬어요. 그들은 서로를 잘 이해해줬어요. 모두가 세상을 떠났지만 그들의 업적은 영원히 살아남을 거예요. 왜냐하면 자기 민족을 사랑한다는 것, 민족애라는 말은 가장 성스러운 것이에요. 이 사랑을 제발 잃지 말아주세요. 자기 모국에 대한 사랑은 이 친구들을 합쳐주고 최고의 친한 친구들로 만들었어요.

심지어 그들은 자식들의 이름 역시 동일하게 지으며 그 우정의 존속을 확인받고 싶어했고,[5] 이런 8진의 행보는 한진의 삶에도 지대한 영향을

5) 영화에서 지나이다 이바노브나는 이에 대해 다음과 같이 생생히 전하고 있다. "1960년 5월 18일에 차플르긴이라는 도시에서 우리의 장남인 안드레이가 태어났어요. 장남에게 어떤 이름을 지을 건지 미리 정해져 있었어요. 왜냐하면 이경진 선생의 아들이 안드레이이고, 다른 친구들의 아들도 같은 이름을 가지고 있었어요. 그래서 우리도 장남에게 안드레이라는 이름을 지어 줬어요."

미치지 않을 수 없었다. 그러나 이 우정과 의리를 지키기 위해 한진이 했던 선택은 그를 고향인 평양에 영원히 귀환하지 못하고 유라시아 대륙에서 바람처럼 살아갈 수밖에 없는 디아스포라인의 운명을 살게 했다. 이런 불가항력적인 상황으로 인해 예술가의 재능을 타고 난 그가 소비에트 체제하의 러시아・카자흐스탄 등으로 거처를 옮겨다니는 애환 속에서 창작의 불꽃을 태우는 것은 필연적일 수밖에 없었다.

이에 이 글에서는 그간 한진의 문학세계 연구에서 크게 주목하지 않았던 유라시아적인 특성을 "문화접변文化接變, acculturation"[6]의 관점에서 살펴보고자 한다. 한 개인이 다른 문화를 접할 때 그 사람에게 일어나는 심리적 변화과정이자, 문화가 다른 개개인이나 집단 간의 만남을 통하여 변화가 일어나는 동적인 특성을 지니는 '문화접변'은 자신이 마주치게 되는 새로운 문화적 환경과 상호 조화를 이루는 일련의 과정이라고 할 수 있다. 이러한 관점을 갈무리하며 한진 문학의 유라시아성이 한국인이라는 그의 민족성이나 자의식과 만나면서 어떻게 현지에 적용되고 변동되어 왔는지에 주목하여, 다양한 삶의 이력과 시선이 그의 작품에 투사되었던 양상을 조명하고자 한다.

---

6) '문화접변'이라는 개념은 1932년 독일 인류학자 R. Thurwald에 의해서 사용되었는데, 그가 사용한 문화적 현상 및 과정으로서의 문화접변 범위는 초기 개념과는 달리 매우 넓은 영역으로 확대되어 다양한 의미를 가지게 되었다. 문화접변은 문화 'culture'의 어간에 '~의 속에'라는 의미를 가진 접두사 'a'를 붙였고, 어미를 동작, 상태, 관련을 나타내는 추상명사형으로 바꾼 신조어이다. 서로 상이한 문화를 가진 집단이 지속적인 직접적 접촉을 행하여 변화를 발생시키는 현상을 학술적 차원에서 접근한 이 개념은 문화적으로 서로 상이한 배경을 가진 사람들이 만나는 문화적 접촉을 의미한다. 문화접변과 관련해서 개인이 다른 문화권을 접함으로써 생기는 현상과 다양한 개념들이 문화적응, 문화동화, 문화변용, 문화이식 등 다양하게 이루어지고 있다. 이와 유사한 정의로 문화접변은 두 개의 또는 서로 다른 독자적인 문화체계가 상호결합에 의해 시작된 문화변동이라 할 수 있겠다. Berry, J.W., "Psychology of acculturation: Understanding individuals moving between culture", In R. Brislin(ed.) *Applied cross-cultural psychology*, Newburry Park, CA: Sage, 1990, pp.232~253; 이장섭, 「해외한인의 문화접변」, 『민족문화』 1호, 1993; 홍장선, 『문화접변과 미디어커뮤니케이션 채널』, 이담출판사, 2013, 39~40쪽.

2. 소비에트 이데올로기 찬양 및 반미의식 표출

한진의 작품에서 표출되는 유라시아적 특성은 소련의 관점을 추앙하는 동시에 소비에트 이데올로기를 미화하는 부분에서 두드러진다. 그 대표적 작품이 희곡 <량반전>으로, 이는 18세기 실학사상가인 연암 박지원(1737~1805)이 쓴 소설 「양반전」을 각색한 것이다. 「양반전」은 「허생전」, 「호질」과 함께 박지원의 대표적인 작품으로, 당시 양반 계급의 타락과 죄악상을 적나라하게 폭로한 한문 소설이다. 재산을 탕진하고 돈 많은 양민에게 신분을 팔게 된 어리석은 양반에 관한 이야기를 통해, 박지원은 당시 폐쇄적이던 조선의 유학자들에게 실학과 북학사상이라는 새로운 실사구시實事求是, 이용후생利用厚生의 사상을 전파한 것은 널리 알려진 사실이다.

한진의 <량반전>은 박지원의 소설 「양반전」을 토대로 희곡을 쓴 것이긴 하지만, 장르의 변경에 따른 자연스러운 변화 외에도 두 작품 사이에는 많은 차이점이 존재한다. 서막과 함께 전 2막 6장의 <량반전>은 박지원이 지은 「양반전」 서사의 확장 · 부연을 통한 풍자와 해학을 바탕으로, 인물들의 성격을 재창조함으로서 창작에 가까운 변이를 이룩한 작품이다. 박지원의 「양반전」은 강원도 정선의 고을에서 일어난 일로 공간이 구체화되어 있지만,[7] 한진의 <량반전>에서는 신분상의 계급이 존재하는 조선시대라는 시간적 배경만 드러날 뿐 구체적 공간은 명기되지 않는다. 이는 연극 <량반전>이 카자흐스탄의 고려극장에서 상연되었다는 점을 감안할 때 큰 의미를 지니지 못하는 부분은 희곡 집필 과정에서부터 삭제된 것으로 볼 수 있다.

---

7) 박지원 外, 『양반전 · 춘향전 外』, 덕우출판사, 1994, 89~98쪽.

두 작품은 등장인물에 있어서도 차이가 있는데, 한진은 박지원 소설 속 인물들의 성향 역시 전도顚倒시키고 있다. 박지원의 「양반전」에 등장하는 양반은 무능하지만 성품은 매우 어질고 독서를 좋아했다고 묘사되어 있다. 양반의 처는 속물이지만 양반계층을 준엄하게 꾸짖는 등 긍정적인 면을 지닌 인물이다. 소설 속의 군수 또한 양반계층의 문제를 폭로함으로써 사태 개선의 단서를 제공한 긍정적 인간상이다. 양반의 형편이 어려워 해마다 관곡을 꾸어먹은 것이 천 석에 이르렀고, 마침 관찰사가 이 사실을 발견하고 군수로 하여금 양반을 투옥하도록 명령을 내렸다는 점도 부각되기 때문이다. 하지만 한진의 <량반전>에 등장하는 양반 내외와 군수는 피지배계층을 억압하고 착취하며 행패를 부리는 부정적 인간들이다. <량반전>의 천부 또한 양반의 특권을 욕망할 뿐 아니라 자신이 부리던 여종까지 취하려 함으로써 사악한 인간의 전형으로 그려지고 있다.

뿐만 아니라 한진의 <량반전>에서는 등장인물의 숫자부터 대폭 확충되어 있다. 소설에는 정선 군수, 양반, 양반의 처, 천부賤富, 관찰사 등으로 개별인에 특정 이름이 부여되어 있지 않은 반면, 희곡에서 량반의 이름은 '심심해', 부자의 이름은 '변돈네'로 설정되어 있다. 이는 양반과 천한 부자의 속성을 이름에 투영하여 희화화시켰던 한진의 의도를 볼 수 있는 부분이다.

또한 량반의 종인 '돌쇠'와 부자의 하녀인 '보배'는 소설에는 등장하지 않는 인물을 창조한 것이다.

한진의 작품에서는 부당한 대우를 받는 하인들의 모습이 여러 차례 등장한다. 즉 사회계급적인 측면에서 하인이나 종이 등장하고 있는데, 이들 피지배계층의 인물들은 해학과 풍자를 도구로 지배계층의 악행을 고발하는 동시에 그들과 대결하여 승리를 추구해 나가는 도전적 인물들로 형상화되어 있다. 이런 내용으로 미루어 봉건사회의 지배계층에 대한

피지배계층의 승리로 희곡을 결말짓고자 한 한진의 의도가 명백해지는 것이다.[8]

연극의 서막에서 한진은 돌쇠와 보배가 처한 다음과 같은 상황을 노출시킴으로써 계급사회에서의 하층계급에 대한 부당한 환경을 드러내고 있다.

보배 아이구, 주인이 찾는다! 난 가봐야겠다!

돌쇠 야, 보배야 좀 기다려라!

보배 기다릴 새 없어! (달려 나간다.)

(무대 위에서 부르는 소리: 돌쇠야! 돌쇠야!)

돌쇠 종노릇하니 이렇구나. 주인 량반이 부른다. 나도 가봐야겠다.[9] (115쪽)

희곡 제1막 1장에서도 량반과 량반처에게 당하는 돌쇠의 혹독한 처지가 강조되어 있다.

량반처의 목소리 돌쇠야 신발 한 짝 어디 갔니? 어서 찾아 드리라.

돌쇠 다리가 하나 콱 불러지지 한 짝만 끌고 다니게.

량반처 아, 돌쇠야! 너 죽었나 살았니, 어서 냉큼 가져오지 못할까!

돌쇠 예 (물을 가져오고 신발 찾아드린다.)

량반 돌쇠야, 저기 가서 이것 가져오너라!

---

8) 조규익, 「한진 희곡의 고전수용 양상」, 279~280쪽; 조규익 · 김병학, 『한진의 삶과 문학』, 글누림출판사, 2013.

9) 본 논문에서 인용하는 한진 작품의 출처는 다음과 같다. 김병학 엮음, 『한진전집』, 인터북스, 2011. 향후 본고에서 한진의 작품을 인용할 때에는 본 자료의 페이지만 기재하기로 한다.

돌쇠 예!

량반 돌쇠야, 저기 가서 이것 가져오너라!

량반처 돌쇠야, 저기 가서 이것 가져오너라!

량반 돌쇠야!

량반처 돌쇠야!

량반 돌쇠야!

량반처 돌쇠야!

(량반과 부자의 처 나간다. 돌쇠는 땅바닥에 줒어 앉는다.)

돌쇠 내 이름이 돌쇠니 이렇게 백여나지. 그 어떤 개똥쇠나 쇠똥쇠였으면 벌써 거덜이 난지 오랬겠다. 이놈의 종팔자 기박하기 짝 없구나. 아침 새벽부터 어름판의 팽이처럼 돌아쳐야 하니 죽을 래도 새가 있어야 죽지… (116~117쪽)

하지만 여기서 흥미로운 점은 돌쇠가 이런 부당한 대우에 무조건 순응하지는 않는다는 점이다. 돌쇠는 외면으로는 양반 내외의 지시를 따르지만, 이면으로는 이들에 대한 반감을 증폭시켜 간다.

한진의 〈량반전〉에서는 막이 열리기 전에 '억쇠', '마당쇠', '돌쇠'와 같은 광대들이 등장하고 있다는 점도 구조적 측면에서 소설과 차이가 나는 요소이다. 고려극장에서 〈량반전〉을 연출했던 김 이오시프는 어릿광대극과 같은 그로테스크한 요소들이 부각되는 코메디 상황을 표현할 때 중요한 자리를 차지하는 것이 '광대'라며, 이 연극은 "광대가 공연을 시작하며 공연을 마무리하는 동시에 이들이 연극을 관람하는 관객들의 공감을 이끌어내는 역할을 통해 연극의 풍자적 요소를 배가시키고 있다"[10]

10] Иосиф Ким, *Советский корейский театр*, Алма-Ата: ⓒиздательство 〈θнер〉, 1982,

는 점을 강조한다.

소설 「양반전」과 희곡 〈량반전〉의 차이는 양반 직함을 매매하는 과정에 대한 묘사에서도 두드러진다. 소설에서는 양반이 투옥될 걱정에 자신이 스스로 양반 직함을 팔 생각을 했고, 부자네 집안에서는 부자의 아들들이 양반 직함을 사자고 아버지를 부추긴다. 부자는 양반이 붙잡혀 가게 되었다는 소문을 듣고는 "양반들은 아무리 가난해도 남에게 존대를 받으며 영화롭게 지내는데 우리는 아무리 재물이 많아도 언제나 천대를 받으며 살고 말을 한번도 거드럭거리며 타 보지 못할 뿐만 아니라, 양반의 꼬빼기만 봐도 굽실거려야 하고, 섬돌 아래에 엎드려 절하면서 코가 땅에 닿도록 무릎걸음으로 설설 기어야만 되는구나"[11]라고 장탄식을 하니, 큰아들과 둘째 아들이 그 분함을 못이겨 양반을 사버리자고 재촉하는 모습이 기술되어 있다. 하지만 한진의 〈량반전〉에서는 이 양반 매매에 무엇보다 '돌쇠'의 역할을 부각된다. 제2막 제4장에서는 돌쇠가 관청에서 꾸어먹은 쌀을 갚지 못하고 있는 양반을 찾아가 부자에게 양반을 팔아넘길 것을 유도한다. 또한 돌쇠는 양반이 신분을 팔면 자신에게 종문서를 돌려달라고 주장하기도 한다. 종 문서를 받아내고자 꾀를 부린 돌쇠는 결국 양반 자리의 매매에 성공함으로써 종의 신세에서도 벗어나는 것이다.

박지원은 「양반전」을 통해 봉건제도의 붕괴와 그로부터 발생되는 문제들 및 양반제도의 모순과 병폐를 고발하려는 의도를 갖고 있었다. 그런데 한진은 계층간의 대립을 통해 지배계층의 모순을 폭로하고, 피지배계층의 인간적인 승리를 드러냄으로써 봉건체제의 모순을 강조하고자 한 것이다.[12] 이는 희곡에 등장하는 관청 소속 지배자들 역시 부정부패에

---

c. 106~107.

11) 박지원 外, 『양반전 · 춘향전 外』, 앞의 책, 91쪽.

12) 조규익, 「한진 희곡의 고전수용 양상」, 앞의 책, 281쪽.

휩싸여 있는 모습에서도 드러난다. <량반전>에는 관청의 지배계급으로 좌수, 군수, 별감이 등장해서 이들도 횡령이나 매관매직 등 부정부패에 휩싸인 모습을 제시한다. 부자네 집의 하녀 보배 역시 지배계급인 주인에게 수탈을 당하는 모습이 부각되고 있다. 희곡에서 보배는 빚 대신에 데려온 하녀라는 점이 암시되어 있는데, 부자는 이런 보배를 겁탈하려고 하거나 자기 첩이 되어 달라고 조르기도 하는 것이다.

한진의 희곡에서 창조된 '돌쇠'는 현실 속의 내적 갈등을 혼자서 참아내거나 부당한 체제에 순응하지 않는다. 오히려 신분상의 대립과 갈등구도를 넘어서며, 양반이나 사회지배층을 조롱한다. 돌쇠는 부자가 천 석을 내고 양반 직함을 산 이후에도 부자에게 "당신이 량반될 자격이 있는가 없는가 관가에서 시험을 받는다"(153쪽)고 협박하기도 한다. 뿐만 아니라 마당쇠를 시켜, 서울 장안에서 한 부자가 량반을 샀다가 시험에 통과되지 못해 그 자리에서 능지처참됐다는 소식이 있다며(159쪽), 사령부에서 교수대를 세우는 이유를 능청스럽게 돌려대어 결국 양반을 산 부자가 돌쇠에게 살려달라고 비는 상황을 만들어낸다. 그리고 도망을 가는 부자에게서 보배와 집문서까지 받아내어, 재산과 사랑을 모두 쟁취한다. 다시 말해 한진의 <량반전>에서는 양반의 하인인 돌쇠와 부자의 하녀인 보배를 전면에 내새워 그들로 하여금 자신들이 모시던 상전에게, 나아가 유교계급 사회와 국가권력에 통쾌하게 복수하게 만듦으로써 부당한 현실 제도에 억눌린 민중(관객)들이 대리만족을 느낄 수 있도록 하는 것이다.[13]

그리고 여기서 중요한 것이 표면상으로 '만민의 평등과 형제애'를 강조하는 소비에트 이데올로기와는 대비되는 조선 신분사회의 모순과 병폐이다. 사실 근대 이전은 남·북한 모두 양반과 '상놈'으로 계층화되어

13) 김병학, 「한진의 생애와 작품 세계」, 앞의 책, 200~201쪽.

있었고, 그 점에서 이 작품은 자신들이 버리고 떠나 온 조국 전체를 향한 비소誹笑일 수 있다. 한진의 <량반전>에서는 부자가 관가에 불리어 가서 볼기를 맞는데, 그 이유가 부자네 집 개가 량반네 집 암캐하고 정분이 났다는 이유로 량반이 부자를 고발했기 때문이었다. 량반은 "개는 주인이 량반이면 량반이요, 주인이 쌍놈이면 개도 쌍놈이지"(128쪽)라며 개의 신분도 자신의 신분으로 격상시키고 있다. 이에 관청에서 볼기를 맞아 억울해하는 부자를 보고 돌쇠가 쌀 천석을 내걸고 양반 직함 매매를 주선하는 것이다. 여기서 돌쇠는 "사구려! 사구려! 량반 사시오! 수백년을 내려오며 케케묵은 량반이요"(139쪽)라고 노래하며 양반을 공개적으로 희화화하고 있다.

살펴본 바와 같이 한진의 <량반전>은 소련의 이데올로기에 심취에 있던 그가 박지원의 「양반전」과 같은 한국의 고전을 봉건 잔재에 대한 척결 의식과 피지배계층 승리의 정당성에 초점을 맞추어 재탄생시키고 있다. 소비에트 체제하의 프로파간다 이미지에 부합되는 각색 덕분에 작품에 대한 공개적인 평가도 긍정적이었다. 연극 <량반전>이 무대에 올려진 후, 1974년 4월 20일 신문 『레닌 기치』에서는 "이 연극은 뇌물과 횡포 등을 통해 양반 계층의 몰락을 묘사하고 있으며, 자신의 권리를 상실했던 노동자들이 빛나는 미래를 지향하려는 의식을 잘 구현하고 있다"[14]고 평가했으며, 관객들의 호응도 높아 한진 사후에도 여러 차례 개작되어 공연된 역작으로 알려져 있다.

한진의 작품에는 소련의 관점에 입각해서 반미, 즉 미 제국주의에 대한 반감을 드러내는 희곡 역시 적지 않다. 그의 이러한 관점이 확연히 부각되는 대표작이 1967년에 발표한 <고용병의 운명>이다. <고용병의

---

14) Иосиф Ким, *Советский корейский театр*, с. 107.

운명>의 무대는 월남전이고, 그곳에 파견된 남한의 국인들이 미군에 대항하는 사건으로 극의 내용은 전개된다. 이 작품은 전쟁을 수행하면서 전쟁의 본질을 깨달아가는 이른바 '남조선 고용병' 철수, 인철, 마이, 둑보의 의식세계가 제3세계의 해방을 위한 투쟁과 반전으로 확장되어 가는 것을 보여준다, 미 제국주의에 예속되어 월남전에 참전한 '남조선 국방군(한국군)'의 비참한 현실을 이데올로기적으로 묘사한 것이다. 사실 베트남 전쟁은 미국을 중심으로 하는 자유민주주의 국가들과 소련과 중공을 중심으로 하는 공산주의 국가들이 대립하는 이념대결의 장으로 확대됨으로써 '미소美蘇의 간접 전쟁적 성격'이 두드러진 전쟁이었다. 여기서 한진은 이 작품을 통해 당시 월남전을 바라보는 소비에트 체제 지식인들의 시각과 희망을 반영하고 있는 것이다.

이 작품에서는 평화로워야 할 월남의 집이 전쟁터에 전방위적으로 노출되어 있는 모습이 부각된다. 월맹군은 미제와 싸워 그 집을 다시 평화롭게 되돌려야 할 당위가 있다. 그런데 여기서 한진은 '남조선 국방군'은 왜 거기에 있는가에 대해 의문을 갖는다. 한진은 소련의 입장에 서서 미국을 악의 축으로 간주하고, 미군에 고용된 한국군의 모습을 과장되게 보여줌으로써 한국(남조선)의 식민 상황을 강조하고 있는 것이다. 희곡 제2장에서 작가는 구두닦이의 입을 빌어 "미국놈들만 없어도 살기가 한결 낫겠는데, 글쎄 저것이 조선의 은인이고 조선의 충실한 벗이라니 소가 웃다 꾸러미 터닐 노릇이 아니오"(91쪽)라고 미국에 대한 적개심을 표출하기도 한다.

남조선(남한) 운명과 월남의 운명을 동일시하는 한진의 의식은 다음과 같은 철수의 대사를 통해서 드러난다.

> 여기는 조선에서 수만리 먼 곳. 걸어가면 두 해가 걸린다는 월남

땅이다. […] 그러나 이곳은 남조선과 꼭 같은 불행한 나라… 우리나라처럼 땅이 남북으로 갈리고 삼팔선 대신에 일칠선이 가로 막혔다. 여기에도 조선처럼 미국군대가 많고 이 나라 사람들은 조선 사람처럼 밥을 저'가락으로 먹는다.

그러나 여기는 무서운 나라… 무서운 전쟁이 벌어지고 있다. 전 인민이 일어났으며 그들을 반대해서 하는 전쟁이, 그러니 아마 제 나라 사람들로는 하지 못하고 미국놈들이 하는 모양이다. 그러니 또 우리들을 총알받이로 끌어온 모양이다. (97쪽)

한진은 이 작품에서 월남의 빨치산이 미국 정찰병을 살해하여 노파와 딸의 목숨을 구하는 장면을 삽입하기도 한다. 나아가 한국군들이 이에 대해 공감하는 모습을 제시하며, 이들이 처녀에게 "아무데로나 미국놈들이 없는 곳으로 피신하라"(102쪽)는 당부를 하는 모습까지 구체화한다. 한진이 자신의 작품에 등장시킨 월남의 빨치산과 한국군의 공감을 통해 제시하고자 한 것은 자신들의 이념적 우월감을 강변해야 했던 현실적 필요성과 연결된다. 한진이 월남전을 소재로 강한 반미의식을 고창한 것 역시 당시의 지식인들에 대한 소련당국의 정치적 요구이기도 했을 것이다. 또한 그것은 월남전의 와중에서 "소련을 새로운 조국으로 삼아 정착해야 했던 망명객으로서의 불가피한 선택의 결과"[15]였다고도 볼 수 있을 것이다.

---

15) 조규익, 「한진 희곡의 미학과 문학세계」, 앞의 책, 250쪽.

3. '어머니' 테마의 변주를 통한 새 조국 카자흐스탄에 대한 인식 표출

영화 <굿바이 마이러브 NK: 붉은 청춘>에는 추방당한 모스크바 8진에게 '카자흐스탄'이 고향 같은 곳이 되었다는 점이 비중있게 다루어진다.[16] 추방 초기 서부 시베리아 바르나울에서 근무하게 된 한진 역시 스탈린그라드로 배치된 동료 량원식이 발 빠르게 카자흐스탄 알마아타로 일자리를 옮긴 것을 보며 자신도 이주 계획을 세우게 된다. 량원식은 스탈린그라드에서 건설되던 거대한 수력발전소 현장을 성공적으로 촬영한 공로를 인정받아 표창을 받고 그로 인해 1960년 봄에 비교적 쉽게 카자흐스탄 알마아타로 이주했던 것이다.[17] 알마아타는 고려인이 모여살고 있고 고려인 문화기관, 특히 민족 신문사와 우리말 극장이 모여 있었기에 한진은 량원식, 최국인, 정추 등 동료들이 정착해 있던 카자흐스탄의 알마아타를 동경했다. 또한 카작인의 기본적인 성정 역시 한진의 마음을 움직였다고 볼 수 있을 것이다. <굿바이 마이러브 NK: 붉은 청춘>에 등장하는 최국인 역시 다음과 같은 인터뷰를 하기도 했다.

> 나는 카작 민족만큼 관대한 사람을 본 일이 없어요. 일본시대에도 물론, 한국 사람들은 카작크 사람들한테 그거 배워야 돼요. 상당히 이런 개방적이고 다양성이 많은 사람들이란 말이야. 그런, 위대한 민족이라고

---

16) 영화에 등장하는 김종훈은 알마티 근교 자신의 다차에서 진행되던 인터뷰에서 다음과 같이 이야기한다. "무르만스크에서 일을 하다가 남쪽의 따뜻한 지방이 그리워졌습니다. 어디로 왔는가 하게 되면, 알마아타로 한 번 와봤지. 여기는 어떤가 하게 되면, 춘하추동의 사계절이 선명하게 변하고 봄이면 꽃이 피고... 이런 것이 상당히 마음에 들었어요. 그 다음에 중요한 것이 여기 오니까 고려인들이 가득한데, 김치도 팔고, 두부도 팔고, 된장도 팔고... 된장국을 몇 년만에 처음 먹으니까 얼마나 맛있던지. 다 줘버리고 알마아타로 와서 여기 정착하게 되었지."

17) 김병학, 「한진의 생애와 작품 세계」, 앞의 책, 181~182쪽.

난 생각하고 있어요. 그 스탈린 시대에 압박 받은 민족들이, 80여 민족이 여기서 살고 있습니다. 이 사람들이 서로 싸움하는 거 이런 거 없거든, 서로 존경하고 있고... 여기서는 악극이라 하는데, 돔브라(전통악기) 가지고 즉흥시를 쓰면서 노래를 부르잖아요. 그런 시인들 덕택이라고 나는 생각해요.

카작인들의 선함과 포용성에 대한 사례는 고려인들의 여러 작품이나 영화에서도 빈번히 언급되는 요소이기도 하다. 라브렌찌 송의 〈약속의 땅〉에서는 카자흐스탄 땅에서 소수민족들이 서로를 이해하는 '문화적 융합'이 가능한 것은 이곳이 바로 유배자들의 집결지였다는 점이 드러난다. 실제 카자흐스탄에는 고려인을 비롯해 폴란드인, 독일인, 체첸인, 터키인, 쿠르드인 등 여러 민족이 강제이주를 당해왔다. 이러한 역사적 배경으로 그들은 이 땅을 볼모지에서 새로운 희망을 건질 수 있는 미래의 터전으로 변화시켜야 하는 책임감을 공유하고 있었다. 그리고 이것을 위한 정신적 동인이 '민족간의 상호이해', 즉 상생과 공존을 위한 노력이었던 것이다. 영화의 제목으로 사용되는 '약속의 땅' 역시 비록 강제로 쫓겨온 땅이지만 고려인들에게 이곳은 새로운 미래를 약속하는 공간으로 재탄생했다는 신화를 창조하는 장치라 할 수 있다. 유태인이 자신들을 받아주고 방어해줄 수 있는, 신神에 의해 약속된 바로 그 땅을 발견했듯이, 강제이주 당한 무수한 민족들에게 '카자흐스탄'은 바로 그 '약속의 땅'이 되어주었던 것이다.[18] 이러한 인물설정과 서사전략을 통해 영화 〈약속의 땅〉은

18) 영화의 마지막 내레이션에서 '약속의 땅'에 대한 의미는 다시 한번 부각된다. 내레이터는 100만명 이상의 죄 없는 사람들이 카자흐스탄으로 강제이주되어 온 그 시기에 대해 우리와 우리의 후손들은 카자흐인에게 끝없는 고마움을 느낀다고 표현한다. 자신들도 어려운 상황이었음에도 불구하고 카자흐인들은 사람을 구원하는 고상한 역할을 수행했다는 것이다. 그리고

추방당한 이민자들이 형제와 같은 민족애를 지니고, 카자흐스탄을 자신의 조국이라고 부를 수 있게 된 심리적 추동력을 강조하고 있는 것이다.[19]

대다수의 고려인들이 카자흐스탄에 대해 지니고 있던 감정과 마찬가지로 모스크바에서 추방당해 유라시아 곳곳으로 흩어져 살던 8진 역시 고려인들이 민족 전통을 유지하며 어우러져 살고 있는 이 땅에 정착하고자 노력했다. 한진 역시 죽음을 함께 하기로 각오했던 8진의 여러 동료들이 이미 정착하고 있는 곳이기에 시베리아에서 벗어나 카자흐스탄 알마아타로 이주하길 간절히 원했다. 그래서 옛 스승 정상진에게 편지를 보내 자기를 신문사로 불러달라고 부탁한다. 문예부 기자이자 비평가였던 정상진은 1948년부터 1950년까지 김일성종합대학교 노문학부에서 한진을 직접 가르친 인연이 있었기 때문이다.[20]

이후 1957년 북한에서 숙청되어 돌아온 정상진은 4년간 고급당학교를

그 땅의 친절한 주인이 개방적이고 선한 성격으로 이주당한 모든 민족을 단결시키려고 노력하는 '오륀바이'의 형상으로 구현되고 있다. https://www.zakon.kz/215910-izvestnyjj-scenarist-i-rezhisser.html

Юлия Миленькая, "Известный сценарист и режиссер представляет публике свою новую кинокартину" 24 мая 2011. zakon.kz

19) 박영은, 「라브렌찌 송의 <약속의 땅>에 반영된 고려인 디아스포라의 집단기억과 정치·문화사적 재현 메커니즘」, 『국제한인문학연구』 제29호, 2021, 41~72쪽 참조.

20) 소련은 해방이후 북한에 소련식 사회주의 체계와 기초를 세우기 위해 각종 분야의 고려인 전문가를 파견했는데 그 일환으로 일단의 학자들도 대학에 보냈다. 1945년부터 6.25 이전까지 그렇게 북한에 파견된 고려인 전문가는 총 428명이나 되었다고 한다. 그들은 북한의 정부, 군부, 언론, 학계, 문화계 등 각종 기관과 요직에 진출하여 신생독립국가의 기반을 닦았다. 당시 북한은 해방 직후 통치이념과 경제체제를 사회주의로 규정하고, 이를 사회 작동 원리로 정착시키기 위해 노력하였다. 문화정책 역시 사회주의 제도에 대한 선전과 사회주의 정권의 당위성을 설득하는데 초점을 맞추어 졌고, 소련으로부터의 선진적인 문화예술 이론을 수입하고, 적극적으로 창작에 반영하였다. 예술 조직체계가 갖추어지면서 정책적으로 소련의 문화예술을 선진적이고 모범적인 학습 대상으로 규정하고 소련의 문화예술을 정착시키기 위한 다양한 사업이 진행되었다. 이런 맥락에서 한진이 대학에 들어갔던 1948년에 김일성종합대학교 노문과에는 4명의 소련 고려인 학자가 파견 나와 강의를 하고 있었다. 그 중 정상진은 한진에게 커다란 영향을 미쳤으며 그 둘의 인연은 나중에 소련으로 자리를 옮겨 평생 이어진 것이다. 전영선, 『북한의 정치와 문학: 통제와 자율 사이의 줄타기』, 경진출판, 2014, 35~36쪽.

다니면서 휴식을 취한 뒤 1961년부터 『레닌 기치』 신문사에 들어가 기자로 일하고 있었다. 제자의 편지를 받은 정상진은 그가 카자흐스탄 크즐오르다로 건너오기만 하면 어떻게 하든 신문사 직원으로 채용해주겠다고 즉각 약속했다. 이에 고무된 한진은 1963년 8월 휴가를 얻어 카자흐스탄으로 건너갔다.[21] 이런 과정을 거쳐 한진은 알마아타에서 대학시절 은사 정상진을 만나 『레닌 기치』 신문의 기자로 일하게 되었다. 그리고 그의 소개로 1964년 <의부 어머니>를 고려극장에서 상연했으며, 1965년 고려극장의 문예부장으로 발탁되기에 이른다. 첫 희곡 <의부 어머니>의 호평에 고무된 한진은 1965년 2월 17일부로 『레닌 기치』 기자직은 그만두고 당일로 극장의 문예부장으로 들어감으로써 고대하던 본업을 찾아 평생을 극작가로 살아가게 된다.

고려극장에 들어간 이후 한진은 혼신의 힘을 다해 일한다. 영화 <굿바이 마이러브 NK: 붉은 청춘>에서 한진의 아내 지나이다 이바노브나는 남편이 정해진 근무 6시간뿐만 아니라 하루의 12시간 이상을 극장에서 보냈다고 전하고 있다. 이렇게 1960년대 카자흐스탄에 정착해 자신이 원하던 극작활동에 몰두함으로써 한진은 심리적 안정을 찾아갔다. 이런 과정을 거쳐 북한과 러시아를 거쳐 새롭게 만난 공간 카자흐스탄은 그에게 '새로운 조국'이 된 것이다.

하지만 근본적으로 해결할 수 없었던 문제가 바로 어머니와 조국에 대한 그리움이었다.[22] 특히 그에게 어머니 박성수는 특별한 존재였다. 『한진전집』의 <부록2>에는 그가 주고받은 편지들이 실려있는데, 가족과 친지에게서 부쳐온 편지 54통 중 24통이 모친으로부터 받은 편지들이다.

---

21) 김병학, 「한진의 생애와 작품 세계」, 앞의 책, 189~190쪽.
22) 조규익, 「한진 희곡의 고전수용 양상」, 앞의 책, 294쪽.

편저자 김병학도 지적했듯이 '1950년 7월 10일 헤어진 이후 한 번도 만나지 못한 어머니가 보내오는 편지가 한진의 가슴을 수없이 흔들어 놓았'[23]을 만큼 그에게 어머니는 활력소이자 가족 트라우마의 근원이었다.[24] 다음은 아들을 그리워하는 어머니가 보낸 편지의 일부이다.

> 네 편지를 받으니 사는 것 같고 새 희망이 솟는 것 같다. 나는 대림질하기를 즐긴다. 이것이 없었던들 나는 더 외롭고 정붙일 곳이 없을 것이야. 네가 쓰던 다리미는 지금 내가 쓴다. 너를 본 듯이. 객지에 외롭게 지내지 말고 좋은 사람이 있으면 배우자를 구하여도 좋을 듯 하다. 잘 다 알아 신중히 생각하여서 해라. 다음에 가족 사진은 찍어 부치겠다.

한진이 어머니의 곁으로 돌아갈 수 없었던 것은 북한정권에 대한 비판적 인식과 그 결과적 행동인 망명 때문이었다. 어머니는 그가 귀국하길 바라는 간절한 소망과 함께 북한 체제는 그에게 아무런 위해를 가하지 않을 것이라고 편지를 통해 계속 설득했으나, 북한 정권의 속성을 누구보다 꿰뚫고 있던 한진으로서는 그 길을 갈 수 없었다. 그러니 나이를 먹을수록 어머니에 대한 그리움은 커져갔고, 북한 정권에 대한 미움 또한 커져간 것이 망명 이후 한진의 입장이었다.[25]

때문에 고려극장에서 작업하던 시기, 그의 작품에 등장하는 주제 가운데 하나가 '어머니' 테마였다. 희곡 〈의부 어머니〉는 계모를 악의 상징으로 상정하여 복수하기를 즐겨하던 우리의 전통 계모관념과 대척점에서서 친모가 아니라도 얼마든지 자식에게 진정한 사랑을 베풀 수 있다는

---

23) 김병학 엮음, 『한진전집』, 인터북스, 2011, 788~834쪽.

24) 조규익, 「한진 희곡의 미학과 문학세계」, 앞의 책, 251쪽.

25) 조규익, 「한진 희곡의 미학과 문학세계」, 앞의 책, 256쪽.

지극히 휴머니즘적인 내용으로 구성되어 있다. 등장인물 워또르와 순희는 자신들의 어머니가 의붓어머니인 줄을 모르고 있었다. 그런데 워또르와 해선은 결혼 약속을 한 사이이고, 해선 어머니는 그들의 결혼을 적극 밀어붙이는 입장임에 반해 워또르 어머니는 고본질을 하는 집의 딸을 받아들일 수 없다는 입장이었다.

여기서 둘 사이의 갈등이 고조되고, 워또르와 순희에게 그들의 어머니가 계모라는 사실이 파국의 중요한 계기로 작용한다. 즉 순희와 워또르가 아주 어렸을 때 그들의 친모가 세상을 떴고, 친부마저 제 자식들을 버리고 달아나는 바람에 어머니가 그 아이들을 길러왔다는 것이다. 워또르와 순희의 계모 즉 어머니의 입장에서는 자식들이 그 사실을 알게 되면 자신을 떠날까 두려워 말을 못해 온 것이며, 해선 어머니는 그 약점을 미끼로 워또르 어머니를 압박해왔던 것이다. 결국 어머니는 어렵사리 아이들을 키워 온 사실과 고본질에 나섰던 그들의 아비에 대한 사실을 털어놓자 워또르는 '다시는 어머니를 떠난다는 말을 하지 않겠노라' 맹세하면서, 앓아 누워있던 어머니는 다시 일어나게 되고 그들은 다시 옛날의 '어머니와 자식들'의 관계로 돌아간다는 내용이다.[26]

희곡 <의부 어머니>는 당시 고려인과 모든 소비에트 공민들의 일상에서 흔히 볼 수 있었던 재혼 가정의 애환과 이면을 이념과 관계없이 휴머니즘적 시각으로만 그려낸 것으로서 한진의 작가로서의 바탕과 철학을 드러나는 첫 작품이었다고 할 수 있다. 이 작품에서는 다양한 한국 고전의 인물들이나 소재가 활용되고 있다. 해선어머니와 워또르 어머니의 다음과 같은 대화에서는 고전 <춘향전>의 인물이 등장한다.

---

26) 조규익, 「한진 희곡의 미학과 문학세계」, 앞의 책, 247~248쪽.

해선어머니	… 그래 순희는 뭣을 낳을것 같소?
어머니	난 손자를 봤으면 좋겠소.
해선어머니	지금은 딸이 값이 더 있소. 내 신선에게 물어보니 내 팔자가 춘양이 에미 팔자라우. 딸 하나 잘 두면 아들 열 둔것보다 상팔자요. 금이야 옥이야 하고 길렀는데 어데 그 애 덕을 보겠는지..(43쪽)

또한 작품에서 해선어머니는 박로인에 의해 「심청전」의 빼덕어미로 비유(72쪽)되며, 웍또르 어머니는 해선어머니에 의해 「장화홍련전」의 의붓어미로 비유(73쪽)된다. 저자는 낳은 정보다는 기른 정이 더욱 헌신적일 수 있다는 점을 강조하기 위해 우리의 전통적 계모관념을 드러내는 설화 「장화홍련전」의 모티프까지 언급하고 있는 것이다. 나아가 연구자들은 자신을 낳아 준 조국과 길러 준 타국 사이에서 갈등해 온 한진 개인의 심리를 감안한다면, '낳은 정보다 키운 정'이 중요함을 극적으로 보여주는 이런 작품을 써서 무대에 올리는 일이야말로 김일성이라는 개인의 수중으로 떨어진 조국을 버리고 그나마 이성과 합리가 살아있는 소련을 택할 수밖에 없었던 한진으로서 자신의 선택을 정당화시킬 수 있는 유일한 길이었을 것이라는 평가도 가능하다.[27] 여하튼 〈의부 어머니〉는 1965년 조선극장에서 상연되었을 때 관객들의 호응을 크게 받았고, 평론가들도 앞다투어 대단히 신선하고 훌륭한 희곡이라고 칭찬했다고 한다.[28]

희곡 〈어머니의 머리는 왜 세였나〉 역시 모정을 그리워하고 찬양하는 유사한 계열의 작품이다. 이 작품은 아버지를 일찍 여의고 나쁜 친구들과

27) 조규익, 「한진 희곡의 미학과 문학세계」, 앞의 책, 247~248쪽.
28) 김병학, 「한진의 생애와 작품 세계」, 앞의 책, 196쪽.

어울려 못된 길로 들어선 아들 롬까 때문에 어머니가 눈물 마를 틈 없이 고생하며 흰 머리만 늘어 가는 모습이 제시된다. 결국 감옥에서 나온 롬까가 예전의 애인 미라를 만나게 되면서 과거의 구렁텅이에서 벗어나 새 사람이 된다는 것이 주된 플롯이다. 어머니는 그 누구의 말도 듣지 않던 아들 롬까가 미라를 통해 사람이 되어가는 모습을 지켜보던 어머니는 그 고마움을 다음과 같이 전하고 있다.

어머니 귀여운 내 자식들아, 귀중한 미라야. 내 비록 제 젖을 먹여 기르지는 못했다만은 너는 나에게 친딸보다 더 귀중한 자식이다.

너는 나에게 아들을 찾아주었다.

너는 나에게 이 세상에서 가장 감사한 사람이다.

너는 자기의 사랑으로 하야 내가 하지 못한 일을 하였다.

귀여운 내 딸아 부디 행복하여라.

롬까, 너는 미라를 존경하고 사랑하여라. (손을 쥐어준다.)

이 새해, 첫 시각을 너희들은 잊지 말아라.

<u>이런 행복을 보자고 어머니들은 고생을 참고 슬픔을 이겨가며 사는 것이다</u>. (274쪽)

한진이 이 시기에 이러한 주제의 작품을 쓸 수밖에 없었던 현실적 필연성이나 당위성에 대해 연구자 조규익은 그가 늘 상처처럼 안고 살아야 했던 '어머니에 대한 그리움'이나 '어머니의 명을 거역할 수밖에 없었던 상황'을 이와 같은 '모정 찬가'류의 작품을 구체화시키는 것이 유일한 출구였을 것이라 설명하기도 한다.[29] 무엇보다 '6.25 참전－소련 유학－망

---

29) 조규익, 「한진 희곡의 고전수용 양상」, 앞의 책, 294쪽.

명'이란 큰 소용돌이 속에서 가족과 생이별하고 조국으로부터의 끈까지 잃어버린 채 '새로운 조국'에서 정을 붙이고 살아야 했던 한진에게는 무엇보다 모정과의 괴리가 참을 수 없는 고통이었을 것이다. 가족의 해체가 우리나라보다 비교적 자유로웠고 그에 따라 계부, 계모 보기가 어렵지 않은 그곳의 사정을 목격하면서, 그는 우리나라에서 전통적으로 내려오던 '낳은 정보다 기른 정'이란 속담을 떠올렸을 것이다. 더불어 모국인 북조선(낳아주신 어머니)으로터 도망하여 새로운 모국인 소련의 카자흐스탄(길러주신 어머니)에 정착한 자신을 발견한 것이다.

이와 유사한 계열 작품으로는 참새둥지에 태어난 뻐꾹새를 제 새끼인 가 하고 키우는 참새 한 쌍의 애틋한 사랑을 관찰 형식으로 서술한 <뻐꾹새>라는 작품도 있다. 동물에게도 낳은 정 못지 않게 기른 정이 있다는 저자의 발견은 자신의 희곡 <의부 어머니>의 핵심주제인 '인간의 이타적 사랑'이 동물에게까지 확장되어 있다.[30] 그 외에도 한진은 1965년 고려극장의 문예부장으로 활동하면서부터 몰리에르의 「의지가 없는 약사」, 아우에조브의 「까라고즈와 꼬블란디」, 세익스피러의 「햄릿」과 같은 외국의 고전작품들을 틈틈이 번역하여 희곡작업을 하기도 했는데, 여기서도 '어머니'를 소재로 한 외국의 고전작품을 번역하여 무대에 올리기도 했다. 그 대표적 작품이 친기즈 아이트마토프의 「어머니의 들판Материнское поле」이다.

이 작품은 대지와 인간, 전쟁과 평화, 사랑과 의무, 모성애와 우정, 휴머니즘과 조국애의 테마가 뫼비우스의 띠처럼 연결되어 있다. 극장측은 오래전부터 소설 「어머니의 들판」을 무대에서 구현하기를 꿈꾸고 있었고, 극장 관계자들이 작가와 면담을 할 즈음 카자흐스탄 드라마극장에

30) 김병학, 「한진의 생애와 작품 세계」, 앞의 책, 198쪽.

서는 이 연극이 상연되고 있었다.[31] 이 영향을 받아 고려극장 역시 카자흐스탄 드라마극장 측과의 협업을 통해 이 작품을 성공적으로 무대에 올려 관객들에게 큰 감동을 주었다.

희곡 <어머니의 들판>은 톨고나이라는 여인이 죽은 가족을 회상하며 들판에 말을 건네는 대화 형태로 구성되어 있다. 이 대화를 통해 관객들은 기구한 운명의 여인이 짊어졌던 무거운 짐과 시련을 만나게 된다. 어린 시절부터 노동을 하며 힘겹게 살아왔던 톨고나이는 열일곱살 무렵 수반쿨이라는 청년을 만나게 되면서 결혼을 하고, 자신들의 평범한 삶을 꾸려간다. 그리고 트랙터기사였던 수반쿨과의 사이에서 톨고나이는 세 명의 아들을 낳는다. 콜호즈에서 콤바인기사로 일했던 큰아들 카심은 알리만이라는 여성과 사귀게 되었고, 톨고나이는 며느리를 기쁘게 맞이했다. 둘째아들 마셀벡은 학업을 위해 도시로 떠났고, 막내아들 좌이낙은 콜호즈에서 서기로 일했다. 이러한 가족의 성장과정을 풀어놓는 노년의 톨고나이의 입을 통해 관객들은 이들 부부가 더 나은 삶을 위해 노력하며 성심껏 아이들을 뒷바라지하면서 행복하게 살아온 과정을 목도한다.

하지만 전쟁은 그녀와 가족의 삶을 송두리째 바꾸어버린다. 전쟁이 발발하자 남편은 큰 아들과 함께 전장에 나가지만, 그들은 얼마 지나지 않아 모두 사망해 톨고나이와 며느리는 일시에 과부신세가 된다. 둘째아들 마셀벡 역시 전쟁터에서 사망했고, 막내아들은 행방불명이 된 상태이다. 톨고나이는 함께 살고 있는 젊은 며느리의 장래를 걱정하며 다른 곳에 시집보내기를 원했다. 그 즈음 마을에는 목동으로 일하는 새로운 청년이 나타났고, 얼마 지나지 않아 톨고나이는 며느리가 임신했다는 것을 눈치채게 된다. 이에 마을사람들은 알리만이 수치를 당하지 않도록 이웃마을에

---

31) Иосиф Ким, *Советский корейский театр*, с.166.

사는 목동에게 가서 알리만과의 혼인을 요청하려 한다.

하지만 알고 보니 목동은 유부남이었고 그의 아내는 톨고나이와 함께 온 마을 사람들을 모두 쫓아내는 상황으로 치닫는다. 그리고 시간이 흘러 알리만은 아들을 낳지만 출산과정에서 사망한다. 톨고나이의 이웃들은 그 아이를 함께 먹이고 가르치며, 온 힘을 다해 그녀를 돕는다. 온갖 삶의 역경을 안고 살아 온 톨고나이는 인생의 회한을 들판에 풀어놓고는, 자신은 결코 과거를 잊지 않겠다고 들판에게 약속한다.[32] 살아있는 동안에 가족을 잊지 않을 것이며, 언젠가 손주가 자라게 되면 이 모든 가족 얘기를 들려 줄 것이라고 다짐하는 것으로 연극은 막을 내린다. 〈어머니의 들판〉은 전쟁으로 빚어진 비극이지만, 아이트마토프는 전투가 벌어지는 들판도, 그곳에서 다치고 사망한 사람들도 묘사하지 않는다. 그의 작품에는 그 어떤 잔혹함도 드러나지 않지만 전쟁의 공포는 어머니의 감정과 사랑하는 여인의 감정을 통해서 고스란히 관객에게 전달된다.[33]

연극 〈어머니의 들판〉은 카자흐스탄과 고려인 연극인들의 긴밀한 협력 속에서 진행되었고,[34] 예술적 성취 면에서도 큰 호평을 받았다. 지금까지도 연극 〈어머니의 들판〉이 고려극장의 대표적인 성공작으로 일컬어지는 것은 고려인들에게 큰 공감을 받았던 아이트마토프의 작품을 선택한 점이나 한진의 번역과 각색, 특히 이 작품이 고려인 관객들의 심금을 울릴 수 있었던 것은 극작가 한진의 맛깔스런 번역에 힘입은 바가 컸다. 한국어와 노어를 유창하게 구사했던 한진의 능력이 그가

---

32) Чингиз Айтматов, *Материнское поле: повести*, Кишинев: Литература артистикэ, 1985, с.494-495.

33) 박영은, 「고려극장에서 상연된 중앙아시아 희곡의 역사·문화·예술사적 지형도 연구-문화 접변(接變)과 습합(習合)을 통한 시대적 수용과 변용 양상을 중심으로-」, 『슬라브학보』 제34권 제2호, 2019, 67~98쪽 참조.

34) Иосиф Ким, *Советский корейский театр*, с.167.

고전 작품들을 훌륭하게 번역하는 밑거름이 되었다고 평가할 수 있겠다.

'어머니 테마'에 대한 한진의 각별한 애정은 그가 이 작품을 선택했던 이유이기도 할 것이다. 아이트마토프의 작품은 당시 카자흐스탄에서 베스트셀러이긴 했지만, 어머니 톨고나이의 심정과 자신의 어머니 박성수의 유사한 심경을 한진이 읽어냈다고 해도 큰 무리는 없을 것이다. 즉 전쟁터에 나간 아들들이 사망한 톨고나이의 처지나 한국전쟁에 참전한 성과로 모스크바 유학을 가게 된 이후 소련으로 망명하여 더 이상 어머니를 만날 수 없게 된 어머니 박성수의 처지는 다를 바 없다고 본 것이다. 또한 자신의 아픔과 희망을 손주에게 모두 전달할 거라고 다짐하는 톨고나이의 심정이나 타국에서 태어난 손주를 그리워하며 자신의 애정을 손주에게 전달하고 싶어했던 어머니 박성수의 애틋한 마음은 평행을 이룬다고 이해했기 때문일 수도 있다.

고려극장에서 한진이 보여주었던 문화예술적 성과와 노력으로 인해, 그는 카자흐스탄공화국 작가동맹에서도 항상 존경을 받았다. 또한 그동안의 업적과 노고를 인정받아 카자흐공화국 최고 소비에트 영예표창을 받았으며, 구소련이 독립국가연합으로 바뀐 뒤에는 카자흐공화국 공훈예술가 칭호도 받았다.[35] 이와같이 한진이 카자흐스탄에서 고려인들로부터 큰 사랑을 받았던 주된 이유에는 카자흐스탄에서의 정서를 그리운 어머니 품으로 환치시키고, 카자흐스탄 땅을 자신의 지상 육체를 묻는 제2의 고향으로 인식하는 그들의 심경을 대변하며, 이를 예술로 승화시켰던 노정路程이 있었기 때문일 것이다.

---

35) 김병학, 「한진의 생애와 작품 세계」, 앞의 책, 217쪽.

4. 강제이주 참상에 대한 묘사 및 한국의 고전에 접목된 디아스포라의 애환 표출

한진 작품의 유리시아적 특성은 디아스포라의 애환을 표출하는 다양한 작품에도 용해되어 있다. 이는 페레스트로이카와 글라스노스찌 이후, 중앙아시아 문단에서는 그간 함구했던 강제이주에 대한 소재가 문학으로 등장했던 사회분위기와 무관하지 않다. 당시 한진은 1988년 카자흐공화국 작가동맹 관리위원과 조선어분과위원장을 맡은 이래 20년이 넘도록 중단해온 소설을 다시 쓰기 시작했다. 그리하여 1989년에 소설 「공포」를 선보였고 이듬해에는 소설 「그 고장 이름은?」을 세상에 내놓았다.

강제이주 초기 고려인들이 항상 느꼈던 심리적 상황을 반영하고 있는 한진의 「공포」는 고려인들이 이주 초기에 어떤 환경 하에서 어떻게 문화적으로 억압을 당했는지 구체적으로 보여주고 있다. 이 작품은 고려인 중앙아시아 강제이주 이후 얼마 안 가서 자행되었다고 전해지는 고려사범대학 고서적 분서사건을 다루고 있는 역작이다. 리 빠벨 화학박사후보의 체험담을 소설화한 「공포」는 강제이주 당시 원동조선사범대학을 크즐오르다로 옮겨오면서 함께 실어온 도서관의 고서적들이 림낀이라는 유태인 대학장의 지시에 의해 비밀리에 소각되는 장면을 등장시킨다. 이 현장을 우연히 목격하게 된 리 빠벨 교수는 이를 제지하기 위해 책들을 소각하던 화부와 승강이 끝에 격투를 벌인다. 그 순간 황급히 달려온 어린 아들로부터, 자기 동생이 갑작스레 자동차 사고를 당했다는 전갈을 받은 화부는 태우던 책들을 남겨 둔 채 어린애를 데리고 방에서 나간다. 그는 죽음을 각오하고, 소각되지 않은 나머지 책들을 자기 연구실로 옮기는 작업을 감행한다. 더 큰 도서관으로 이 책들을 보내면 보존이 될 것이라는 생각을 하고 알마아타에 있는 국립도서관에 이들을 보내기로 작정하고, 책을 포장해서 조심스럽게 기차역으로 실어간 후, 알마아타에 있는 국립도서관으로 고서적 800권을 발송한다는 내용이다.[36]

한민족의 영혼이 살아 숨 쉬는 고서적을 살리는 주인공의 모습을 통해 작가는 구소련의 가혹한 정책에도 불구하고 민족문화 보존을 위해 최선을 다했던 이주 고려인의 모습을 묘사하고 있다. 또한 연해주에 있던 민족의 고서적들이 강제이주와 함께 중앙아시아로 옮겨지게 되었고, 그것들이 이제는 페치카의 불쏘시개로 사라질 뻔했던 상황에서 민족혼을 중시했던 한 고려인에 의해 알마아타 국립 도서관으로 옮겨지게 됨으로써, 유라시아주의적인 측면에서 한민족의 영혼과 정신이 지켜지게 되었음을 강조하는 것이다.

나아가 한진은 유라시아지역으로의 디아스포라 현상이 세대를 거듭하면서 고통과 상흔으로 나타난 현실적인 문제에도 관심을 가진다. 그 대표적인 것이 '언어'의 차이로 인한 세대 구성원들이 갈등과 이해 문제이다. 이러한 단면을 잘 드러내는 작품인 「그 고장 이름은?」은 강제이주 이후 두 세대가 흐른 뒤 임종에 직면해 갑작스럽게 모국어로만 이야기하는 어머니와 모국어를 전혀 알아듣지 못하는 딸 사이에서 전개되는 절박한 의사소통의 부재를 거론하고 있는 문제작이다.

딸 까쮸샤는 임종의 순간에 모국어로만 이야기하는 어머니를 보고 "마지막 순간에 때늦게나마 조상들의 말을 나에게 전하려고 서두르는 것은 아닐까?"(666쪽)라고 자각하게 되는데, 이는 작가 한진이 정체성 문제에 직면한 고려인 후손들에게 새로운 화두를 던지고 있는 것에 다름 아니다.[37] 이 작품에서 어머니는 아직 딸과 러시아어로 이야기할 때 딸에게

36) 김필영, 『소비에트 중앙아시아 고려인 문학사(1937-1991)』, 강남대학교출판부, 2004, 876쪽; 한진, 「공포」, 『해외동포문학: 중앙아시아 고려인 소설』 II, 해외동포문학편찬사업추진위원회, 2006, 249~295쪽.

"모든 일에 시작과 마지막이 중요하듯, 사람도 마찬가지일거라며, 사람이 태어난 곳은 고향이라는데 사람이 묻히는 땅은 뭐라고 하느냐? 거기에도 이름이 있어야 할 거야. 고향이란 말에 못지 않게 정다운 말이 있어야 할 거야."(663쪽)라고 이야기한다. 이는 저자가 고향과 모국어를 잃어버리고 디아스포라의 삶을 숙명으로 받아들이고 살아야 할 고려인 후손들에게 던지는 따뜻한 위로와 격려의 메시지이기도 하다.

임종에 직면한 어머니의 상태를 지켜보던 딸 까쮸샤의 마음을 통해 한진은 다음과 같은 자신의 심경을 전하고 있다.

> 부모를 자기 마음대로 고를 수 없는 것처럼 사람들은 고향도 자기 마음대로 고를 수가 없다. 그러나 사람이 죽을 땅은 미리 알 수 있다. 고향이 그리운 것은 젊었을 때가 그립기 때문일 것이다. 그러나 늙은 서러움이 그리울 수는 없다. 그래서 죽어 파묻히는 고장의 이름은 없는 모양이다. 그 고장에도 이름이 있어야 한다는 어머님의 말씀은 그 고장도 아끼고 사랑하란 말씀이 아닌가? 정답게 부를 수 있는 이름이 있었으면 죽는 것도 그렇게 서럽지 않았겠다는 말씀인가? (664쪽)

이 시기에 한진은 망명객의 신세를 벗고 소련의 카자흐스탄에 정착함으로써 자신의 몸이 묻히게 될 또 다른 조국을 발견한 셈이고, 그러한 생각을 「공포」와 「그 고장 이름은?」에서 표출한 것으로 보아야 할 것이다.

그럼에도 불구하고 타국에서 둥지를 틀었던 디아스포라의 애환은 적지 않았을 것이다. 한진은 현지 적응과 함께 고국을 잃은 슬픔을 우리의 고전 「토끼전」을 근간으로 한 희곡 <토끼의 모험>에서 비유적으로 전달

---

37) 김병학, 「한진의 생애와 작품 세계」, 앞의 책, 218~219쪽.

하고 있다. 널리 알려져 있듯이, 자라와 토끼 등 동물을 의인화한 우화소설이자 판소리계 소설인 「토끼전」의 모티브가 된 것은 『삼국사기』의 「김유신열전金庾信列傳」에 나오는 구토 설화, 곧 토끼와 거북의 이야기이다.

『삼국사기』를 비롯한 옛 문헌에는 수많은 설화가 나온다. 하지만 많은 설화가 흐지부지 사라지거나 단순한 설화 자체로 남아있고, 본래의 이야기에 새로운 요소들이 더해져 풍성한 줄거리를 가진 작품으로 발전한 것은 그리 많지 않았다. 그런데 이 토끼와 거북 이야기는 살아남았고 긴 이야기로 확대 재생산되었다.[38] 그럴 수 있었던 것은 이야기 자체에 사람을 끌어들이는 매력이 있기 때문일 것이다. 그렇다면 한진은 이 「토끼전」을 어떻게 확장, 재해석하여 무대에 올릴 수 있는 희곡으로 각색했던 것일까?

전체 4막으로 이루어진 〈토끼의 모험〉은 고전설화 「토끼전」을 각색, 부연한 희곡으로 평양에서 출판된 희곡 〈토끼전〉을 한진이 나름대로 개작한 것이다.[39] 고려극장이 아동들을 위해 처음으로 무대에 올린 연극이라 하는데,[40] 풍자와 해학, 알레고리 등을 통해 인간사의 진실을 말하고 있다는 점에서 사실 어른들을 위한 연극이라고 보아도 무방할 정도다.

이에 연구자들은 한진이 「토끼전」을 각색했던 이유에 대해 주목하고 있다. 왜냐하면 용왕의 병, 토끼의 생간 처방, 토끼의 납치, 꾀에 의한

---

38) 문헌설화가 구전설화로 발전하고 그것이 판소리의 소재로 채택되며 공연 대본이라 할 수 있는 창본의 단계를 거쳐 소설로 정착하는 것이 판소리계 소설의 일반적인 발전 과정이다. 그것은 누구 한 사람의 창작이 아니라 오랫동안 여러 사람의 상상력이 합쳐져 완성된 공동 작품이라 할 수 있다. 처음에는 손으로 베껴 써서 서로 전하다가 나중에는 활자로 인쇄되어 대량생산되기에 이른다. 그중에서도 「토끼전」은 가장 다양한 이본이 전해지고 있다. 김성재, 『토끼전』, 현암사, 2015, 109쪽.

39) 김필영, 『소비에트 중앙아시아 고려인 문학사(1937-1991)』, 앞의 책, 746쪽.

40) 리정희, 「무대에 새로운 형식을 올려-연극 〈토끼의 모험〉을 보고」, 『레닌기치』, 1982. 01.22, 4쪽.

위기 탈출 등의 화소만으로도 어린아이들을 충분히 즐겁게 만들었을 것이기 때문이다. 고려극장에서 희곡을 연출했던 김 이오시프 역시 <토끼전>의 주안점에 대해 동물의 형상을 통해서 평민들이 지배계급, 왕족, 봉건 지배세력에 대해 취하는 태도를 밝힌다는 점을 언급한다. 알레고리를 이용한 이 이야기는 양반들의 위선에 대해 신랄하게 비판을 가하며, 왕족이나 상류층의 풍속이나 습성을 비웃으며 지배계급에 대한 평민들의 우월성을 보여주는 것이 목적이었음을 표현하는 것이다.[41]

그런데 여기서 흥미로운 점은 한진이 「토끼전」을 각색하면서 자신을 포함한 고려인들이 처한 현실을 나약한 '토끼'에 빗대어 표현하며 현실의 비참함과 조국에 대한 그리움을 표출하고 있다는 점이다. 이는 산속의 작은 동물들 중에서도 가장 약한 부류인 '토끼'에 고려인을 비유하며, 동시에 조국에 대한 자부심을 드러내는 다음의 장면에서 잘 나타난다.

> **토끼** 걱정 말라는데— 내 이제 태권도만 배우는 날이면 세상에 무서울 것이 없어.
>
> **옥토끼** 에이구, 더러워라,
>
> (...)
>
> **토끼** 글쎄 세상이 그런 걸 어떻게 하겠니? 범도 우릴 잡아먹겠다지 승냥이도 잡아먹겠다지. 이발 있는 놈들은 다 우릴 잡아먹겠다니 정말 어떻게 살겠니.... (339~340쪽)

한진은 수많은 이민족들의 틈에서 목숨을 부지하며 살아가야 했던 고려인들의 처지를 토끼나 옥토끼로 형상하고자 했다는 사실을 유추할

---

41) Иосиф Ким, *Советский корейский театр*, с.101~102.

수 있다. 토끼나 옥토끼는 범과 승냥이 등에 둘러싸여 늘 생명의 위협을 받는 약자이다. 그런데 승냥이에게 쫓기는 토끼나 옥토끼가 우리 민족의 상징적 무도인 '태권도만 배우는 날이면 세상에 무서운 것이 없다'고 표현하고 있는 것이다.

희곡 〈토끼의 모험〉에서는 디아스포라의 애환을 드러내는 부분이 여러차례 등장한다. 그 첫 번째 예는 바닷속 생물들이 룡왕을 즐겁게 하는 춤과 노래를 하는데, 용왕이 이것은 너무 많이 봐서 싫증이 난다며 새 것을 요청하자, 이에 해마가 곱새춤을 추며 다음의 노래를 한다.

> 아리랑 아리랑 아라리요
> 아리랑고개로 날 넘겨주소.
>
> 맑은 하늘엔 별도 많고
> 우리네 살림살이 말도 많다.
>
> 말깨나 하는 놈은 감옥에 가고
> 일깨나 하는 놈은 밥상에 오른다.
>
> 밭 잃고 집 잃은 동무들아
> 어데로 가며는 우리가 사느냐... (330~331쪽)

또한 거북이의 꾐에 빠져 용궁으로 따라간 토끼가 간을 주어 자신을 위해 죽는 것을 서러워하지 말라는 말을 용왕에게서 들은 옥토끼가 부른 다음의 노래에도 고려인들의 처지와 감성은 그대로 배어난다.

나의 살던 고향은
꽃피는 산골
무엇을 바라고서
여기 왔던가

정든 친구 버리고
찾아온 곳은
낯서른 물의 나라
죽음의 나라.

가고 깊은 고향은
멀고 멀어라.
천만길 물속에서
나는 죽는다.

나는 이미 죽으나
어깨동무야,
너는야 나 오기를
기다리겠지… (350~351쪽)

옥토끼가 거북이의 꾐에 빠져 수궁에 갔다가 간신히 육지로 귀환한 이후 부르는 다음의 노래 역시 같은 맥락이다.

바다나라 물속 깊이
가보고서야

내 고향이 좋은 것을
나는 알았다.
(합창)
멀리멀리 천리 길을
가보고서야
동무들이 그리움을
나는 알았다.

목숨보다 귀중한 건
이 세상에서
나서 자란 고향임을
나는 알았다.

내 고향의 잔디 풀과
진달래꽃이
세상에서 제일임을
나는 알았다. (364~365쪽)

<토끼의 모험>은 '고향 복귀의 행복'을 보여줌으로써 이국 속의 소수자인 고려인들에게 하나의 꿈을 부여하고 있다. 옥토끼가 거북의 꾐에 빠져 잡혀갔던 곳은 수궁이다. 그에게 수궁은 죽음의 공간이고, 바깥세상은 삶의 공간이다. 꽃 피고 새 우는 바깥 공간을 떠나 수궁을 떠도는 신세가 바로 이들 처지의 표상인 '디아스포라'이다. 현실세계의 부조리에 대한 풍자보다 디아스포라의 서정이 이 작품의 바탕을 이루고 있다고 보는 것도 그 때문이다. 이 작품에 등장하는 옥토끼의 노래는 디아스포라

적 서정의 절묘한 표현이다.

<토끼의 모험>에서 옥토끼의 노래가 고려인들의 애환을 담았다면, 거북이의 노래는 한진 자신의 처지를 반영하고 있다. 「토끼전」에는 토끼의 간을 구해오도록 발탁된 자라가 육지를 향해 떠나 길을 가다 잠시 쉬고 있던 중에 자기와 생김새가 똑 닮은 '남생이'를 만나 이야기를 나누는 장면이 등장한다.[42] 자라와 남생이가 친척간임을 암시하는 이 장면을 통해 소설 「토끼전」에서는 바다와 육지를 오고 갈 수 있는 자라와 남생이의 특성이 두 공간을 오고 갈 수 있는 능력으로 묘사되고 있다. 하지만 <토끼의 모험>에서 한진은 남생이, 자라, 거북이가 지닌 능력, 즉 육지와 바다를 오고갈 수 있는 능력을 그 어느 곳에도 정착할 수 없고 그 중간에 끼어 살 수밖에 없는 한스러운 처지로 변형시킨다.

이것은 옥토끼에게 버림받고 쫓겨나게 된 거부기의 노래, 즉 거짓말에 속아 용궁에서 땅으로 옥토끼를 데리고 나온 '거부기'가 산중의 동물로부터 죽임을 당하게 되었을 때에 등장하는 다음의 노래에 잘 표현되어 있다.

---

42) 「토끼전」에서 자라를 만난 남생이는 다음과 같은 말로 자신의 정체성을 이야기한다. "내 이름으로 말하면 본래 사연이 길어서 말로 다 하기 어렵지만 당신의 생긴 모습이 나하고 비슷하니 내력을 말해 주겠소. 우리 선조들은 모두 충신으로 남해 수궁에서 벼슬하며 살았는데, 할아버님께서 올곧은 성품으로 임금에게 바른말을 아뢰다가 소인배들에게 모함을 당해 인간 세계로 귀양을 왔지요. 그 뒤로 영영 고향으로 돌아가지 못하시고 산속에 살면서 바위틈에서 시를 읊으며 지냈답니다. [...] 그의 아내는 물속 나라에서 남편이 돌아오기만을 기다리고 있었는데, 아무리 기다려도 남편이 돌아오지 않자 남편을 따라 뭍으로 나왔습니다. 그때부터 아주 육지에 터를 잡게 되어 자식 낳고 살았지요. 그 뒤로 자손들이 산속에 살면서 도토리를 주워 먹고 토실토실 살이 올라서 돌 위를 지나가면 나막신을 신은 것 같지요. 가난한 우리 형편에 자식을 낳을 때마다 일일이 이름을 짓기도 어려워서 조부님 당호를 대대로 그냥 부르니 아들도 남생이 손자도 남생이 그 후로 증손 고손 나까지도 남생이라고 부른다오." 계속해서 여기서 남생이는 자라를 보고, "이러한 연유로 수궁에는 그 자손이 없어서 후손이 끊어진 줄만 알았는데 종씨 말씀을 듣고 보니 종씨가 그 자손이시구려. 종씨가 참으로 우리 집 종손이시오"라고 말하며, 그들이 친척 사이임을 주장한다. 김성재, 『토끼전』, 앞의 책, 42~44쪽.

어델 가나 어델 가나
어델 가면 내가 사나
넓고넓은 이 세상에
나 갈곳은 어더메냐
바다속에 돌아가면
룡왕에게 죽어나고
땅우에서 살자하니
동무 없어 못살겠네
물에서도 살수 없고
땅에서도 살수 없고
이 세상에 나 살 곳은
땅과 물의 그 사이다. (363쪽)

거북이는 이 노래를 부르면서 죽지 않고 살아난 것만도 다행이라며, 가는데 까지 가보자는 심정으로 임하는데 반해, 앞서 살펴본 옥토끼에게 있어서는 '고향 복귀의 행복'을 보여줌으로써 이국 속의 소수자인 고려인들에게 하나의 꿈을 부여하고 있다. 여기서 '바닷속에 돌아가면 용왕에게 죽어나는' 거부기의 처지는 조국으로 귀환하면 김일성에게 죽음을 당할 수밖에 없는 한진 자신의 처지와 부합되는 것이다. 이런 맥락에서 <토끼의 모험>은 고전소설 「토끼전」의 단순한 각색이 아니라, 조국과 소련의 틈새 카자흐스탄에 정착한 작자 자신의 처지를 절묘하게 드러냄으로써 원작에 비해 미학과 주제를 크게 확장하는 데 성공한 작품이라 평가받는 것이다.[43]

43) 조규익, 「한진 희곡의 고전수용 양상」, 앞의 책, 290~291쪽.

나아가 한진이 이 희곡의 대사 중간 중간에 '구지가'나 '아리랑' 같은 옛 구전가요는 물론 '고향의 봄'이나 '아롱다롱 나비야' 같은 동요, 그리고 하늘, 바다, 거북, 토끼 등에 관한 개작된 노래들을 대사 중간 중간에 삽입하여 이 희곡이 시종일관 관객들에게 노래와 웃음을 선사하여 마치 오늘날의 뮤지컬과 같은 느낌을 자아낸 것도 의미있는 시도였다고 볼 수 있다. 또한 한진의 <토끼의 모험>에는 구전 소설 「토끼전」과 달리 용왕의 병이 나았는지는 제시되지 않는다는 점도 주목해야 할 요소이다. 한진의 작품은 거북이의 심경과 옥토끼의 고향에 대한 소중함을 일깨우는 것으로 종결되기 때문이다. 이는, 「토끼전」에 다양한 이본이 존재하는 것은 그 시기와 상황마다 이야기를 전달하는 사람의 바람이 반영되기 때문이었듯이, 한진에게 중요했던 것은 용왕의 쾌유 여부가 아니라 현지 주민들에게 풍부한 해학과 풍자의 미학을 제시하면서 고려인들의 애환과 시름을 달래주는 것이 그 목적이었기 때문일 것이다.

5. 결론

유라시아 문화지형도를 염두에 둔 한민족 예술세계의 궤적을 그릴 때, 작가 "한진"의 위상은 남다르다. 그는 1964년에 고려극장에 들어가서 세상을 떠난 1993년까지 12편 이상의 탁월한 희곡을 써서 무대에 올리고 20여 편의 외국희곡을 번역하였으며 수많은 연극의 연출과 감독을 맡았다. 그의 삶은 문학에 대한 열정과 헌신으로 채워져 있으며 그가 소비에트 고려인 문학사에 남긴 업적의 스펙트럼은 광대하면서도 다채롭다. 구소련 지역과 중앙아시아의 카자흐스탄 지역을 두루 경험했던 그의 삶의 이력을 토대로 본고에서는 소비에트 이데올로기 찬양 및 반미의식 표출, 어머니 테마의 변주를 통한 새 조국 카자흐스탄에 대한 인식 표출, 강제이주 참상에 대한 묘사와 한국의 고전에 접목된 디아스포라의 애환 표출을 '유라시아성'과 '문화접변'의 관점에서 살펴보았다.

여기서 한가지 염두에 둘 것은 그가 단순히 작품의 문학적 주제나 모티프에 있어서만 유라시아성을 고려했던 것은 아니라는 점이다. 그는 '예술 언어'의 문제에 대해서도 다른 고려인 작가에 비해 유연한 사고방식을 지니고 있었다. 물론, 그는 예술에 있어 '모국어'(한글)의 중요성을 중요하게 여겼지만, 어쩔 수 없는 시대변화에 발맞추어 융통성이 필요하다는 점을 강조했다. 일부 고려인 작가들이 한글 고수를 중시했던 것에 비해, 현재 고려인문학이 처한 현실에 대하여 다음과 같은 견해를 표명했다.

> 지금 우리 문단은 풍전등화의 처지이다. 우리말로 쓴 작품을 읽을 수 있는 독자들도 거진 없다싶이 하지만 우리말로 글을 쓰는 작가들도 손가락으로 셀 수 있는 정도이다. 그러니 재쏘고려인문학의 존재에 대해서 말하기조차 거북한 일이다. […] 한글문학의 진공시기를 메울 문학은 제 생각에는 아마 로씨야어로 쓴 우리 고려인 작가들의 문학일 것이다.[44]

이는 고려인들의 고유 정서만 살아 있으면 반드시 한글이 아니어도 우리의 삶을 반영할만한 문학예술은 존속될 수 있다는 점을 강조하고자 했던 한진의 의도가 잠재되어 있는 표현이다. '한글로 쓴 고려인 문학'이 '러시아어로 쓴 고려인 문학'으로 대체될 수 있다고 본 것은 '한글문학 진공' 상태를 절망으로 인식하는 대신, 보다 실현가능한 상태로 바꾸어 보려는 긍정적 사고의 일단이었음을 발견하게 된다. 소련 혹은 중앙아시

44) 김병학 엮음, 『한진전집』, 앞의 책, 678~679쪽.

아라는 중심부의 주변부로 존재할 수밖에 없는 고려인의 운명을 인정하고 거기서 활로를 모색하려는 발전적 사고를 엿볼 수 있다. 이에 그는 '고려인 작가들이 고려인들의 생활을 묘사한 작품'이면 러시아어로 썼어도 민족문학으로 넣자는 '범민족문학권'의 개념을 주창한 것이다.[45] 이처럼 한진은 언어와 민족문학간의 필연적 상관성에 대한 객관적 인식을 바탕으로, 현지 고려인 문단의 미래에 대한 선구자적인 면모를 드러내고 있는 것이다.

한진이 한국의 고전을 변형시켜 유라시아적 특성의 현지화와 결합된 미학적 성취를 이루었다는 점은 향후에도 의미있는 재평가 작업이 이루어져야 할 부분이다. 〈량반전〉, 〈봉이 김선달〉, 〈토끼의 모험〉과 같은 한국의 고전을 재가공했던 그의 예술적 성과는 소련과 카자흐스탄 체제에 잘 순응하고 있음을 방증하는 가시적 지표이기도 하고, 타향살이의 고달픔을 풀어놓는 넋두리이기도 했다. 그 과정에서 한진이 자신의 기억에 저장되어 있던 한국의 고전을 현지인들의 기대지평에 맞추어 각색하면서 발생하는 '문화접변'은 자연스런 일이었다. 하지만 한진의 문학적 성취는 단순히 고국에서 얻은 고전의 기억을 재생시키는데 국한하지 않고 그것들을 토대로 그 지역의 이데올로기나 정서에 맞는 작품으로 창조해 냈다는 점에서 '원 소스 멀티 유즈One Source Multi-Use'의 발전적인 문학생산의 선례로 기록될 수 있었다고 본다.

살펴본 바와 같이, 한진의 삶의 궤적을 따라가는 것은 그의 작품의 유라시아적 특성을 오롯이 발견하는 과정이기도 하다. 즉 태어나면서부터 청년시절까지 감수성의 면에서 가장 중요한 시기를 조국인 북한에서 보내는 과정에서 우리만의 고유한 서정성이나 미학을 체득할 수 있었던

45) 조규익, 「한진 희곡의 미학과 문학세계」, 앞의 책, 239~240쪽.

점, 이후 김일성대학의 노문학부를 거쳐 모스크바에서 시나리오를 전공한 점은 그의 작품들에서 찾을 수 있는 세련된 형상화의 토대가 되었을 것이다. 나아가 그는 자신의 재능을 구소련 혹은 중앙아시아의 문화적·정신적 바탕에 접목시켜 새로운 미학으로 발현시키며, 고국 잃은 고려인들의 영혼을 어루만지는 예술가로 깊이 뿌리내렸다. 물론, 한 개인의 인생에서는 적지 않은 고난이었겠으나, 한진의 이러한 '디아스포라'의 경험은 그의 문학이 우람한 거목으로 성장할 수 있게 한 씨앗이자, 유라시아 문화지형도에서 한민족의 예술적 확장가능성을 가늠할 수 있는 이정표인 것이다.

참고문헌

김병학, 「한진의 생애와 작품 세계」, 160~161쪽; 조규익 · 김병학, 『한진의 삶과 문학』, 글누림출판사, 2013.

김병학 엮음, 『한진전집』, 인터북스, 2011.

김성재, 『토끼전』, 현암사, 2015.

김필영, 『소비에트 중앙아시아 고려인 문학사(1937-1991)』, 강남대학교출판부, 2004.

리정희, 「무대에 새로운 형식을 올려－연극 〈토끼의 모험〉을 보고」, 『레닌기치』, 1982.01.22.

박영은, 「고려극장에서 상연된 중앙아시아 희곡의 역사 · 문화 · 예술사적 지형도 연구－문화 접변(接變)과 습합(習合)을 통한 시대적 수용과 변용 양상을 중심으로－」, 『슬라브학보』 제34권 제2호, 2019, 67~98쪽.

______, 「라브렌찌 송의 〈약속의 땅〉에 반영된 고려인 디아스포라의 집단기억과 정치 · 문화사적 재현 메커니즘」, 『국제한인문학연구』 제29호, 2021, 41~72쪽.

박지원 外, 『양반전 · 춘향전 外』, 덕우출판사, 1994.

이장섭, 「해외한인의 문화접변」, 『민족문화』 1호, 1993.

전영선, 『북한의 정치와 문학: 통제와 자율 사이의 줄타기』, 경진출판, 2014.

조규익, 「한진 희곡의 미학과 문학세계」, 231쪽; 조규익 · 김병학, 『한진의 삶과 문학』, 글누림출판사, 2013.

한 진, 「공포」, 『해외동포문학: 중앙아시아 고려인 소설』 II, 해외동포문학편찬사업추진위원회, 2006.

홍장선, 『문화접변과 미디어커뮤니케이션 채널』, 이담출판사, 2013, 39~40쪽.

Айтматов, Чингиз, *Материнское поле: повести*, Кишинев: Литература артистикэ, 1985.

Ким, Иосиф, *Советский корейский театр*, Алма-Ата: ⓒиздательство 〈θнер〉, 1982.

Миленькая, Юлия, “Известный сценарист и режиссер представляет публике свою новую кинокартину”, 24 мая 2011. *zakon.kz* https://www.zakon.kz/215910-izvestnyjj-scenarist-i-rezhisser.html

Berry, J.W., "Psychology of acculturation: Understanding individuals moving between culture", In R. Brislin(ed.), *Applied cross-cultural psychology*, Newburry Park, CA: Sage, 1990, pp.232~253.

제2부

북한 대중예술에 반영된 소련 및 포스트소비에트 문화의 영향과 명암明暗

4

5

그로테스크 캐리커처

: 1950년대 북한 풍자만화에서 소련의 영향

‖ 홍성후

국문요약

1950년대 북한의 풍자만화는 소련의 '그로테스크 캐리커처'로부터 영향을 받았다. 그것은 정치적이고 예술적이었다. 그로테스크는 리얼리즘에 위배된 과장과 왜곡, 은유를 통한 정치성과 풍자성을 가장 중시함으로써, 인민대중에게 사회주의 유토피아를 방해하는 제국주의와 관료주의, 자본주의의 부정을 고발하고, 올바른 공산주의자로 각성시키기 위한 효율적인 사상수단이었다. 이러한 그로테스크 미학의 수용은 북한으로 하여금 만화형식의 다양성을 풍부하게 하고 단순히 사실적인 묘사에만 집착하지 않았음을 보여준다.

1. 서론

이 글은 1950년대의 북한만화가 엄격한 검열을 거친 선동적인 메시지를 담고 있다는 것을 전제로 출발한다. 하지만 찬동과 예찬의 언어라기보다는 풍자예술의 형식에 가까웠다는 점도 전제로 둔다. 역사적으로 캐리커처는 곧 정치적인 동시에 예술적인 성격을 띠었다는 점을 고려해야 하기 때문이다. 만화는 소수의 전유물이 아닌 절대다수를 독자로 삼는 장르이며, 자유로운 형식, 인쇄물에 의한 용이한 전달성이라는 특징을 가진다. 마르크스－레닌주의를 미학적 기반으로 둔 만화라고 크게 다르지 않다. 풍자하지 못하고, 만화의 특징인 과장과 왜곡, 생략이 없는 풍자만화는 제 기능을 갖지 못한 죽은 예술인 까닭이다. 그렇다면 사회주의 예술 아래서도 만화는 개인이 주체적 역량과 창작욕을 과시할 수 있는 영역으로 귀결된다.[1)]

이 글에서 다루고자 하는 것은 소련의 영향을 받은 1950년대 북한의 풍자만화에 대해서이다. 물론 식민지기에 활동한 만화가에 의해 자생적인 발전 측면도 있지만, 해방 후 이북지역의 예술계는 '소련으로부터 배우자'라는 구호 아래 모든 예술을 재편했다. 그렇기에 만화라는 장르는 저급한 독자층을 위해 대량으로 생산하여 상업적인 목적을 띤, 익살스러운 오락물의 성격에서 벗어나려 했다. 민족과 사회, 정치에 관심을 가지는 인민 혹은 그래야만 하는 인민을 독자층으로 제한하여 그들을 선동하고 혹은

---

1) 가령 북한의 만화가들이 가장 많이 참고한 『크로코딜』도 국내 및 국제정세 문제를 자유롭게 다룬 편이다. 보통 사회의 이상에 부응하기 위해서나 여론을 형성하기 위해 검열을 거치는 것이 일반적이었지만, 『크로코딜』 편집부는 어느 정도 여론을 형성하고 반영한다는 점을 제외하면 독자적인 결정권을 가진 듯하다. Marian Pehowski, *Krokodil Magazine: Laughter in the Soviet Union*, College of Journalism Marquette University Milwaukee, Wisconsin, Document Resume, ED127-608, CS202-871, 1976, pp.3~4.

〈그림 1〉 작자미상, 〈드미트리 트레포프의 유럽식 카니발〉, 1905, *Greetings From the Barricades*, 2018

계몽하기 위한 수단으로 기능한 것이다. 그것은 18세기 유럽이 이미 증명하고 혁명 이후 소련이 증명한 유산이었다.

특히 이 글에서는 풍자만화에서의 '그로테스크grotesque'를 주목하고자 한다. 그로테스크라 하면 인간 내면의 깊은 곳에 있는 생리나 본능을 자극하는 에너지와 불쾌감을 유발하여 신비하고 웅장하며, 환상적이거나 추악한 것을 지칭하는 형용사이다. 유토피아를 전망하는 사회주의 예술에서 그로테스크의 대상은 반反사회주의적-반동적인 국가와 민족이다. 그로테스크는 현실세계에 존재하면서도 현실세계에 존재할 수 없는, 인민대중에게 섬뜩함을 유발하는 강력한 사상무기로 기능해야 하기 때문에 사실과 상상이 자유롭게 융합될 수 있다. 그 말인즉슨 그로테스크한 풍자만화란, 형식적 자유로움과 내용적 진실성을 가진 예술이라는 것이다.

그렇다면 북한 풍자만화의 모델이 된 소련 풍자만화는 어떠한 역사를 지녔는가? 소련만화에서 그로테스크함이 나타나는 시점은 프랑스와 영국 등 서유럽보다 늦은 19세기말 무렵이다. 한편 서유럽에서 18세기 부르주아혁명 무렵의 풍자만화는 형상을 왜곡하고 추한 현실을 반영하며 미적인 가치를 뿌리째 흔들어 놓았다.[2] 반면 소련은 혁명 전후의 러시아가 기점이

---

2) 볼프강 카이저, 이지혜 옮김, 『미술과 문학에 나타난 그로테스크』, 아모르문디, 2011, 38쪽.

었다. 토비 매튜Tobie Mathew에 따르면, 1905년 상트페테르부르크에서 발생한 '피의 일요일' 사건 때 인민의 손에 쥐어진 니콜라이 2세와 라스푸틴을 풍자하는 엽서에는 "시각적인 말장난"이 그려져 있었다(그림 1).[3] 이처럼 권력을 풍자하는 만화는 혁명과 맞물려 있었고, 혁명을 성공한 소련은 이 그로테스크 전통을 기반으로 삼았다. 이를 시각적으로 명료하게 보여주는 것이 바로 소련의 풍자만화잡지 『크로코딜Крокодил』이었다.[4]

『크로코딜』은 북한만화에 대한 소련만화의 영향을 이해하는 데에 중요한 통로 중 하나이다. 이 잡지의 주필 중 제2차 세계대전을 전후해 세계적인 명성을 얻은 쿠크리닉시Кукрыниксы는 풍자만화의 '그로테스크'를 대표하는 동시에 1950년대 북한에 큰 영향을 주었다. 단적인 예를 들어 미국국립문서기록관리청NARA의 자료들을 살펴보면, 조쏘문화협회가 수입한 잡지 및 엽서 등 인쇄물에는 쿠크리닉시의 캐리커처가 실려 있는 것을 볼 수 있다(그림 2). 또한 북한 풍자만화잡지 『활살』의 '국제유머'라는 카테고리와 다른 잡지에 실린 해외만평에서도 종종 발견된다. 쿠크리닉시의 명성도 그러하지만, 그들은 한국전쟁과 국공내전 등 동아시아 정세에 대한 만평으로도 잘 알려져 있기 때문이다.[5]

〈그림 2〉 북한에서 수입한 쿠크리닉시 엽서, NARA

---

3) Tobie Mathew, *Greetings from the barricades: Revolutionary postcards in imperial Russia*, London: Four Corners Books, 2018, p.307.

4) 『크로코딜』은 소비에트 건국 이후 1922년 『라보차(Рабочая)』의 부록으로 처음 등장했고 이후 『프라우다(Правда)』의 지면에 등장하다가 독립했다. 소련 해체 이후 폐간되었다.

이 글은 주로 북한의 『호랑이』와 『활살』, 소련의 『크로코딜』에 실린 캐리커처를 통해서 1950년대 북한의 풍자만화를 소련만화의 영향이라는 카테고리 안에서 검토해보고자 한다.[6] 먼저 제2장에서는 해방 이후 흩어져 있던 만화가들이 이북지역에 모여 집단을 형성하고, 자생적으로 만화의 형식을 구축해나가는 과정을 살펴볼 것이다. 중국에서 항일선전에 만화를 활용하거나, 식민지 치하의 제국주의 가담하거나 혹은 사회현실을 반영하는 만화 등 다양한 성격의 만화가들이 한데 모여 하나의 집단을 형성하는 시기였기 때문에, 분명히 쿠크리닉시를 비롯한 소련만화를 참조 및 학습한 경위는 다분하나 그 영향하에서만 보기는 어려운 측면이 있다. 제3장에서 다루는 전후의 풍자만화는 소련의 영향을 떼어놓기 어려울 만큼 변화가 뚜렷하다. 그 변화는 '그로테스크'의 수용에 있다. 전후 시기라는 측면이 크게 작용한 것인데, 한국전쟁이 휴전으로 결론지어지고 냉전기에 이르러 서로의 체제를 뒤흔들고 비방, 조롱하는 목적에서 그로테스크는 작용될 수밖에 없었기 때문이다.

한편 1950년대 후반에는 그로테스크가 크게 감소하는 경향이 있는데, 그것은 내부적으로 정치적 균열, 외부적으로 소련의 탈스탈린화, 중소분쟁이 그 원인이라 하겠다. 따라서 전성기라고 할 수 있는 1950년대의 풍자만화의 시작과 끝에는 소련의 영향이 있었다는 것을 확인해보고자 한다.

---

5) '그들'이라고 지칭한 이유는 쿠크리닉시가 미하일 쿠프리야노프(Михаил Куприянов)의 'Ку', 오르피리 크릴로프(орфирий Крылов)의 'Кр', 니콜라이 소코로프(Николай Соколов)의 'Ни'와 'С'에다가 복수형 'ы'를 붙인('Ку'+'Кр'+ы+'Ни'+'С'+ы) 만화가 집단이기 때문이다.

6) 『호랑이』와 『활살』에 대해서는 아래의 논문을 참조. 홍성후, 「혁명과 풍자: 1950년대 북한만화와 『활살』」, 『근대서지』 23, 근대서지학회, 2021.

2. 『호랑이』와 『활살』의 등장과 초기 풍자만화

해방 후 소련군정을 마친 북조선임시인민위원회는 작가・예술가를 소집해 북조선예술총연맹을 조직했다. 이에 발맞춰 북반부 지역에서 해방을 맞은 미술가들은 연맹 산하에 평양미술동맹을 창설함으로써 모였다. 동맹에는 대개 평양을 무대로 활동했던 삭성회朔星會 출신이거나 그밖에 해주와 청진, 원산에 거주, 활동한 미술가들이 소속되었다. 동맹은 산하에 연구생을 양성하고 민족미술을 키워나간다는 명목으로 평양미술연구소를 설치했다. "그림 한 장을 마음대로 그릴 수 없게 압박"한 제국일본의 굴레에서 벗어나 "마음대로 그릴 수 있으며", 민주국가 건설에 이바지하자는 것을 목적으로 한, 구시대의 관습을 버리고 신시대를 욕망했다.[7]

한편 초기 미술계는 지나치게 서양화에 편중되어 있었던 한편, 혼잡한 환경과 재료난의 극복이 시급했기 때문에 창작여건이 안정치 못했다. 이러한 환경에도 불구하고 인민위원회는 지원을 약속하며 인민을 혁명적 낙관주의로 이끌기 위한 예술의 선전・선동적 기능을 요구했다. 하지만 서양화 창작은 시간이 많이 소요되었고, 동양화는 구시대적 부르주아 문인들의 취미 정도로 인식되었기 때문에 인민위원회의 요구를 충족하기 어려웠다. 그리고 인민위원회와 예술총연맹은 아직 예술가들이 숙달하지 못한, 물밀 듯 쏟아지는 소련의 '선진문명'에 상응하는 '예술의 정치화'를 요구했다. 그것에 적절한 장르는 서양화도 동양화도 아닌, 프롤레타리아트를 위한 그라휘크Графика(그래픽)였다.[8] 그것은 가장 직관적인 시각매체이

---

7) 「미술연구소 입소식 거행」, 『로동신문』, 1946.09.18.

8) 소련백과사전을 번역한 조선미술가동맹의 술어해설에 따르면 그라휘크는 "회화보다는 형상 창조 수단이 극히 단순한 점, 예술적 언어가 간결하고, 주제를 일련의 련속화로서 전개할 수 있는 가능성"이 있는 광범위한 명칭이다. 이에 따르면 포스터(플라카트), 삐라, 삽화 등

자 값싸고 대량으로 복제·유통이 가능한 포스터와 만화, 판화와 같은 인쇄매체에 해당한다.[9] 그것들은 벽보의 형태로 인민 앞에 놓였는데, 특히 벽보만화는 인민의 흥미를 유발하도록 모양새를 갖춘 가장 적합한 것이었다(그림 3).[10]

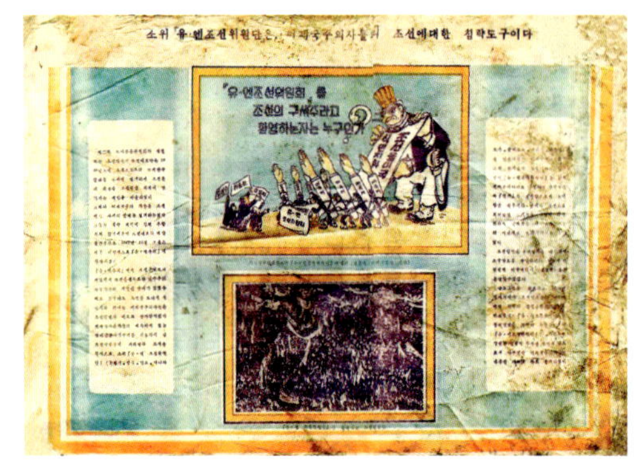

〈그림 3〉 1948년 북한 가두의 벽보만화, NARA

그리하여 그라휘크에서 가장 빠르게 발전하고 배포된 것이 만화였다. 당 관료들이 풍자만화잡지 『호랑이』의 창간을 가장 이른 1946년에 승인한 것은 만화의 선전·선동적 기능을 이해하고 있음을 증명한다.[11] 『호랑이』의 창간은 로동신문사에서 발행하여 당의 기관지로서 분명히 정치적 목적을 띠었다. 그것이 가능했던 이유는 해방 후 초기 북한만화의 주역인 장진광張振光과 정창파鄭滄波의 존재로 생각된다. 두 사람은 이미 우한, 옌안과 타이항산 등 항일전선에서

대중적 선전·선동에서 특히 활용되며 만화와 희화(戱畵), 속사와 에스키스를 포함한다. 「술어해설: "그라휘크"」, 『조선미술』, 1957.01, 52쪽.

9) 당시의 장정과 삽화는 대중적 장르로 구분하기는 어렵다. 책의 표지나 책에 수록된 것이기 때문에 책을 소비하지 않으면 접하기 어렵기 때문이다. 따라서 인민위원회나 당 차원에서 복제하고 유통하여, 소비하지 않아도 기관이나 가두에 선보여진 포스터, 만화, 판화가 적합했다.

10) 허남용, 「벽보사업은 이렇게 하자」, 『농민』, 1948.10, 77쪽.

11) '호랑이'라는 명칭은 『크로코딜』을 참조했을 것으로 생각된다. '악어(크로코딜)'에 상응하는 의인화로써 한반도를 상징하는 호랑이를 채택한 것으로 보인다. 『크로코딜』에는 종종 펜이나 화구를 들고 있는 악어가 주필을 대신해 설명해주는 형상이 등장하는데, 마찬가지로 『호랑이』에도 의인화된 호랑이가 당의 정책과 한 해의 결과를 정리해주는 형상이 그려졌다. 한편 '크로코딜'이라는 명칭의 유래는 다음과 같다. 『크로코딜』이 『라보차야 가제타(Рабочая Газета)』로부터 독립되기 이전, 편집장 콘스탄틴 예레메예프(Константи́н Ереме́ев)와 편집자들이 회의 테이블을 어지럽힌 것을 본 청소부가 "악어들이 어질러 놓은 것 같다"고 하여, 잡지의 이름을 '크로코딜(악어)'로 결정했다. "Behind The Smile On Krokodil", *The New York Times*, 1964.06.07.

활동한 조선의용군 및 조선독립동맹의 간부이자 미술가였고, 해방 후 귀국하여 정치, 문화계에서 영향력을 행사했기 때문이다.[12] 장진광과 정창파는 『호랑이』 만평의 60% 이상을 차지할 만큼 주된 인사들이었다.

1946~1948년 사이 『호랑이』 만평에는 사회주의 리얼리즘 형식에 대한 고민이나 갈등이 드러나지 않을뿐더러 제각기의 화풍이 돋보일 만큼 통일되지 않았다. 사회주의 리얼리즘은 '유일'하고 '우월'한 형식이었지만 서양화에나 한정되었다.[13] 소련이 마르크스–레닌주의 당파의 개념에 내포된 창조적 정신을 장악하고자 즈다노프슈친ждановщина을 천명하고, 미술가들을 선별하여 그들에게 혁명적 낭만주의를 요구한 것은 잘 알려진 사실이다.[14] 소련을 비판적으로 수용하지 못한, 아직 사회주의 체제를 성립해나가는 로동당과 미술가집단은 사회주의 리얼리즘을 학습하기 위해 주제뿐만 아니라 접근하는 방식조차 따르고자 했다.[15] 한편 만화에 대해서는 회화의 영역으로 취급하면서도, 과장과 왜곡, 생략이라는 빼놓을 수 없는 요소를 인정하여 엄격한 틀 안에서 해석하려 하지 않았다. 정확히는 비평의 대상조차 되지 못했기 때문에, 만화는 독자적인 영역으로 이해된 듯하다. 다만 사회주의 국가건설에 발맞추는 절대적 주제는 동일했다. 공화국 유토피아의 낭만, 관료주의와 부르주아에 대한 풍자가 그것이다.

---

12) 이들은 조선독립동맹과 조선의용군 선전대원 출신으로, 항일전선에서 프로파간다 만화를 그리고 신문 및 잡지의 편집자였다. 조선독립동맹에서 활동했다는 사실에서 짐작할 수 있듯이 이들은 소위 '연안파'에 해당한다. 장진광은 조선신민당 평안남도 대표위원으로 북조선로동당 창립대회의 사회자이기도 했다. 홍성후, 「장진광의 연안 항일투쟁과 미술활동」, 『역사와 책임』 11, 민족문제연구소, 2021; 홍성후, 「조선미술가동맹 서기장 김종권의 행적과 연안파 숙청」, 『인물미술사학』 19, 인물미술사학회, 2023 참조.

13) 조인규, 「사회주의 레알리즘과 우리나라 미술의 발전」, 『조쏘문화』, 1956.06, 50쪽.

14) Matthew Cullerne Bown, *Art Under Stalin*, New York: Holmes&Meier Publishers, 1991, p.204.

15) 홍지석, 「초기 북한과 소련의 미술 교류: 1945~1953년간 북한문예지 미술 비평 텍스트를 중심으로」, 『중소연구』 2, 한양대학교 아태지역연구센터, 2011, 221쪽.

다시 돌아와서 왜 만화인가에 대해 살펴보는 것은 『호랑이』 창간을 이해하는 데에 도움이 될 것이다. 만화는 가장 대중적이고 친밀한 장르이기 때문에 높은 문맹률을 타개하고, 프롤레타리아를 정치화할 수 있으며, 혁명적 낭만주의로 이끌 매개자이자 선도자로 이해되었다. 훗날 장진광도 만화라는 장르의 이러한 특징을 정확히 지적했다.

> 잡지를 받아 들고서는 우선 만화가 실린 페이지부터 펴보는 독자들이 많다는 사실을 우리는 알고 있다. 또 신문에 실린 한 폭의 만화가 주위에 많은 독자를 모으게 하며 웃음판이 벌어지게 하는 현상을 흔히 볼 수 있다. 조선로동당 제3차 대회를 경축하여 작년에 개최되었던 선전미술전람회에서도 만화작품들 앞에 많은 사람들이 모여 서서보고 있는 것을 우리는 보았다. …만화가 가지는 그 특성이 바로 인민들의 일상적인 생활에 밀접히 접근해 있으며 날마다 벌어지는 온갖 사회현상에 대해서 가장 민활히, 그리고 가장 예리한 형태로 인민들의 감정을 대변해 준다는 데 있기 때문인 것이다.[16]

장진광은 만화의 오락적 기능과 정치적 기능을 노골적으로 동일시했다. 그만큼 만화는 인민이 접근하기 어려운 사회, 정치, 시사, 국제문제를 쉽게 도해하여 프로파간다로 기능하면서도 오락성을 갖춘 뛰어난 매체로 이해되었다. 한편 그것은 풍자의 성격을 띠기 때문에 독자가 성인이고 어느 정도의 판단력과 독해능력이 있음을 전제로 했다.[17] 따라서 성인독자를 향한 시각적 충격을 필요로 했다. 그것은 사회주의 국가와 공화국

16) 장진광, 「만화 부문에 제기되는 실질적인 문제」, 『조선미술』, 1957.03, 31쪽.

17) 애초에 아동을 대상으로 하는 만화는 1949년 무렵 독립되었다. 임홍은(林鴻恩)이 그림을 책임지고 방희영에 의해 창간한 아동만화잡지 『우리동무』가 대표적인 예이다.

인민의 '원수'를 선별하고 원수의 '오류'를 폭로함으로써 증오와 분노, 혐오를 동반한 유머라는 모순에 도달하는 것이다.

> 풍자의 웃음, 그 위력은 크다. 풍자의 웃음 속에는 번득이는 비수가 숨어 있으며 원수들을 불사를 화염이 있다. …이러한 풍자 속에는 증오, 분노, 혐오, 모멸, 그리고 신랄한 타매가 있으며 준엄한 경고와 원수들에 대한 멸망의 논고, 격렬한 정론적 위력이 내포되어 있다.[18]

'원수'의 형상은 제 형태를 갖추어서는 안 되는 것이었다. 그렇기 때문에 증오와 분노, 혐오, 모멸 끝에 유머로 귀결될 수 있는 풍자의 형태가 바로 그로테스크였다. 볼프강 카이저Wolfgang Kayser가 지적한 바에 따르면 풍자의 유머란 "그로테스크를 탄생시키는 실질적인 원동력"이며, 그로부터 나타난 그로테스크는 "우스꽝스럽고 기이한 형상"으로 정의된다.[19] 레닌이 지적했듯이 '자본주의'와 자본주의의 최고단계인 '제국주의'는 인민을 위해 존재하지 않을뿐더러 고통에 빠뜨리는 존재이기 때문에, 그것은 희화화의 대상이었다. 만화가들이 그로테스크하게 표현하는 자본주의와 제국주의의 실체적 대상은 그 종주국인 '미국'과, 미국의 비호를 받고 북한과 대치하는 '남한'이었다. 그들이 보여주는 "부정적 현상들에 대한 판결 언도의 형식으로 복무"하고, "가장 의식적이고 목적지향성 있게 전개"하는 사상무기, 그것은 풍자만화였고 그 방식은 그로테스크였던 셈이다.[20]

1946년 창간된 『호랑이』가 바로 풍자의 아성이었다. 창간 소식도

---

18) 김진태, 「원쑤에 대한 풍자와 그의 표현」, 『시문학』, 1963.03, 54쪽.
19) 볼프강 카이저, 앞의 책, 151쪽.
20) 량연국, 「풍자만화의 예리성」, 『조선미술』, 1960.10, 14쪽.

북조선로동당 기관지 『근로자』에 실렸으니, 『호랑이』는 단순히 만화가들의 자발적인 조직체라기보다 정부의 기관지 성격을 가진 것이었다.

> 동무들! 근일 만화잡지 『호랑이』가 여러 동무들 앞에 보이게 되었습니다. 역사적인 해방 1주년을 맞이하여 전 인민은 다 같이 민주건설에 씩씩한 걸음을 걷고 있습니다. 우리 인민을 기만하며 우리 조선을 다시금 제2차 식민지로 만들려는 일부 반동분자 민족반역자들의 준동을 박멸하며 민주건설에 씩씩한 투쟁을 전개하고 있는 우리 근로대중들의 현실을 소개하는 만화잡지 『호랑이』가 근일 발행됩니다. 동무들! 『호랑이』의 전도를 축복하여 주는 동시에 많은 기대와 성원을 보내주시기 바랍니다.[21]

관료나 지식계급, 부르주아지를 제외한 프롤레타리아트의 문맹률을 고려해보면 『호랑이』의 만화는 당의 정책과 결정, 입장을 평이하게 인민대중 앞에 도해한 시각적 매개자였다. 그것은 동시에 사회주의 국가건설 과정에 남아있는 '부르주아 여독'을 청산하고 '반동'을 색출하기 위해서도 기능했다. 원고모집란에 편집부가 작성한 사항도 "통속의 펜에 유머의 잉크를 찍어서…그 잘못을 비판하고 민주건설을 방해하는 모든 음모를 폭로하여라"라고 밝힌 데서 보듯이 만평과 만문을 통해 사회주의 국가건설에 방해가 되는 독소를 폭로하는 것이 1차적인 목적이었다.[22] 제2호 발매 광고란에는 앞서보다 분명한 성격규정이 제시되었다.

---

21) 「근로인민대중을 위한 만화잡지 근일 발행」, 『근로자』, 1946.01, 광고란.

22) 「"호랑이" 원고모집」, 『근로자』, 1947.03・04, 105쪽.

민주주의 탈을 쓴 일제잔재 관료주의. 진보의 두루마기 속에 싸여있는 반동의 정체. 애국자의 껍질 속에 숨어사는 매국노. 호랑이는 이 모든 복잡 미묘한 사회현상을 두들겨 까발린다. 보라! 이 추악, 이 무도덕. 동무들의 주위에는 이런 사실이 없는가? 호랑이는 연설과 논문과 토론과 결정서를 평이하게 해명한 이론의 축도다. 재미있게 보고 즐기는 동안에 사회와 정치를 저절로 아는 그림책, 호랑이.[23]

"연설과 논문과 토론과 결정서를 평이하게 해명한 이론의 축도", "재미있게 보고 즐기는 동안에 사회와 정치를 저절로 아는 그림책"이라는 김태양의 촌평에서 알 수 있듯이 『호랑이』는 당의 언어이지만 인민대중의 눈높이를 염두에 두고 있었던 것이 분명하다. 김태양은 "만화잡지라기에 나는 유치원이나 초급 인민학교 아동을 대상으로 하는 것인 줄" 알았다고 할 정도로, 만화에 대한 일반적인 인식을 이용하여 문맹률이 높은 농민이나 노동자 계급에게 연설이나 결정서를 평이하게 시각화해 보여주는 "당원 교양자료의 에키쓰"였던 것이다.[24] '교양자료', 즉 지식전달을 중시하는 성격이 부여되었다. ≪제1차 전연맹 쏘베트 미술가 대회≫에서 니콜라이 쥬코프Николай Жуков에 따르면, 완성된 만평의 조건은 "자기의 미술에 대한 지식 외에 광범한 일반지식 및 정치지식"의 소유이다.[25] 그러니까 한반도 전체의 국내문제뿐만 아니라 소련과 중국, 동구권, 그리고 한반도와 과거를 공유하는 일본 등 국제문제에 능통해야 하는 동시에 회화적 기량도 갖춰야한다는 것이다.

---

23) 「호랑이 제2호가 나온다. 다 가치 기다리자」, 『근로자』, 1946.02, 광고란.
24) 김태양, 「≪호랑이≫ 제2호를 평함」, 『로동신문』, 1947.02.13.
25) H·쥬꼬브, 「그라휘크에 대한 보충 보고」, 『제1차 전 련맹 쏘베트 미술가 대회 문헌집』, 조선미술사, 1958, 103쪽.

『호랑이』는 『크로코딜』처럼 자본주의 진영을 기괴한 모습으로 그려 비판하면서도, 때로는 당의 일부 관료주의나 부르주아적 행태 등 내부의 결함도 지적했다.[26] 하지만 프롤레타리아트를 옹호하고 격려하는 만평도 무시할 수 없는 비중을 차지했다. 프롤레타리아트는 "낙천성, 대담성, 미래에 대한 확신, 자기 역량에 대한 확신, 공산주의와 사회주의 위업에 대한 신심 등"을 담보한 낙관주의적 형상으로 그려져야 했다.[27] 여전히 풍자하는 대상을 향해서는 "과장과 전형적 특징의 예리화의 정확성"을 요구했지만, 공화국의 생활을 취급하는 만평에서만큼은 "사실을 왜곡하는 과오"를 범할 수 없었다.[28]

'남조선 빨치산'과 '공산주의 탄압'이라는 대조되는 두 경우를 살펴보면 잘 나타난다. '남조선 빨치산'은 아래에서 올려다보는 시점으로 '영웅적'으로 그려졌지만, 탄압의 주체 미국과 남한 당국은 기괴하고 왜곡된 형상을 띤다. 1946년 5월 미군정에 의한 '조선정판사위폐사건'을 다룬 김학철金學鐵의 만문과 정창파의 만평도 그 예이다(그림 4). 정창파는 상단에 비열한 표정을 짓는 검사와 경찰, 판사, 그리고 한 명의 우익정객을 그려 넣고, 김학철은 이 사건을 '제2의 드레퓌스

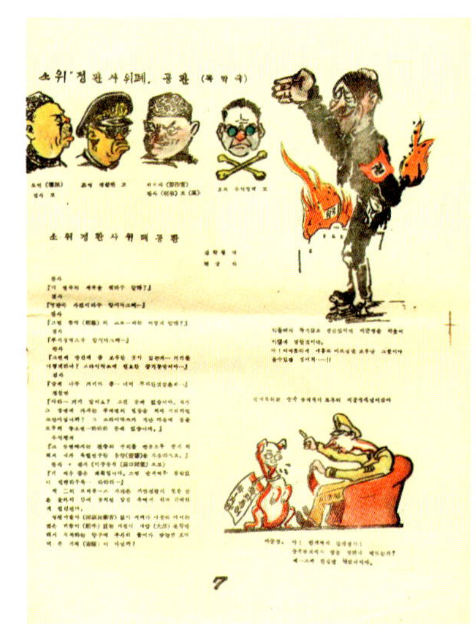

〈그림 4〉 정창파, 〈정판사위폐 공판〉, 1946, 『호랑이』, 1946.02

26) John Etty, *Graphic Satire in the Soviet Union: Krokodil's Political Cartoons*, Mississippi: The University Press of Mississippi, 2019, p.46.

27) 리남산, 「락관주의에 대하여」, 『우리조국』, 1955.08, 52쪽.

28) 량연국, 앞의 글, 14쪽.

사건Dreyfus Affair'에 비유하며 "정판기술자 없이 지폐가 나돌아 다니는 것은 키잡이 없는 기선이 대양을 횡단해서 목적하는 항구에 무사히 들어가 닿는 것보다 더 큰 기적이 아닐까?"라고 비꼬았다.[29] 정창파는 이에 더해 정수리가 벗겨진 채 국회에 불을 지르고는 조선정판사위폐사건의 당사자들을 가리키며 웃고 있는 히틀러를 그려 넣었다. 하단에는 미군정사령관 하지John R. Hodge가 '좌파특허 하지'를 목에 건 장제스蔣介石를 길들이고 있다. 미군정의 개입이 극에 달한 남한의 상황을 국제문제와 희석해 풍자한 것이다.

1948년 한반도에 2개의 정부가 세워지고 사실상 분단체제가 되자, 한반도를 상징하는 '호랑이'가 반쪽짜리가 되면서 『호랑이』는 제 기능을 수행하기 어려워졌다. 이즈음 『호랑이』 편집부는 만화편집위원회를 별도로 조직하고 로동신문사로부터 독립해 '만화잡지사'라는 발행소를 신설했다. 만화편집위원회는 반쪽짜리 '호랑이' 명칭을 폐기하고 날카로운 공격성을 통해 풍자를 강화한다는 의미로 '활살(화살의 방언)'로 바꿨다. 만화편집위원회는 사무실을 한효韓曉가 주필을 맡고 있던 투사신문사로 옮겼고, 『활살』의 광고도 『투사신문』에 게재되었다. 『투사신문』은 『활살』이 '4색(흑색, 청색, 적색, 황색) 호화판', '4×6배판'으로 제작된 양질의 잡지라는 광고를 내보냈다.[30] 당시 기관지들이 대부분 흑백에 갱지로 제작되었다는 것을 감안하면, 『활살』은 말 그대로 "호화판"이었다. 인적구성도 변화가 있었는데, 책임주필이었던 언론인 태성수太成洙가 사임하고 만화가 장진광이 책임주필을 맡게 된 것이다.

장진광이 책임주필을 맡은 『활살』에서는 몇 가지 큰 변화가 나타나는

---

29) 김학철, 「소위 정판사 위폐 공판」, 『호랑이』, 1946.02, 7쪽.
30) 「시사만화잡지 활살」, 『투사신문』, 1948.10.15.

데, 가장 먼저 지적할 부분은 지면에 소련만화를 소개한다는 점과 북한만화에서 그 영향이 보이기 시작한다는 점이다. 문화선전성 기관지 『선전자』에 실린 백인균白仁均의 <미제의 흉책을 리승만은 항상 아름답게 꾸미기에 열중한다>나, 『활살』에 실린 장진광의 <보라! 우리 민족의 천추 후대에 잊지 못할 이 포악한 흡혈귀 리승만의 죄상을!>(그림 5)에는 아직 화풍에서의 급격한 변화가 나타나지 않지만, 이전에 볼 수 없는 적나라함이 등장한다. 이제 '악惡'은 악귀의 형상으로 등장하여 더 이상 우스운 모습이 아니었다.

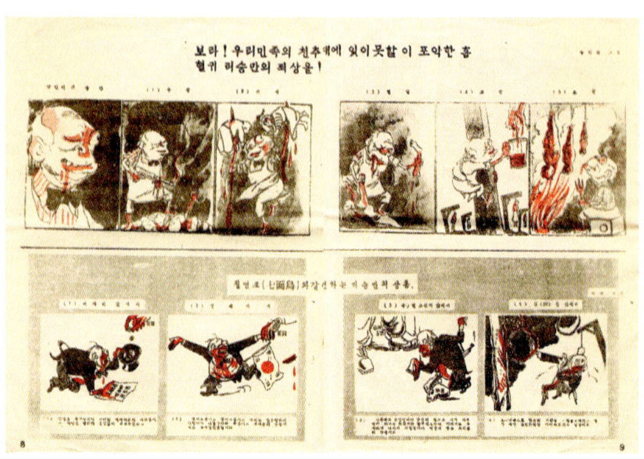

<그림 5> 장진광, <보라! 리승만의 죄상을!>, 1950, 『활살』, 1950.15.

『활살』의 등장 이후, 이미 『크로코딜』이 모범적으로 보여준 바와 같이 두 지면을 마치 하나의 무대처럼 사용하여 양 진영의 정세를 대치하는 것도 눈에 띄는 변화였다. 한 면에서 사회주의의 긍정적인 전망을 다루고 나면, 다음 면에서 자본주의 국제문제의 실태를 풍자하는 것이었다. 1948년 제8호를 보면 먼저 '민주주의'의 일원으로서 선거를 통해 주권의 중요성에 대해 호소한 뒤, 가운데 '노동영웅'을 둘러싸고 경제개발 2개년 계획에 의한 국영산업과 산업생산, 농업생산고, 파종면적, 운수, 교육, 보건, 상품유통 등 기하급수적으로 증가한 수치가 도해되었다. 다음 장에서는 두 면을 할애하여 남한과 미국을 위시한 자본주의 국가들과, 미국을 배후에 둔 유엔위원단에 대한 노골적인 풍자가 등장한다(그림 6). 지면의 상단에는 유엔위원단-장제스의 국민당정권과 필리핀, 프랑스, 시리아, 호주, 스페

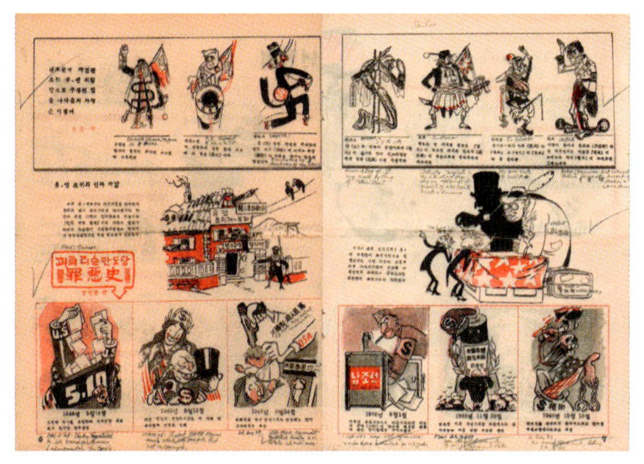

〈그림 6〉 안균 · 장진광, 〈유엔 조위의 안과 바깥-괴뢰 리승만 도당〉, 1949, 『활살』, 1949.08

인, 인도가 각국의 특징을 살려 우스운 형상으로 자리한다. 유엔위원단 국가들은 각각 제국주의자, 노예의 모습을 하고는 미국을 등에 업고 국제질서를 방관하고 있다. 한편 하단의 6컷은 1948년 5월부터 12월 사이에 일어난 남한의 상황이다. 제헌국회를 구성하기 위한 남한만의 5 · 10총선거, 대한민국 정부 수립, 한미군사협정 체결, 한미재정 및 재산에 관한 협정과 한미협정 공동성명, 주한미군 승인, 한미경제원조협정이 '강탈'하고 '방관'하는 도둑이나 악마의 형상으로 묘사되었다. 이러한 형상들은 『호랑이』와는 확연히 다른 강렬한 기괴한 기형, 공포, 웃음을 동반한 그로테스크의 특징이라고 할 수 있겠다.

3. 전후의 풍자만화와 그로테스크 캐리커처

1) 그로테스크의 수용과 소련만화의 위상

전후의 풍자만화는 제국주의 이데올로기의 이론적 오류를 폭로하는 데에 더욱 집중하는 경향이 강해졌다. 이미 남한과 북한이 각각 국가를 세우고 대치하는 상황에서 가속화된 현상이었다. 이때 강화된 방법론이 바로 그로테스크였는데, 그 연원은 소련의 풍자만화잡지 『크로코딜』이었다. 『크로코딜』 주필들도 냉전체제의 시작과 함께 자본주의 진영에 대한 신랄한 풍자를 위해 그로테스크한 캐리커처의 빈도를 증가시키기 시작했다.[31] 『크로코딜』의 만화가들은 이미 제2차 세계대전에서 나치의 만행을 폭로하기 위해 그로테스크한 캐리커처와 포스터를 그려왔고, 그 무대를 전쟁에서 냉전으로 옮긴 것뿐이었다.

조선미술가동맹이 소련의 사회주의 리얼리즘 미술을 일종의 강령으로 채택했으니, 만화가들도 소련만화의 동향을 살피고 만화의 사회주의 리얼리즘이 무엇인지 이해하고자 노력했다. 서양화가와 달리 만화가는 원본이 아닌 운반이 용이한 인쇄물로도 소련미술의 동향을 이해하기에 어려움이 크지 않았다. 만화가들이 참고한 소련의 인쇄매체들은 다양했다. 당시 조쏘문화협회는 공식적으로 『크로코딜』을 비롯해 『이스쿠스트보*Искусство*』, 『오고뇨크*Огонёк*』, 『스메나*Смена*』, 『카스토르*Костёр*』 등 소련 잡지들이나 만화가 그려진 포스터와 엽서를 수입해왔고,[32] 그중에는 국제적인 명성을 얻은 쿠크리닉시Кукрыниксы나 율리 간프Юлий Ганф, 보리스 예피모프Бори́с Ефи́мов, 이반 세묘노프Иван Семёнов, 미하일 체렘닉Михаил Черемных 등의 저명한 만화가들의 캐리커처가 실려 있었다.

장진광과 안균安均, 백인균의 경우처럼 일부 만화가들은 기괴하고 공포스러운 형상을 통해 제국주의의 추태를 폭로하는 그로테스크 미학을 빠르게 배워나갔다. 하지만 그로테스크는 혁명적 낭만주의라는 범주에서 희석될 수 없는, 사회주의 리얼리즘에서 다소 용인될 수 없었던 개념에 가깝다. 소련미술가동맹은 20세기 전반의 모더니즘을 철저히 배격했는데, 가령 그로테스크적 형상과 근접한 초현실주의에 대한 입장에서 잘 나타난

---

31) Marian Pehowski, *Ibid*, p. 5.

32) 안민영, 「초기 북한미술과 소련미술의 영향 관계 연구: 1950년대 유화와 포스터를 중심으로」, 『미술사학보』 58, 미술사학연구회, 2022, 38쪽.

다. 소련예술아카데미 회장이자 소련미술가동맹 위원장 알렉산드르 게라시모프Алекса́ндр Гера́симов가 비판했듯이, 초현실주의는 반인민적이고 반동적인 "부르죠아 예술"이며, 그들의 형상에 나타난 그로테스크는 "사람 대신에 부패한 얼굴을 가진 그 어떤 괴상한 병신을 그려" 혐오를 유발하고 "예술의 도덕적 부패"를 보여주는 것에 불과했다.[33]

그렇다면 만화에서 그로테스크는 어떻게 가능한 것일까? 볼프강 카이저가 지적했듯 그로테스크는 현실세계의 파괴를 당면하고 느껴지는 당혹감으로 말미암아 인간세계와의 은밀한 관계를 맺는 과정에서 사실성이 부여된다.[34] 그러니까 그로테스크 또한 사실성을 갖춰 인민의 삶과 무관하지 않은 형태로써 리얼리즘의 범주에서 해석될 여지가 충분했다. 하지만 그것은 인민을 혁명적 낭만주의로 이끌어야한다는 미명하에 철저히 복무하는 서양화가나 조각가들에게 해당하는 것이 아닌, 만화에만 용인되는 형식이었다. 만화의 그로테스크 문제에 대해서는 조선미술가동맹 기관지 『조선미술』에 번역·소개된 레프 크류코프Лев Крюков의 「쏘베트 풍자만화에서의 그로테스크에 대하여」가 있다. 크류코프는 풍자만화에서 그로테스크가 무엇이고, 그것이 어떻게 사회주의 리얼리즘의 범주에 해당하는지를 설득한다. 이 글도 볼프강 카이저가 언명한 바와 같이 그로테스크가 현실에서 비롯된 사실성을 기반으로 한다는 것을 강조한다. 그는 그로테스크가 기괴한 형상으로 단순히 조롱과 풍자만을 일삼는 것이 아니라 "특출한 환상에 의한 단순한 소산물인 것이 아니라 폭로의 목적에 사용되는 특수한 수법"이라고 정의했다. 그로테스크가 "묘사의 환상"이지만 "과장의 결과로 발생하는 것이 아니라 묘사되는 요소들의 자연적인 상호관계의 파괴가

33) 아·므·게라씨모브, 「부르죠아예술의 붕괴」, 『국제평론』, 1949.28, 43쪽.
34) 볼프강 카이저, 앞의 책, 40쪽.

동반되는 현실적이며 비현실적인 것을 혼합한 결과"에 의해 이루어지는 '리얼리즘의 산물'이라는 것이다.[35]

크류코프는 외적으로 논리적이지 않은 묘사가 그로테스크의 특징이지만, "항상 현실의 구체적 사실들에 기초한 풍자적 비유의 엄격한 논리에 복종"되어 있기 때문에 리얼리즘이라고 설명했다.[36] 사실을 벗어나서 대상을 묘사하지 않고 진실만을, 그리고 생활에서 차용한 디테일을 통해 확신성과 명확성을 부여하기 때문에 인민이 그 은유를 충분히 이해할 수 있다고 본 것이다. 더하여 사실주의적 그로테스크란 "예술적 힘"을 가진 "상징적 그로테스크의 창조"라고 정리하여 '그로테스크 예술'이라는 정당성을 부여했다.[37] 예술성을 갖춘 그로테스크 풍자만화에 대해 크류코프가 제시한 작품은 『크로코딜』 1951년 제34호 표지를 장식한 보리스 프로로코프 Борис Пророков의 〈미국식 자유〉였다(그림 7). 프로로코프의 이 그림은 가장 은유적이고 상징적이면서도 그로테스크의 효과를 극대화한다고 호평을 받았다. 〈미국식 자유〉는 자유의 여신이 눈물을 흘리는 단순한 도상으로 보이지만, 흐르는 것은 눈물이 아니라 눈망울 안에 숨어있는 경관의 곤봉이다. 크류코프는 이러한 역설적인 효과가 그로테스크의

〈그림 7〉 프로로코프, 〈미국식 자유〉, 1951, *Крокодил*, 1951.34.

---

35) 르·끄류꼬브, 「쏘베트 풍자만화에서의 그로테스크에 대하여(1)」, 『조선미술』, 1959.09, 31쪽.
36) 르·끄류꼬브, 「쏘베트 풍자만화에서의 그로테스크에 대하여(2)」, 『조선미술』, 1959.11, 29쪽.
37) 르·끄류꼬브, 위의 글, 1959.11, 30쪽.

내적 논리이자 곧 인간관계의 본질을 폭로하는 것이라고 높이 평가했다.

한편 당 내정과 프롤레타리아 형상에 대해서는 풍자와 골계, 어떠한 과장과 왜곡을 찾아보기 어렵고 '정직'하게 그려졌다. 그로테스크 대상은 분명하게 한정되기 때문이다. 가령 순수하고 영적인 존재에 해당하는 프롤레타리아트는 정직하고 강인한 공산주의자로 그려져야 하지만, 그렇지 않은 존재—제국주의와 자본주의, 관료주의적 존재는 인간본성의 섬뜩한 단면이 소환되어 그로테스크한 형상을 띤다. 크류코프에 따르면 "그로테스크적 씨뚜아찌아ситуация(상황)는 바로 실패 일로를 걷는 지배층들을 폭로"하는 것이기 때문이다.[38]

크류코프가 많이 언급하기도 했고 북한의 만화가들에게도 이미 정평이 나있던 소련만화가는 단연 쿠크리닉시였다. 『조선미술』에 소개된 인명사전에 의하면, 쿠크리닉시는 "쏘베트 국가의 적들을 걸음마다 분쇄하는 것을 묘사"하고 "파시즘에 대한 증오와 적개심을 증대"시키는 데에 기여한 만화가 집단이었다.[39] 쿠크리닉시를 중심으로 율리 간프와 보리스 프로로코프, 보리스 예피모프, 이반 세묘노프 등 소련만화가들은 프롤레타리아를 착취하는 관료주의를 비판하고 자본주의 진영의 제국주의 행태를 과장되고 압축된 내러티브로 그로테스크 캐리커처를 대표하는 이들이었다. 그중 "훌륭하게 웃음의 힘을 장악"하는 보리스 예피모프도 북한에 잘 알려진 만화가로,[40] 한국전쟁을 다루고 한국전쟁에 대한 미국의 태도를 여러 차례 풍자해 북한만화가들에게 영향력을 행사했다.

그렇다면 북한만화가들이 본 쿠크리닉시의 만평은 어떤 것이 있을까? 『활살』 1950년 제16호(『크로코딜』 1950년 제3호)에 실린 쿠크리닉시의 <내

38) 르 · 끄류꼬브, 위의 글, 1959.11, 32쪽.
39) 「미술인명사전 쏘련현대화가편(2): 꾸끄리니크쓰이」, 『조선미술』, 1958.02, 62쪽.
40) 끄 · 무라비예브, 「평화를 위한 투쟁에 있어서의 화가」, 『조쏘친선』, 1950.07, 32쪽.

◂ 〈그림 8〉 쿠크리닉시, 〈내 자신이 심어놓은 나무에 내 자신이 물을 부어야지〉, 1950, *Крокодил*, 1950.03.
▸ 〈그림 9〉 박승희, 〈죽음을 재촉하는 자들!〉, 1954, 『활살』, 1954.07.

자신이 심어놓은 나무에 내 자신이 물을 부어야지〉(그림 8)라는 만평은 미국의 비호를 받고도 국공내전에서 패한 장제스와 국민당을 풍자한 것이다. 엉클 샘uncle Sam은 장제스를 비유한 메마른 나무에 물(돈)을 뿌리고 있다. 이처럼 쿠크리닉시는 해학적 풍자와 골계를 기조로 자본주의와 제국주의를 겨냥했다. 북한의 만화가들도 마찬가지로 대치하는 상대진영인 이승만과 남한정부에 대해서는 기괴하기보다 우스운 모습으로 표현하고 그 배후에 한반도를 '위협'하는 미국과 유엔국에 대해서는 기괴한 형태로 표현했다. 이 도상의 영향은 아세아민족반공대회를 풍자한 박승희의 1954년 작 〈죽음을 재촉하는 자들!〉(그림 9)에서 찾아볼 수 있다. 미국은 이승만과 장제스를 비롯해 일본, 필리핀, 홍콩, 마카오 등 반공대회의 주요 인사들이 보이는 시체더미 사이로 물을 주고 있다. 물을 주는 주체가 미국이고 그 물을 받고 있는 대상이 미국의 지원을 받는 국가들이라는 점에서 쿠크리닉시와 일치한다. 이처럼 쿠크리닉시의 재치와 풍자는 북한만화가들에게 상당한 귀감을 주었다.

〈그림 10〉 고리예바, 〈미군들의 학살행위〉, 1950, *Крокодил*, 1950.31.

〈그림 11〉 쿠크리닉시, 〈학살〉, 1950, *О поджигателях войны*, 1957.

소련만화가들은 한국전쟁 당시 사회주의 종주국으로서 '한국전쟁의 책임을 진' 제국주의자 미국과 남한을 다루는 한반도 문제도 많이 형상화했다. 이때의 그로테스크는 무엇보다 '잔혹'하게 표현되었다. 고리예바B. Горяева가 그린 〈미군들의 학살행위〉(그림 10)에서 더글라스 맥아더Douglas MacArthur는 학살된 조선인들 앞에 다리를 꼬고 앉아서는 옆 사람에게 말한다. "기록하십시오. 조선인민들로부터 우리에 대한 불만은 접수되지 않았다고!" 이 만평에서는 학살된 조선인도, 학살한 미군도 그로테스크하지 않다. 마찬가지로 고리예바의 〈조선에서〉도 한 아이가 어머니의 손을 잡고는 "엄마, 무서워요!…저 굉음, 얼마나 끔찍한지!…"라고 말하자, 어머니는 딸에게 "기억해라 얘야, 기억해야 돼. 저것이 미국의 소리임을!"이라는 대화와 함께 전쟁의 참혹함만이 묘사되었다. 그것은 사건 자체가 그로테스크하다고 보았기 때문이다.

한편 쿠크리닉시의 〈학살〉(그림 11)에서 학살의 주체 맥아더는 수직으로 늘여놓은 듯 길쭉하게 묘사되어 분명 과장된 형상을 띠고 있지만 우스워 보이지 않다. 이러한 비율의 왜곡은 그로테스크를 표현하는 좋은 수단이다.[41] 그로테스크의 요소인 기형과 공포에 천착하여 상대를 조롱하기보다 전쟁의 잔혹함을 직설적으로 보여주고 그 수장 맥아더를 고유의 위협적인 생명력으로 발산하기 때문이다. 섬뜩하고 기괴한 적의 단면을 소환하고 그들의 잔혹한 학살을 통해 전쟁의 책임이 누구에게 있는가를 직설적으로 보여주려는 의도로 해석된다. 이러한 비극의 형상이 환기시키는 것은 "감정을 한량없이 순결하게"하고 공포감은 "숭고한 감정을 강화"하는 효과를 얻는다.[42] 그러니까 공포의 대상인 제국주의 폭력 앞에 프롤레타리아는 미국에 대한 증오심을 강화하여 숭고한 감정을 통해 오히려 저항의 의지를 강화해나가는 것이다. 또 다른 만평 <조선에서의 미국문명>은 한국전쟁을 대하는 미국에 대해 좀 더 본질적인 문제를 풍자한다. 미군은 한 어머니를 살해하고 도망가고 그 앞의 어린 아이는 죽은 어머니가 깨어나길 기다리고 있다. 분할된 화면 아래에 월가의 자본가는 어머니로부터 흐르는 피가 돈으로 변하자 그것을 주머니에 담고 있다. 그 옆의 "사람의 피로 돈을 만든다/덜레스와 해리먼/강물처럼 흐르는 달러 소리/탐욕스러운 은행가들"라는 문구를 통해 CIA 국장 앨런 덜레스Allen Dulles와 당시 뉴욕주지사이자 사업가 윌리엄 해리먼William Harriman을 직접적으로 겨냥하고, 전쟁을 통해 자본을 축적하고 있는 것이 옳은가를 되묻고 있다.

한국전쟁이 끝날 시점에는 다시 해학적인 요소가 더 크게 기능한다. 쿠크리닉시가 그린 <친선적인 구둣발 위에서>의 마리오네트Marionette의 형상을 한 이승만과 장제스는 미군의 군화 위로 군사협정военной пакт 문서에 각각 'Ли Сын Ман(이승만)', 'Чан Кай-ши(장제스)' 서명을 하고 있다.

41) 볼프강 카이저, 앞의 책, 273쪽.
42) 김창석, 『미학개론』, 조선미술사, 1958, 97쪽.

〈그림 12〉 쿠크리닉시, 〈친선적인 구둣발 위에서〉, 1953, *О поджигателях войны*, 1957.

〈친선적인 구둣발 위에서〉(그림 12)의 아래에는 “리승만과 장제스가 회담하였네/친선적인 발 위에서 다정스럽게/워싱톤의 지령 아래 능청스럽게”라고 써져있다.[43] 북한과 소련이 한국전쟁의 책임자로 지목하는 이승만 형상은 장제스와 달리 좀 더 기형적이고 조롱적인 형상에 가까워 보인다. 크류코프는 이 그림이 마리오네트라는 소재를 통해 “미제에의 노예적 굴종”을 보여주는 뛰어난 “그로테스크적인 비유”라고 호평했다.[44]

2) 전후의 ‘그로테스크 캐리커처’

1950년대 사회주의 인민의 삶은 전쟁과 내전, 혁명 등 내부적, 외부적 요인에 의해 흥분과 불안으로 특징지어진다.[45] 1950년 한반도에서의 한국전쟁이 바로 그러했다. 한국전쟁의 참혹한 결과가 야기한 불안을 달래는 한편, 그것이 제국주의로부터 해방하고 조국을 수호하기 위한 ‘투쟁’이었다는 선전이 우후죽순 쏟아졌다. 선전은 전시, 전후를 막론하고 벽보만화와 포스터의 형태로 등장했고, 특히 그라휘크-만화가들에게 막중한 임무

---

43) Кукрыниксы, *О поджигателях войны*, Правда, 1957에 수록.

44) 르・끄류꼬브, 앞의 글, 1959.09, 32쪽.

45) Jérôme Bazin, Joanna Kordjak, “Time. Before, during, and after the 1950s”, *Cold Revolution*, Adam Mickiewicz Institute Zachęta-National Gallery of Art ed., Warsaw: Mousse Publishing, 2021, p.237.

를 부여했다. 그들은 미국이 약탈자이자 방화범이고, 남한이 허울뿐인 미국의 꼭두각시라는 것을 묘사했다.

전쟁이 끝나자 만화잡지사는 '활살시사만화잡지사'로 바꿔 신예만화가들을 모집하여 제법 규모를 갖췄고, '활살사'로 개편하면서 안정되었다. 이전까지는 책임주필 장진광을 필두로 정창파, 안균, 홍수, 철룡 등 소수의 만화가들이 활동했으나, 전후에는 평양미술대학을 졸업한 박승희, 최한진, 최일파, 최영근, 박창준, 원광수 등 신예들도 합류했다. 『활살』과 『인민조선』 두 잡지는 체신성 출판물관리국 산하였기에 상호간 교류했다. 『인민조선』의 부록 「인민조선 활살 문예작품 현상모집」란을 보면 두 기관지는 공동공모를 열었고, 활살사는 풍자시, 풍자소설, 펠레톤, 만문, '정치만화', '연속만화', '연속화', '유머만화(사회생활에서 취재한 교육적 유머)'를 공모하여 내용을 풍성하게끔 했다.[46] 초기 『호랑이』의 주역 정창파가 『인민조선』의 책임주필을 맡게 된 것도 적지 않은 관련이 있어 보인다. 한편 전후에 들어서는 독자들의 요구에 응하고자 『활살』의 내용을 벽보로도 게재했다.[47] 프랑스의 사진가이자 영화감독 크리스 마커Chris Marker가 1957년 평양을 방문했을 당시 촬영한 한 아이의 앞에 세워진 벽보만화는 바로 이러한 시대적

〈그림 13〉 크리스 마커, 〈무제 #13〉, ≪코리안즈≫ 시리즈, 1957.

46) 「"인민조선" "활살" 문예작품 현상 모집」, 『활살』, 1955.08, 부록.
47) 「독자들의 요구에 응하여」, 『활살』, 1955.08, 19쪽.

배경 아래 등장한 것이다(그림 13).

활살사는 전쟁이 끝나자 남한과 미국에 대한 비판의 목소리를 더욱 키웠다. 통상 『활살』의 표지에는 전후복구에 매진한 사회주의 건설현장과 인민생활상이, 뒤표지에는 남한 이승만 정권과 미 당국, 유엔에 대한 만평이 실렸다. 전후의 만평은 그야말로 쿠크리닉시나 프로로코프, 에피모프의 것과 매우 흡사한 '그로테스크 캐리커처'의 양상을 띤다. 특히 장진광의 캐리커처에서 그 영향이 잘 나타나는데, '태평양동맹'이나 '아시아반공민족대표회의APACL' 등 반공국가들의 조직체를 풍자한 〈태평양동맹〉이나 〈아이구…또 실패…이 망신을 어쩌나〉, 〈미제가 추켜든 헌 독기에 놀랄 사람은 하나도 없다〉가 바로 그러하다. 기괴하고 우습고 혹은 혐오스러운 형상이 극도로 강화된 것을 볼 수 있다. 또한 장진광의 〈리승만은 이제 자신을 위하여 필요하기 때문에…〉(그림 14)라는 만평은 기괴한 악의 모습을 한 미국이 인민의 시체 위 선거함을 짓밟고 '대통령

◂ 〈그림 14〉 장진광, 〈리승만은 이제 자신을 위하여 필요하기 때문에…〉, 1956, 『활살』, 1956.04.
▸ 〈그림 15〉 쿠크리닉시, 〈침략자의 꿈〉, 1952, *Крокодил*, 1952.14.

삼선 재출마'를 두른 이승만의 얼굴을 한 몽둥이를 들고 있는데, 이러한 형상은 요시다 시게루吉田茂의 얼굴을 하고 '일본의 반응'이라 써져있는 몽둥이 든 미군을 묘사한 쿠크리닉시의 〈침략자의 꿈〉(그림 15)과 유사하다. 이처럼 소련만화의 익살과 해학, 무절제한 왜곡이 혼합되어 기괴함으로 요약되는 그로테스크는 전후 북한만화에 큰 영향을 주고 있었다.

『활살』의 또 다른 만화가 박승희는 이승만 캐리커처를 5년간 100여 편을 그려 주목을 받은 신예만화가였다. 앞서 쿠크리닉시와의 연관성에서 보듯 그 또한 그로테스크한 캐리커처로 주목할 만하다. 박승희의 재능은 미국에 의존하는 무능한 남한의 경제체제를 재치 있게 묘사하는 것이었다. '북진'만을 외치며 미군의 등 뒤에 숨거나 거만하고 뚱뚱한 미군의 경제에만 의존하는 이승만의 형상을 과장한 〈한 발자국만 떼는 날이면?〉(그림 16)이나 〈갈 길은 먼데…〉와 같은 만평이 대표적이다. 그의 대표작 〈리승만의 출마 단장〉은 '생활개선'이라는 약속의 리본을 달아주는 미군 앞에서 단장하고 있는 이승만의 형상이다. 한편 박승희처럼 이승만의 형상을 전담하는 만화가가 있었듯이, 만화가들은 남한과 미국을 그로테스크라는 틀 안에 도식적으로 반복하는 경향이 강했다.

〈그림 16〉 박승희, 〈한 발자국만 떼는 날이면?〉, 1955, 『활살』, 1955.08.

그로테스크를 내세워 남한과 미국을 향한 날선 비판과는 달리, '순수하고 영적인 존재', 즉 사회주의라는 숭고한 이념과 프롤레타리아트에 대해서는 고귀하고 낭만적인 형상으로 귀결된다. 다시 말하면 북한과 소련이 일반적이고 정직

◂ 〈그림 17〉 장진광, 〈평화를 위하여 원자력 경험은 전 인류에게 제공된다〉, 1955, 『활살』, 1955.01.
▸ 〈그림 18〉 박승희, 〈국제적 친선단결은 날로 강화되고 있다〉, 1957, 『활살』, 1957.04.

한 형상을 띤다면 반대 진영인 남한과 미국은 괴상하고 기이한 셈이다. 『호랑이』나 초기 『활살』에서 두 지면을 건너면서 대조하는 경향이 있었다면, 전후에는 한 화면을 분할하여 대조하는 경향이 등장한다. 이는 "선과 악, 천국과 지옥의 이미지"를 이분법적으로 대치함으로써 시각적 효과를 극대화하는 쿠크리닉시의 특징이기도 하다.[48] 장진광의 〈평화를 위하여 원자력 경험은 전 인류에게 제공된다〉(그림 17)와 박승희의 〈국제적 친선단결은 날로 강화되고 있다〉(그림 18)가 바로 그러하다. 두 그림의 상단에는 원자력 발전을 이룬 소련이나 번성한 도시군중에 섞여있는 조선인과 소련인이 그려졌고, 하단에는 약탈하는 미군이나 한탄하는 이승만의 모습을 그려 둘을 대치시킨다. 이 형상들에서 확연하게 보여주듯 '순수하고 영적인 사회주의 진영–북한과 소련', '기괴하고 혐오스러운 자본주의

---

48) John Etty, *Ibid*, p.46.

진영－남한과 미국'의 대립은 전후 냉전 아래 이루어진 분단국의 체제경쟁을 단적으로 보여주는 것이다.

1956년에 이르러 『활살』은 쇄신을 거듭하며 만평의 깊이를 더했다. 책임주필로는 장진광이 여전히 영향력을 행사했고, 조선중앙통신사 사장 박무朴茂와 백광호, 서만일徐萬一, 신불출申不出, 이갑기李甲基 등 문단의 인사들을 비롯해 조선미술가동맹 그라휘크분과장 정현웅鄭玄雄을 편집위원으로 두어 전문성을 심화하고 다양성을 포용하고자 했다. 특히 만문의 비중을 높여 '보는 독자' 외에 '읽는 독자'도 폭넓게 수용했다.

> 풍자성 있는 글과 함께 만화로 형상한 그림은 누구에게나 인상적인 것이 될 수 있으며 실효적 의의와 함께 내용상 무미건조성도 퇴치되리라고 보아진다. 또한 형식면에서도 만화가 배합됨으로써 더욱 다양한 직관적 가치를 제고하게 되리라고 보아진다.[49]

1956년은 국내외의 문제로 북한문예계 전반에 큰 변화가 일어난 해이다. 이 시기에는 흐루쇼프가 ≪제20차 소련공산당 전당대회≫에서 스탈린을 비판함에 따른 즈다노프슈친의 종말과 함께 소위 미술계의 '해빙기'가 도래했고, 그 여파에 의해 미술가들이 사회주의 리얼리즘에 포괄할 수 있는 범주(가령 인상주의와 같은)를 모색하기 시작했다. 조선미술가동맹 서기장 김종권金鍾權이 말한 것처럼 "무엇을 그렸는가"가 아니라 "무엇을 어떻게 그렸는가"가 중요해진 것이다.[50] 물론 소련의 경우, 미술계의 헤게모니를 쥔 게라시모프는 인상주의를 두고 "인텔리적인 인상파 화가들", "순간의

---

49) 「만화 공작에 대하여」, 『활살』, 1956.03, 15쪽.
50) 김종권, 「미술 창작의 질적 제고를 위하여」, 『미술평론집』, 조선미술사, 1957, 43쪽.

기분에 무성격하게 복종"한다는 이유로 완강히 거부할 것을 천명했다.[51] 하지만 불과 몇 달 사이에 게라시모프의 견해가 힘을 잃고 미술계가 해빙기에 도래했다. 보리스 이오간손Борис Иогансон은 "개인숭배가 예술에 초래한 커다란 해독은 이・브・쓰딸린 개인에 대한 지나친 찬미와 찬사"라고 발언하며 그 여파로 인민생활에 대한 미술가들의 관심이 약화되었다고 보고하며 해빙기를 시사했다.[52] 그러나 그것이 "추상적인 형식주의 예술"과 "퇴폐적인 부르죠아 이데올로기의 영향", 즉 모더니즘의 전면 수용을 의미한 것은 아니었다. 하지만 비판의 대상이었던 알렉산드르 데이네카Алекса́ндр Дейне́ка의 화풍이 긍정적으로 검토되고 인상주의 화풍도 부분적으로 수용되는 등 변화가 일어난 것이다.

이러한 변화에 따라 만화에 대한 다양한 탐구를 모색하고 자율적인 창작을 요구하는 경향도 등장했다. 또한 조선미술가동맹 내 그라휘크분과가 신설되면서 그간 도외시된 만화를 회화의 영역으로 끌어들이는 시도가 등장했다. 이후의 발언들을 보면 그간 만화에 대한 서양화가들의 인식이 잘 드러난다. 캐리커처에서의 그로테스크, 즉 왜곡 및 과장된 묘사를 서양화의 형식으로 비평했던 것이다. 만화의 기법이 단순해 보인다는 이유로 서양화에 견주어 회화적 기량을 의심했던 것인데, 그것은 소련미술가동맹 측도 마찬가지였다.[53] 국립미술박물관 관장을 역임 중이던 서양화가 선우담鮮于澹은 만화가 "인민 앞에서 직관적이며 즉흥적인 성질을 더 많이 가지는 부면에서 대체로 혁명적 낭만성이 부족"하다고 지적했다.[54]

---

51) 아・게라씨모브, 「우리 예술의 길」, 『조쏘문화』, 1956.05, 97쪽.

52) 브・이오간손, 「사회주의 레알리즘 예술: 제1차 쏘베트 미술가 대회를 앞두고」, 『조쏘문화』, 1956.08, 96쪽.

53) И・А・쎄레브랸늬, 「회화에 대한 보충 보고」, 『제1차 전 련맹 쏘베트 미술가 대회 문헌집』, 조선미술사, 1958, 52~53쪽.

54) 선우담, 「최근에 창작된 미술작품들의 제 결함에 대하여」, 『예술창작의 질적 제고를 위하여』,

덧붙여 만화가 '보기'와 '읽기'를 함께 한다는 점에서 다른 조형예술과 차별화를 가짐에도 불구하고, 만화가들이 "그림을 보는 것이 아니라 읽어 보게"만 한다고 비판했다. 선우담은 만화의 특성보다는 회화적 형식이 더 중요하다고 판단하여, 사회주의 리얼리즘에 충실치 못하다는 구실로 "현실을 보다 높이 살리기 위한 낭만적인 구도와 묘사"를 구현하고 세부묘사에 집중해야 한다고 지적했다. 다시 말해 그는 만화를 전통적인 회화의 영역에서 해석하고 있었다.

만화를 서양화의 일부로 간주해 비판하는 견해와 달리, 만화가나 편집자들의 시각은 달랐다. 1957년 당시 『크로코딜』의 책임주필 세르게이 슈베쇼프Сергéй Швецов는 『활살』을 받아보고 북한만화가들에게 일련의 충고 내지 조언을 담은 "열렬한 형제적 인사"를 보냈다.[55] 그에 의하면 『활살』의 만평들은 "쓸데없이 세세한 것"에 집중하는 경향을 피할 필요가 있었다.[56] 슈베쇼프는 리얼리즘에 집착한 나머지 세부묘사에 지나친 공을 들이고, 배색의 강약이 지나쳐 대상들의 상호간 연결이 부족해 풍자와 폭로라는 본질을 훼손한다고 조언했다. 이전부터 『활살』 편집부도 "만화는 색깔이 있고 없는데서 그 선동적 효과는 매우 차이"가 있으니 신중히 착색해야 함을 요구해왔지, 사실적이냐 아니냐를 논하지 않았다.[57]

앞선 선우담의 비판처럼 만화에 대한 부정적인 견해와 편견은 지속되었던 듯하다. "그라휘크는 그라휘크로서 자기의 특수성이 있는 것", "미술

국립출판사, 1954, 8쪽.

55) 소련미술가동맹 측은 북한을 비롯한 사회주의 국가들의 미술잡지들을 검토해주곤 했다. 1952년 『개성신문』에 실린 게라시모프가 ≪8·15해방 7주년 기념일≫에 보낸 짧은 서한을 보면 북한에서 미술자료들을 지속적으로 보내주고 검토해왔음을 알 수 있다. 「쏘련예술가들 편지에서: 조선인민의 예술은 꽃피라」, 『개성신문』, 1952.09.12.

56) 쓰·쓔베쯔브, 「≪활살≫에 보내온 "끄로꼬질"의 편지」, 『미술』, 1957.03, 14쪽.

57) 「대중벽보판에 게재하는 만화에 대하여」, 『활살』, 1955.09, 14쪽.

의 각 장르에 대하여 우열을 정하는 것은 용납될 수 없는 것"이라는 엄도만嚴道晩의 호소처럼, 그라휘크 전반에 대한 부정적인 인식은 서양화가들에게 만연해온 것이다.[58] 정현웅도 "그라휘크를 천하고 속된 것이리라고 멸시하는 것을 응당한 일이라고 생각"하는 현상을 시정해야 하며, "돈이 없으니 그라휘크나 할까"하는 일부 미술가들의 말이 모욕적인 언사라고 꾸짖었다.[59]

이러한 견해를 타개하고자 『활살』의 책임주필 장진광은 『조선미술』 지상에 만화에 대한 자신의 의견을 피력했다. 만화에 대한 부정적인 견해는 "사상성이 표현되기 어려운 장르라는 인식"에 기인하며, "'만화니까…'하는 생각으로 작품의 내용과 풍자적 수법의 측면에서만 보려하고 기법상의 조잡을 간과하며 내지는 자기의 기법 상 미숙을 합리화"하려는 만화가들의 위험한 경향도 지적했다.[60] 만화를 바라보는 미술가들의 인식과 만화가들의 옳지 못한 태도가 만화의 질을 낮게 한다는 것이 장진광의 진단이었다. 그는 가장 대중적인 장르인 만화가 인민대중으로 하여금 환영받는 이유가 사회의 전진을 가로막는 부정적 현상에 대한 경고를 대신하는 행위이기 때문에 만화를 더욱 주목해야한다고 호소했다.[61] 그러면서도 "예리한 정치성에만 치중해서 그가 가지는 예술성을 무시"하려는 경향이 만화에 대한 인식을 저해하니 경계해야한다고 덧붙였다.[62]

만화의 예술성을 수호하기 위해 만화가들이 탐색한 경로는 소련이 아닌 캐리커처의 유산을 차용하는 것이었다. 이것은 한편 소련의 유산에서

---

58) 엄도만, 「그라휘크에 대한 옳지 못한 견해를 시정하라!」, 『조선미술』, 1957.01, 56쪽.
59) 정현웅, 「그라휘크의 발전을 위하여: 포스터를 중심으로」, 『조선미술』, 1957.04, 18쪽.
60) 장진광, 앞의 글, 32쪽.
61) 위의 글, 31쪽.
62) 위의 글, 33쪽.

다소 벗어나려는 경향으로도 해석된다. "반동적 부르죠아정권을 반대하는 투쟁의 제 일선"에 있었던 19세기 프랑스의 풍자화가 오노레 도미에Honoré Daumier의 경우는 조선미술가동맹이 주목한 사례에 해당한다.[63] 도미에가 남긴 캐리커처는 소련에서도 계승·발전할 풍자화의 유산으로 평가하고 있었고, 쿠크리닉시에게 가장 많은 영향을 준 화가이기도 했다.[64] 만화의 예술성을 호소한 장진광도 쿠크리닉시는 물론 도미에 또한 탐구한 듯하다. 장진광의 〈교조주의 기계〉(그림 19)의 입에서 서류들을 쏟아내는 "통째로 말아 먹었다가 통째로 내놓는 자" 부르주아의 형상은, 입안으로 과도한 왕실비용을 흡수하는 루이 필리프Louis-Philippe Ier 1세를 그린 도미에의 〈가르강튀아Gargantua〉(그림 20)와 비교해보면 도상적 유사성뿐만 아니라 부르주아의 탐욕이라는 공통된 주제를 보인다.

◂〈그림 19〉 장진광, 〈교조주의 기계〉, 1956, 『활살』, 1956.05.
▸〈그림 20〉 오노레 도미에, 〈가르강튀아〉, 1831, 석판, 23.5x30.6cm, 프랑스국립도서관.

---

63) 조인규, 「오노레 도미에의 ≪트란쓰노난 거리≫」, 『조선미술』 1957.02, 55쪽.
64) John Etty, *Ibid*, p.37.

또 다른 통로는 민족전통의 형식, 즉 조선화를 차용하는 것이었다. 이 경우는 소련의 수정주의에 따른 거리감을 드러내면서 그로테스크 미학을 대체하려는 경향도 고려해야 한다. 여전히 캐리커처에 있어서는 그로테스크가 큰 비중을 차지하고 있었지만, 점차 조선화의 필선을 연상케 하는 선의 사용이나 기법을 적용하기 시작한 것이다. 소련의 동아시아 미술사학자 올가 글루하레바Ольга Глухарева가 다른 사회주의 국가들과 다른 북한미술의 차별성을 조선화의 "시정과 참신성"이 묻어나 있음을 지목했듯이, 만화를 비롯한 서양화에도 조선화의 기법을 차용하기 시작했다.[65] 리영춘과 같은 젊은 만화가는 조선화의 기법을 만화에 끌어들였지만, 그것은 주로 공화국 인민과 사회주의 형제인민들의 '긍정적 형상' 묘사에만 제한되었다.

이러한 변화는 1957년부터 1958년 사이에 급속히 진행되었다. 흐루쇼프의 스탈린 비판이나 헝가리 혁명과 같은 외부적 요인보다, 특히 내부적 요인인 '8월 전원회의사건'이 컸다. 연안파였던 『활살』의 책임주필 장진광 숙청을 시작으로 조선미술가동맹의 '수정주의자'들이 색출되었던 것이다.[66] 중소분쟁 이후 로동당 지도부는 소련과 거리를 두고 중국과의 거리를 좁혔으며, 이것이 미술계에도 영향을 주었다. 『조선미술』에는 눈에 띄게 중국미술의 비중이 높아지기 시작했으며, 『활살』에는 종종 소개되던 소련 만화가 중국만화로 대체되었던 것이다.

그것이 소련만화 형식의 폐기를 의미하진 않았으나, 점차 『활살』은

---

65) 오·글루하레바, 「재생된 조선의 미술가들」, 『문학신문』, 1959.04.09.

66) 대표적으로 장진광은 당시 창작의 다양성과 자율성을 주장했다. 그러나 이 발언을 빌미로, 그가 연안파와 밀접한 인물이었기 때문에 만화가 박승희에 의해 장진광은 수정주의자로 몰렸다. 그를 시작으로 문화선전성 제1부상 김강(金剛)과 『인민조선』의 책임주필 정창파(만화가), 조선미술가동맹 서기장 김종권(미술평론가)이 '8월 전원회의사건'의 여파에 의해 제거된 연안파 인사였다. 홍성후, 앞의 논문, 2022, 293~296쪽; 홍성후, 앞의 논문, 2023, 298~303쪽.

풍자의 기능을 축소하고 사회주의 유토피아의 아성으로 변모했다. 1960년까지만 해도 량연국의 비평을 보면 그로테스크와 유머를 품은 풍자만화라는 것은 실효성이 있었다.[67] 반면 1962년 무렵 ≪전국미술써클전람회≫의 만화 출품작을 본 박승희의 비평은 만화에서의 변화를 잘 보여준다. "긍정적 모범으로 교양하라는 당의 방침에 따라 긍정 만화의 창작…주체를 확립하라는 당의 방침에 따라 민족적인 정서까지 개척"하자는 표현이 보여주듯이, '풍자만화'가 아닌 '긍정만화'라는 새로운 장르가 도래한 것이다.[68] 제국주의와 관료주의에 대해서는 '부정인물', '부정현상'이라는 표현이 등장하여 여전히 대상화되었지만,[69] 그 비중은 1950년대의 것과는 현저한 차이를 보였다.

4. 결론

의도된 형상의 과장과 왜곡, 섬뜩하고 기괴함과 동시에 유머를 동반한 1950년대 북한의 풍자만화는 제국주의와 자본주의를 향한 사상무기였다. 그러는 한편 인민의 생활 속에서, 인민의 곁에 존재하여 그들을 대변하는 가장 친근한 대중예술이었다. 따라서 풍자만화야말로 예술의 정치화를 단적으로 보여주는 시각언어이자 막강한 선전 · 선동 예술이었다.

북한은 인민을 정치화하여 철저한 공산주의자로 만들고 사회주의 조국이 유토피아라는 것을 선전하기 위해 예술의 기능을 눈여겨보았다. 그중 인민과 가장 친밀한 만화를 주목했다. 만화는 내부의 적 관료주의와

---

67) 량연국, 앞의 글, 14쪽.
68) 박승희, 「만화 작품들을 보고서」, 『조선미술』, 1962.03, 18쪽.
69) 최한진, 「만화에서 부정인물의 형상에 대하여」, 『조선미술』, 1963.04, 31쪽.

외부의 적 제국주의를 비판하기 위해 기능하는 한편, 당의 강령과 결정서 등 국가적 입장을 평이하게 전달하는 매개자의 역할도 수행했다. 만화가들은 이러한 막중한 임무를 수행하면서도 단지 기계적 창작에만 몰두하지 않고 만화의 예술성과 대중성, 정치성을 모두 확보해 자연스럽게 융합하고자 했다. 그리고 소련의 사회주의 리얼리즘 수용이라는 테제에 발맞추어, 그 범주 안에서 허락된 그로테스크 미학을 수용했다.

북한북한의 만화가들은 쿠크리닉시나 프로로코프, 예피모프 등 소련 만화가들의 캐리커처에서 두드러지는 특징인 그로테스크의 영향을 많이 받았다. 그로테스크를 통해 기대하는 과장과 왜곡, 광기, 공포 등의 감정은 풍자의 미학적 기반이다. 현실에서 도출되는 것과 비현실적인 것을 혼합하는 이 형식은 사회주의 리얼리즘의 방향과 정확히 일치하지 않았지만, 소련을 위시한 사회주의 만화가들은 그로테스크가 현실과의 상호관계 속에서 이루어진 리얼리즘의 일부로 간주하게끔 노력했다. 특히 쿠크리닉시가 캐리커처에서의 그로테스크를 가장 대표적으로 보여준 만화가였다. 비판하고자 하는 대상을 왜곡된 형상으로 웃음을 자아해내고 과장된 형상을 통해 보는 이로 하여금 감정을 최대치로 이끄는 이러한 방식은 북한에도 큰 영향을 주어 1950년대 북한만화를 더욱 풍성하게 했다.

1956년 흐루쇼프의 스탈린 비판과 그에 따른 미술계의 해빙, 내부의 '8월 전원회의사건' 등 일련의 사건을 계기로 조선미술가동맹은 몇 가지 새로운 모색의 길을 나섰다. 그것이 만화에도 영향을 주었는데, 첫째는 미술계의 개편에 의해 만화를 회화의 영역으로 끌어들였다는 점이다. 그간 '사진 같다', '만화 같다'라는 부정적인 표현이나, 정치성에만 치중되어 있다는 편견을 극복하고자 한 것이다. 둘째는 다양한 탐구와 자율성을 확보하려는 움직임으로, 소련 외의 캐리커처의 유산을 탐구하고 적용하려는 시도와 조선화 기법의 차용이었다.

그로테스크 캐리커처란 그 자체로 정치적인 예술이다. 냉전이라는 시기, 전후 대치 중인 국가에 대한 비판과 비방, 의도적인 기형 혹은 왜곡에 풍자를 더해 예술을 정치적으로 활용한 것을 본문을 통해 확인해보았다. 이 글을 통해 분명히 하고자 하는 것은 북한만화에서 나타나는 '예술의 정치화'가 정당한지를 논하는 것이 아닌 사회주의 예술의 다양성이다. 이를 이해하는 것은 북한미술이 사회주의 리얼리즘이라는 교조적이고 형식적인 틀 안에서만 움직인 것이 아니라, 사회주의 리얼리즘을 어떻게 활용하고 확장하려고 했는지 당대를 이해할 수 있다고 본다. 또한 1950년대 북한의 미술가들은 소련과 동유럽, 중국을 통해 많은 것을 주고받으면서 지식을 공유했고, 다양한 지식인들과의 교류를 통해 사고의 폭을 확장했다. 특히 만화가들은 국제적인 지식 전반을 취하면서도 그 지식을 가장 일반의 형태로 인민에게 제공하는 특수한 역할을 수행해야만 했다. 따라서 그것을 단순히 전체주의적 움직임으로만 볼 것이 아니라 사회주의 체제에서 허락된 국제관계와 다양성으로 이해하는 것이 만화를 넘어 북한미술에 대한 이해의 폭을 넓히는 데에 도움이 될 것이다.

한 가지 덧붙일 것은 이 글의 주제인 소련에 대한 북한미술가들의 입장이다. 해방 직후에는 분명히 소련을 따라 배우자라는 구호가 절대적이었지만, 전후의 그들은 소련을 학습하면서도 점차 자기네의 주체적인 발전이라는 욕망으로 대체했다. 물론 소련으로부터 학습해온 미학적 기반을 완전히 지우지 못했다. 미술가들이 학습하고 적용, 비판하면서 주장과 논쟁, 합의한 과정은 개인의 영달을 누리기 위함이 아니라 국가적 차원의 미술 발전을 위한 것으로 생각된다. 그들은 소련을 통해 1차적으로 배운 뒤 수용할 것과 폐기할 것을 골라내는 과정을 거친 것이다. 그런 점에서 소련으로부터 출발한 그로테스크 미학의 수용은 풍자만화의 발전에 적지 않은 영향을 주었던 것이 분명하다.

참고문헌

사료

김종권, 「미술 창작의 질적 제고를 위하여」, 『미술평론집』, 조선미술사, 1957.

김진태, 「원쑤에 대한 풍자와 그의 표현」, 『시문학』, 1963.03.

김창석, 『미학개론』, 조선미술사, 1958.

김태양, 「≪호랑이≫ 제2호를 평함」, 『로동신문』, 1947.02.13.

김학철, 「소위 정판사 위폐 공판」, 『호랑이』, 1946.02.

끄·무라비예브, 「평화를 위한 투쟁에 있어서의 화가」, 『조쏘친선』, 1950.07.

량연국, 「풍자만화의 예리성」, 『조선미술』, 1960.10.

르·끄류꼬브, 「쏘베트 풍자만화에서의 그로테스크에 대하여(1)」, 『조선미술』, 1959.09.

__________, 「쏘베트 풍자만화에서의 그로테스크에 대하여(2)」, 『조선미술』, 1959.11.

리남산, 「락관주의에 대하여」, 『우리조국』, 1955.08.

박승희, 「만화 작품들을 보고서」, 『조선미술』, 1962.03.

볼프강 카이저, 이지혜 옮김, 『미술과 문학에 나타난 그로테스크』, 아모르문디, 2011.

브·이오간손, 「사회주의 레알리즘 예술: 제1차 쏘베트 미술가 대회를 앞두고」, 『조쏘문화』, 1956.08.

선우담, 「최근에 창작된 미술작품들의 제 결함에 대하여」, 『예술창작의 질적 제고를 위하여』, 국립출판사, 1954.

쓰·쓔베쯔브, 「≪활살≫에 보내온 "끄로꼬질"의 편지」, 『미술』, 1957.03.

아·므·게라씨모브, 「부르죠아예술의 붕괴」, 『국제평론』, 1949.28.

________________, 「우리 예술의 길」, 『조쏘문화』, 1956.05.

엄도만, 「그라휘크에 대한 옳지 못한 견해를 시정하라!」, 『조선미술』, 1957.01.

오·글루하레바, 「재생된 조선의 미술가들」, 『문학신문』, 1959.04.09.

장진광, 「만화 부문에 제기되는 실질적인 문제」, 『조선미술』, 1957.03.

정현웅, 「그라휘크의 발전을 위하여: 포스터를 중심으로」, 『조선미술』, 1957.04.

조인규, 「사회주의 레알리즘과 우리나라 미술의 발전」, 『조쏘문화』, 1956.06.

_____, 「오노레 도미에의 ≪트란쓰노난 거리≫」, 『조선미술』 1957.02.

최한진, 「만화에서 부정인물의 형상에 대하여」, 『조선미술』, 1963.04.

허남용, 「벽보사업은 이렇게 하자」, 『농민』, 1948.10.

И·А·쎄레브랸늬, 「회화에 대한 보충 보고」, 『제1차 전 련맹 쏘베트 미술가 대회 문헌집』, 조선미술사, 1958.

Н·쥬꼬브, 「그라휘크에 대한 보충 보고」, 『제1차 전 련맹 쏘베트 미술가 대회 문헌집』, 조선미술사, 1958.

「"인민조선" "활살" 문예작품 현상 모집」, 『활살』, 1955.08.

「"호랑이" 원고모집」, 『근로자』, 1947.03·04.

「근로인민대중을 위한 만화잡지 근일 발행」, 『근로자』, 1946.01.

「대중벽보판에 게재하는 만화에 대하여」, 『활살』, 1955.09.

「독자들의 요구에 응하여」, 『활살』, 1955.08.

「만화 공작에 대하여」, 『활살』, 1956.03.

「미술연구소 입소식 거행」, 『로동신문』, 1946.09.18.

「미술인명사전 쏘련현대화가편(2): 꾸끄리니크쓰이」, 『조선미술』, 1958.02.

「술어해설: "그라휘크"」, 『조선미술』, 1957.01.

「시사만화잡지 활살」, 『투사신문』, 1948.10.15.

「쏘련예술가들 편지에서: 조선인민의 예술은 꽃피라」, 『개성신문』, 1952.09.12.

「호랑이 제2호가 나온다. 다 가치 기다리자」, 『근로자』, 1946.02.

"Behind The Smile On Krokodil", *The New York Times*, 1964.06.07.

논저

안민영, 「초기 북한미술과 소련미술의 영향 관계 연구: 1950년대 유화와 포스터를 중심으로」, 『미술사학보』 58, 미술사학연구회, 2022.

홍성후, 「장진광의 연안 항일투쟁과 미술활동」, 『역사와 책임』 11, 민족문제연구소, 2021.

______, 「혁명과 풍자: 1950년대 북한만화와 『활살』」, 『근대서지』 23, 근대서지학회, 2021.

______, 「조선미술가동맹 서기장 김종권의 행적과 연안파 숙청」, 『인물미술사학』 19, 인물미술사학회, 2023.

홍지석, 「초기 북한과 소련의 미술 교류: 1945~1953년간 북한문예지 미술 비평 텍스트를 중심으로」, 『중소연구』 2, 한양대학교 아태지역연구센터, 2011.
Mathew, Tobie, *Greetings from the barricades: Revolutionary postcards in imperial Russia*, London: Four Corners Books, 2018
Cullerne Bown, Matthew, *Art Under Stalin*, New York: Holmes&Meier Publishers, 1991
Etty, John, *Graphic Satire in the Soviet Union: Krokodil's Political Cartoons*, Mississippi: The University Press of Mississippi, 2019.
Bazin, Jérôme and Joanna Kordjak, "Time. Before, during, and after the 1950s", *Cold Revolution*, Adam Mickiewicz Institute Zachęta-National Gallery of Art ed., Warsaw: Mousse Publishing, 2021.
Pehowski, Marian, *Krokodil Magazine: Laughter in the Soviet Union*, College of Journalism Marquette University Milwaukee, Wisconsin, Document Resume, ED127-608, CS202-871, 1976.

4

5

소비에트 해체와 북한의 영화 교류 양상

: 소련을 중심으로

‖ 함충범 · 정태수

국문요약

1985년 소련에서 개혁 · 개방 정책이 도입된 이후에도 북한은 소련과의 〈영원한 전우〉(1985) 합작 및 영화 기술 협정(1987)과 다양한 영화 상영 행사 등을 통해, 그리고 각종 영화제 참가 및 평양영화축전 개최를 통해 공세적인 영화 교류를 시도하였다. 그러나 1989년 동유럽 사회주의 국가들의 몰락을 전후해서는 영화 합작 및 협약이 단절되었고, 영화 상영 행사도 눈에 띄게 감소하였다. 또한 국제 영화제의 경우 해외에서 열리는 영화제에 참가하던 것이 평양영화축전 개최로 대체되었다. 그리고 1991년 말 소비에트 해체가 공식화된 뒤 한동안은 북한의 영화 교류 활동의 중심이 평양영화축전으로 맞추어졌고, 따라서 이전의 다양성은 약화되어 갔다. 반면에, 소비에트 해체의 과정을 거치면서 북한의 영화 교류에서 차지하는 소련의 비중은 미미해졌으며, 북한의 영화 교류 대상국이 이전보다 확대되는 경향을 띠기도 하였다. 그리고 이는 러시아에 대한 북한 영화 담론에도 직간접적으로 영향을 미쳤다. 또 다른 양상으로 국제 정세가 시시각각 변화하고 있는 2024년 현재, 영화를 통한 북한과 구 소련 국가들과의, 특히 러시아와의 문화 교류는 앞으로 어떻게 펼쳐지게 될까? 소비에트의 해체로 더욱 강력하게 지구촌이 요동쳤던 30~40년 전의 양상을 보다 면밀히 재검토해 볼 필요성이 제기되는 시점이다.

1. 들어가며

북한은 폐쇄적인 사회 구조를 지니며 대외적으로도 매우 고립된 것으로 알려져 있다. 그러나 지나온 자취를 살피건대, 북한의 국제 교류 양상이 항시 비활성화 상태를 유지하였다고는 보기 어렵다. 특히 사회주의 종주국 소련과는 보다 밀접한 관계망을 형성하였다. 이에 따라 북한은 정치, 경제, 외교, 국방뿐 아니라 문화・예술 분야에서도 교류 활동을 꾸준히 펼쳐갔다. 그러면서 오랫동안 대중 영상 예술 및 문화 방면의 중추적 입지를 점해 온 영화 부문의 교류 양상 또한 활력을 띠게 되었다.

그런데, 이러한 분위기는 소비에트 해체라는 미증유의 역사적 사건을 계기로 크게 전환되었다. 하지만 소비에트의 해체 자체가 그러하였던 바대로, 이로 인한 북한의 대외 관계 및 영화를 통한 국제적 차원의 문화・예술 교류 양상이 일거에 뒤바뀌었다고는 할 수 없다. 반세기에 걸쳐 동구권을 지배해 왔던 사회주의 사상의 소멸과 이를 바탕으로 하는 국가 블록의 와해가 다발적으로 진행됨에 따라 북한 영화 교류의 변화 역시 일련의 흐름 속에서도 다양한 양상을 나타내었던 것이다. 그럼에도 이러한 지점에 착목한 연구는 찾아보기 쉽지 않다.[1]

---

1) 영화사적 측면에서 북한과 소련 및 동유럽의 영화 교류 및 관계 양상 관련 연구는 주로 해방기와 전쟁기 북한영화(계)에 미친 소련의 영향에 주목한 다음과 같은 학술논문들을 중심으로 이루어진 바 있다. 정태수, 「스탈린주의와 북한 영화 형성구조 연구」, 『영화연구』 18, 한국영화학회, 2002; 함충범, 「북한영화 형성 과정 연구: 소련과의 관계를 중심으로」, 『현대영화연구』 1, 한양대학교 현대영화연구소, 2005; 이명자, 「해방공간에서 북한의 근대 경험의 매개체로서 소련영화의 수용 연구」, 『통일문제연구』 22-2, 평화문제연구소, 2010; 정영권, 「북한의 소련영화 수용과 영향 1945~1953」, 『현대영화연구』 22, 한양대학교 현대영화연구소, 2015 등. 그러다가 정태수에 의해 2편의 논문이 발표됨으로써 연구의 지평이 확장되었다. 정태수, 「북한영화의 국제 교류 관계 연구(1945~1972): 소련, 동유럽을 중심으로」, 『영화연구』 86, 한국영화학회, 2020; 정태수, 「북한영화의 국제교류 관계연구(1972~1994): 소련, 동유럽을 중심으로」, 『현대영화연구』 44, 한양대학교 현대영화연구소, 2021. / 한편, 1980~90년대 북한의 영화 교류・관계사에 주목한 연구로는 아래와 같은 것들이 있다. 이현중,

이에, 본고에서는 연구의 시간적 범주를 1985년부터 1989년까지의 '소련의 개혁 · 개방기'와 1989년부터 1991년까지의 '동유럽 사회주의 체제의 몰락기', 1991년부터 1993년까지의 '소비에트 붕괴 및 국가 복원의 시기'로 설정하고, 소비에트 해체에 따른 북한의 영화 교류의 변화상을 관계 당사국인 소련을 중심으로 '영화 합작 및 협약', '영화 상영 행사', '국제 영화제와 영화 담론'라는 크게 세 가지 측면에서 살펴본다. 그리고 이를 통해, 소비에트 해체로 인해 파생된 시대의 변화가 북한영화계에 미친 직간접적인 영향을 탐구하고 세계사의 조류 속 동시기 북한영화사의 특수성을 보다 거시적으로 고찰해 보고자 한다.

2. 정세 변화로 인한 영화 합작 및 협약의 단절

1985년 3월 11일 미하일 고르바초프Михаил Горбачёв가 공산당 중앙위원회의 서기장이 된 이후 소련(소비에트 사회주의 공화국 연방)의 국가 운영 기조는 크게 달라졌다. 1986년 2월 25일 개최된 제27차 소련공산당대회에서 그는 소련 경제의 침체와 정책적 실패를 인정한 뒤 "사회경제적 발전의 '가속화'"를 위한 페레스트로이카перестройка, 즉 '개혁'의 필요성과 당위성을 강조하였다. 나아가 "사회 · 문화영역으로 그 외연을 넓"혀 글라스노스트гла́сность, 즉 '개방'을 위한 다방면에서의 체제 개편을 단행해 갔다.[2]

「김일성 유일체제기 북한영화의 미국 표상 연구 (1972~1994)」, 『영화연구』 90, 한국영화학회, 2021; 김보현 · 함충범, 「北朝鮮と日本の映画交流 · 関係史研究 (1972~1994)」, 『일본학』 55, 동국대학교 일본학연구소, 2021; 임인재 · 함충범, 「교류 · 관계사적 측면에서 바라본 남북한 영화의 상호 표상 (1980~1994)」, 『영화연구』 98, 한국영화학회, 2023 등.

2) 김달중 외, 『소련의 개혁정치』, 법문사, 1991, 53쪽.

그 여파는 소련뿐 아니라 사회주의권 전역에 미쳤으며, 아시아 국가 중 가장 오랜 기간에 걸쳐 친밀한 관계를 이어온 북한 또한 예외가 될 수 없었다. 하지만 소련의 개혁·개방이 단시일에 이루어지지는 않았을 뿐더러 소련에 대한 북한의 의존도 역시 상당히 컸으므로, 1980년대 중후반까지도 두 국가 사이의 관계에 뚜렷한 변화가 생기지는 않았다.[3] 그렇기 때문에, 동시기 북한과 소련의 영화 교류에 있어서도 이전의 양상이 어느 정도 이어질 수 있었다.

대표적인 예로, 두 국가의 영화 합작이 성사되었다. 각 66분씩 2부작으로 구성된 <영원한 전우>(1985)가 그것이다. 해방 40주년에 맞추어 상영하기 위해 북한과 소련 간 '영화 분야 협조 계약서'에 따라 1984년 11월부터 작업에 돌입한 이 작품은 북한 측에서는 조선예술영화촬영소 보천보창작단에, 소련 측에서는 모스필림영화촬영소 제2창작단에 제작이 맡겨졌다. 연주는 각각 영화및방송음악단과 소련국립영화교양악단이 담당하였다. 또한, 각본과 연출은 물론이고 촬영, 미술, 음악, 분장, 편집, 연기 등 거의 모든 역할에 대한 양국 영화인들의 분담이 이루어졌다. 영화 자막에 표기된 협업 사항을 정리하면 다음과 같다.

<표 1> <영원한 전우>(1985)의 역할별 담당자들

역할	북한 측	소련 측
영화문학(시나리오)	백인준	알렉싼드르 보로쟌쓰끼

3) 예컨대, 북한은 1985년 3월 10일에 사망한 소련의 전 공산당 서기장 체르넨코(Черне́нко)의 장례식에 내각 수상 강성산을 단장으로 하는 대표단을 파견하였고, 동년 8월에는 소련이 북한의 해방 40주년 기념식에 "알리에프 정치국원 겸 제1부수상과 페트로프 제1국방장관을 단장으로 하는 군사대표단, 야시코프 태평양함대 제1부사령관이 이끄는 3척의 함정을 파견"하였다. 아울러 1986년에는 1월 19일에는 소련 외상 세바르드나제(შევარდნაძე)의 평양 방문이, 1986년 10월 22일에는 김일성의 모스크바 방문이 성사되기도 하였다. 최종기, 『현대소련 정치론』, 법문사, 1991, 524~525쪽.

연출	엄길선	엘도르 우라즈바예브
촬영	정익한	엘리스바르 까라바예브
미술	김철한	꼰쓰딴찐 포로쓰첸꼬
작곡	고수영	메드아드르 아르찌미예브
록음(녹음)	리승렬	쎄멘 리트위노브
분장	박소영	아 데미도브
편집	리규화	떼 예고릐체바
합성촬영	하경	유 뽀따노브
합성미술	로명갑	웨 글라쓰
행정연출(제작)	강성철, 박룡복	보리쓰 크리스뚤

※ 괄호는 인용자

주요 배우진 역시, 주인공 노비첸꼬 역의 안드레이 마르뜨노브, 리창혁 역의 최창수를 비롯하여 영화의 배역에 따라 북한 측과 소련 측이 혼합된 상태로 꾸려졌다. 이에 조순영 역에는 정명희, 마리야 역에는 이리나 쉡츄크가, 그리고 오 씨 역에는 김선영, 명삼 역에는 전두영, 조광세 역에는 리성광, 조순애 역에는 림미영, 꾸렌꼬 역에는 올레그 아노프리예브, 삐치낀 역에는 뱌챠슬라브 바라노브, 보브리 역에는 워또르 필리뽀브, 나따샤 역에는 나딸리아 아린바싸로바, 로마넨꼬 역에는 유리 싸란쩨브 등이 이름을 올렸다. 김책, 조만식, 신익희 등 역사적 인물들도 각각 리근우, 황영일, 유원준이 연기하였다. 다만, 영화 속 주요 인물로 등장하는 김일성의 경우 배역명과 배우인 이영일의 이름이 필름 자막에는 기재되어 있지 않다.[4]

<영원한 전우>는 오른쪽 팔을 못 쓰는 주인공 노비첸꼬가 가족 3명과 함께 방북하는 현재 시점에서 영화가 시작되며, 북한 방문 기간 동안 옛 전우들과 지인들을 재회하는 과정에서 옛 일들에 대한 회상의 방식을 통해 주요 사건들이 제시된다. 영화의 전체 개요는, 이명자의 설명대로

4) 유튜브(https://www.youtube.com/) 참조.

다음과 같이 요약된다.

영화는 김일성의 호위를 맡았던 소련 장교 노비첸꼬라는 실존 인물을 주인공으로 한다. 이제는 노병이 된 소련의 노비첸꼬와 조선의 리창혁의 회상 형식으로 이야기가 전개된다. 노비첸꼬는 시베리아 농사꾼 가정에서 태어나 지주 집에서 머슴살이를 하며 자라 소련 사람임에도 항일유격대 대원들과 격의 없이 어울린다. 그는 또한 항일유격대에서 일반 병사들과 농사도 짓고 공연도 하는 김일성의 소탈한 모습과 새 조국 건설에 헌신하는 열정에 감화되어 3.1운동 27돌 기념대회에서 테러단이 주석단에 던진 폭탄을 몸으로 덮어 혁명 수뇌부를 구하고 불구의 몸이 된다. 노비첸꼬 외에도 소련 군인들이 조선인과 어울려 생활하며 함께 투쟁하는 모습을 보여준다.[5]

〈그림 1〉〈영원한 전우〉 제1부 초반부
: 북한을 방문하는 노비첸꼬와 그를 마중하러 가는 리창혁의 모습이 보인 후 과거 훈춘현에서 두 인물이 처음 만난 장면이 이어진 다음 평양 순안공항에서 재회하는 장면이 제시된다. (좌측상단부터 시계 방향 순)

---

5) 20세기 북한예술문화사전(http://www.nks.ac.kr/).

〈그림 2〉 〈영원한 전우〉 제1부 후반부
: 다른 민족 지도자들과는 달리 진심으로 인민을 대하는 해방 후 김일성에 주목하는 노비첸꼬의 모습이 보인 뒤 평양에서 열린 환영대회에서 연설하는 김일성에 열광하는 청중들 사이에서 노비첸꼬가 기뻐하는 장면이 제시된다. (좌측상단부터 시계 방향 순)

〈그림 3〉 〈영원한 전우〉 제2부 중후반부
: 3.1운동 27주년 기념행사에서 김일성을 향해 투척된 폭탄을 노비첸꼬가 집어 대신 부상을 입는 과정이 역동적인 화면 구성을 통해 제시된다. (좌측상단부터 시계 방향 순)

이렇게 〈영원한 전우〉는 노비첸코의 북한을 방문 일정을 시간적 배경의 축으로 두면서도 제1부에서는 일제강점 말기부터 1945년 8월 해방 시점까지를, 제2부에서는 해방 직후부터 1946년 3월 3.1운동 기념행사 시점까지를 인물의 과거 회상 방식을 통해 소환해낸다. 그럼으로써 해방과 독립이 김일성을 비롯한 민족투사들과 노비첸코로 대변되는 소비에트 사회주의자들의 영웅적 행적을 통해 실현되었음을 강조한다. 아울러 그 효과를 높이기 위해 대규모의 인적, 물적 자원을 동원하고 다양한 로케이션 촬영지를 활용하여 화면의 스펙터클을 강화한다.

〈그림 4〉 〈영원한 전우〉 제1부 초반부 공항 및 전투 장면
: 〈영원한 전우〉 속 공항 장면(상단)과 전투 장면(하단)은 대규모의 인파와 군 병력 및 장비 등이 동원되어 촬영이 이루어졌는데, 그럼으로써 영화의 볼거리가 배가된다.

해방 직후부터 북한은 소련으로부터 기술과 인프라, 인력과 콘텐츠 등을 지원받아 영화 제작, 배급, 상영의 기틀을 마련하였다. 또한 1949년 3월 17일 경제적, 문화적 협조에 관한 협정의 체결 등으로 북한에 대한 소련영화의 영향력은 계속 유지되었다. 그럼에도 북한과 소련의 영화 합작이 자주 있는 일은 아니었다. 1950년대 중후반 북한과 소련의 영화 교류를 위한 첫 번째 공식적인 프로젝트에 따라 공동 제작 컬러 영화인 〈형제들〉(1957)이 만들어진 이래,[6] 이와 같은 '이벤트'가 다시 한 번 화제를 낳게 된 것은 〈영원한 전우〉에 이르러서였다고 할 만하다.

살펴본 바처럼, 영화 〈영원한 전우〉는 영화의 이야기 줄거리와 주제 의식부터가 북한과 소련의 혈맹 관계 및 군사적 공조를 배경으로 하였으며, 주인공 역시 소련 군인으로 설정되어 있었다.[7] 그리하여 이 영화는 『조선영화』로 대표되는 북한의 영화 잡지뿐 아니라 『쏘베트스끼 필름Советский Фильм』 등 소련의 영화 잡지에 소개되기도 하였다.[8]

---

6) 1956년 10월 제작이 개시된 것으로 알려진 〈형제들〉은 북한영화사에서 "소련과 합작으로 제작한 진정한 의미의 총 천연색 예술영화"로서의 의의를 지닌다. "모스크바 고리키 영화 촬영소의 세트에서 촬영을 마치고 나머지는 원산 및 수풍 등지에서 현지 촬영을 진행"한 이 작품의 제작 기관은 북조선국립예술영화촬영소와 고리끼영화스튜디오(Киностудия им. Горького)였다. 또한 영화의 총감독은 이반 루킨스키(Иван Лукинский)였고, 각본은 북한 측에서는 천상인이, 소련 측에서는 아르카디 페르벤체프(Аркадий Первенцев)가 담당하였다. 감독은 북한 측에서는 천상인이, 소련 측에서는 바실리 로세프(В. Лосев)가 맡았으며, 촬영의 경우 발레리 긴즈부르그(Валерий Гинзбург)의 총괄 하에 고형규와 레프 라고진(Лев Рагозин)이 담당하였다. 여타 기술진에 있어서도 소련 영화인이 주축을 이룬 가운데 북한 영화인이 함께 참여하는 방식이 취해졌다. 양민아, 「1950년대 북-소 공동제작 영화에 나타난 북한무용의 트랜스 컬처성 연구: 〈사도성의 이야기〉와 〈형제들〉을 중심으로」, 『한국문학과예술』 38, 한국문학과예술연구소, 2021, 174~177쪽.

7) 러닝 타임 93분 분량의 〈형제들〉의 경우, 극중 주요 인물은 북한 사람들로 이루어졌고 북한과 소련의 우호적 관계가 토대를 이루고 있었다. 영화의 줄거리는 다음과 같다. "광복이후, 한반도의 북부지방에 거주하던 형제 만성과 만철은 동생 만철이 서울로 유학을 떠나며 북과 남에서 서로 다른 인생을 살게 된다. 한국전쟁이 발발하고, 이윽고 정전협정이 체결되자, 형 만성은 북에서 전쟁으로 파괴된 수풍댐과 수력 발전소 복구를 담당하게 된다. 만철은 서울에서 스승의 회유로 간첩임무를 받고 고향으로 돌아온다. 오랜만에 재회한 형제는 이데올로기의 차이로 갈등을 겪는다. 그 사이, 소련기술자들의 원조로 수풍댐과 수력발전소는 다시 가동이 재개된다. 이 시기 소련으로 무용유학을 떠난 만철의 첫사랑 옥림(안성희)도 고향으로 돌아와 재회하고, 옥림의 설득으로 만철은 간첩생활을 접게 되며 만철과 옥림은 미래를 약속하는 사이로 발전한다. 그리고 만철은 자신의 이중생활을 어머니(최승희)에게 고백하고, 두 형제는 화해한다." 위의 논문, 175~176쪽.

8) 「조쏘 친선의 화폭 예술영화 '영원한 전우'를 쏘련 잡지가 소개」, 『조선영화』 1986년 8월호, 문예출판사, 1986, 18쪽 참조.

이러한 데에는 "1984년 소련을 방문한 김일성은 모스크바에서 4100㎞나 떨어진 크라스노야르스크까지 가서 노비첸코의 집을 찾"는 사건 등을 통해 노비첸코라는 인물이 "북·소 친선의 상징으로 떠오"르고 "마침내 새로운 북·소 합작영화의 핵심 캐릭터로 선정되"는 과정이 있었으나, 그 바탕에는 "1970년대 말 중국이 개혁개방을 선언하고 미국과 수교하자 북한과 소련은 서로에게 접근"할 수밖에 없었던 보다 커다란 차원의 시대적 배경도 자리하였다.[9] 그리하여 북한과 소련의 무역 규모는 9억 9천만 달러에 달하였는데, 이는 "중국·북한 간의 무역량을 2배 가까이 앞지르"는 수치였다.[10]

이와 관련하여 주목되는 점은, 동시기 북한과 소련 사이에 영화 교류를 위한 사업 계획서가 조인되거나 양국 간 기술 협정이 체결되기도 하였다는 사실이다. 우선, 1986년 1월 하순 소련 국가영화위원회 부위원장 뾔뜨르 꼬쓰찌꼬브를 단장으로 하는 대표단이 북한을 방문하여 1986년도 영화 부문 교류 사업 계획서에 조인하였던 일[11]과 1986년 11월 29일 모스크바에서 1987년도 영화 부문 교류 사업 계획서가 조인된 일[12] 등을 커다란 사례로 들 수 있다. 특히, 1986년 11월 24일에는 1987년부터 1990년까지를 기간으로 두고 영화 기술 협정이 체결됨으로써 북한과 소련 사이의 영화 교류가 보다 구체적인 형태로 제도화되었다.[13]

이와 같이, 고르바초프가 새로운 지도자로 등극한 1985년 이후 소련은

---

9) 강응천, 「남북한 영화 속 외국인 영웅상 비교: 「인천상륙작전」의 맥아더와 「영원한 전우」의 노비첸코」, 『인문연구』 97, 영남대학교 인문과학연구소, 2021, 291쪽.

10) 최종기, 앞의 책, 524쪽.

11) 「쏘련 영화 대표단 우리나라 방문」, 『조선영화』 1986년 4월호, 문예출판사, 1986, 96쪽 참조.

12) 「우리나라와 쏘련 사이의 영화 부문 교류 사업 계획서 조인」, 『조선영화』 1987년 4월호, 문예출판사, 1987, 32쪽 참조.

13) 「조선－쏘련 사이의 영화 기술 협정 체결」, 『조선영화』 1987년 3월호, 문예출판사, 1987, 80쪽 참조.

개혁·개방이라는 대전제 하에 수 십 년간 유지해 온 사회 체제를 변화시켜 갔다. 그럼에도, 1980년대 중후반까지는 이러한 영향이 짧지 않은 기간 동안 이어진 북한과의 영화 교류에 직접적으로 파급되지는 않았으며, 이는 당시에도 영화 합작 및 사업 계획서나 기술 협정 등 양국 간 협약으로 구체화되는 가장 적극적인 방식의 교류 활동이 이행되었다는 사실을 통해 뒷받침된다. 하지만, 이러한 영화 교류는 1980년대 후반 이후 소비에트의 해체 과정을 통과하면서는 단절되고 만다.

소련 정부는 개혁·개방 정책 기조에 따라 개인 및 가족기업법(1986.11)과 협동조합법(1988.05)을 채택하고 기업조세법을 개정(1990.06)하거나 1988년부터는 토지임대법을 도입함으로써 기존의 계획 경제 체제를 시장 경제로 전환해 갔다. 또한 1987년 11월 8일 워싱턴에서 '중거리 핵전력 전폐 조약INF: Intermediate-range Nuclear Force'의 체결 등을 통해 미국과의 군사적 대결 구도를 약화시켰다.

개혁과 개방의 물결은 동유럽 사회주의 국가들에까지 도달하게 되었다. 이들 나라에서는 자유화와 민주화를 위한 시민의 요구와 투쟁이 거세게 일었는데, 그 결과 1989년 11월 9일 베를린 장벽이 무너지고 12월 29일 폴란드가 국명을 '폴란드 인민공화국'에서 '폴란드 공화국'으로 개칭한 뒤 1990년과 1991년을 통과하며 헝가리, 체코슬로바키아, 불가리아, 루마니아, 유고슬라비아, 알바니아 등에서 순차적으로 사회주의 국가 시스템이 폐기되었다.[14] 그리고 1991년 6월 19일 헝가리, 1991년 6월 27일 체코슬로바키아, 1993년 9월 18일 폴란드, 1994년 9월 1일 독일에서 수십 년간 주둔해 있던 소련군의 철수로 인해 냉전 시대가

---

14) 동독의 경우, 1990년 3월 18일 자유 선거가 실시된 후 1990년 10월 3일 서독에 흡수 통일되었다. 위키백과(https://ko.wikipedia.org/wiki/) 참조.

막을 내렸다.

이러한 과정을 목도하면서 북한 당국은 체제 유지를 위해 내부 단속과 결속을 강화하는 한편 남한과의 관계 개선을 시도하기도 하였으나, 동유럽 해당 국가들에 대한 비난과 질타를 멈추지는 않았다. 1990년 9월 30일 남한과 소련의 국교 수립을 계기로 해서는 "소련과의 관계가 상당히 소원해지기는 했으나, 기존의 동맹관계가 와해되는 국면으로까지 진척되지는 않았"으며,[15] 그 대신에 '위기 타개의 방책'으로 "소련의 핵우산에 들어 있던" 상태에서 벗어나 핵 무장을 준비하는 한편 일본과의 국교 정상화 가능성을 열어 두고 관계 개선을 꾀하는 전략을 펼치기 시작하였다.[16] 그리고 1991년 8월 19일 소련에서 발생한 쿠데타의 실패, 고르바초프의 실각에 이은 1991년 12월 26일 소비에트의 공식적 해체를 거치면서 "소연방을 승계한 러시아정부와 북한의 동맹관계는 더욱" 느슨해졌다.[17]

이로 인해 당시 북한과 소련의 문화·예술 교류는 갈수록 둔화되었다. 영화에 있어서도 마찬가지였는데, 전술한 바대로 영화 합작이나 협약 등 영화 교류 양상 가운데 가장 적극적이고도 직접적인 활동은 1980년대 중후반 이후 거의 자취를 감추게 되었다. 그러나 다양한 종류의 영화 상영 행사의 경우, 소비에트 해체를 전후한 시기까지도 어느 정도 명맥을 유지해 갔다. 이에 관해서는 다음 장에서 전반적으로 들여다보도록 한다.

---

15) 정규섭, 『북한외교의 어제와 오늘』, 일신사, 1997, 234쪽.

16) 와다 하루끼(和田春樹), 남기정 역, 『와다 하루끼의 북한 현대사』, 창비, 2014. 218쪽.

17) 김계동, 『북한의 외교정책』, 백산서당, 2003, 159쪽.

3. 영화 상영 행사 감소에 따른 상호 왕래의 축소

국가 간 영화 교류 가운데 가장 빈번하고 일반적인 성격을 띠는 것은 영화 상영 행사라 할 수 있다. 북한과 소련에 있어서도, 시대에 따른 부침을 보이기도 하였으나 1945년 이후 영화 상영 행사가 꾸준히 마련되었다. 그리고 소비에트의 해체 과정에서도 양국 사이의 영화 상영 행사는 비교적 다양하고 활발하게 이루어졌다. 1985년 이후 북한 또는 소련에서 치러진 주요 행사는 연대기 순으로 다음과 같이 정리된다.

1985년 9월 19일 소련 주재 북한대사관에서는 해방 40주년을 기념하기 위해 기록영화 〈조국해방 40돐〉을 상영하였다.[18] 또한, 1986년 11월 4일에는 10월 혁명 69주년을 기념하기 위한 소련영화 상영 주간 행사가 북한의 락원영화관에서 문화예술부 허백산 부부장과 북한 주재 소련대사 니콜라이 슈브니코프, 소련의 모스필림 관계자들의 참석 하에 전년도에 이어 마련되기도 하였다.[19]

그리고 1986년 9월 11일 북한 대외문화 연락위원회는 문화 협조에 관한 협정 체결 30년을 맞이하여 소련대사와 관계자들을 초정한 상태에서 영화 감상회와 소연회를 열었다.[20] 그리고 11월 11일에는 소련 주재 북한대사관에서 1984년 김일성의 소련 및 동유럽 순방 과정을 담은 기록영화 〈위대한 수령 김일성 동지께서 쏘련을 친선 방문〉을 비롯한 작품들을 상영하였다.[21]

---

18) 「8.15해방 35돐에 즈음하여」, 『로동신문』, 1980.08.13; 「쏘련 주재 우리나라 대사가 기록영화 '조국해방 40돐'에 대한 감상회를 마련」, 『로동신문』, 1985.09.21 참조.

19) 「위대한 10월 혁명 69돐에 즈음하여」, 『로동신문』, 1986.11.05 참조.

20) 「조쏘 문화 협조에 관한 협정 체결 30돐 영화 감상회와 소연회 진행」, 『조선영화』 1986년 12월호, 문예출판사, 1986, 40쪽 참조.

21) 「쏘련 주재 우리나라 대사관에서 영화 감상회를 마련」, 『조선영화』 1987년 2월호, 문예출판

이어서 1987년 3월 16일에는 조소친선협회 중앙위원회가 양국의 경제적 및 문화적 협조에 관한 협정 체결 38주년을 기념하기 위해 소련대사 니콜라이 슈브니코브를 비롯한 관계자들을 초청하여 영화 감상회를 개최하였다.[22] 1987년 4월 14일의 경우, 김일성의 75세 생일을 맞이하여 모스크바와 카자흐스탄에서 북한영화 상영회가 열리기도 하였다.[23] 그리고 동년 10월 16일에는 소련과의 과학기술협의위원회 창설 20년에 즈음하여 소련 주재 북한대사관에서 영화 감상회와 소연회가 진행되었다.[24]

또한, 1988년 2월 18일에는 소련 군대 및 해군 함대절 70년을 맞이하여 조소친선협회 중앙위원회 주최로 천리마문화회관에서 영화 감상회가 개최되었으며,[25] 3월 16일에는 경제적 및 문화적 협조에 관한 협정 체결 39주년을 기념하기 위해 외무성 부상 보리스 채뻘린 등의 소련 관계자들과 조소친선협회 중앙위원회 위원들이 참석한 가운데 소련 주재 북한대사관에서 영화 감상회와 소연회가 열리기도 하였다.[26] 같은 해 7월 5일에는 소련 대외친선문화연락협회연맹과 조소친선협회의 주최 하에 양국 간의 우호, 협조 및 호상 원조에 관한 조약 체결 27주년 기념으로 모스크바에 위치한 친선회관에서 북한의 기록영화 〈새조선〉이 상영되었고,[27] 8월

사, 1987, 24쪽 참조.

22) 「조쏘 두 나라 사이의 경제적 및 문화적 협조에 관한 협정 체결 38돐에 즈음하여」, 『조선영화』 1987년 6월호, 1987, 80쪽 참조.

23) 「위대한 수령 김일성 동지의 탄생 75돐에 즈음하여」, 『조선영화』 1987년 7월호, 문예출판사, 1987, 29쪽 및 「쏘련 까자흐스딴 가맹국에서 우리나라 영화 감상회 진행」, 『조선영화』 1987년 7월호, 문예출판사, 1987, 43쪽 참조.

24) 「쏘조 두 나라 정부 사이의 경제 및 과학기술 협의위원회 창설 20돐에 즈음하여」, 『조선영화』 1988년 1월호, 문예출판사, 1988, 20쪽 참조.

25) 「쏘련 군대 및 해군 함대절 70돐에 즈음하여」, 『조선영화』 1988년 5월호, 문예출판사,1988, 44쪽 참조.

26) 「쏘련 주재 우리나라 대사관에서 영화 감상회와 소연회 마련」, 『조선영화』 1988년 6월호, 문예출판사, 1988, 32쪽 참조.

27) 「조쏘 우호, 협조 및 호상 원조에 관한 조약 체결 27돐 영화 감상회 모스크바에서 진행」,

12일에는 조국 해방 43주년을 맞이하여 소련 주재 북한대사관에서 소련공산당 중앙위원회 국제부 부부장 스미르놉스끼, 소련외무성 부상 챠쁠린 등의 배석 하에 기록영화 〈위대한 수령 김일성 동지께서 몽골인민공화국을 방문하기 위하여 가시는 길에 쏘련의 여러 지역을 통과〉, 〈위대한 수령 김일성 동지께서 몽골인민공화국 방문을 마치고 귀국하시는 길에 쏘련의 여러 지역을 통과〉에 대한 감상회가 마련되었다.[28] 동년 10월 10일에는 조선로동당 창건 43주년을 맞아 소련 주재 북한대사관에서 〈새조선〉의 상영회가 열리기도 하였다.[29]

1989년 3월 17일에는 경제적 및 문화적 협조에 관한 협정 체결 40주년을 기념하기 위해 소련 주재 북한대사관에서 소련 외무성 부상 로가쵸브 등과 소련과학원 동방학연구소 소장 등이 참석하여 기록영화 〈축전 준비 소식〉에 대한 감상회가 마련되었고,[30] 4월 25일에는 레닌 탄생 119주년을 맞이하여 북한 주재 소련대사관에서 영화 감상회와 소연회가 진행되었다.[31] 그리고 7월 12일에는 조소 우호, 협조 및 호상 원조에 관한 조약 체결 28주년을 기념하여 북한 주재 소련대사관에서 소련영화 〈하늘에서 땅으로〉와 북한영화 〈림꺽정〉(장영복 연출, 1987)이 상영되기도 하였다.[32]

이처럼, 북한과 소련에서의 영화 상영회 및 감상회는 레닌 탄생 또는 김일성의 탄생, 혹은 러시아 혁명 또는 해방을 기념하거나 정치, 경제,

---

『조선영화』 1988년 12월호, 문예출판사, 1988, 44쪽 참조.

28) 「조국 해방 43돐에 즈음하여」, 『조선영화』 1988년 11월호, 문예출판사, 1988, 49쪽 참조.

29) 「쏘련 주재 우리나라 대사관에서 영화 감상회 진행」, 『조선영화』 1989년 1월호, 문예출판사, 1989, 52쪽 참조.

30) 「조쏘 두 나라 사이의 경제적 및 문화적 협조에 관한 협정체결 40돐에 즈음하여」, 『조선영화』 1989년 5월호, 문예출판사, 1989, 29쪽 참조.

31) 「웨.이. 레닌 탄생 119돐에 즈음하여」, 『조선영화』 1989년 6월호, 문예출판사, 1989, 43쪽.

32) 「조쏘, 우호, 협조 및 호상 협조에 관한 조약 체결 28돐에 즈음하여」, 『조선영화』 1989년 10월호, 문예출판사, 1989, 33쪽 참조.

문화 방면에서의 양국 간 협정 체결 등을 기념하기 위한 부대 행사로 마련되곤 하였다. 그리고 이는 동유럽 사회주의 국가들이 연달아 몰락하는 1989년 이후로도 이어졌다.

1990년 7월 3일에는 조소 우호, 협조 및 호상 원조에 관한 조약 체결 29주년을 기념하기 위해 북한 주재 소련대사관에서 소련 예술영화 상영회가 열렸다.[33] 4월 21일에는 '미제에 의한 조선전쟁 도발' 40년을 기념하기 위해 조소친선협회 중앙위원회 부위원장 등 관계자들의 초청 하에 소련 주재 북한대사관에서 기록영화 <조국해방전쟁 제1부>와 <미제 침략자는 조선전쟁의 도발자>의 상영 행사가 마련되었다.[34]

1991년 10월 11일에는 북한과 소련과의 외교 관계 설정 43주년을 기념하기 위해 소련 외무성 부상, 러시아연방 외무성 부상 등이 참가한 가운데 소련 주재 북한대사관에서 기록영화 <자주, 민주, 통일의 한길로>가 상영되었다.[35] 11월 6일에는 10월 혁명 74년을 기념하기 위해 소련대사와 대사관 관계자들, 대외문화 연락위원회 부위원장, 조소친선협회 중앙위원회 부위원장 등이 참석한 가운데 천리마문화회관에서 <10월에서의 레닌>의 상영회가 개최되었다.[36]

이와 같은 영화 상영 행사는 소비에트 해체 이후로도 이어졌는데, 일례로 1992년 4월 23일 모스크바 친선회관에서는 조선인민군 창건 60년을 기념하여 조소친선협회 중앙위원회 주최로 러시아 외무성의 관계자들

---

33) 「조쏘 우호, 협조 및 호상원조에 관한 조약체결 29돐에 즈음하여」, 『조선영화』 1990년 10월호, 문예출판사, 1990, 57쪽 참조.

34) 「쏘련 주재 우리나라 대사관에서 영화 감상회 진행」, 『조선영화』 1990년 9월호, 문예출판사, 1990, 39쪽 참조.

35) 「조쏘 두 나라 사이의 외교 관계 설정 43돐에 즈음하여」, 『조선영화』 1992년 1월호, 문예출판사, 1992, 44쪽 참조.

36) 「위대한 사회주의 10월 혁명 74돐에 즈음하여」, 『조선영화』 1992년 1월호, 문예출판사, 1992, 29쪽 참조.

이 참석한 가운데 북한 예술영화 <철길을 따라 천만리>(김길인 연출, 1984)가 상영되기도 하였다.[37]

이와 같이, 동유럽 사회주의 국가들의 몰락과 소비에트의 해체가 진행되는 와중에도 영화 상영 행사에서만큼은 북한과 소련(러시아)의 영화 교류가 일정부분 지속되었다. 한편, 1980년대 중반 이후 북한의 대외적 영화 교류 활동의 대상에 있어서는, 소련이 중심을 차지하기는 하였으나 주요 동유럽 국가들의 비중도 결코 미미하지 않았다. 그런데 북한과 소련의 영화 교류가 다양한 역사적 관계로 얽혀 있었던 것에 비해, 동유럽 국가들의 경우는 북한과 동유럽 각국 사이의 상호주의에 입각한 우호와 친선의 차원에서 이루어지는 경향이 강하였다.

먼저, 북한에서 개최된 동유럽 국가 관련 영화 상영 행사에는 다음과 같은 것들이 있었다. 1985년 5월 14일, 폴란드 바르샤바조약 체결 30주년을 기념하여 북한 주재 바르샤바조약 참가국 대사들을 대상으로 영화 감상회와 소연회가 개최되었다.[38] 1986년 12월 5일에는 헝가리대사관에서 『민주조선』의 김정숙 주필과 신문, 통신, 방송기자들, 그리고 다른 나라 대사관 관계자 등을 초청하여 영화 감상회와 소연회를 마련하였으며,[39] 1987년 4월 2일에는 헝가리 해방 42주년을 기념하여 대외문화연락위원회 주최로 천리마문화회관에서 영화 감상회가 개최되었다.[40] 또한, 1987년 5월 7일에는 체코슬로바키아 해방 42년을 기념하기 위해 체코슬로바키아대사관에서 사진 전람회와 더불어 영화 감상회가 진행되었다.[41] 1987년 7월 14일에는 폴란드 재생 43년을 맞이하여 천리마문화회

---

37) 「모스크바에서 영화 감상회 진행」, 『조선영화』 1992년 7월호, 문예출판사, 1992, 48쪽 참조.
38) 「와르샤와조약 체결 30돐에 즈음하여」, 『로동신문』, 1985.05.15 참조.
39) 「웽그리아 출판절에 즈음하여」, 『조선영화』 1987년 3월호, 문예출판사, 1987, 38쪽 참조.
40) 「웽그리아 해방 42돐에 즈음하여」, 『조선영화』 1987년 7월호, 문예출판사, 1987, 71쪽 참조.

관에서 소연회와 폴란드 영화 상영 행사가 진행되었고,[42] 1987년 8월 18일에는 루마니아의 반제, 반파쑈, 및 사회, 민족적 해방 혁명 승리 43주년을 기념하여 동대원영화관에서 루마니아 예술영화 〈제1전선에서〉, 〈철새들이 날아온다〉 등이 상영되었다.[43] 그리고 1988년 2월 29일에는 체코슬로바키아 근로 인민의 2월 승리 40년을 기념하기 위한 영화 감상회가 천리마문화회관에서 개최되었다.[44]

반대로, 당시 이들 동유럽 국가들에서 북한영화 상영 행사가 치러지기도 하였다. 가령, 1985년 10월 31일 유고슬라비아연방 내 세르비아공화국에서 '조선영화 상영 순간'이 개최되었다. 행사를 통해 북한영화사에서 1970년대가 "당의 주체적인 문예 노선이 찬란하게 개화 발전된 주체예술의 대전성기"로 규정되었다. 그리고 "수령에 대한 충실성과 주체사상, 계급의식을 무장시키는데 크게 이바지 하고 있다"는 평가를 받는 20부작 〈이름없는 영웅들〉(류호손 연출, 1978~1981)과 10부작 〈조선의 별〉(엄길선 연출, 1980~1987)을 비롯하여, 〈꽃피는 마을〉(김영호 연출, 1970), 〈금희와 은희의 운명〉(박학 · 엄길선 연출, 1974), 〈농민 영웅〉(류호손 연출, 1975), 〈누리에 붙는 불〉(박학 · 엄길선 연출, 1977), 〈이 세상 끝까지〉(김영호 연출, 1977), 〈첫 무장대오에서 있은 이야기〉(엄길선 연출, 1978), 〈혈육 전 · 후편〉(민정식 연출, 1979), 〈열네 번째 겨울〉(김영호 연출, 1980), 〈초행길〉(오병초, 1980년 상편, 1985년 하편) 등의 작품이 조명되었다.[45]

---

41) 「체꼬슬로벤스꼬 해방 42돐에 즈음하여 영화 감상회와 사진 전람회 진행」, 『조선영화』 1987년 8월호, 문예출판사, 1987, 25쪽 참조.

42) 「뽈스까 재생 43돐에 즈음하여」, 『조선영화』 1987년 10월호, 문예출판사, 1987, 72쪽 참조.

43) 「로므니아에서의 반제, 반파쑈 및 사회, 민족적 해방 혁명 승리 43돐에 즈음하여」, 『조선영화』 1987년 11월호, 문예출판사, 1987, 40쪽 참조.

44) 「체스꼬슬로벤스꼬 근로 인민의 2월 승리 40돐에 즈음하여」, 『조선영화』 1988년 6월호, 문예출판사, 1988, 20쪽 참조.

45) 「유고슬라비아에서 조선영화 상영 순간 개막」, 『로동신문』, 1985.11.11; 유고슬라비아에서

이와 같은 분위기 속에서, 영화 감상회를 통한 북한의 문화 교류 활동은 1980년대 후반을 지나면서 더욱 활성화되었다. 즉, 1987년에는 중국을 중심으로 쿠바, 인도 등과의 교류가 있었으며, 제24회 하계 올림픽이 서울에서 개최된 1988년에는 여기에 에티오피아, 니제르, 토고, 콩고, 모잠비크 등 아프리카 각국 및 니카라과와 캄보디아 등 중앙아메리카와 동남아시아 국가들, 심지어는 프랑스와 이탈리아 등 서유럽 국가들로 그 폭이 보다 확대되었다.[46]

그 중에서도 특히 대표적인 미국의 우방이자 전통적인 영화 강국으로 자리해 온 프랑스와의 교류 양상이 주목된다. 1980년대 북한과 프랑스의 영화 교류는 1984년 4월 11일 프랑스 영화문헌고(시네마테크 프랑세즈)의 주최로 파리에 위치한 퐁피두국립문화예술회관에서 '조선영화 회고 상영주간'이 치러짐으로써 재개된 바 있었다.[47] 그리고 2년 뒤인 1986년 2월 12일부터 20일까지 8일간 역시 퐁피두국립문화예술회관에서 '조선영화

조선영화 상영 순간 개막, 『조선영화』 1986년 1월호, 문예출판사, 1986, 48쪽 참조.

46) 한국예술연구소 편, 『북한 월간 「조선영화」 총목록과 색인』, 한국예술종합학교 한국예술연구소, 2001, 30~70쪽 참조.

47) 「조선 인민이 영화 예술 분야에서 이룩한 성과는 위대한 수령 김일성 주석의 현명한 령도의 결과이다」, 『로동신문』, 1984.05.21 참조. / 북한과 프랑스 간 영화 교류는 이미 1950년대 후반 합작을 통해 성사된 바 있었다. 1958년 북한을 방문하게 된 아르망 가티(Armand Gatti)를 비롯한 프랑스의 지식인 일행이 북한 당국의 적극적 후원과 협조로 "한국전쟁 직전 개성의 긴장된 상황에서 시작해, 전쟁으로 인해 이별한 젊은 연인의 고통을 보여주며, 전후 재건된 평양에서 두 연인이 상봉하는 장면으로 끝"나는 〈모란봉〉(1960)을 제작한 일이 그것이다. 이 작품의 시나리오 원안은 아르망 가티가, 한국어 버전은 주동인이 작성하였고, 연출은 장-클로드 보나르도(Jean-Claude Bonnardot)에게 맡겨졌다. "〈춘향전〉을 모티프로 한 이 영화"는 "1950년대 북한의 고전 번역 및 창극 제작, 그리고 영화 기술의 도약 등과 연관되어 있"었다. 이화진, 「프랑스 지식인들과 전후 북한의 조우, 영화 〈모란봉〉(1960)」, 『사이』 35, 국제한국문학문화학회, 2023, 269·283쪽. 한편, 당시 북한은 체코슬로바키아와의 합작을 통해 컬러 영화 〈춘향전〉(윤용규 연출, 1959)을 제작하기도 하였다. 이 작품은 1959년 개최된 제1회 모스크바국제영화제 촬영상 수상작이기도 하다. 한상언, 「북한 영화를 보다, 폴란드에서 〈춘향전〉 보고 돌아온 영화연구자 한상언의 기행문」, 『씨네21』(http://www.cine21.com/) 2024.07.18 참조.

회고 상영 주간'이 또 다시 열렸다. 때 상영된 영화로는 기록영화 〈조선로동당중앙위원회 정치국 상무위원회 위원이시며 당중앙위원회 비서이신 김정일 동지의 중국방문〉, 〈조선로동당 제6차대회〉 및 예술영화 〈최학신의 일가〉(오병초 연출, 1966), 〈금희와 은희의 운명〉, 〈조선의 별〉 1부와 2부, 〈춘향전〉(유원준 · 윤룡규 연출, 1980), 〈월미도〉(조경순 연출, 1982), 〈돌아오지 않은 밀사〉(신상옥 연출, 1984), 〈탈출기〉(신상옥 연출, 1984), 〈소금〉(신상옥 연출, 1985) 등이었다.[48]

북한과 세계 각국 간 문화 교류 활동의 일환으로 마련된 영화 상영 행사는 동유럽 사회주의 국가들의 몰락 전후 시기에도 명맥을 잇는 듯 하였다. 이를테면, 1989년 2월 23일에는 체코슬로바키아 근로 인민의 2월 승리 41주년을 기념하여 조선체스꼬슬로벤스꼬친선협회에서 영화 감상회를 개최하였다.[49] 이밖에도, 1989년 한 해 동안만 하더라도 쿠바, 부르키나파소, 우간다와 르완다, 중국, 이탈리아, 부룬디, 탄자니아, 몽골, 동독, 베트남 등 다양한 국가들과의 상호 관계 속에서 영화 감상회가 성사되었다.[50]

이러한 흐름은 1990년대 들어서도 일부 이어졌다. 1991년 2월 26일에는 폴란드에서 조선뽈스까친선협회 관계자들과 학생들을 대상으로 한 영화 감상회가 열렸으며,[51] 7월 25일과 27일에는 각각 조국해방전쟁 승리

---

48) 「조선민주주의인민공화국은 영화 예술 분야에서 세계에서 가장 발전된 나라들 중의 하나로 되었다」, 『조선영화』 1986년 5월호, 문예출판사, 1986, 65~66쪽; 「조선민주주의인민공화국은 영화예술분야에서 세계에서 가장 발전된 나라들 중의 하나로 되었다」, 『로동신문』, 1986.03.18 참조.

49) 「체스꼬슬로벤스꼬 근로 인민의 2월 승리 41돐에 즈음하여」, 『조선영화』 1989년 4월호, 문예출판사, 1989, 52쪽 참조.

50) 한국예술연구소 편, 앞의 책, 70~90쪽 참조.

51) 「우리나라 영화 감상회 부른디와 뽈스까에서 진행」, 『조선영화』 1991년 5월호, 문예출판사, 1991, 32쪽 참조.

38년을 기념하여 루마니아와 프랑스 주재 북한 대표들이 해당 국가의 인사들을 초청하여 영화 감상회를 마련하기도 하였다.[52]

그렇지만, 소련의 경우처럼 1989년 이후 북한과 동유럽 국가 간 영화 상영 행사는 그 규모뿐 아니라 횟수가 확연히 떨어졌고, 소비에트 해체 이후에는 행사 자체가 거의 성사되지 못하게 되었다. 이에 따라 영화를 통한 북한과 동유럽 국가들의 상호 왕래는 축소될 수밖에 없었던 바, 이를 통해서도 소비에트 해체로 인한 북한의 국제적 영화 교류 양상의 커다란 변화의 양상이 확인된다.

4. 영화제 참가에서 개최로, 그리고 영화 담론의 전환

1980년 10월 10일부터 14일까지 평양에서는 조선로동당 제6차 대회가 열렸다. 당 창건 35주년 행사를 겸한 대규모 당 대회를 통해, 김정일이 주석단에 처음으로 모습을 드러내었고 권력 서열 4위로 발표되면서 그가 김일성의 후계자임이 공식화되었다.

제6차 당 대회를 통해 북한에서는 '자주, 친선, 평화'가 1980년대 대외 문화 교류의 방향으로 채택되었다. 여기서의 자주는 주체사상의 기치 하에 사상에서의 주체, 경제에서의 자립, 국방에서의 자위를 바탕으로 북한이 외교 정책을 독자적으로 결정하고 스스로 판단하여 외교 활동을 전개한다는 원칙이었다. 또한 친선은 사회주의 국가들과의 외교 관계를 원활히 추진하겠다는 것으로, 친선의 가장 중요한 대상은 사회주의권

52) 「우리나라 재외 대표부들에서 영화 감상회 진행」, 『조선영화』 1991년 10월호, 문예출판사, 1991, 36쪽 참조.

국가, 비동맹 국가, 제3세계 국가, 자본주의 국가 등의 순으로 정해졌다. 아울러 평화는 이러한 과정에서 제국주의적 침략 정책과 전쟁이 없는 상태를 의미하였다. 자주, 친선, 평화라는 외교 정책의 기조는 1982년 4월 당 중앙위원회 최고인민위원회 합동 회의에서 다시 한 번 반복되었고 1983년 9월 9일 정권 수립 35주년 기념식을 통해 재차 강조되면서 북한 외교의 이념적 토대가 되었다.[53]

이러한 배경 하에, 북한은 여러 국제적 규모의 영화제를 통해 자국의 영화를 세계에 알리고자 하였다. 북한영화는 이미 1972년에 열린 제18회 카를로비바리 국제 영화제에서 〈꽃 파는 처녀〉(박학 · 최익규 연출, 1972)가 특별상을 수상한 바 있었는데, 1980년대 들어서는 보다 많은 영화제 수상작을 배출하게 되었다. 1984년 7월 3일부터 18일까지 열린 제24차 카를로비바리 국제 영화제에서 신상옥 감독의 〈돌아오지 않은 밀사〉(1984)가 특별상을 받았고, 동년 5월 23일부터 6월 2일까지 개최된 제8차 타슈켄트 국제 영화제에서 예술영화 〈새별〉(1983)이 수상한 데 이어 1986년 5월 20일부터 29일까지 열린 제9차 타슈켄트 국제 영화제에서는 2.8예술영화촬영소 제작 예술영화 〈그들의 모습에서〉(류호손 연출, 1985)가 소련아세아아프리카 단결위원회의 상을 수상한 것이다. 그리고 1985년 6월 28일부터 7월 12일까지 거행된 제14차 모스크바 국제 영화제에서는 예술영화 〈소금〉(신상옥 연출, 1985)에 출연한 최은희가 연기상(금상)을 받았다.[54] 여기에 1986년 7월 3일부터 16일까지 열린 제25차 카를로비바리 영화제에서 〈봄날의 눈석이〉(림창범 · 고학림 · 곽철삼 · 리희성 연출, 1985)가 기

53) 안문석, 『북한현대사 산책』 (4), 인물과사상사, 2016, 27~28쪽 참조.
54) 「조선영화인의 긍지」, 『로동신문』, 1985.07.16; 「제9차 따슈껜트 국제영화축전에서 조선 예술영화 '그들의 모습에서'에 상장과 상을 수여」, 『조선영화』 1986년 9월호, 문예출판사, 1986, 46쪽 참조.

본상인 주상과 국제심사위원회 위원장의 상을 수상하였다.[55]

이렇게, 1980년대 들어 북한영화는 체코슬로바키아에서 열린 카를로비바리 국제 영화제뿐 아니라, 러시아의 모스크바 국제 영화제와 우즈베키스탄의 타슈켄트 국제 영화제를 통해 영화를 통한 자주, 친선, 평화라는 외교적 원칙을 실현해 갔다. 아울러 그 중심에는 여전히 소련이 있었다. 하지만 1980년대 중반 이후 국제 영화제 참가를 통한 영화 교류는 활발히 이루어지지 못하였다. 여기에는 북한영화의 질적 향상을 이루려는 의도하에 1978년 납치한 남한의 감독 신상옥과 배우 최은희가 1986년 3월 13일 오스트리아 빈의 미국대사관으로 망명, 탈북한 일 등도 결부되어 있었겠지만, 보다 거시적으로는 소비에트의 해체 과정에서의 국제적 정세 변화 및 이에 따른 북한 외교 정책의 변화를 근본적인 요인으로 지목할 만하다.

1980년 10월에 있었던 조선로동당 제6차 대회에서는 '사람을 교양하는 사업도 우리식대로 하고 경제와 문화를 건설하는 사업도 우리식대로 하여야 한다'는 김일성의 지시에 따라 주체사상과 그 논리가 '우리식 사회주의'라는 개념으로 제시된 바 있었다. 그리고 이는 동유럽 사회주의 국가들의 몰락이 진행 중이던 1989년 12월 28일 '조선민족 제일주의 정신을 높이 발양시키자'라는 김정일의 연설과 1991년 5월 5일 당 중앙위원회 책임 일꾼들에게 한 김정일의 연설에서 "인민 대중 중심의 우리식 사회주의는 필승불패이다."라는 언급 등을 통해 정립되었다. 그러면서 '우리식 사회주의'는 1990년대 북한 사회주의 이념의 총칭으로 자리 잡았다.[56]

---

55) 김룡봉, 『조선영화사』, 사회과학출판사, 2013, 393~394쪽; 『조선중앙연감 1987』, 조선중앙통신사, 1987, 275쪽 참조.

56) 임영태, 『북한 50년사』 (2), 들녘, 1999, 207~209쪽 참조.

이와 맞물려, 국제 영화제를 통한 북한의 대외적 교류 양상도 영화제 출품 및 참가, 수상에서 영화제 개최를 통한 보다 주도적인 방식으로 전환을 이루었다. 그리고 이는 '평양영화축전'으로 구체화되었다.

1987년 9월 1일부터 13일까지 평양에서 제1차 평양영화축전이 개최되었다. '자주, 친선, 평화를 위하여!'라는 구호 하에 열린 평양영화축전에서 김일성은 "인민들의 자주 위업을 실현하는 데서 영화 예술은 매우 중요한 역할을 한다"는 전제 하에 "영화 예술은 자주적 인간의 보람찬 투쟁과 아름다운 생활을 진실하게 형상화하여야 하고 인민들을 계몽하고 각성시켜 사회의 참다운 주인으로 되게 하여 인민 대중을 자주적인 새 사회 건설을 위한 투쟁에로 힘 있게 불러일으켜야 한다"는 메시지를 전달하였다.[57]

제1차 평양영화축전에서는 북한영화 〈그림 라지꽃〉이 횃불금상을, 리비아의 예술영화 〈파편〉과 이집트의 예술영화 〈죄 없는 사람〉이 횃불은상을, 북한영화 〈어머니의 소원〉과 유고슬라비아의 예술영화 〈이것도 과거일로 될 것이다〉가 횃불동상을 수상하였으며, 〈그림 라지꽃〉의 주연 배우 오미란이 금연기상을, 기록영화 〈조선의 사시절〉이 기술상을, 〈그림 적을 쳐부신 소년〉이 만화영화 횃불금상을 수상하였다.[58]

이처럼 북한은 평양영화축전을 통해 소련 및 동유럽 국가들뿐 아니라 리비아, 이집트 등 세계 각국과 교류하면서 그 폭을 넓히게 되었다. 그러나 제2차 행사의 개최는 3년이 지난 시점에서야 이루어졌다.

---

57) 「제1차 쁠럭불가담 및 기타 발전도상 나라들의 평양영화축전 참가자들에게 보내는 축하문」, 『로동신문』, 1987.09.02.

58) 「제1차 쁠럭불가담 및 기타 발전도상 나라들의 평양영화축전 성과리에 폐막」, 『로동신문』, 1987.09.14 참조.

1990년 9월 1일부터 13일까지 열린 제2차 평양영화축전에서 연형묵 총리는 “영화 예술은 인민들을 계몽하고 선진적인 사상으로 무장시켜 사회의 참다운 주인으로 되게 하며 자주적인 새 사회 건설을 위한 투쟁에로 그들을 힘 있게 불러일으켜야 한다”[59]고 강조하였는데, 여기에는 소련 개혁·개방 정책의 가속화와 동유럽 사회주의 국가들의 몰락 등 급변하는 대외 환경 및 이에 대한 북한의 대응 방침이 반영되어 있었다.

그리하여 제2차 평양영화축전에서는 북한에서 이른바 ‘고전 명작’으로 일컬어지는 〈유격대의 오형제〉(최익규 연출, 1968), 〈피바다〉(최익규 연출, 1969), 〈꽃 파는 처녀〉(박학·최익규 연출, 1972) 등을 비롯하여 10부작 〈조선의 별〉(엄길선 연출, 1980~1987), 5부작 〈민족의 태양〉(엄길선(1, 2부)·박창성(3, 4부)·리재준(5부) 연출, 1987~1991), 〈그림 라지꽃〉(조경순 연출, 1987), 〈나의 행복〉(김영호 연출, 1988), 〈요람〉(김덕규 연출, 1988), 〈자신에게 물어보라〉(박정주 연출, 1988), 〈생의 흔적〉(조경순 연출, 1989), 〈심장에 남는 사람〉(고학림 연출, 1989) 등과 같은 항일 무장 투쟁사나 사회주의 제도의 우수성을 드러냄으로써 당에 대한 충성심과 북한 주민의 단결력을 강화하려는 것들이 상영작의 주류를 차지하였다.[60]

제2차 평양영화축전에서는 이란의 예술영화 〈행복의 작은 새〉가 횃불금상을, 이집트영화 〈엘 아라고즈〉가 횃불은상을, 쿠바영화 〈압력 밑에서〉가 횃불동상을 수상하였다. 그리고 폴란드영화 〈프란치쉐크부와의 곡절 많은 인생〉이 영화문학상, 몽골영화 〈잊어버린 이야기〉가 연출상, 베트남영화 〈꽃으로 덮인 강〉이 촬영상 대상작이 되었다.[61]

---

59) 「평양영화축전은 영화예술 분야에서의 교류와 협조를 강화발전시키는 데서 새로운 계기로 될 것이다」, 『로동신문』, 1990.09.02.

60) 「친선단결의 정 넘치는 평양영화축전장」, 『로동신문』, 1990.09.09 참조.

61) 북한의 경우 〈생의 흔적〉이 국제 심사위원회 특별상을, 배우 오미란이 연기상을, 그리고

이처럼 3년만에 열린 제2차 평양영화축전에서는 제1차 행사 때보다 다양한 나라의 영화들이 수상작으로 선정되었는데, 이를 통해 소련 및 동유럽 국가들의 급격한 변화에 따른 동시기 북한의 외교 관계 및 문화 교류의 단면이 드러난다.

제3차 평양영화축전은 2년여가 지난 1992년 9월 6일부터 13일까지 열렸는데, 이는 소비에트 해체 이후에 개최된 첫 번째 행사이기도 하였다. 축하 연설을 통해 리종옥 부주석은 "영화 예술을 자주 위업을 실천하는 데 중요한 역할"을 해야 하며 이는 "전쟁을 반대하고 평화를 수호하는 것, 나라와 민족 사이의 이해를 두텁게 하고 친선과 단결의 유대를 공고히 하는 것" 등이라고 역설하였다.[62] 이때에도 '자유, 평화, 친선을 위하여!' 라는 구호가 여전히 내걸리기는 하였으나, 실질적으로는 '우리식 사회주의'가 무엇보다 강조되었다.

그리하여, 당시 북한 언론은 평양영화축전 참가자들이 만경대를 방문하였다는 소식과 더불어 그들이 김일성의 혁명 사상과 헌신적 삶에 경의를 표하였다고 전하기도 하였다. 또한, 횃불금상을 수상작인 〈민족과 운명〉[63]에 대한 반향을 적극적으로 보도하였다. 즉, 북한을 방문한 외국인들이 이 작품에 대해 "사회주의 조선에서만 만들 수 있는 대걸작", "세계에서 가장 훌륭한 영화", "사상성과 예술성이 완벽한 경지에 오른 영화" 등의 수식어를 써가며 찬사를 쏟아내었다는 데 초점을 맞추었다.[64]

〈통일의 꽃〉이 기록영화 횃불금상을 수상하였다.

62) 「평양영화축전이 훌륭한 결실을 거두게 되리라는 것을 확신한다」, 『로동신문』, 1992.09.07.

63) 1992년 9월 제3차 평양영화축전 이전에 만들어진 〈민족과 운명〉의 1부는 최상근, 김영호, 박정주, 고학림, 리재준, 김유삼이, 2부는 최상근 김영호, 문정송, 백현구가, 3부는 최상근, 김영호, 조경순, 고학림, 문정송이, 4부는 최상근, 김영호, 조경순, 고학림, 최형식이, 5부는 최상근, 박정주, 박주국이, 6부는 최상근, 박정주, 리재준, 김유삼, 박주국이, 7부는 최상근, 박정주, 리재준, 김유삼, 백현구가 연출을 담당하였다.

64) 「사회주의 조선에서만 만들 수 있는 대걸작, 완전무결한 영화」, 『로동신문』, 1992.09.14.

그리고 1994년 9월 26일부터 10월 4일까지 제4차 평양영화축전이 열렸다. 1994년 7월 8일 김일성의 갑작스러운 사망에도 불구하고 예정대로 개최된 것으로, 이는 당시 북한이 마주하고 있던 곤혹스러운 상황을 불식시키기 위한 국면 전환용으로 마련된 행사였다고도 볼 수 있다.

여기서는 '자주, 평화, 친선'이라는 표어 하에 김일성 사망에 대한 추모의 분위기가 조성되었다. 또한, 행사를 통해 기록영화 〈위대한 수령 김일성 동지는 영생불멸할 것이다〉가 상영되었으며, 그에 대한 외국 참가자들이 경의와 칭송이 이어졌다고 보도되기도 하였다.[65] 아울러 축하 연설에서 장철 부총리는 "자주성, 반제 자주, 반전 평화의 기치의 강조와 함께 김정일의 현명한 령도 하에 영화 예술이 발전하고 있"음을 설명하였다.[66] 특히 폐막 연설에서 그는 "조선 인민의 위대한 령도자 김정일 동지 만세!"를 선창하기도 하였다.[67]

이러한 흐름은 해외 영화(계)에 대한 북한 내 영화 담론으로도 이어졌다. 1957년 7월 창간 이후 1997년까지 발행된 전문적인 영화 잡지 『조선영화』를 들여다보자. 『조선영화』는 '세기에 빛나는 업적', '론설' 및 '연단', '평론', '창작 수기', '영화와 관중', "시나리오 및 영화음악 등 여섯 부분"과 더불어 "기술상식, 해외영화제 소식, 통신원자료 등이 고정란으로" 구성되어 있었다. 그리고 해외 영화(계) 관련 지식이나 정보 등이 "시국에 따라 불규칙하게 실리"기도 하였다.[68]

---

65) 「기록영화 '위대한 수령 김일성 동지는 영생불멸할 것이다'를 관람한 제4차 평양영화축전 참가자들의 반향」, 『로동신문』, 1994.10.04.

66) 「제4차 평양영화축전이 쁠럭불가담 운동 발전에 적극 기여하게 되리라고 확신한다」, 『로동신문』, 1994.09.27.

67) 「제4차 쁠럭불가담 및 기타 발전도상 나라들의 평양영화축전 페막」, 『로동신문』, 1994.10.05.

68) 김선아, 「애도와 물신 사이에서: 『조선영화』를 중심으로 본 1990년대 북한영화 담론」, 『어문논총』 47, 중앙어문학회, 2011, 323~324쪽.

예를 들면, 소련에서 개혁·개방이 국가 정책의 기조로 제시되기 시작한 1986년의 경우 1월호, 3월호, 4월호에 '영화의 력사를 거슬러'라는 시리즈 제명이 붙은 채 각각 '≪전함 뽀쫌낀≫과 에이젠슈떼인', '뿌돕낀의 창작세계', '영상의 시인 돕첸꼬' 등 1920년대 영상 예술의 성취를 이룸으로써 영화 역사에 족적을 남긴 소련의 감독들을 소개하는 글이 게재되었다.[69] 아울러 1988년부터는 '영화 지식'란을 두고 체코슬로바키아의 카를로비바리영화제, 인도의 뉴델리영화제, 스페인의 산세바스티안영화제 및 마드리드영화제, 이란의 테헤란청소년영화제, 이집트의 카이로영화제 및 알렉산드리아영화제, 프랑스의 칸영화제, 수리아의 디마스크영화제, 튀니지의 카르타주영화제, 유고슬라비아의 베오그라드영화제, 그리스의 살로니카영화제, 오스트리아의 빈영화제, 벨기에의 앤트워프영화제 등 국제 영화제에 대한 정보를 담은 글이 지속적으로 실렸다.[70]

또한 1990년대 들어서는 '세계 영화 자료' 또는 '세계 영화 지식'란을 통해 세르게이 게라시모프Сергéй Аполинáриевич, 찰리 채플린Charles Chaplin, 비토리오 데 시카Vittorio De Sica, 로베르트 로셀리니Roberto Rossellini, 르네 클레르Rene Clair, 자크 페이더Jacques Feyder 등의 영화인과 네오리얼리즘, 전위파(아방가르드) 등의 영화 사조, 그리고 쿠바, 소련, 서유럽, 남한 영화계 관련 내용이 다루어졌다.[71]

주목되는 점은, 1990년대 중반에 이르러 '세계 영화 자료'란이 이때까지 거의 뜸하였던 러시아영화계 관련 소식으로 채워지게 되었다는 사실이다. 즉, 『조선영화』 1995년 5월호에 「위기에 처한 로씨야의 영화」라는 글이 게재된 후 1996년에는 「로씨야 영화 예술인들의 비극적 운명과 항거의

---

69) 한국예술연구소 편, 앞의 책, 9~30쪽 참조.
70) 위의 책, 50~70쪽 참조.
71) 위의 책, 90~152쪽 참조.

웨침」(2호), 「로씨야영화계의 파국적 형편」(4호), 「로싸야식 사랑은 계속될 것이다」(10호) 등으로 이어진 뒤 1997년에 이르면 「로싸야와 동구라파 나라들의 최근 영화 실태」(3호), 「최근 로므니아의 영화 보급 실태」(6호) 등 언급의 대상이 동유럽 국가들로 확대되었다.[72] 이를 통해 『조선영화』는 과거 세계 영화계의 한 축을 이루던 러시아를 비롯한 동유럽 국가들이 사회주의 체제를 포기함으로써 영화 산업의 붕괴를 맞이하였음을 지적하였다.

소비에트 해체 이후 경제 분야 전반에 걸친 침체 속에[73] 러시아와 동유럽의 영화 산업은 실제로 커다란 위기에 봉착해 있었다. 이에 대해 북한은 기업의 사유화 등 자본주의 제도의 도입을 근본적인 원인으로 지목하며 '우리식 사회주의'의 정당성과 필연성을 강조하였던 것이다. 그리고 파산에 직면한 러시아 영화 산업에 대한 비판을 가한 글이 그해 여름 김일성이 사망하였음에도 불구하고 1994년 가을에 열린 제4차 평양 영화축전 개최를 앞둔 불과 며칠 전 『로동신문』 지면에 게재된 사례를 통해 확인되듯,[74] 이러한 영화 담론은 북한이 주최하는 최대의 국제적 문화 교류 행사인 평양영화축전과도 연결성을 지닌 채 시대적 특수성을 드러내고 있었다.

---

72) 위의 책, 166~213쪽 참조.

73) 소비에트 해체 이후 러시아 경제는 커다란 침체기를 겪었다. 대표적으로 국내총생산(GDP)의 전년 대비 증감률이 1992년 -14.5%, 1993년 -8.7%, 1994년 -12.6%, 1995년 -4.2%, 1996년 -3.5%를 기록한 뒤 1997년 -0.8%로 회복되는 듯 하다가 외환위기로 인해 1998년 다시 -4.6%로 악화되었다. 동시기 소비자 물가의 경우 1992년 2,510%로 급등한 뒤 1993년 842%, 1994년 224%, 1995년 131%를 기록한 뒤 1996년 22%, 1997년 11%, 1998년 84.4%를 나타내었다. 정한구, 『러시아 국가와 사회: 새 질서의 모색, 1985~2005』, 한울, 2005, 323쪽 〈표 3〉 참조.

74) 비판의 초점은 페테르부르크의 렌필름(Ленфильм)사(社)와 모스필름(Мосфильм)의 사유화에 맞추어져 있었다. 글쓴이는 "소련영화의 시대는 완전히 끝났다"는 영화 배우 치호노프의 말을 인용하면서 북한에서의 사유화는 곧 영화업의 파산과 직결될 것이라고 경고하였다. 「사유화가 초래한 영화업의 파산상태」, 『로동신문』, 1994.09.01.

살펴본 바와 같이, 북한의 영화 교류는 소련의 개혁·개방과 동유럽 사회주의 국가들의 몰락, 그리고 소비에트 해체라는 세계 현대사의 거대한 물결 속에 영화 합작 및 협약의 단절과 각종 영화 상영 행사 감소 및 상호 왕래의 축소라는 변화의 양상을 보였다. 또한, 1980년대 중반 활발해진 국제 영화제 참가 및 수상의 흐름이 '평양영화축전'의 개최로 전환되었다. 이로써 북한에서 외국 대표부에 대한 초청이나 외국 주재 북한 대표부의 주최 등을 통해 행해져 왔던 주체적 사상의 위대성과 체제의 우월성을 선전하기 위한 교류의 장이 평양영화축전으로 일원화되었다고 볼 수 있다. 또한 그러면서 소련 및 러시아를 비롯한 해외 영화(계)에 대한 영화 담론 역시 그 방향을 달리하게 되었다.

5. 나오며

1993년 12월 12일 실시된 국민투표에 의해 러시아연방 헌법이 채택되었으며, 이로써 1991년 12월 26일에 있었던 소비에트 해체 이후 새로운 역사적 전기가 펼쳐지기 시작하였다.[75] 길게 보면, 이는 1985년 소련의 새 지도자 고르바초프의 등장으로 인해 촉발된 개혁·개방 노선의 귀착점이었다고도 할 만하다. 그리고 이는 가장 가까운 사회주의권 우방국의 하나로서 오랫동안 소련과 밀접한 관계를 맺어 온 북한의 영화 교류에도 적지 않은 영향을 미쳤다. 그런데, 그 변화의 흐름은 소비에트 해체의

75) 강혜련에 따르면, 이로 인해 "일단 페레스트로이카 이후 1980년대 말, 1990년대 초반 일정한 가능성을 보였던 의원내각제의 실현은 좌절되고 대통령중심제가 수립되"기는 하였으나, "행정부 수반의 자리는 대통령이 임명하는 총리가 맡"음으로써 '러시아 대통령제'의 특징을 보이게 되었다. 강혜련, 『러시아 국가와 시민사회』, 오름, 2003, 171쪽.

과정에 따라, 아울러 영화 교류의 양상별로 다양하게 표면화되었다.

요컨대, 1985년 소련에서 개혁 · 개방 정책이 도입된 이후에도 북한은 소련과의 〈영원한 전우〉(1985) 합작 및 영화 기술 협정(1987)과 다양한 영화 상영 행사 등을 통해, 그리고 각종 영화제 참가 및 평양영화축전 개최를 통해 공세적인 영화 교류를 시도하였다. 그러나 1989년 동유럽 사회주의 국가들의 몰락을 전후해서는 영화 합작 및 협약이 단절되었고, 영화 상영 행사도 눈에 띄게 감소하였다. 또한 국제 영화제의 경우 해외에서 열리는 영화제에 참가하던 것이 평양영화축전 개최로 대체되었다. 그리고 1991년 말 소비에트 해체가 공식화된 뒤 한동안은 북한의 영화 교류 활동의 중심이 평양영화축전으로 맞추어졌고, 따라서 이전의 다양성은 약화되어 갔다. 반면에, 소비에트 해체의 과정을 거치면서 북한의 영화 교류에서 차지하는 소련의 비중은 미미해졌으며, 북한의 영화 교류 대상국이 이전보다 확대되는 경향을 띠기도 하였다. 그리고 이는 러시아에 대한 북한 영화 담론에도 직간접적으로 영향을 미쳤다.

러시아에서 새로운 헌법이 도입되고 북한의 오랜 통치자였던 김일성이 사망하는 1993년과 1994년 이후 북한과 러시아의 영화 교류는 거의 행해지지 못하다가 2000년대 들어 조금씩 회복세를 보이기 시작하였다.[76] 하지만 북한과 러시아의 경제 상황 악화 및 이에 따른 영화 산업 위축으로, 그리고 양국 관계의 기저를 이루고 있던 이념과 체제의 부재 등으로 1990년대 이전의 양상이 재연되지는 않고 있다.[77] 그렇다면, 또 다른

---

76) 일례로, 2001년 6월 21일부터 30일까지 열린 제23회 모스크바 국제 영화제에는 〈홍길동〉(김길인 연출, 1986), 〈달려서 하늘까지〉(리주호 연출, 2000), 〈사랑의 대지〉(리광남 연출, 2000), 〈살아 있는 령혼들〉(김춘송 연출, 2001), 〈푸른 주단 우에서〉(림창범 연출, 2001) 등의 북한영화가 비경쟁 부문에 출품되기도 하였다. 김기현, 「모스크바 영화제 출품 북한영화 '푸대접' 외」, 『주간동아』(https://weekly.donga.com/) 2005.01.06 참조.

77) 김정일이 사망한 2011년 12월 17일 이후 '김정은 시대'의 러시아를 비롯한 북한의 영화 교류

양상으로 국제 정세가 시시각각 변화하고 있는 2024년 현재, 영화를 통한 북한과 구 소련 국가들과의, 특히 러시아와의 문화 교류는 앞으로 어떻게 펼쳐지게 될까? 소비에트의 해체로 더욱 강력하게 지구촌이 요동쳤던 30~40년 전의 양상을 보다 면밀히 재검토해 볼 필요성이 제기되는 시점이다.

· 합작 현황과 특징에 관한 구체적인 내용은 이준엽의 논문 「김정은 시대 북한영화의 교류·합작 현황과 특징」(『반영과재현』 1, 현대영상문화연구소, 2021)을 참고 바람.

〈참고 자료〉

단행본

강혜련, 『러시아 국가와 시민사회』, 오름, 2003.

김계동, 『북한의 외교정책』, 백산서당, 2003.

김달중 외, 『소련의 개혁정치』, 법문사, 1991.

김룡봉, 『조선영화사』, 사회과학출판사, 2013.

안문석, 『북한현대사 산책』 (4), 인물과사상사, 2016.

와다 하루끼(和田春樹), 남기정 역, 『와다 하루끼의 북한 현대사』, 창비, 2014.

임영태, 『북한 50년사』 (2), 들녘, 1999.

정규섭, 『북한외교의 어제와 오늘』, 일신사, 1997.

정한구, 『러시아 국가와 사회: 새 질서의 모색, 1985~2005』, 한울, 2005.

최종기, 『현대소련정치론』, 법문사, 1991.

한국예술연구소 편, 『북한 월간 「조선영화」 총목록과 색인』, 한국예술종합학교 한국예술연구소, 2001.

논문

강응천, 「남북한 영화 속 외국인 영웅상 비교: 「인천상륙작전」의 맥아더와 「영원한 전우」의 노비첸코」, 『인문연구』 97, 영남대학교 인문과학연구소, 2021.

김보현・함충범, 「北朝鮮と日本の映画交流・関係史研究 (1972~1994)」, 『일본학』 55, 동국대학교 일본학연구소, 2021.

김선아, 「애도와 물신 사이에서: 『조선영화』를 중심으로 본 1990년대 북한영화 담론」, 『어문논총』 47, 중앙어문학회, 2011.

양민아, 「1950년대 북-소 공동제작 영화에 나타난 북한무용의 트랜스 컬처성 연구: 〈사도성의 이야기〉와 〈형제들〉을 중심으로」, 『한국문학과예술』 38, 한국문학과예술연구소, 2021.

이명자, 「해방공간에서 북한의 근대 경험의 매개체로서 소련영화의 수용 연구」, 『통일문제연구』 22-2, 평화문제연구소, 2010.

이준엽, 「김정은 시대 북한영화의 교류・합작 현황과 특징」, 『반영과재현』 1, 현대영상

문화연구소, 2021.
이현중, 「김일성 유일체제기 북한영화의 미국 표상 연구 (1972~1994)」, 『영화연구』 90, 한국영화학회, 2021.
이화진, 「프랑스 지식인들과 전후 북한의 조우, 영화 〈모란봉〉(1960)」, 『사이』 35, 국제한국문학문화학회, 2023.
임인재・함충범, 「교류・관계사적 측면에서 바라본 남북한 영화의 상호 표상 (1980~1994)」, 『영화연구』 98, 한국영화학회, 2023.
정영권, 「북한의 소련영화 수용과 영향 1945~1953」, 『현대영화연구』 22, 한양대학교 현대영화연구소, 2015.
정태수, 「스탈린주의와 북한 영화 형성구조 연구」, 『영화연구』 18, 한국영화학회, 2002.
______, 「북한영화의 국제 교류 관계 연구(1945~1972): 소련・동유럽을 중심으로」, 『영화연구』 86, 한국영화학회, 2020.
______, 「북한영화의 국제교류 관계연구(1972~1994): 소련・동유럽을 중심으로」, 『현대영화연구』 44, 한양대학교 현대영화연구소, 2021.
함충범, 「북한영화 형성 과정 연구: 소련과의 관계를 중심으로」, 『현대영화연구』 1, 한양대학교 현대영화연구소, 2005.

신문, 잡지
『로동신문』.
『조선영화』.

인터넷 자료
씨네21 (http://www.cine21.com/).
위키백과 (https://ko.wikipedia.org/wiki/).
유튜브 (https://www.youtube.com/).
주간동아 (https://weekly.donga.com/).
20세기 북한예술문화사전 (http://www.nks.ac.kr/).

제3부

소련체제와 유라시아시대 북한의 과학·외교·기술·교육의 지향과 확장

6 7 8

소비에트 과학 외교와 북한의 과학

‖ 신보람

국문요약

본 연구는 소련-북한 간의 과학 협력을 소련의 과학외교 전략이라는 맥락에서 심층적으로 분석하고, 이를 통해 소련이 추구했던 정치적, 이념적 목표를 규명하고자 한다. 소련의 과학외교는 단순한 기술 이전을 초월하여 소비에트식 과학 체계의 이식과 더불어 "인민을 위한 과학기술" 혹은 "사회주의 과학"이라는 이념적 기제를 전파하는 데 주력하였다. 즉, 과학기술을 매개로 사회주의 진영 국가 간의 결속을 강화하고 궁극적으로는 사회주의 진영의 확장 및 공고화를 도모했던 것이다. 본 연구는 먼저 소련 과학외교의 형성 과정과 역사적 맥락을 고찰한다. 이어 1940년대 초반부터 1950년대까지 북한을 대상으로 전개된 소련의 과학외교 활동을 실증적으로 분석할 것이다. 특히 소련이 북한에 제공한 직접적인 물질적 지원보다는 과학외교를 통해 양국이 공유하게 된 인식 체계, 이념적 가치, 그리고 이를 기반으로 형성된 '사회주의 과학' 담론에 주목하여 소련 과학외교의 본질을 심층적으로 규명하고자 한다.

1. 들어가는 말

과학외교science diplomacy는 과학과 외교가 접목된 국제 행위로써, 국제 과학협력과는 목적의 측면에서 차이를 보인다. 미국의 과학진흥협회American Association for the Advancement of Science와 영국의 왕립학회Royal Society가 2010년 공동으로 발표한 *New Frontiers in Science Diplomacy*라는 제목의 보고서에는 과학외교의 영역을 아래와 같이 정의한다.[1]

1) 외교 속에 과학(science in diplomacy): 과학 전문 지식을 활용한 외교 활동. 즉 외교에 필요한 전문적 과학기술 지식 제공.
2) 과학을 위한 외교(diplomacy for science): 국가관 과학협력을 촉진하고자 행해지는 외교 활동.
3) 외교를 위한 과학(science for diplomacy): 국가 간의 관계 개선을 목표로 과학을 활용하는 활동.

즉 국제 과학협력과는 달리 과학외교는 국익 증진이라는 목적 아래 수행되는 국가의 행위라고 이해할 수 있다. 따라서 올가 크라스냑Olga Krasnyak(2010)의 주장처럼 과학외교는 단순히 과학기술의 측면에서 이해될 수 없으며, 이를 가능케 하는 국내외 정치적 맥락 속에서 고찰되어야 한다.[2] 로렌 그레헴Loren Graham(1992)은 과학외교의 기본 조건으로 국가

---

1) American Association for the Advancement of Science & Royal Society, *New Frontiers in Science Diplomacy*, 2010, https://www.aaas.org/sites/default/files/New_Frontiers.pdf (검색일: 2023.11.10)

2) Olga Krasnyak, *National styles in science, diplomacy, and science diplomacy: A Case Study of the United Nations Security Council P5 Countries*, Leiden: Brill, 2018.

간의 외교 관계, 정치적 양립성political compatibility, 그리고 각국의 과학기술 발전 수준 및 상용성을 강조했다.[3] 즉 과학외교가 성공적으로 추진되기 위해서는 두 국가 간의 과학기술 발전 수준이나 환경이 유사하거나, 과학기술에 대한 사회적 요구 및 기대가 일치하는 것이 중요하다는 것이다.[4] 이러한 요소들이 국가별 과학외교 접근 방식 및 특성을 형성한다.

현재 연구자 사이에는 과학외교의 기원을 냉전 시기에 두는 시각이 지배적이다. 실제로 냉전 시대의 국제 질서는 핵기술의 확산과 억제라는 맥락 속에서 형성되었으며, 핵기술 발전은 동서 진영 간의 대립이라는 국제 정세와 과학기술이 밀접한 관계를 형성하는 과정에서 진행되었다. 따라서 냉전 시대를 대표하는 과학외교 사례로는 퍼그워시 회의Pugwash Conference를 들 수 있다. 동서 진영 과학자들의 교류를 통해 핵확산 금지 조약 체결을 이끌어 낸 퍼그워시 회의는 민간주도의 과학외교의 대표적인 사례로 손꼽힌다. 이처럼 냉전 시대 과학외교 연구는 주로 미국과 소련, 혹은 선진국과 개발도상국 간의 관계와 같이 대치 관계에 있는 국가 간의 상호 작용에 주목해 왔다.[5] 이에 따라 사회주의 진영 내부, 특히 북한과의 혹은 북한을 대상으로 전개된 과학외교에 대한 연구는 아직 미진한 실정이다.

이 장은 소비에트 과학외교가 북한 과학체계 설립에 미친 영향을 탐구하고자 한다. 소련과 북한 간의 과학기술 협력에 대한 연구는 이미

---

3) Loren Graham, “Big Science in the Last Years of the Big Soviet Union”, *Osiris* 7, 1992, pp.49~71.

4) op. sit., p.62.

5) Glenn E. Schweitzer, *Techno-Diplomacy: US-Soviet Confrontations in Science and Technology*, New York: Spinger, 2013; Alison Kraft and Carola Sachse (eds), *Science, (Anti-)Communism and Diplomacy: The Pugwash Conferences on Science and World Affairs in the Early Cold War*, Leiden: Brill, 2019.

국내외에서 시도되었다. 특히 강호제(2007)는 1940년대 과학기술 체계 구축부터 1960년대 독자적 과학기술 발전 노선 성립까지 북한 과학기술의 형성사를 분석하며, 해방 이후와 한국전쟁 직후 북한 사회 재건 시기에 소련이 제공한 지원이 북한 과학 체계의 초석을 다지는데 핵심적인 역할을 했음을 보여주었다.[6] 신효숙(2003)은 소련군정기를 거치며 북한이 소련식 사회주의 교육체제를 흡수하여 유사한 과학기술 교육기관과 정책을 수립하게 된 과정을 러시아 자료를 토대로 추적했다.[7] 소련의 지원은 과학기술에 대한 북한 사회의 인식에도 영향을 미쳤다. 우동현(2022)은 "인민을 위한 과학기술"이라는 가치가 소련과 북한의 과학기술 협력 속에서 파생된 사회문화적 가치관임을 밝히고 있다.[8]

본 연구는 소련-북한 간의 과학 협력을 소련 과학외교의 일환으로 고찰하고, 이를 통해 소련이 추구했던 목적을 분석하고자 한다. 소련의 과학외교는 단순한 기술 이전을 넘어 소비에트식 과학 체계의 이식과 "인민을 위한 과학기술" 혹은 "사회주의 과학"이라는 이념 보급을 목표로 했다. 즉, 과학기술을 매개로 사회주의 진영 국가 간의 결속을 강화하고 협력 관계를 증진하고자 했던 것이다. 본 연구는 우선 소련 과학외교의 형성 과정과 역사적 맥락을 고찰한다. 이어 1940년대 초반부터 1950년대까지 북한을 대상으로 전개된 소련의 과학외교 활동을 분석할 것이다. 특히 소련이 북한에 제공한 직접적인 지원보다는 과학외교를 통해 양국이 공유하게 된 인식과 이념, 그리고 이를 기반으로 형성된 '사회주의 과학'

6) 강호제, 『북한 과학기술 형성사』 1, 선인, 2007.

7) 신효숙, 『소련군정기 북한의 교육』, 교육과학사, 2003.

8) Donghyun Woo, "Structuring 'People's Science-Technology': The Culture of Science and Technology in Early North Korea, 1945-1950", *Korea Journal for the History of Science* 44-2, 2022, pp.297~319.

담론에 주목하고자 한다.

2. 소비에트 과학외교와 북한

1) 1920년대~1930년대 소비에트의 "사회주의 과학"과 과학외교

1913년 발간된 볼셰비키 월간지인 『계몽Просвещение』에 레닌은 마르크시즘의 3가지 근원에 대해 설명하며 현대 자본주의 시대의 과학에 대해 아래와 같은 평가를 내렸다.[9)]

> 문명사회에서 마르크스의 가르침은 기존의 부르주아 과학(관변 과학이던 자유주의적이 과학이던)의 극심한 적대감과 증오를 불러일으킨다. 이들은 마르크스주의를 일종의 "해로운 종파"로 규정한다. 이러한 적대적 태도는 필연적인 현상으로, 계급 투쟁에 기반한 사회에서 "객관적인" 과학이 존재할 수 없기 때문이다. 모든 관변 과학과 자유주의 과학은 임금 노동체제를 옹호하는 반면, 마르크스주의는 이러한 체제에 대한 근본적인 저항을 선포한다. 임금 노동 체제에서 과학의 객관성을 기대하는 것은, 자본가의 이윤을 감소시켜 노동자의 임금을 인상해야 한다는 주장에 대해 자본가들이 공정한 판단을 내릴 것이라고 기대하는 것만큼이나 모순적이고 순진한 발생이다.

9) Владимир Ленин, "Три источника и три составных части марксизма", *Просвещение* no. 3, 1913, https://www.marxists.org/russkij/lenin/1913/03/a.htm (검색일: 2023.11.20)

레닌은 과학 지식의 생산과 해석 과정이 사회적 맥락에 내재되어 있음을 강조하며, 과학이 필연적으로 사회 지배 계급의 이익을 반영할 수밖에 없다고 암시한다. 즉, 과학 지식은 단순히 객관적인 진실의 발견이 아니라, 사회적 권력관계와 이데올로기의 영향을 받는다는 것이다. 이러한 관점에서 레닌은 "과학적 사고의 가장 위대한 성과"로 마르크스주의를 제시하며, 마르크스주의야말로 과학을 지배 계급의 종속에서 해방하고 진정한 객관성을 확보할 수 있는 이론적 틀이라고 주장한다.[10] 소비에트 과학은 바로 이러한 인식에서 탄생했다. 따라서 소련의 과학은 "사회주의 객관성"이 확보된 과학이자 사회주의 체계를 지탱하는 근거이자 운영 방식modus operandi이 된 것이다.

그러나 1918년 가장 과학적인 사회 체제 구축을 목표로 했던 볼셰비키는 혁명 직후 러시아와 소연방 지역의 과학 인프라 부족으로 난행을 겪는다. 특히 러시아를 전통적인 농경 경제에서 현대 공업 경제로 끌어올리고, 나아가 사회주의식 계획경제 시스템을 가동하기 위해 필수적인 과학 · 기술 인력이 부족했다. 인력 부족의 이유는 곧 이들을 훈련시킬 교육 기관이 부족했기 때문이었다. 따라서 레닌은 볼셰비키 정부가 지금 당장 실행해야 할 과제들을 설명하는 글에서 아래와 같이 과학의 필요성과 과학기술 분야 전문가 확보의 중요성을 거듭 강조한다.[11]

> 이제 논의의 초점을 실질적인 관점에서 논의해보겠다. 러시아 소비에트 공화국이 최대한 빨리 경제 부흥을 일으키기 위해서 각 분야의 지식, 기술, 실무 경험을 갖춘 최고의 과학자와 전문가가 가량 천 명이

---

10) Там же.

11) Владимир Ленин, "Очередные задачи Советской власти", *Правда*, 28 апреля 1918, https://www.marxists.org/russkij/lenin/works/36-2.htm (검색일: 2023.11.20)

필요하다고 가정해 보자. 이러한 "일류 인재들" (물론 노동자들의 부패에 대해 가장 큰 소리로 외치는 사람들 대부분이 부르주아 도덕에 의해 완전히 부패했지만)에게 1인당 연봉 2만 5천 루블을 지불해야 한다고 가정해 보자. 이 금액이 두 배(가장 중요한 조직 및 과제를 신속히 성공적으로 완수하는 데에 대한 보너스를 지불해야 하는 경우) 또는 네 배(더 많은 보너스를 요구를 하는 외국 전문가 수백 명을 고용해야 하는 경우)로 늘어나야 한다고 가정해보자. 소비에트 공화국이 인민의 노동을 현대 과학기술에 맞춰 재편하기 위해 연간 5천만 또는 1억 루블을 지출하는 것이 과도하거나 부담스러운 것일까? 물론 아니다. 계급의식이 있는 노동자와 농민의 대다수는 이러한 지출을 승인할 것이다. 왜냐하면 그들은 실제 경험을 통해 우리의 후진성이 수십억의 손실을 초래하고 있으며, 아직 모든 부르주아 지식인들이 우리 과업에 자발적으로 참여하도록 유인할 회계 및 관리 시스템이 구축되지 못했다는 것을 알고 있기 때문이다.

즉 소비에트 경제 발전을 위해서는 막대한 비용을 들여서라도 해외 전문가 및 인재를 영입해야 한다고 주장한 것이다. 실제로 1920년대부터 1950년대까지 소련 정부는 국가 주도의 인력 개발을 경제 현대화의 핵심 전략으로 인식했다.[12] 이 시기 소련은 과학기술 발전이 국가 발전 목표 달성에 필수적인 요소라는 점을 강조하며 과학기술 교육 및 연구 인프라 확충에 주력했던 것이다. 이러한 노력의 일환으로, 1927년 소련 정부는 소비에트 학술원Академия наук СССР의 역할을 재정립했다. 순수 과학적

12) АН СССР, "Устав Академии наук СССР 1927", *Президентская библиотека имени Б.Н. Ельцина*, 1927, https://www.prlib.ru/item/1089553 (검색일: 2023.11.20)

탐구를 넘어 국가의 경제 및 문화 발전에 기여하는 것을 목표로 하는 새로운 법령을 제정한 것이다.[13] 이에 따라 1928년 9개였던 소비에트 학술원 산하 연구소는 1934년 25개로 증가했으며, 1930년대에는 각 공화국에 과학원 지부 및 연구 기지가 설립되었다. 공화국 과학원은 각 공화국 혹은 지역의 특화된 경제 분야 활동 및 산업을 지원하고 나아가 지역 주민의 문화적, 과학적, 예술적 소양을 증진시키는 데 기여하는 공화국 중심 연구 기관의 역할을 수행했다.

1933년에 소련 정부는 과학원을 인민위원회 직속 기관으로 개편하여 국가 정책과의 연계를 강화했으며, 이듬해에는 레닌그라드에서 모스크바로 이전하여 국가 과학기술 발전의 중추 기관으로서의 위상을 공고히 했다. 뿐만 아니라 소련 정부는 산업 현장과 밀접하게 연계된 과학기술사회Научно-технические общества СССР를 지원했다. 기술자, 엔지니어, 과학자 등이 자발적으로 참여하는 이 조직은 소련 노동조합 중앙평의회Всесоюзный центральный совет профессиональных союзов의 관리 하에 운영되었으며, 산업 발전과 기술 혁신에 중요한 역할을 담당했다. 이처럼 과학기술 발전을 위한 소련 정부의 적극적인 투자와 국가 주도의 지원 시스템은 과학기술을 국가의 관리 및 지원을 받는 공적 영역으로 편입시키는 결과를 가져왔다. 또한 과학기술 분야 연구자들은 국가 발전에 기여하는 공적 인재로 인식되었으며, 이는 소련 특유의 과학기술 체제를 형성하는 데 기여했다.[14]

제2차 세계 대전 이전 소련의 과학외교는 자국의 경제 성장을 위한 선진 과학기술 확보에 집중했다. 즉, 이 시기 소련의 과학외교는 '과학을 위한 외교'였으며, 사회주의 체제의 성과 과시보다는 체제 유지 및 발전에

13) Ленин, 1918.

14) Alexei Kojevnikov, "The Phenomenon of Soviet Science", *Osiris* 23-1, 2021, pp.115~135.

필요한 기술력 확보를 목표로 했다. 이를 위해 소련은 외국 기업의 투자 유치와 경제 현대화를 위해 다양한 분야에서 기술 이전 협정을 체결하고 이권 사업을 추진했다. 영국의 레나 골드필즈 사Lena Goldfields Ltd.와 맺은 9천만 달러 규모의 13개 산업 단지 운영 계약부터 연필, 타자기 리본 등 소비재 제조 공장 설립과 같은 소규모 사업까지 그 범위는 매우 다양했다.[15] 1921년부터 1930년까지 소련은 해외 기업 및 기관과 300개 이상의 프로젝트를 진행했다.[16]

또한 레닌이 강조했던 전문 인력 확보를 위해 소련 정부는 미국, 영국 등 서방 국가의 기술자와 엔지니어를 적극적으로 초빙했다. 독일, 프랑스, 영국과 순수 과학 분야의 과학자 교류를 통한 협력 또한 이루어졌다. 노벨 물리학상 수상자인 소련 물리학자 표트르 카피차Пётр Капица는 1921년 소련 과학 사절단 자격으로 영국 캠브리지 대학을 방문한 이후 1934년까지 캠브리지 몬드 연구소Mond Laboratory 초대 소장을 역임하며, 방사능과 자기장 연구를 수행한 바 있다.[17] 이러한 과학자들의 교류는 단순히 지식과 기술의 전달을 넘어, 외교적으로 고립된 상황에 놓였던 소련에게 인적 네트워크를 구축하고 유치할 수 있는 중요한 통로를 제공했다.[18]

1930년대에 이르러 소련의 과학외교 형식에 변화가 일어났다. 1929년 대공황으로 세계 경제가 심각한 위기에 직면한 가운데, 소련은 계획 경제

---

15) Antony Sutton, *Western Technology and Soviet Economic Development 1917-1930*, Stanford: Stanford University, 1968, p.11.

16) Ibid.

17) "Prof. P. Kapitza and the USSR", *Nature* 135, 1935, pp.755~756, https://www.nature.com/articles/135755a0 (검색일: 2023.11.20)

18) Елена Синельникова, "Международная деятельность научных обществ в 1920-е гг.", *Социология науки и технологий* 11-2, 2020, pp.160~176

체제를 기반으로 상대적인 경제 성장을 달성하며 국제 사회의 주목을 받았다. 특히 소련의 과학기술 체계는 세계 지식인들에게 상당한 관심을 불러일으켰다. 이러한 관심 증폭에는 1925년 설립된 전연방국제문화교류협의회BOKC(Всесоюзное общество культурной связи с заграницей)의 적극적인 문화·과학·공공외교 활동이 기여했다. 1930년대 BOKC는 소련의 문화예술 및 과학적 성과를 영어, 프랑스어, 독일어 등으로 번역하여 해외에 홍보하고, 외국 지식인의 소련 방문을 지원하며, 소련 예술인과 과학자의 해외 방문을 주관하는 등 공공 외교 전담 기관으로서의 역할을 수행했다.[19] 특히 *Soviet Cultural Review*, *Socialist Construction in the USSR*, *VOKS Bulletin* 등 전문 학술지가 아닌 일반인을 대상으로 하는 정기 간행물을 통해 소비에트 과학의 성과와 연구·교육 기관을 소개하며 사회주의 체제의 우수성을 적극적으로 홍보한다. 제2차 5년 계획 시행에 앞서 1932년 봄에 발간된 BOKC의 *Soviet Cultural Review*는 는 사회주의 체제의 우수한 과학 시스템을 집중 조명하며 2차 5개년 계획의 성공을 자신한다. 해당 간행물은 소련이 연구 교육 시설 확충 면에서 서방 국가들을 능가하며, 과학의 대중화를 통해 전문 인력을 대규모로 양성할 수 있는 기반을 마련했다고 주장했다.[20] 또한, 전문 연구자들의 연구 활동과 안정적인 생활을 지원하는 체계적인 시스템을 통해 과학자들이 연구에 몰두할 수 있는 최적의 환경을 구축했다고 강조한다.[21]

소련의 과학기술 연구 체계는 식민지 조선에서도 주목받았다. 1936년

---

19) 신보람, 「소비에트 러시아 공공외교의 기원: 1921~1922년 러시아 대기근과 소연방대외문화교류협회의 탄생」, 『슬라브학보』 36-3, 2021, 19~52쪽.

20) N. Bukharin, "More Intelligentsia! More Science! More Inventions", *Soviet Cultural Review* 2-3, 1932, pp.25~27

21) R. Voronov, "Assistance to Scientific Workers in the USSR", *Soviet Cultural Review* 2-3, 1932, pp.48~50

1월 1일 『동아일보』에서 나온 「시대가 요구하는 새로운 구도: 세계적인 과학연구소 순례」라는 제목의 기사는 일본, 미국, 소련의 과학연구체계를 비교분석하며 소련의 과학기술에 대해 아래와 같이 평가했다.[22]

> 소련에는 도처에 과학 연구소를 가지고 있다. 모든 학교가 다 과학연구소로서의 기능을 수행하고 잇다. 이 나라에 있어서는 사실로 과학에 있어서의 이론과 실천이 합일되어 잇다. 중등, 전문을 불문하고 기술적인 간부양성이 제2차 5개년사업의 수행을 위하여 진행되고 잇다. 우수한 노동자가 속속 과학적 연구급 기술의 발전을 위하여 대규모로 동원되어잇다. 따라서 굉장히 만흔 과학연구의 기관이 잇는 것이다. [...] 대체로 소련에는 각지방에 수다한 연구소와 도서관이 잇다. 그리하야 참 의미에 잇어서 과학이 민중의 것이 되어잇다.

2) 제2차 세계대전 이후의 소비에트 과학외교와 북한 과학

앞서 언급한 바와 같이 제2차 세계 대전 이전 소련의 과학외교는 자국의 경제 성장을 위한 선진 과학기술 확보에 집중하는 한편, 체제 선전에 과학기술 체계를 활용하기도 했다. 1930년대 이후 소련의 국제 과학협력은 공동연구 추진 또는 연구자 교류보다는 주로 양 국간 과학기술 협정 체결을 통한 소련의 과학연구 성과 제공에 국한되어 있었다. 따라서 소련이 자국의 과학연구 및 교육 체제를 타국에 이식하려는 시도는 제2차 세계대전 이후 북한과 중국을 대상으로 본격화되었다고 볼 수 있다. 미국과의 경쟁이 심화되는 가운데, 한반도 북부에 사회주의 체제를 안착시

22) 「시대가 요구하는 새로운 구도: 세계적인 과학연구소 순례」, 『동아일보』, 1936.01.01.

키는 것은 소련에게 반드시 성공해야만 하는 중대한 실험이었다. 북한 지역에 우호적인 사회주의 정권 수립은 소련에게 있어 국경 인접 지역에 대한 안보 위협을 완화하고 잠재적 적대 세력인 미국의 영향력 확대를 견제할 수 있는 전략적으로 중요한 과제였다. 또한, 남한과 북한에 각각 미국과 소련의 지원을 받는 정부가 수립됨으로써 한반도에서 전개된 이념 경쟁은 제2차 세계 대전 이후 국제 질서 재편에 중대한 영향을 미치는 사건으로 인식되었다. 이러한 맥락에서 소련은 해방 이후 한반도 문제에 대한 유엔의 논의가 한국 인민과 인류 보편의 이익을 도외시하고 서구 제국주의 열강의 이익만을 반영한다고 비판하였다.[23] 이러한 소련의 외교적 입장은 한반도뿐만 아니라 제2차 세계 대전 이후 유럽 열강으로부터 독립을 쟁취하려는 아시아 국가들을 향해서도 동일하게 표명됐다. 소련은 2차 세계대전 당시 동맹국이었던 미국과 독일 나치와 별반 다르지 않은 서구 유럽을 제국주의 부활 세력으로 규명하고, 스스로는 반제국주의 및 탈식민 투쟁 수호자이자 서방의 식민 지배 아래 있던 아시아와 아프리카 민족들의 독립을 지원하는 조력자로 자리매김하고자 하였다. 따라서, 북한 사회주의 국가 수립은 곧 소련의 지원을 받은 아시아 인민의 반제국주의 투쟁의 성과로 비춰지기도 했다.[24]

소련은 북한과 중국에 사회주의 체제를 구축하고 국제적 영향력을 강화하기 위해 과학기술 이전과 전문 인력 양성을 지원했다. 사회주의 경제 체제 구축에 필요한 기술 이전의 효율성을 극대화하기 위해서는 이를 수용하고 활용할 수 있는 전문 인력 양성이 선행되어야 했던 것이다. 1946년 초반부터 북한의 전문가 및 기술자 양성과 교육기관 설립은 북소

---

23) *Отношения Советского Союза с народной Кореей, 1945-1980: документы и материалы*, Наука, 1981, С.36~45.

24) Там же, С.45~46.

양국 간 협력의 주요 의제로 부상하여 활발한 논의가 이루어졌다.[25] 해방 직후 북한은 심각한 기술 인력 부족에 직면해있었다. 1946년 북조선임시인민위원회 기획국이 실시한 조사에 따르면, 당시 재적 기술자는 671명, 중등 기술자는 594명에 불과했다.[26] 이는 북조선의 산업 재건 및 경제 개발에 필요한 기술 인력 규모에 비해 턱없이 부족한 수준이었다. 특히, 산업 발전의 토대를 마련하고 미래 인력을 양성하는 데 필수적인 과학기술자는 북한 정부의 초기 계획에 미치지 못하는 심각한 부족 현상을 보였다. 실제 확보된 과학기술자 수는 계획된 인원의 4분의 1에도 미달하는 수준이었으며, 이는 북한의 과학기술 발전과 경제 성장에 큰 제약 요인으로 작용했다.[27] 이러한 문제를 해결하기 위해 북한은 소련에 지원을 요청하게 된 것이다.

소련은 북한의 과학기술 인력 양성과 연구개발 기반 구축을 적극적으로 지원했다. 소련은 1946년 김일성종합대학 설립 당시, 대학의 기본적인 학사 프로그램 편성을 지원하며 북한의 고등교육 체계 구축에 기여했다. 실험실 설치에 필요한 장비, 학술 도서, 학습 부재자 등을 제공하고, 23개 분야 전문가로 구성된 자문단을 파견하여 교육 과정 개발 및 실험 절차 시연 등을 지원했던 것이다. 구체적으로 소련의 고등교육부는 북한에 대한 교학 및 과학 연구 분야 원조에 관한 결의문과 협정문을 1948년 체결했으며, 150만 루블과 실험 기자재 등을 제공하고 교수 31명과 번역가 11명을 조선 대학에 파견했다.[28] 이와 더불어 1947년부터 북한 학생들의

---

25) 쩨렌찌이 쉬띄꼬프, 「쉬띄꼬프일기 1: 1946년 9월 7일」, 『국사편찬위원회 해외사료총서: 쉬띄꼬피일기』, https://db.history.go.kr/diachronic/level.do?levelId=fs_010r_0010_0010_0020 (검색일: 2024.12.02)

26) 김태윤, 「해방 직후 북한의 과학기술 교육기관 설립과 체제형성」, 『통일과 평화』 10-2, 2018, 116~155 · 121쪽

27) 위의 글, 123쪽

소련 유학을 지원했는데, 1950년 러시아와 그 외 소련 공화국 고등교육기관에 입학한 북한 유학생은 누적 685명에 달했다.[29] 이 수는 계속 증가하여 1957년에는 소련을 포함한 사회주의 국가에서 유학한 북한 학생 수가 약 4,300명에 이르렀다.[30] 사회주의 국가에서 교육받은 북한 과학자들은 1950년 신설된 국가과학원에서 중추적인 역할을 담당했다.

북한 과학원은 소련 학술원을 모델로 조직되어 유사한 구조를 갖추고 있었다. 1952년 12월 1일 공식 출범한 북한 과학원은 공학, 자연과학뿐만 아니라 의학, 농학, 사회과학까지 포괄하는 명실상부한 북한 최고의 전문 연구기관으로서 설립되었다. 당시 과학원의 목표는 소련 과학원과 같은 최고 수준의 전문 과학 연구기관으로 발돋움하는 것이었다. 북한 과학원은 원래 이론적 연구에 비중을 두는 전문 과학 연구기관으로 출범했지만, 각종 산업 현장에 적극적으로 동원되었다. 그 이유는 과학원 설립 당시 북한 사회 전체가 전후 복구에 매진하고 있었기 때문이다. 또한, 김일성은 1946년 북한이 국가 주도의 중앙 연구소 설립을 최초로 추진했을 당시부터 생산 현장을 지원하는 과학기술의 중요성을 강조해왔다. 즉, 이론 연구와 더불어 실질적인 경제 성장을 촉진하는 과학기술 개발을 요구했던 것이다. 이처럼 북한 과학원은 현지 상황에 따라 설립 초기부터 이론 연구와 현장 지원을 병행하는 방향으로 운영되었지만, 소련의 과학기술 연구 및 교육 모델을 기본 토대로 삼았으며, 1950년대 후반까지 소련에 대한 높은 의존성을 유지하며 과학기술 발전을 추진했다.

로동신문사에서 발간한 북한의 과학 잡지 『과학세계』의 1950년 7월호

---

28) 정근식 · 김윤애 · 임수진, 「북한에서 소련형 대학 모델의 이식과 희석화」, 『아시아리뷰』 7-1, 2017, 109~150 · 118쪽(재인용).

29) 강호제, 앞의 글, 94~95쪽

30) 위의 글.

에는 「인류의 행복과 평화를 위하여 복무하는 쏘련의 선진적 과학을 더 많이 배우사」라는 제목의 기사가 수록됐다. 냉전 체제가 심화되는 당시 시대적 상황 속에서, 저자는 소련 과학의 위상 및 역할에 대한 다음과 같이 주장한다.[31]

> [...] 쏘베트 과학은 인민과 완전히 결합되어 있으며, 인민을 위하여 복무하는 선진적 과학자들의 오랜 리상이 실현된 진정한 새 인민의 과학인 것이다. 이러한 쏘베트 과학의 기본특징을 쓰탈린 대원수는 "인민과 격리되지 않으며, 인민으로부터 멀리 떠러져 있는 것이 아니라 인민에게 봉사할 용의가 있고, 과학이 모든 전취물은 인민에게 전달할 용의가 있고, 강제로가 아니라 적극적으로 기꺼이 인민에게 봉사한다"라고 말씀하시었다. 그러나 제국주의 국가 특히 미국에서의 현대과학은 군복을 입게 되었으며, 재전쟁을 준비하며 도발하려는 독점가본가 팟쇼 분자들에게 종사하고 있다. 따라서 평화 문제를 연구하는 과학 연구소들은 문을 닫게 되고, 새 전쟁 문기를 연구하는 연구소에만 수백, 수천만 달라가 지불되어 있다.

본 기사는 소련 과학은 인민을 위해 봉사하며, 과학적 성과를 인민에게 적극적으로 공유하는 '인민의 과학'이라는 점을 강조하는 한편, 인류의 평화와 안녕을 위협하는 제국주의 자본주의 과학에 대항하는 '평화의 과학'이라고 주장한다. 소련의 과학은 사회주의 체제 확립에 중요한 역할을 수행했을 뿐만 아니라, 제2차 세계 대전에서 파시즘을 격퇴하는 데에 기여함으로써 과학기술의 중요성을 입증했다는 것이다.[32] 기사는 이러한

31) 위의 글, 4쪽.

소련의 선진 과학기술을 습득하는 것은 북한 인민에게 매우 중요한 기회가 될 것이라고 강조했다.[33] 1955년 소련과 북한은 정식으로 과학기술 분야 협력조약을 체결했으며, 1957년에는 소련 과학원과 북한 과학원 간의 협력조약이 체결됐다.[34] 이 전 소련-북한 간의 과학기술 분야 협력이 북한에 소련의 사회주의 과학기술 연구 및 교육 체계를 이식하는 데에 주력했다면, 1950년 중반부터는 이를 토대로 양국 간 과학자 교류를 통한 공동연구 및 기술개발이 가능해진 것이다.

3. 맺는말

소련은 1920년대부터 1950년대까지 국가 주도의 과학기술 발전을 경제 현대화의 핵심 전략으로 설정하고 추진한다. 러시아 혁명 이후, 농업 중심의 러시아 경제를 공업 중심의 경제로 탈바꿈시키고 사회주의 계획 경제 체제를 구축하기 위해, 볼셰비키는 절대적으로 부족한 과학기술 전문 인력을 양성하고 대중화시키기 위해 과학기술 연구・교육기관을 대대적으로 설립하게 된다. 그리고 소련은 외국 기업과의 기술 이전 협정 체결, 서방 국가의 기술자 및 과학자 초빙 등 적극적인 과학기술 협력을 추진하였다. 따라서 제2차 세계 대전 이전 소련의 과학외교는 자국의 경제 성장과 체제 발전에 필요한 선진 과학기술 확보를 목표로

---

32) 「인류의 행복과 평화를 위하여 복무하는 쏘련의 선진적 과학을 더 많이 배우자」, 『과학세계』 7, 1950, 2-4호, 2쪽.

33) 위의 글.

34) *Отношения Советского Союза с народной Кореей. 1945-1980: документы и материалы*, С. 109~110・139~140.

하는 "과학을 위한 외교"였다. 그리고 이러한 소련의 경험은 향후 북한을 대상으로 한 소련의 과학외교에 많은 영향을 미쳤다. 제2차 세계 대전 이후 소련은 동북아시아 지역에서 사회주의 진영 확대와 국제적 영향력 강화를 목표로 과학외교를 전략적으로 활용하였다. 초기 소련의 과학외교는 자국의 경제 성장과 체제 선전을 위한 선진 과학기술 확보에 주력하였으나, 냉전 시대에 접어들면서 북한과의 협력을 통해 과학기술 이전 및 전문 인력 양성에 집중하는 양상으로 변화하였다.

2차 세계 대전 이후 소련은 1946년부터 북한의 교육기관 설립 및 전문가 양성을 지원함으로써 북한의 과학기술 기반 강화에 기여했다. 특히 김일성종합대학 설립 지원, 북한 학생들의 소련 유학 지원 등을 통해 북한의 고등교육 체계 구축과 과학기술 인력 양성에 적극적으로 협력하였다. 이러한 지원은 북한의 사회주의 체제 구축에 기여한다. 또한 1950년대 중반 이후에는 소련과 북한 간 과학자 교류 및 공동연구가 어느 정도 가능한 수준까지 북한의 과학기술 역량을 끌어올리게 된 것이다. 소련의 과학외교는 북한의 과학기술 발전을 촉진하는 동시에 한반도에서 소련의 영향력을 확대하는 데 중요한 역할을 담당했다.

제2차 세계 대전 이후 소련은 북한에 대한 과학기술 이전을 통해 사회주의 체제 구축 및 경제 현대화를 지원하고, 이를 기반으로 북한을 사회주의 진영의 성공적인 모델로 구축하여 미국과의 냉전 경쟁에서 전략적 우위를 확보하고자 하였다. 소련의 과학외교는 단순한 기술 지원을 넘어, 자국의 교육 및 연구 시스템을 북한에 이식함으로써 장기적인 협력 기반을 구축하는 데 중점을 두었다. 이는 북한의 과학기술 인프라 강화에 기여하는 동시에, 사회주의 체제의 정당성을 강조하는 이념적 도구로 활용되었다. 결론적으로, 북한에서의 '사회주의 과학 체제' 이식 경험은 "과학을 통한 외교 활동", 즉 체제 선전 및 동맹 구축을 위한 과학기술 활용이라는 냉전 시대 소련 과학외교의 특징과 기반을 형성하는 데 중요한 역할을 했던 것이다.

참고문헌

American Association for the Advancement of Science & Royal Society, *New Frontiers in Science Diplomacy*, 2010, https://www.aaas.org/sites/default/files/New_Frontiers.pdf (검색일: 2023.11.10)

Bukharin, N., "More Intelligentsia! More Science! More Inventions", *Soviet Cultural Review* 2-3, 1932, pp.25~27.

Graham, Loren, "Big Science in the Last Years of the Big Soviet Union", *Osiris* 7, 1992.

Kojevnikov, Alexei., "The Phenomenon of Soviet Science", *Osiris* 23-1, 2021, pp.115~135.

Kraft, Alison., and Carola Sachse (eds), *Science, (Anti-)Communism and Diplomacy: The Pugwash Conferences on Science and World Affairs in the Early Cold War*, Leiden: Brill, 2019.

Krasnyak, Olga, *National styles in science, diplomacy, and science diplomacy: A Case Study of the United Nations Security Council P5 Countries*, Leiden: Brill, 2018

"Prof. P. Kapitza and the USSR", *Nature* 135, 1935, pp.755~756, https://www.nature.com/articles/135755a0 (검색일: 2023.11.20.)

Schweitzer, Glenn E., *Techno-Diplomacy: US-Soviet Confrontations in Science and Technology*, New York: Spinger, 2013

Sutton, Antony, *Western Technology and Soviet Economic Development 1917-1930*, Stanford: Stanford University, 1968

Voronov, R., "Assistance to Scientific Workers in the USSR", *Soviet Cultural Review* 2-3, 1932, pp.48~50

Woo, Donghyun, "Structuring 'People's Science-Technology': The Culture of Science and Technology in Early North Korea, 1945-1950", *Korea Journal for the History of Science* 44-2, 2022, pp.297~319.

강호제, 『북한 과학기술 형성사』 1, 선인, 2007.
김태윤, 「해방 직후 북한의 과학기술 교육기관 설립과 체제형성」, 『통일과 평화』 10-2, 2018, 116~155쪽.
「시대가 요구하는 새로운 구도: 세계적인 과학연구소 순례」, 『동아일보』, 1936.01.01.
신효숙, 『소련군정기 북한의 교육』, 교육과학사, 2003.
신보람, 「소비에트 러시아 공공외교의 기원: 1921~1922년 러시아 대기근과 소연방대외문화교류협회의 탄생」, 『슬라브학보』 36-3, 2021, 19~52쪽.
「인류의 행복과 평화를 위하여 복무하는 쏘련의 선진적 과학을 더 많이 배우자」, 『과학세계』 7, 1950.
쩨렌찌이 쉬띄꼬프, 쉬띄꼬프일기 1: 1946년 9월 7일, 국사편찬위원회 해외사료총서: 쉬띄꼬피일기, https://db.history.go.kr/diachronic/level.do?levelId=fs_010r_0010_0010_0020 (검색일: 2024.12.02)
정근식·김윤애·임수진, 「북한에서 소련형 대학 모델의 이식과 희석화」, 『아시아리뷰』 7-1, 2017, 109~150쪽.

АН СССР, “Устав Академии наук СССР 1927”, *Президентская библиотека имени Б.Н. Ельцина*, https://www.prlib.ru/item/1089553 (검색일: 2023.11.20)
Елена Синельникова, “Международная деятельность научных обществ в 1920-е гг.”, *Социология науки и технологий* 11-2, 2020, pp.160~176
Ленин,Владимир., “Три источника и три составных части марксизма”, *Просвещение* но. 3, 1913, https://www.marxists.org/russkij/lenin/1913/03/a.htm (검색일: 2023.11.20)
Ленин,Владимир., “Очередные задачи Советской власти”, *Правда*, 28 апреля 1918, https://www.marxists.org/russkij/lenin/works/36-2.htm (검색일: 2023.11.20)
Отношения Советского Союза с народной Кореей. 1945-1980: документы и материалы, Наука, 1981.

6 **7** 8

시베리아횡단철도 건설을 둘러싼 역사적 쟁점 소고

: 군사·전략적 가치와 경제적 가치와의 대립적 관점과 한반도와의 관련성을 중심으로

‖ 정세진

국문요약

이 글은 시베리아횡단철도의 군사 전략적 가치와 경제적 가치의 담론을 제시하고 이를 한반도와 연계하여 횡단철도의 역사적 의의를 모색하는 내용으로 구성되었다. 군사·전략적 가치를 더 중요하게 여기는 이들은 시베리아횡단철도가 19세기 말에 착공됨으로써 동아시아 지역으로 진출하고자 하는 제국들이 군사적, 외교적 우위를 확보하기 위해 지전략적 경쟁을 벌이고 그 경쟁이 매우 치열했다고 주장한다. 그러나 시베리아횡단철도는 경제적, 산업적 가치가 더 중요했기 때문에 건설되었다는 주장도 매우 중요하다.

이 글은 시베리아횡단철도에 관련된 쟁점을 통해 당시 한반도철도와의 관련성을 고찰하였다. 동아시아 국제관계사는 철도를 중심으로 펼쳐졌다. 일본은 한반도철도를 완성하고 러일전쟁에 승리하면서 만주로 세력권을 넓혀나갔다. 일본이 만주로 진출하기 위해 가장 먼저 구축해야 하는 철도가 한반도종관철도였다. 일본은 시베리아횡단철도가 한반도에 대한 세력 확장의 수단으로 건설되었으며, 이러한 이유로 한반도종관철도를 완성하면서 러시아에 강력히 대립하였으며, 종국적으로 러일전쟁에서도 승리하였다.

1. 서론

19세기 러시아는 다양한 목적으로 철도 부설을 추진하였다. 러시아는 나폴레옹 전쟁을 계기로 유럽의 강대국으로 진출할 수 있었으며, 이후 철도 부설을 통해 유럽 국가의 일원이 되는 토대를 마련하였다. 러시아는 1891년 '시베리아횡단철도Trans Siberia Railway(향후 '횡단철도'로 표기)'를 기공했다. 러시아는 시베리아 6개 지역에서 동시다발적으로 철도 건설에 들어갔으며, 청나라와 협약을 통해 동청철도 건설에 나서 이 철도를 횡단철도와 연결하였다. 횡단철도는 1차적으로 1904년에 완성되었다. 그러나 일본이 러일전쟁 승리를 기점으로 만주에 진출하면서 러시아는 동청철도와 연결되는 횡단철도가 아니라 내륙을 직접 연결하는 철도를 연결해야 한다는 계획을 세우고 블라디보스토크에 직접 연결될 수 있는 아무르 철교를 1916년에 건설하고 최종적으로 내륙을 통관하는 횡단철도를 완성했다. 세계 최장의 철도선인 횡단철도는 모스크바와 블라디보스토크 간 9,466km에 이르는 대형 철도이다.

그런데 횡단철도 건설 목적의 이유를 두고 학자들과 철도 전문가 사이에 오랫동안 쟁점이 있었다. 러시아가 군사·전략적 가치 때문에 횡단철도를 건설했다는 주장과 이에 대립되는 측면으로 경제적·산업적 가치를 더 중시했기 때문에 철도 건설에 나섰다는 관점이다.

군사·전략적 가치를 더 중요하게 여기는 이들은 횡단철도가 19세기 말에 착공됨으로써 동아시아로 진출하고자 하는 제국들이 군사적, 외교적 우위를 확보하기 위해 지전략적 경쟁을 벌이고 그 경쟁이 매우 치열했다는 점을 그 이유로 내세웠다. 러시아는 횡단철도를 통해 중국 대륙과 만주까지 군사 세력을 확장하고 이를 한반도까지 네트워크하고, 동아시아의 절대 강자가 되고자 하는 목적으로 거대 철도를 건설했다. 일본이 한반도종관철도(한반도 종단철도)를 통해 한반도를 점령하고 이를 기반으로 만주와 중국 대륙으로 진출했기 때문에 횡단철도의 군사 전략적 가치의 중요성도 매우 컸다.

그러나 이에 반해 횡단철도는 경제적, 산업적 가치가 더 중요했기 때문에 건설되었다는 반론도 만만치 않다. 이런 관점의 학자들은 러시아가 횡단철도를 통해 중국 등 동아시아의 광대한 경제 인구를 겨냥, 상품 판매 시장을 창출하고 철강과 면방직 산업 소비를 증진시켜 러시아 경제를 획기적으로 발전시킬 수 있다는 점을 강조했다. 특히 청나라의 차 무역을 유럽과 연결하여 발전시킬 수 있다는 점에서 횡단철도 건설은 경제적 가치에 중점이 있었으며, 러시아 정부도 그 이유로 철도 건설을 실행했다는 것이다.

횡단철도 건설 목적을 두고 관점이 첨예하게 갈리는 이유는 19세기 말, 20세기 초, 동아시아 정세가 매우 복잡했기 때문이다. 동아시아에서 러시아 세력 확대의 가장 큰 걸림돌은 일본의 동아시아 패권 야욕이었다. 동아시아철도 국제관계사의 핵심 국가는 러시아와 일본이었다.

횡단철도는 1891년 기공되었는데, 러일전쟁 13년 전이었다. 횡단철도가 건설되면, 대규모 병력의 이동이 신속하게 이루어질 수 있다. 동시에 전략적 장소로 병력이 집합하는 강점이 있다. 횡단철도 건설은 러시아 본토에서 한반도, 그리고 만주로 대규모 군대를 빠른 속도로 이동시키는 강력한 운송 체계를 갖출 수 있다는 것을 의미한다. 착공 당시 러일전쟁이 발발할 것이라는 예측은 할 수 없었지만, 준공이 가까워지면서 러일 간 한반도종관철도 부설을 둘러싸고 양측이 첨예하게 대립하는 등 양국 관계는 일촉즉발의 위기로 치닫고 있었다. 그런 이유로 학자들은 동아시아 세력권이라는 전체적인 틀에서 철도의 군사적 가치를 높게 평가했다.

일본 군부는 횡단철도 건설 목적을 군사적, 전략적 이유로 간주하고 있었다. 일본은 군부 중심으로 한반도에서 세력을 확대해나갔다. 동시에 러시아도 베조브라조프 등 강경파를 중심으로 횡단철도를 통해 동아시아 철도 패권을 장악하겠다는 강력한 의지를 보이면서 러시아와 일본이 한반도에서 충돌 양상을 보여주었다. 철도의 군사적, 전략적 가치의 중요성이 한반도와 결정적으로 관련되었다.

그러나 횡단철도 부설의 경제 가치에 주목하는 학자들의 견해는 상기 관점과는 변별된다. 이들은 횡단철도 건설을 기획하고 실행한 재무성 장관인 '세르게이 비떼Сергей Витте; Sergei Bitte'가 횡단철도를 통해 국가의 부富의 창출에 활용하였다는 점을 그 근거로 내세운다. 러시아 내에서 철도는 경제 시장 및 산업 발전의 필요성 때문에 부설되었고 경제 발전에 기여하였다. 철도 부설의 결정적 이유는 비떼가 적극적, 주도적으로 건설에 나섰기 때문이다. 그는 횡단철도의 기공 다음 해인 1892년부터 1903년까지 재정부 장관이었다. 비떼는 러시아 산업화 정책을 주도했다. 과거 정치적, 군사적 수단으로 제국주의 통치를 일삼았던 전통적 방식에서 벗어나 소위 '경제적 제국주의'에 중점을 두었다. 철도를 통해 시장을 확보하고 자본수출이 중심이 된 정책이었다. 비떼는 경제 발전을 위해 만주 지역으로 평화로운 침투 정책을 채택했다. 그러한 과정에서 중국 측을 설득하여 동청철도를 부설했다. 이러한 양립된 견해를 토대로 이 글은 횡단철도의 부설 쟁점을 군사적 가치와 경제적 가치로 구분하여 설명하고 이를 한반도 상황과 연결하여 조선, 혹은 대한제국을 상대로 급박하게 돌아갔던 동아시아 국제관계사를 분석하는 내용으로 구성되었다. 이 글은 횡단철도 건설 목적의 상이성을 분석하고 이를 비교적으로 설명하는 방식을 택하였다. 그리고 횡단철도 건설과 한반도와의 관련성을 러시아와 일본의 대립적 구도로 규명하면서 횡단철도 부설의 목적을 논증하였다.

2. 횡단철도 부설 목적에 관련된 선행 연구

이 주제와 관련, 횡단철도의 부설 목적에 대한 선행 연구는 다음과 같다.

국내 연구는 주로 19세기 말, 20세기 초, 동아시아 국제관계사 연구 학자들에 의해 이루어졌다. 한국 근대사 전공 학자들은 러시아 제국의 횡단철도 건설 목적을 동아시아 국제관계사로 이해하였다. 횡단철도 건설은 궁극적으로 동아시아에서 국가 패권을 쟁취하기 위한 시도이며, 부설 목적을 군사적 가치와 경제적 가치로 해석하였다.[1]

첫째, 횡단철도 건설 목적을 러시아 정부의 경제적 가치에 더 주안점을 두고 해석하는 학자들은 철도 기획과 부설에 있어 결정적 역할을 담당한 재무장관 비떼가 경제적 가치를 우선적으로 중시했다는 점을 들어 철도 건설은 경제적 가치를 극대화하기 위한 목적으로 이루어졌다고 해석한다. 이런 관점에서 비떼의 정치적 역할, 그리고 동아시아 국제관계사에서 그가 취한 일련의 정책과 국가 결정 사항 등을 토대로 경제적 가치에 주목한 일련의 연구가 진행되었다. 장은주, 최덕규, 석화정, 남기정의 연구가 있다.[2]

---

1) 조철호 · 김현철, 「시베리아 횡단열차와 러일전쟁: 철도의 군사적 가치를 중심으로」, 『한국평화연구학회 학술회의 2008 추계 학술세미나』, 서울: 한국평화연구학회, 2008; 진시원, 「동아시아 철도네트워크의 기원과 역사: 청일전쟁에서 태평양전쟁까지」, 『國際政治論叢』 제44집 3호, 서울: 국제정치학회, 2004; 진시원, 「동북아시아 철도건설과 지역국가관계의 변화: 19세기 후반과 20세기 초반 제국주의시기를 중심으로」, 『평화연구』 제12권 2호, 서울: 고려대 평화연구소, 2004.

2) 장은주, 「위떼의 만주 정책과 영-일의 대응(1896-1902) – 철도 건설을 둘러싼 열강의 이해 대립을 중심으로」, 『세계역사와 문화연구』 제 24집, 서울: 한국세계문화사학회, 2011; 최덕규, 「비떼의 대한정책과 한러은행」, 『슬라브학보』 제14권 2집, 서울: 한국슬라브유라시아학회, 1999; 석화정, 「위떼의 동청철도 부설권 획득 경위」, 『중소연구』 71집, 서울: 한양대 아태지역연구센터, 1996; 김영수, 「러시아: 러일전쟁 패배를 보는 두 시각 – 비떼와 꾸라빠뜨낀의 논쟁을 중심으로」, 『역사비평』 69, 2004; 남기정, 「지정학의 시대와 러일관계의 전개」,

장은주는 비떼의 철저한 철도 지배 권력에 대해 서술했다. 비떼는 러청 은행을 설립했다. 이 은행에는 프랑스 은행가의 자본이 많이 투입되었다.주로 철도와 관련된 금융 업무가 행해졌다. 최덕규는 비떼의 러시아 산업화 정책을 분석하면서 철도 건설과 한러은행의 상관관계를 주로 논증했다. 석화정은 철도 건설의 운송료를 절감하고 횡단철도 노선을 단축하기 위한 목적으로 동청철도가 부설되었다는 입장을 제기하였다. 이외에도 동부 시베리아 지역을 러시아의 경제적 상황과 연계하면서 산업 단지, 광범위한 농업 지대, 거대 산림지대, 해양 지대, 광업 지대로 분류하여 철도의 경제적 가치가 창출되었다는 견해도 있다.[3] 경제적 가치라는 관점에 따르면, 횡단철도는 유럽과 아시아 간의 무역 증대, 즉 청나라의 차를 유럽으로 수출하거나 아시아의 상품시장화를 목적으로 부설되었다.

둘째, 횡단철도 건설이 군사·전략적 가치에 있다고 주장하는 견해에는 러시아 대외정책의 일환으로 횡단철도 부설은 불가피했다는 점이 부각되었다. 러시아 대외정책의 핵심은 전통적으로 부동항을 획득하는 것이었는데, 남하 정책과 극동 시베리아의 육상력을 강화, 확대하기 위해 철도 부설이 이루어졌다는 주장이다. 이런 견해에 동조하는 이들은 동방정책의 일환으로 러시아가 만주와 한반도로 군사적인 침투를 하고 있었다는 점을 예로 든다. 비떼가 중국 대륙과 만주에서 경제적 침투를 최우선 전략으로 여겨 철도 정책을 추진하였지만, 그러한 측면보다 정치적, 군사적 가치가 훨씬 더 중요했다는 견해이다. 진시원, 조철호, 장은주, 강성학, 이웅현은 논문과 저서를 통해 이에 대해 유의하고 있다.[4]

『평화연구』 11집 4호, 서울: 고려대 평화연구소, 2003.

3) 정세진, 「19세기 시베리아횡단철도 건설의 과정과 목적: 경제적, 산업적 가치를 중심으로」, 『한국시베리아연구』 22권 2호, 서울: 배재대학교 한국-시베리아센터, 2018.

이런 관점의 학자들은 러시아가 중국으로 세력 확장을 추진하면서 1896년 동청철도 부설권을 획득하고 1897년부터 동청철도 건설에 나섰는데, 그 행위 자체가 군사적 가치에 더 방점이 있는 것이라고 해석한다. 동청철도 노선이 횡단철도와 연결되면서 사실상 동청철도는 횡단철도와 동일한 철도 노선이 되었다. 동청철도는 경제적 제국주의가 아닌 식민지 확대를 통한 영토 팽창의 목적이 있었다. 이는 국익 강화를 위한 군사적 제국주의의 가치를 실현하기 위한 것으로 간주되었다. 조진구, 이철우, 정재정은 이런 견해에 동조한다.[5]

횡단철도 건설의 목적을 러시아의 전통적인 가상 적국인 영국과의 세력 경쟁으로 촉발되었다는 관점으로 고찰할 필요성이 있으며, 영국 이외에도 프랑스, 독일, 미국 등 서방과의 관계, 한반도에서의 일본의 팽창 전략 등을 종합적으로 고찰해야 한다는 입장도 개진되었다.[6] 한국 근대사 전공 학자들은 한반도종관철도를 동아시아 국제관계사로 분석하는 연구 작업을 진행해왔다. 러시아와 일본은 횡단철도의 한반도 연결 가능성을 놓고 동아시아철도 국제관계사에서 강력히 경쟁하게 되었다는 관점으로 기술되었다.[7] 일본은 제국주의의 일환으로 중국 대륙과 만주로

---

4) 조철호, 「초국가적 동북아 철도 네트워크의 기원과 성격: 시베리아횡단철도 건설과 군사적 제국주의」, 『한국정치외교사논총』 제33권 1호, 서울: 한국정치외교사학회, 2011; 장은주, 「동북아철도와 러-일 관계 1891-1904－일본의 종단철도 계획에 미친 베조브라조프의 영향력」, 『역사와 담론』 30집, 청주: 호서사학회, 2001; 강성학, 『시베리아 횡단열차와 사무라이. 러일전쟁의 외교와 군사전략』, 서울: 고려대 출판부, 1999; 이웅현 편, 『동아시아철도네트워크의 역사와 정치경제학』 II, 서울: 리북, 2008.

5) 조진구 편, 『동아시아철도네트워크의 역사와 정치경제학』 I: 근대화와 제국주의의 명암, 서울: 리북, 2008; 이철우, 「일본의 철도부설과 한국민족주의의 저항」, 『평화연구』 제12권 2호, 서울: 고려대 평화연구소, 2004; 정재정, 『일제침략과 한국철도』(1892-1945)』, 서울: 서울대학교 출판부, 1999; 정태헌, 『한반도철도의 정치경제학－일제의 침략통로에서 동북아공동체의 평화철도로－』, 서울: 선인, 2017.

6) 김지환, 「제정러시아의 제국주의와 동방정책의 역사적 고찰－동청철도를 둘러싼 중러관계의 변화를 중심으로」, 『중국학보』 50집, 부천: 한국중국학회, 2004.

진출하기 위해 한반도종관철도를 종국적으로 완성했다. 20세기 이후 일본은 남만주철도와 동청철도를 차지하면서 동아시아의 강자로 등장하는 계기가 되었다. 피터 두스, 김원수, 박경수, 이기완 등의 연구에 이러한 견해가 피력되고 있다.[8]

이외에도 일본이 만주로 세력을 이어가기 이전 한반도종관철도의 부설과 완성, 그리고 이 철도를 자신의 세력권에 포함시키는 패권 사업을 추진한다는 관점의 연구가 지속적으로 제기되었다. 일단의 해외학자들도 이런 관점에 유의하였다.[9] 일본이 추구한 동아시아 패권의 기초 사업이 한반도에서 이루어졌다. 그것이 일본이 추구한 한반도종관철도의 정치적 목적이었다. 일본은 러일전쟁에서 승리하고 만주와 중국 대륙으로 진출하였다. 일본이 이를 위해 가장 먼저 구축해야 하는 철도가 한반도종관철도였다.

---

7) 井上勇一, 『東アジア 鐵道國際關係史』, 東京, 1989; 이노우에 유이치, 석화정 · 박양신 역, 『동아시아 철도 국제관계사』, 서울: 지식산업사, 2005. 일본 연구서로는 아사카와(Asakawa), 카지마(Kajima)의 방대한 자료가 있다. K. Asakawa, *The Russo-Japanese Conflict*, New York, 1904; M. Kajima, *Geschichte der Japanischen Aussen- beziehungen, 3 Bde*, Tokyo, 1980.

8) Peter Duus, *The Abacus and the Sword. The Japanese Penetration of Korea, 1895-1910*, Berkeley, Los Angels, London: University of California Press, 1995; 김원수, 「일본의 경의철도 부설권 획득기도와 용암포사건: 러 · 일 개전과 관련하여」, 『한일관계사연구』 제9권, 서울: 한일관계사학회, 1998; 박경수, 「近代 鐵道를 통해 본 '식민지 조선' 만들기-'文明'과 '同化'라는 키워드를 중심으로」, 『일본어문학』 53집, 목포: 한국일본어문학회, 2012; 박종철, 「한반도 철도부설과 제국주의의 경쟁과 음모」, 조진구 편, 『동아시아철도네트워크의 역사와 정치경제학』 I: 근대화와 제국주의의 명암, 서울: 리북, 2008; 이기완, 「제국주의시기 일본의 대외정책과 한반도 철도: 1876~1910」, 『세계지역연구논총』 제38권 3호, 서울: 한국세계지역학회, 2020.

9) B. A. Romanov, *Rossija v Man'czurii*, Leningrad, 1928; A. Malozemoff, *Russian Far Eastern Policy 1881-1904*, Berkeley, 1958; I. H. Nish, *The Origins of the Russo-Japanese War*, London & New York, 1985.

3. 시베리아횡단철도 건설 과정과 그 역사적 함의

러시아의 19세기는 제국의 시기였다. 코카서스(카프카스)와 중앙아시아를 정복하고 시베리아 지역을 확장했다. 무엇보다도 영토 확장이 가장 눈에 띄는 제국주의 정책의 산출물이었다. 1886년 이르쿠츠크 육군 중장이며 총독이던 이그나티예프는 차르에게 횡단철도 부설을 청원했다. 이에 따라 1886년 알렉산더 3세는 횡단철도 건설 계획을 공식적으로 공표했다. 러시아의 시베리아 동방정책이 본격화된 선언이었다. 유럽지역 러시아에서 아시아까지 대규모의 인력과 화물을 수송하는 강력한 수송 수단이 확보된다는 점이 횡단철도 건설의 장점이었다.

진시원이 지적하듯, 횡단철도 건설은 단지 유라시아 대륙을 철도를 통해 북쪽으로 관통하는 운송망이 형성되었다는 차원보다는 동아시아를 둘러싸고 제국주의 국가들 사이에 지전략적, 지경학적인 갈등이 유발된 동인으로 해석할 필요성이 있다. 횡단철도 건설은 동아시아에서 영국과 일본 등이 가졌던 군사적 우위를 역전하기 위한 러시아의 전략적 정책의 결정이라는 해석이 있다. 또 다른 측면에서는 횡단철도 건설로 도리어 일본과 영국 등이 군사적인 대응을 가져오는 현상도 발생했다.[10] 경제 영역에서는 유럽에서 동아시아로 물자 수송을 쉽게 할 수 있는 이점이 있었다. 원래 횡단철도는 유라시아의 강자인 청나라가 러시아를 침공할 가능성이 있기에 동아시아령 러시아를 보호할 목적으로 건설된 측면이 있다. 1887년 횡단철도 부설 계획을 입안했던 위원회의 성명에서도 그 같은 입장이 드러난다.[11]

---

10) 진시원, 「동북아시아 철도건설과 지역국가관계의 변화: 19세기 후반과 20세기 초반 제국주의 시기를 중심으로」, 앞의 책, 61쪽.

11) 홍웅호, 「1858~1898년 러시아의 동아시아 팽창과 만주」, 『동북아역사논총』 14호, 서울: 동북

러시아가 횡단철도를 건설해야 한다는 주장은 러시아의 식민 정책과 연관하여 설명할 필요성이 있다. 러시아는 19세기 중엽 크림전쟁(1853~1856)의 패배로 국가적 손상을 입었다. 특히 서방 국가들이 오스만 투르크를 군사적으로 지원하면서 러시아는 고립되어 전쟁을 치루었는데, 이는 유럽 강국으로 부상하기 위한 러시아에 일대 타격이 되었다. 그러나 러시아는 1816~1864년까지 반세기 동안 이어져 온 코카서스전쟁(카프카스전쟁)에서 승리하고 북코카서스 지역을 완전히 점령하는 데 성공했고 이후로 중앙아시아를 정복하면서 국가적 위신을 세웠다. 중앙아시아에서는 영국과 '그레이트 게임Great Game(거대 게임)'을 벌이면서 패권 경쟁에 돌입했다. 알렉산더 2세가 농노 해방을 단행한 이후인 1861년 4월 27일에 이민법을 제정하였는데, 유럽 러시아 지역의 농민들이 동쪽으로 이주하기 시작했다. 식민 정책을 추진하기 위해 횡단철도가 부설될 필요가 있다는 주장이 줄곧 제기되었다.[12]

비떼는 1892년에 러시아 재무상으로 취임하였는데, 그 이전인 1891년에 시베리아철도위원회를 조직하였고 황태자 니콜라이 2세를 위원장으로 천거했다. 횡단철도 건설은 러시아의 군주 알렉산더 3세 통치기(1881~1894)에 이루어졌다. 그는 1891년 5월 횡단철도 착공을 선언하였다. 1891년 블라디보스토크에서 역사적 기공식이 열렸다. 기공식에 알렉산더 3세는 참여하지 않았지만, 당시 황태자인 니콜라이 2세가 참여했다.

비떼가 재무상으로 재직하면서 횡단철도 부설은 순조롭게 진행되었다. 비떼는 유럽에서 차관을 들여와 상품 수출을 통해 이익을 얻기를 원했으며, 그런 측면에서 신속한 교통수단인 철도가 시베리아 대륙에서

아역사재단, 2006, 119쪽.

12) 김지환, 앞의 글, 165쪽.

건설되기를 원했고 결국 이를 이루어냈다. 강력한 황제의 의지도 필요했는데, 당시 알렉산더 3세도 비떼의 의견을 수용하고 그의 정책 구상을 받아들였다.[13] 비떼는 알렉산더 3세 서거 이후에 니콜라이 2세에게 횡단철도를 "위대한 알렉산더 철도"로 명명하자고 제안하였다. 비떼는 알렉산더 3세가 횡단철도 부설에 지대한 공헌을 하였다고 인정하였고 알렉산더 3세의 사망 이후에 그를 기리기를 원했다.[14]

횡단철도 건설은 6개 구간에서 동시에 착공되었다.

첫째, 첼라빈스크-옴스크 구간으로 '서부 시베리아 철도'라고 불린다. 1,415km이다.

둘째, 옴스크-이르쿠츠크 구간으로 '중앙 시베리아 철도'이다. 1,828km이다.

셋째, 이르쿠츠크-미소야가 구간으로 '바이칼 철도'로 318km이다.

넷째, 미소야가-스트레텐스크 구간으로 '트랜스 바이칼 철도'이다. 총 1,076km이다.

다섯째, 스트레텐스크-하바롭스크 구간이다. '아무르 철도'라 불렸다. 2,132km이다.

여섯째, 하바롭스크-블라디보스토크 구간이다. '우수리 철도'로 764km이다.[15]

철도 건설은 1891년부터 1904년까지 진행되었는데, 완공 시점은 1904년과 1916년으로 구분된다. 1904년에는 모스크바와 블라디보스토크까지

---

13) 황영삼, 「시베리아 철도부설과 제정러시아의 東아시아 정책」, 『슬라브연구』 제16권 2호, 서울: 한국외대 러시아연구소, 2000, 116쪽.

14) ГАРФ, ф.543, оп.1, д.357,лл.1~13.

15) 최연혜, 『시베리아횡단철도: 잊혀진 대륙의 길을 찾아서』, 서울: 나무와 숲, 2006, 30쪽; 정세진, 앞의 글, 130~131쪽.

1차적으로 철도선이 연결되었다. 일부 구간은 동청철도로 건설되었다. 러시아는 러일전쟁 패전 이후 일본이 남만주철도를 차지하자 일본의 중국 대륙으로의 진출을 방해할 목적으로 아무르 강(흑룡강) 철교 건설에 나섰는데, 난공사 끝에 1916년 블라디보스토크까지 연결되었다.[16] 모스크바와 블라디보스토크 간 총 연장 9,466km이다. 러시아 철도 건설은 러시아 제국의 확장과 관련이 깊다. 횡단철도 건설 과정도 그러했다.

횡단철도 건설의 역사적 의의는 어떻게 설명할 수 있을까? 횡단철도는 러시아의 동서를 연결했다. 역사적 가치 측면에서 이는 대단한 사건이다. 모스크바－블라디보스토크까지 철도 구간이 형성되었다. 즉 러시아 철도가 태평양까지 연결되었다는 사실이다. 러시아의 수도이며 메트로폴리탄인 모스크바가 시베리아까지 가깝게 이어졌다. 시베리아의 생산물 수출이 가능하게 되었다. 횡단철도 건설 이후 러시아에 유리하게 작용한 것은 중앙아시아와 시베리아를 잇는 '투르키스탄－시베리아 철도'가 건설되었다는 점도 있다.[17]

러시아가 횡단철도 건설에 나선 배경을 진시원은 다음과 같이 정리하고 있다.[18] 첫째, 러시아 농민들을 시베리아, 극동으로 이주시키고자 했는데, 가장 효과적인 운송 수단이 철도였다. 둘째, 러시아가 해양으로 세력을 확장하는 과정에서 부동항 확보를 위한 남진 정책의 일환이었다. 셋째, 경제적 측면에서 횡단철도는 경제 성장의 강력한 수단이었다. 넷째, 군사적, 전략적 차원에서 횡단철도 건설을 통해 영국과 일본의 세력 확장을

16) 진시원, 「동아시아 철도네트워크의 기원과 역사: 청일전쟁에서 태평양전쟁까지」, 앞의 책, 128쪽.

17) 정세진, 「제정러시아의 철도 역사에 관한 소고: 시베리아횡단철도와 중앙아시아 철도를 중심으로」, 『슬라브학보』 32권 1호, 서울: 한국슬라브・유라시아학회, 2017, 330쪽.

18) 진시원, 「동북아시아 철도건설과 지역국가관계의 변화: 19세기 후반과 20세기 초반 제국주의 시기를 중심으로」, 앞의 책, 62~64쪽.

방지하는 수단으로 효과적인 수단으로 기능했다.

4. 시베리아횡단철도 건설의 군사 · 전략적 가치

조철호는 진시원과 겹치는 부분이 있지만, 횡단철도 건설 목적을 5가지 정도로 예시하였다.

첫째, 러시아의 유럽지역 인구를 효과적으로 이동시키는 철도 운송 수단을 창출하기 위한 것으로 집단적 이주 목적이었다.

둘째, 중국과의 국경 분쟁에서 세력 면에서 우위를 얻기 위한 전략적 고려 때문이다.

셋째, 러시아 대외정책의 목표였던 부동항을 얻기 위한 지전략적 정책 수단이었다.

넷째, 유럽과 동아시아 간의 무역을 통한 경제 이익을 증대하기 위함이다.

다섯째, 극동에서 약화된 해군력을 극복하고 육상 군사력을 강화하기 위한 군사 전략 측면이었다.

경제적 가치 측면에서 부각된 것은 유럽과 아시아 간 무역 교류 정도였다. 이에 반해 군사적 가치로는 남하 정책, 극동에서의 육상력 강화와 확대 등으로 요약된다.[19] 횡단철도 건설을 시작한 이후 러시아는 1896년 청나라로부터 동청철도 부설권을 얻었으며, 1898년에는 동청철도의 남만주지선 부설권을 획득함으로써 북만주와 남만주를 아우르는 거대한 철도 네트워크를 구성할 수 있었다.

횡단철도 건설 목적이 군사, 전략적 가치에 있다고 주장하는 학자들은

---

19) 조철호, 앞의 글, 103쪽.

러시아는 부동항을 획득하고 극동에서 육상력을 강화하고 아시아권으로 진출하기 위한 동방정책을 꾸준히 추구했다는 점을 강조했다. 18세기 이래 동방정책은 러시아 대외정책의 핵심이었다. 러시아는 남부 평원지대를 정복하였고, 오스만 투르크 접경 지역까지 흑해, 아조프해를 확보하는 군사 팽창 정책을 추진해왔다. 동방정책은 러시아 군사 대국화의 핵심이었고 동아시아를 향한 제국주의 팽창 정책이었다. 러시아는 이를 구현하기 위해 횡단철도를 건설하면서 동아시아 패권을 장악하고자 시도했다.

동방정책의 핵심은 부동항 획득이었다. 러시아가 오스만 투르크와 여러 번의 전쟁을 벌인 이유는 흑해에서 부동항을 획득하기 위해서였다. 러시아가 극동의 부동항 획득을 위해 횡단철도를 건설하는 것은 러시아 대외정책에 부합한다. 러시아는 국가 총력을 철도 건설에 매진하고 동아시아 패권 세력 경쟁에 주도적으로 참여했다. 러시아의 동방정책이 진행되면서 20세기 초 러일전쟁이 발발하였다.

홍웅호에 따르면 러시아는 1884년에 바이칼호 동쪽의 시베리아 행정단위를 이르쿠츠크와 프리아무르 총독 관할 구역으로 구분하는 계획을 입안했다. 그 목적은 러시아가 새롭게 점유한 연해주 통제를 강화하기 위함이었다. 이는 러시아가 청나라로부터 동아시아령을 방어하는 내부정책을 수립했다는 것을 의미한다. 횡단철도는 본토에서 더 가까운 우랄산맥 서쪽으로 대표되는 러시아 유럽 지역과 동부 시베리아 및 극동을 연결하는 수단이 된다.[20] 즉 철도 건설의 목적은 군사적 이유였으며, 청의 공격에서 러시아 수호가 일차적인 목표였다. 횡단철도 건설은 동북아에서 세력 우위를 보이던 영국과 일본의 지위를 역전시킬 수 있는 전략적 결정체였다. 러시아가 철도를 건설하는 과정에 군사력을 강화하자 이에 자극받고

20) 홍웅호, 앞의 글, 118~119쪽.

영국과 일본이 군사적 대응에 나선 원인이 되었다.[21]

러시아도 인식을 하고 있었는데, 횡단철도가 건설된다면, 극동으로 러시아 군인들을 수송하는 데 유리한 전략적 국면을 러시아가 가질 수 있었다. 일본도 동일한 판단을 하였다. 이런 관점에서 러일전쟁 발발 이전 횡단철도는 러시아 군대 지원의 군사적 목적으로 활용되었다.

러시아 내 횡단철도 건설의 관점에 대한 의견이 갈라졌다. 정부 인사들끼리 주요한 정책적 차이점이 있었다. 비떼가 철도를 둘러싼 동아시아 패권 전략에 있어 온건파 입장을 가졌다면, 베조브라조프Bezobrazov는 급진파 입장을 대변했다. 베조브라조프는 러시아의 한반도 정책을 강경책으로 선회하게 만든 인물이었고 일본 견제 정책을 강하게 추진했다. 횡단철도 건설과 관련, 한반도와 연간이 있는 이들을 '베조브라조프 그룹', 혹은 '한국인들'이라 불렀다. 이 강경파 그룹은 러시아가 한반도로 세력을 더 확장해야 한다고 주장했다. 베조브라조프는 횡단철도와 동아시아의 관계에 있어 군사적 가치를 더 우위에 두었던 인물이었다. 이들의 계획은 시베리아와 만주까지로 집중된 세력권을 한반도로 확장하고 일본과의 대결에서 우위에 서고 동아시아 패권을 장악하자는 것이었다.

베조브라조프의 한반도 정책의 핵심은 한반도를 잇는 철도사업이었다. 즉 중국과 한국을 철도로 연결하고 한반도를 전략 기지로 만들고 군사 요충지로 러시아 세력권으로 편입시키겠다는 목표였다.[22] 그는 길림을 기점으로 하여 동해의 신포항에 연결하고 이를 다시 원산, 평양을 지나 여순항까지 철도로 연결하는 세부 계획을 세웠다. 이렇게 연결이 된다면, 동해의 부동항인 신포, 원산, 의주, 용암포는 러시아 세력권으로

21) 진시원, 「동북아시아 철도건설과 지역 국가관계의 변화: 19세기 후반과 20세기 초반 제국주의시기를 중심으로」, 앞의 책, 61쪽.

22) D. S. Cnst, op. cit., p.327.

포함될 수 있다. 만주에서 러시아의 입지가 강화되고 일본, 중국 영향력을 차단할 수 있었다.[23] 러시아 외교의 숙원인 부동항 확보에도 성공할 수 있었다. 그러나 그의 계획은 비떼의 반대에 부딪혔다. 비떼는 러시아 내의 동북아 정책에 있어서 막강한 권한을 가지고 있었으며, 강경파가 주장한 '동아시아 무역회사' 건립에 필요한 재정 지원을 거부하였다. 비떼와 당시 외무장관인 무라비예프는 시베리아, 만주 방어에 주력하고 있었던 상황이라 베조브라조프의 계획은 성사되기 어려웠다.[24]

5. 시베리아횡단철도 건설의 목적: 경제적, 산업적 가치

횡단철도 부설 목적을 경제적 가치로 평가하는 견해에는 주로 철도 부설의 정책 결정 과정에서 드러난 비떼의 구상과 발언에 그 근거를 두고 있는 편이다. 횡단철도 건설의 경제적 가치라는 담론에는 비떼가 결정적으로 연관되어있다는 것은 전혀 부인할 수 없는 사실이다. 비떼는 러시아 중공업 발전에 강하게 매진했다. 시베리아 산업혁명의 핵심 사건은 횡단철도 건설이었다. 러시아 산업화 과정의 주요 요소는 중공업 발전이었다. 철도 건설로 시베리아 주요 도시가 산업 중심지로 부상하였으며, 이 도시들은 러시아 및 세계 시장을 연결한 매체가 되었다. 시베리아 경제는 러시아 전체 경제시스템으로 급속히 합류하였다.

한반도에서 삼국간섭 이후 국제정세는 러시아에 절호의 기회로 작용했다. 러시아가 삼국간섭을 주도하였으며, 이는 러시아 외교의 큰 승리였다.

---

23) 장은주, 앞의 글, 153쪽.
24) 위의 글, 140쪽.

러시아는 1894년 10월에 알렉산더 3세가 사망한 이후 니콜라이 2세가 차르로 러시아를 통치하고 있었다. 비떼가 재무장관으로 극동 정책을 이끌고 있었는데, 일본의 요동 반도 획득에 위기감을 느끼고 삼국간섭을 주도했다. 횡단철도가 건설되던 1890년대 러시아가 삼국간섭을 통해 얻은 소득이라면, 일단 일본의 대륙진출을 차단했다는 점이다. 러시아는 내부적으로 시장 확보라는 경제적 이익을 자주 강조했는데, 이는 러시아 군부의 영토 팽창 논리를 저지하는 효과가 있었다. 비떼는 철도의 경제적 가치에 더 주목했다. 즉 그는 만주와 조선으로 "평화로운" 경제침투를 강조하였고, 그런 관점으로 만주와 조선을 대해야 한다고 주장했다.

비떼는 청일전쟁에서 청나라가 일본에 무력하게 패배하는 것을 보면서 시베리아횡단철도의 일부 구간을 만주 관통의 철도를 부설하는 목적을 가지고 행동에 나섰다. 결국 그것이 동청철도가 탄생하는 배경이 되었다.[25] 러시아는 중국과 일본의 대립을 이유로 동아시아 국제관계에 적극 개입하는 전기를 마련했다. 러시아는 1891년 횡단철도를 기공하였고 이 철도를 건설하면서 동시에 횡단철도와 이어지는 동청철도 부설권을 청나라로부터 획득하고 1897년 동청철도를 건설하기 시작했다. 삼국간섭으로 러시아는 동청철도의 부설권을 획득했고 여순항-대련만 조차권을 얻고, 여순항Port Arthur을 1898년에 점령하고 이후 1898년에 동청철도 남만주지선(남만주철도) 부설권까지 가지게 되었다.

비떼는 러시아의 산업화 정책을 주도한 인물이었다. 그는 군사적 수단을 통해 식민지를 건설하던 과거의 전통적 방식에서 벗어나 철도와 자본 수출을 위주로 시장 확보 정책을 추진하는 '경제적 제국주의'에 중점을 두었다. 이 과정 중에 1897년 12월 비떼가 주도하여 한러은행이

25) 최덕규, 「러시아의 대만주정책과 동청철도 (1894-1904)」, 『만주연구』 1, 2004, 9쪽.

설립되었는데, 이는 경제적 의미에서의 대 한반도 침투 정책의 일환이었다.[26] 비떼는 만주로 평화로운 침투 정책을 채택하였고, 그 과정에 구현된 사업이 동청철도 부설이었다. 비떼는 동청철도 부설은 경제적, 기술적 요구로 이루어진 것이고 정치적, 군사적, 침략적 의도는 없다고 주장하였다.

그렇다면 비떼는 러시아 경제와 산업 발전에 있어서 횡단철도 부설의 효과를 어떻게 상정하였을까?

비떼는 러시아 경제 정책 입안에서 결정적 역할이 철도 부설에 있다고 보았으며, 그 목적을 대부분 경제적 영역으로 파악했다. 그는 철도 건설로 인해 러시아의 공학-기술적 발전이 증대될 것이며, 산업 발전에 엄청난 기여를 할 것으로 확신했다.[27] 비떼는 횡단철도에 연결되는 동청철도 부설에 경제적 가치만 있다고 주장한 것은 아니었으며 정치적, 전략적 의도가 있다는 점을 인정하였다. 그러나 철도 부설의 강력한 의지는 경제, 산업 발전에 있었다. 정부가 횡단철도 건설을 추진한 이유도 시베리아 서부 지역의 발달된 공업이 동부 시베리아 및 극동지방으로 연결될 수 있다는 확신이 있었기 때문이다.

그는 동청철도를 통해 최단 시간 내에 블라디보스토크, 만주, 황해 해안, 그리고 중국 수도에서 가까운 지역으로 군대, 군수 물품의 운송이 가능하다고 강조했다.[28] 동청철도를 통해 횡단철도를 한반도까지 연결하고자 시도한 비떼가 1896년, 청나라로부터 동청철도 부설권을 획득한 이유도 동청철도를 통해 한반도를 연결하여 청나라와 조선을 러시아 상품시장의 대상지로 삼고자 하는 지향점이 있었기 때문이었다. 그러나

---

26) 최덕규, 「비떼의 대한정책과 한러은행」, 413쪽.

27) Дитмар Дальман, *Сибирь с XIX в. и до настоящего времени*, Москва: Росспэн, 2016, с. 273.

28) 宓汝成, 『近代中國鐵路史資料』, 文海出版社, 1977, 341쪽.

결국 일본이 이를 실현하게 되었다.[29]

횡단철도 건설의 가장 큰 경제적 의의는 시베리아 산업 발전의 새로운 단계가 1880~1890년대 철도 부설로 시작되었다는 점이다. 즉 횡단철도 건설은 세계 공업 경제 발전에 있어서 러시아가 참여하게 되는 하나의 거대한 사건으로 기록될 만하다. 비떼는 철도 건설로 러시아 시장이 세계 시장에 합류할 것이며 무역 확대의 동력이 될 것으로 확신했다. 그는 횡단철도가 청의 차茶무역이 발전하는 데 기여할 것으로 판단했다. 비떼는 중국 무역의 핵심인 차가 해상 운송보다는 육상 운송을 통해 유럽으로 수출이 이루어질 경우, 러시아에 막대한 경제적 이익이 창출된다고 주장했다.[30] 이는 청나라 경제 발전에도 유익할 것으로 판단했다. 청나라가 차를 수출할 길이 열리기 때문이다. 러시아는 청나라와의 무역 교류를 통해 청나라에서 면화, 모직물, 금속 제품 분야에서 영국과 경쟁을 펼칠 수 있을 것으로 보았다.[31]

비떼는 러시아가 유럽과 아시아 국가의 통상을 중개하는 유리한 위치를 점하고 있을 뿐만 아니라 아시아 국가들과도 국경을 접하고 있어 이들과의 직교역이 가능한 천혜의 조건을 가지고 있다는 점을 파악했다. 1893년 비떼는 재무성 산하에 아시아 국가와의 무역 증진을 목적으로 특별위원회Особое совещание для обсуждения вопросов по развитию русской торговли в Азии를 구성하였다. 비떼는 그해 10월, 코베코Д.Ф.Кобеко 특별위원회 의장에게 청나라, 일본, 한국 등 3국과의 무역 증진을 위한 경제 대책

29) 이군호, 「일본의 중국 및 만주침략과 남만주철도: 만주사변(1931) 이전까지를 중심으로」, 『평화연구』 제12권 1호, 서울: 고려대 평화연구소, 2004, 153쪽.

30) 최덕규, 「러시아의 대만주정책과 동청철도(1894-1904)」, 『만주연구』 제 6집, 서울: 만주학회, 2004, 6쪽.

31) 홍웅호, 앞의 글, 118쪽.

마련을 촉구했다.[32]

19세기 말, 비떼가 주도했던 산업화 정책으로 러시아는 10년 이내에 유럽의 선진 국가들을 따라잡는 목표를 설정했다. 유럽-아시아 무역의 중개자는 러시아였다. 러시아는 이를 통해 아시아 국가에 영향력을 증대하고 만주와 한반도로 경제적 침투를 본격화할 수 있었다. 횡단철도는 러시아가 유럽에서 빌린 차관 이자를 청나라, 조선 등과의 통상 거래를 통해 변제하는 비떼의 산업화 정책과 부합하였다. 비떼는 공직 생활 동안 정부의 대내외 정책에 강력한 영향력을 가졌으며, 러시아 자본주의 발전에 일정한 공헌을 하였다.[33] 철도 건설은 특히 러시아 외부에서 러시아 자본주의가 발전을 하는 가장 우호적인 환경을 열어주었다.[34]

철도 건설은 간접적이지만, 매우 역동적으로 산업 제품들, 특별히 자본재와 주요한 원자재들인 석탄, 철 등의 생산에 기여했다. 러시아는 횡단철도를 통해 산업자본을 형성했다. 횡단철도는 극동과 러시아 본토의 주요 산업 중심지를 연결했다. 우랄 지역 등 시베리아 경제 발전에 철도는 큰 역할을 하였다. 철도선을 따라 각종 광업 물품 수송이 원활해졌다. 야금공, 자동차산업, 일반 공업도 발전하였다. 도시들이 재빠르게 형성되고 원주민의 생산품에 대한 수출이 급증하였다. 철도 화물의 수송 거리가 확대되고 품질 좋은 생산품, 즉 버터, 모피, 가죽에 대한 수요도 증가하였다.

---

32) РГИА Ф. 560. Оп. 28. Д. 537. Л.2~4.

33) 이완종, 「러시아의 극동진출과 중-러 국경획정과정 연구」, 『북방사논총』 4호, 서울: 고구려연구재단, 2011, 193쪽.

34) Л.Г.Олех, *История Сибири*, Ростов-на-Дону: феникс, 2013, с.209.

6. 시베리아횡단철도와 한반도와의 관련성

1) 러시아의 횡단철도 건설과 일본의 대응

횡단철도 건설을 전후로 동아시아 국제 정세는 급변하고 있었다. 특히 열강들이 청나라와 조선에서 국가적 경쟁을 펼치고 있었다. 열강들은 경제적 이권 쟁탈전을 벌였다. 철도 부설권을 둘러싼 경쟁이 치열하였다. 러시아는 청을 설득, 동청철도 부설권을 획득하였다. 그러나 한반도에서는 일본이 최종적으로 한반도 철도 부설권을 쟁취하면서 동아시아 패권을 장악하려고 획책하고 있었다. 19세기 말, 20세기 초, 러시아의 대 한반도 정책도 매우 강력히 추진되었다. 러시아의 시베리아 교두보인 블라디보스토크는 부동항이 아니고 동항이었다. 러시아가 부동항을 획득하기 위해서는 한반도가 필요하였다. 러시아는 군사 제국주의를 가동하였으며, 한반도철도 건설에도 큰 관심을 가졌다. 그러나 일본이 한반도철도 건설에 한발 앞서 나갔기 때문에 러시아의 전략은 다른 차원에서 진행되었다. 러시아 강경파인 베조브라조프 그룹은 여순에서 원산까지 철도를 연결하여 조선에 대한 지배적 세력을 구축하고자 했다. 일본과 러시아는 한반도에 군사적 침략과 지배라는 국가 정책을 가동하고 있었으며, 국가가 주도적으로 나섰다.

동청철도는 남만주까지 연결되었다. 러시아 정부는 청을 설득, 남만주까지 철도를 건설하기 시작했다. 이는 남만주철도, 즉 동청철도의 남만주 지선이었다. 남만주까지 철도가 연결되던 원동력은 횡단철도가 기공되었기 때문이다. 그러므로 횡단철도는 한반도에서의 동아시아 패권 경쟁과도 밀접한 관련성이 있었다. 러시아는 남만주철도 부설을 통해 한반도까지 철도를 연결하고자 했다. 일본은 동청철도와 남만주 지선 건설 자체를 매우 우려했다. 일본은 러시아로부터 안보를 수호해야 하는 1차 목표가 있었다. 횡단철도를 통해 기동력에서 러시아에 우세한 상황이 조성될 수 있어 일본도 나름대로 전략 지점을 확보할 필요성이 있었다. 소위 '한반도종관철도'가 그러한 목적에 부합하였다. 군사적 필요성이 대두될 수밖에 없었다. 중국으로 세력권을 확대하기 이전 한반도종관철도의 부설을 통해 조선을 확실한 세력권에 둔다는 목표가 일본의 동아시아 패권의 기초 사업이었다.

횡단철도 건설과 이 철도의 노선을 둘러싸고 러시아와 일본은 대립 국면에 접어들었다. 러시아가 횡단철도를 어떤 노선과 연결할 것인지를 놓고 제국주의 경쟁이 펼쳐졌다. 러시아는 종국적으로 횡단철도를 한반도까지 잇거나 만주까지 연결하는 계획을 가지고 있었다. 횡단철도는 궁극적으로 러시아와 일본의 갈등 요인이 되었고 러일전쟁의 승패를 결정하는 주요 요소였다.[35] 러시아가 알렉산더 3세의 대관식에 청나라 축하 사절단의 대표로 참석한 이홍장을 설득, 동청철도 부설권을 획득한 시기는 1896년이었다. 동청철도의 노선인 하얼빈에서 남만주 뤼순(여순)을 연결하는 남만주지선의 부설권을 얻은 시기는 1898년이었다. 동청철도는 이르쿠츠크 근처의 울란우데에서 자바이칼, 그리고 만주의 북쪽을 종단하여 수이펀허-우수리스크를 연결하는 철도이며, 1897년에 공사가 시작되어 1903년에 개통되었다.[36]

이것이 러시아와 일본이 동아시아에서 철도 부설 경쟁을 촉발한 원인이었다. 일본은 횡단철도 건설을 목도하면서 한반도철도를 설치하기 위해 강력한 국가 정책을 추진했다. 일본은 만주, 중국 대륙으로 나아가는

---

35) 안병민, 「러일전쟁과 시베리아횡단철도 그리고 일본」, 조진구 편, 『동아시아철도네트워크의 역사와 정치경제학』 I: 근대화와 제국주의의 명암, 서울: 리북, 2008, 212쪽.

36) 위의 글, 216쪽.

과정에서 러시아와 전쟁을 불사하였다. 철도 중심의 동아시아 국제관계사가 한반도 공간을 매개로 펼쳐졌다. 동아시아 지역 철도는 제국주의 국가의 전략적 이해와 각 국가가 취하는 구체적인 정책 형태의 차이점에 따라 다양한 양상으로 전개되었다.

러시아의 부동항 획득 전략은 군사적 제국주의의 발로였다. 박종철은 청의 북만주로의 팽창 위협에 대처하면서 만약에 조선 문제가 발생하여 청나라와 충돌할 경우 군사 수송 및 군수품 수송을 위해 횡단철도는 큰 역할을 한다고 주장했다. 그런데 러시아의 횡단철도 부설은 청나라와의 군사적 대립에 대비하는 차원만은 아니었다. 러시아는 횡단철도의 종단항으로 동해안의 원산으로 여기고 있었다. 러시아는 원산－블라디보스토크를 연결하는 함경철도와 경원철도 부설을 계획했다. 즉 한반도의 간선철도를 횡단철도의 지선으로 삼고자 하는 것이 러시아의 계획이었다.[37] 그런데 일본이 재빠르게 종관철도를 완성했다. 일본은 대한제국에 압박을 가해 철도 부설권을 독점하였다. 횡단철도가 한반도를 지선으로 연결된다면, 러시아의 대 한반도 지배력이 강화되기 때문에 일본은 한반도철도 부설권을 확보하고 경부선, 경인선, 경의선을 건설한 이후 한반도를 실질적으로 점령하는 결정적인 전기를 맞이했다. 이러한 배경이 러일의 철도 부설 경쟁을 촉발한 원인이었다.

일본은 횡단철도 건설을 목도하면서 한반도철도를 설치하기 위해 강력한 국가 정책을 추진했다. 일본은 만주, 중국 대륙으로 나아가는 과정에서 러시아와 전쟁을 불사하였다. 철도 중심의 동아시아 국제관계사가 한반도 공간을 매개로 펼쳐졌다. 동아시아 지역 철도는 제국주의 국가의 전략적 이해와 각 국가가 취하는 구체적인 정책 형태의 차이점에

37) 박종철, 앞의 글, 272쪽.

따라 다양한 양상으로 전개되었다.

러시아가 횡단철도 건설을 적극 추진하면서 일본은 이를 매우 우려하였다. 동아시아에서 세력을 팽창하고자 하는 서방 국가들이 대다수였지만, 일본만큼 횡단철도 부설에 대해 신경을 곤두세운 국가는 없었다. 특히 일본의 야마가타 사령관은 횡단철도 건설을 매우 경계했다. 유럽과 가까운 러시아와 서부 시베리아를 연결하는 경제적 가치는 분명했다. 철도를 통해 경제적 이득만 얻는 것이 아니었다. 일본 지도자들은 횡단철도가 전략적, 군사적 가치를 창출할 수 있다고 간주했다. 한반도철도 건설의 강력한 옹호자는 청일전쟁 때에 일본군 사령관이던 야마가타 아리토모山県有朋 장군이었다.

횡단철도의 착공 1년 후인 1892년, 야마가타는 횡단철도의 노선에 대해 깊은 우려를 표명했다. 그는 서양의 팽창 도구인 철도가 일본에 활용될 수 있다는 사실을 잘 알고 있었다. 2년 후 그는 부산에서 중국 북부를 거쳐 언젠가는 중국 대륙을 가로질러 인도 국경까지 뻗어갈 거대 철도 노선에 대한 자신의 비전을 제시했다. 카이로 곶, 사하라 횡단과 같은 야마가타의 비전은 실현되지 못했지만, 서구 모델이 그의 정치적 상상력을 매우 강력히 자극하였다. 그는 1894년 11월 부산에서 '조선정책'이라고 명명된 정책 제안서를 통해 만주와 국경이 맞닿아있는 신의주까지 한반도철도를 건설해야 한다고 주장했다.[38]

일본은 러시아로부터 안보를 수호해야 하는 일차적인 목표점이 있었다. 횡단철도를 통해 기동력과 집중력에서 러시아에 우세한 상황이 조성될 수 있기 때문에 일본도 나름대로 전략 지점을 확보할 필요성이 있었다. 한반도종관철도가 그러한 목적에 부합하였다. 군사적 필요성이 대두될

38) 안병민, 앞의 글, 220쪽.

수밖에 없는 상황이었다. 이런 측면에서 일본의 동아시아 정책 핵심은 횡단철도, 동청철도, 남만주철도와 비견할 만한 강력한 철도의 등장이었다. 이것이 한반도－만주를 이어주는 종관철도 건설이었다. 그러므로 한반도종관철도는 조선 병합과 동시에 만주 시장까지 그 가시권에 둘 수 있는 핵심적인 매개체였다.[39] 일본은 이러한 이유 때문에 공격적으로 종관철도 부설에 나섰다.

일본은 철도 부설권을 얻기 위해 조선 정부에 강압적 방식을 동원했다. 1897년 경인철도, 1898년 경부철도, 1903년 경의철도 부설권을 각각 획득했다. 경인철도는 매우 빠르게 건설되었다. 그리고 경부철도와 경의철도는 1904년 러일전쟁 직전에 기공하여 러일전쟁 기간 중 완공되었다. 일본은 종관철도를 통해 중국 대륙, 만주까지 철도를 건설하고 이를 철도 네트워크화 하겠다는 전략을 강하게 추진했다. 일본이 철도 건설에 국가적 총력을 기울였던 이유가 횡단철도를 통해 러시아가 군사적, 전략적으로 한반도를 포함, 동아시아의 강력한 패권 세력으로 등장할 것이라는 우려 때문이었다. 특히 이는 일본 군부로부터 강하게 대두되었다. 횡단철도 건설은 종국적으로 한반도종관철도의 건설로 이어졌다. 종관철도는 횡단철도, 동청철도, 남만주철도를 연계하여 이해할 필요성이 있다. 일본은 처음부터 종관철도를 중국을 향한 대륙 침략의 교두보로 삼았다. 철도는 시베리아를 거쳐 유럽까지 연결하는 교량 역할이었다. 무엇보다 횡단철도와 대척점으로서 한반도철도를 상정했으며, 군사적 가치로 한반도철도를 활용하는 전략을 펼쳤다.[40]

일본은 철도를 설치하고 러일전쟁에 승리하면서 만주로 세력권을

---

39) 조철호 · 김현철, 앞의 글, 197쪽.
40) 박만규, 「한말 일제의 철도 부설 지배와 한국인 동향」, 『한국사론』 8집, 서울: 서울대 국사학과, 1982, 254쪽.

넓혀나갔다. 조철호는 횡단철도가 유럽과 아시아 간의 무역 증대와 경제적 가치 창출을 위해 건설되었다기보다는 러시아의 정치적 이익을 증대하기 위해서라고 주장하고 있다. 일본과 서유럽 국가들은 횡단철도 건설은 러시아 동방정책의 일환이며, 철도의 군사적 가치가 경제적 가치보다 우선한다고 평가하였다. 그런데 일본은 러시아의 남진 정책이 일본의 대륙 진출 정책과 상충된다는 점을 정확히 인지하였다.[41]

일본의 종관철도 건설은 횡단철도 부설 이전인 19세기 후반 독자적으로 추진한 주요 국가 정책이었다. 종관철도 건설은 우선 군사적 가치가 더 주요한 사업이었다. 일본은 횡단철도 건설이 러시아의 전략적 포석이라고 인식하였으며 동북아시아의 평화와 안정을 저해하는 군사적 위협, 혹은 일본에 대한 직접적 도전으로 해석하였다. 이런 차원에서 일본은 경의선이 부설된다면, 경의선이 만주를 넘어 중국과 시베리아 철도를 잠식할 수 있다고 내다보았다.[42] 즉 만주 진출을 위해 한반도철도가 교두보 역할을 하며 북진정책의 핵심이라고 일본은 판단했다. 이런 측면에서 경의선 철도 부설권과 기공은 핵심 사항이었으며, 러일전쟁 기간에 경의선을 완공하였다.

2) 한반도종관철도 관련 러시아의 전략

(1) 한반도철도 부설 관련 러시아 내 강경파와 온건파 대립

일본이 한반도에서 철도를 통해 세력 확장을 꾀하면서 러시아 통치그룹 내에서도 정책적 의견 대립이 있었다. 횡단철도 건설로 러시아가

---

41) 조철호 · 김현철, 앞의 글, 198~199쪽.
42) 장은주, 앞의 글, 148~150쪽.

한반도까지 그 세력권을 포함하면서 일본이 한반도종관철도 건설에 적극 나섰는데, 러시아 내에 이에 대처하는 의견이 갈리게 되었다. 러시아 강경파 그룹은 한반도에서 일본에 대항하는 전략적, 군사적 정책을 내세워야 한다는 입장을 강력히 개진하였다.

의화단사건(1900)이 발발하면서 러시아가 야심차게 추진하던 동청철도가 파괴되자 러시아는 만주를 전격 점령했다. 러시아는 전체적으로 일본과의 군사적 대립 및 마찰을 불필요한 행동으로 간주했다. 적어도 러시아는 한반도에서 일본이 가지고 있는 경제적 우위권을 인정하였다. 당시 동아시아철도 국제관계사의 러시아 측 핵심 인물은 비떼였다. 비떼는 철저하게 온건파에 속한 인물이다. 그러나 비떼는 일본이 철도를 통해 한반도에서 세력을 확장하는 사실에 불안감을 가지고 있었다. 비떼는 총리로서 러시아 대외정책의 책임자였다. 그는 향후 발생할 수 있는 일본의 중국 대륙 진출을 아주 불쾌한 일로 표현했다. 비떼는 이에 대한 해결책을 제시했다. 그가 제시한 방식은 '조선의 중립화'였다. 비떼는 러시아-일본의 대립을 방지할 완충지대로 조선을 활용하기를 원했다.

비떼를 중심으로 온건파 그룹은 강경파 그룹과는 생각이 많이 달랐다. 비떼는 일본과의 군사적 대립을 원하지 않았으며 일본이 한반도철도를 통해 대륙으로 진출하고자 하는 야심에 대해 경계하지 않았다. 경의선 철도 부설권에 대해 러시아 정부가 취한 일련의 태도를 통해 알 수 있는데, 비떼는 프랑스 피브릴사로부터 경의선 부설권을 대신 살 수 있는 유리한 입장을 가졌지만, 일본과의 불필요한 마찰을 피하는 차원에서 선택하지 않았다. 물론 예산상의 문제도 있었다. 러시아는 대신 만주에 집중하고자 했다. 러시아는 한반도에서 철도 운영을 통한 경제성이 없다고 판단했다.[43] 비떼는 한반도철도와 관련, 군사적 입장보다는 경제적 이익의 초점에만 맞추었다. 비떼는 철도를 군사적 측면에서, 혹은 군사적 점령으로 활용하기를 원치 않았다.

이 글에서 횡단철도 부설 목적에 관한 내용을 기술하고 있지만, 일본의 한반도종관철도 건설의 강력한 추진을 목도하던 러시아 내에서도 비떼의 경제적 논점만 부각된 것은 아니었다. 러시아 내의 상황은 달랐다. 비떼와 경쟁 관계에 있던 베조브라조프는 러시아의 한반도 정책을 강경책으로 선회하게 만든 인물이었고 일본 견제 정책을 추진했다. 강경파 그룹은 러시아가 한반도로 세력 확장을 이루어야 한다고 주장했다. 이들의 계획은 당시까지 시베리아와 만주까지로 집중된 세력권을 한국으로 확장하겠다는 것이었다. 횡단철도의 노선을 단축하고 블라디보스토크까지 최단거리로 철도를 연결하기 위해 하얼빈을 거치는 동청철도를 부설하고 이를 횡단철도와 연결하였지만, 베조브라조프가 한반도로 철도 세력권을 확장하겠다는 계획은 횡단철도 완성 이전 시기였다. 베조브라조프는 한반도를 러시아의 세력 확대권에 포함하는 전략을 추진하였다.

러시아는 동청철도의 남만주 지선을 하얼빈의 남쪽으로 연결하였는데, 이 지선은 여순 까지 이어졌다. 러시아는 이 남만주 지선을 위한 전략적 방어를 목표로 설정했다. 그는 청나라와 조선을 철도로 연결하고 철도를 통해 한반도를 전략 기지로 만들고 군사 요충지로 러시아 세력권으로 편입시키겠다는 목표를 가졌다.[44] 강경파 그룹은 동아시아 패권을 장악하기 위해 한반도까지 철도를 통해 세력권을 확장해야 한다는 기본 전략을 입안했다. 1898년 2월, 그는 니콜라이 2세에게 '동아시아 무역회사' 건립에 관련된 정책 건의를 하는데, 만주 침투의 공권력을 한반도로 확장하기 위함이었다.[45] 비떼는 도리어 심양과 여순을 이어주는 남만주철도

---

43) 장은주, 「위떼의 만주 정책과 영-일의 대응(1896-1902) – 철도 건설을 둘러싼 열강의 이해대립을 중심으로」, 203쪽.

44) D. S. Cnst, op. cit., p.327.

계획을 더 강력히 추진하였다. 비떼는 일본을 불필요하게 자극하기를 원하지 않았다. 러일전쟁의 종식 이후 비떼는 급진파들이 정책을 잘못 판단하는 바람에 러일전쟁이 발발했다고 주장하고 그들의 잘못된 정책 방향이 전쟁 원인으로 작동했다고 주장했다.[46]

(2) 러일전쟁 발발과 동아시아 국제관계사

일본은 한반도종관철도를 적극적으로 추진했다. 기본적인 개요는 다음과 같다. 경부철도는 1901년 6월에 착공, 러일전쟁이 진행되던 1905년 1월 1일에 완공되었다. 러일전쟁은 1904년 2월 8일에 시작되었고 1905년 8월 10일에 끝났다. 경부철도는 러일전쟁 종식 이전에 완공된 셈이다. 전체 길이는 431.7km였다. 경의철도는 러일전쟁이 발발한 직후인 1904년 2월에 착공하였고, 1906년 4월에 완공되었는데 이때는 러일전쟁이 종식된 이후였다. 경의철도는 527.8km에 이른다.[47] 경의철도는 일본제국주의자들의 철도 정책의 대동맥이었다. 일본은 동아시아 식민지 구도 내에 포함된 거리를 최단 거리로 만들었다. 일본은 러일전쟁 기간에 경부선과 경의선 철도를 완공하거나 전쟁 이후에 공사를 끝냈다. 그 길이는 1천 km 이상이었다. 한반도종관철도를 획책했던 일본의 꿈이 성취되었다.[48]

이수석은 동북아 세력 판도의 결정적 사건은 러일전쟁이라고 강조한다. 이 전쟁은 운송 능력의 중요성을 보여주었으며, 마찬가지로 철도의 전략적 가치를 제시해준 전쟁이었다.[49] 러시아는 이미 횡단철도 완공을

---

45) 장은주, 「동북아철도와 러-일 관계 1891-1904 – 일본의 종단철도 계획에 미친 베조브라조프의 영향력」, 152쪽.

46) 위의 글, 140쪽.

47) 이용상・정병헌, 「일제강점기의 우리나라 철도성격규명에 관한 정성적 연구」, 『한국철도학회논문집』 15권 3호, 서울: 한국철도학회, 2012, 306쪽.

48) 정재정, 앞의 글, 105쪽.

앞두고 있었던 시점이라 일본은 운송 능력의 극대화를 위해 한반도철도가 중요했다. 즉 횡단철도의 군사적 가치가 일본의 대응을 이끌었다. 일본이 동북아에서 군사적 패권을 확보하기 위해서는 철도 건설이 필요하였고 종관철도 건설도 그런 목적으로 성사되었다. 일본의 한반도 진출 목표는 완전한 식민지 지배였다. 이러한 목표가 있어 일본이 추구한 한반도철도 부설은 서구 열강이 추진한 한반도철도 건설과 그 지향점이 다를 수밖에 없었다. 일본의 철도 부설 이유는 철도 운영을 통해 얻는 수익으로 한정되지 않았다. 일본은 처음부터 종관철도를 궁극적으로 중국을 향한 대륙 침략의 교두보로 삼았다.[50]

한반도에서 러시아와 일본은 충돌했다. 최종 승리자는 일본이었다. 러시아와 일본은 전략적, 군사적 측면에서 한반도에서 철도 경쟁을 펼쳤다. 횡단철도 부설의 전략적, 군사적 가치가 한반도에까지 영향을 미쳤다. 일본이 한반도에서 철도 부설권을 가지면서 한반도에서 우위권을 점할 수 있었다. 러시아는 겉으로 표현하지 않았지만, 일본의 우위를 인정하였다. 러시아는 한반도에서 철도를 통한 세력 확대가 쉽지 않다는 것을 인식하고 일본이 한반도의 어느 땅 일부라도 군사적 목적으로 이용하지 말 것과 북위 39도 이북의 한국 영토를 중립 지대로 간주, 양국 군대가 들어오지 못하도록 일본에 제안했다.[51] 그러나 일본 측이 보기에는 39도 이북의 중립화는 경의철도 종점을 평양으로 한정한다는 내용이기 때문에 일본이 장악했던 경의철도 부설 권리 자체를 러시아가 부정하는 것이었다.[52] 러시아는 경의철도 부설권을 가진 일본의 의도를 잘 간파하였기

---

49) 이수석, 「일본제국주의 정책과 한반도 철도건설의 역사」, 조진구 편, 『동아시아 철도네트워크의 역사와 정치경제학』 I. 근대화와 제국의 명암, 서울: 리북, 2008, 317쪽.

50) 박만규, 앞의 글, 254쪽.

51) 최문형, 『국제관계로 본 러일전쟁과 한국의 병합』, 서울: 지식산업사, 2004, 209쪽.

때문에 일본 측에 이런 제안을 했다. 일본은 경의철도를 만주로 연결하는 데 집중하고 있었기 때문에 이를 수용할 수 없었다. 그리고 적어도 한반도 철도에서는 러시아에 대해 확실한 우위를 가지고 있었다.

1903년 8월부터 러일전쟁이 개전되기까지 양국은 여러 차례 만주와 한국 문제에 관하여 공식적인 협상을 가졌다. 결국 1903년 일본의 고무라 외무장관은 10월 1차 수정안에서 만한교환론滿韓交換論을 분명히 하면서 일본의 대 조선 파병 권리와 한반도와 만주 국경의 중립지대 설치를 요구했다. 일본은 39도선 이북 중립화안을 철회하고 만주로의 경의철도 확장을 방해하지 말고 만주에서 일본인의 상업 자유를 인정하라고 러시아에 요구했다. 12월에 러시아는 한국 북부의 중립지대 설정 및 한국 영토의 전략적 사용 불가 등을 요구했다. 일본은 만주의 러시아 군대 철수까지 요구했다. 러시아와 일본 간에 6개월 동안 협상하던 중립화안과 경의철도 연결 문제는 결렬되었다.[53] 결국 일본은 1904년 2월 임시 각의를 통해 개전을 결정하였다. 일본은 러시아와의 협상이 무위로 끝난 이후 러시아가 미래에 전략적 이익을 쟁취하기 위해 전쟁 선택에 나설 수 있다고 판단했다. 일본은 선제적으로 한반도를 독점적으로 지배하기 위해 러시아와의 전쟁을 선택하였다.

일본이 경의철도 부설권을 획득하면서 상황은 급변하였고, 현상 유지 상태도 허물어졌다. 일본이 경의철도 건설 공사를 진행하고 대륙 진출을 위해서는 러시아와의 충돌이 불가피했다. 일본은 러시아에 1904년 2월 9일 선전포고하고 인천에 정박 중이던 러시아 군함을 공격했다. 일본은 1904년 2월 6일, 경의철도를 군용철도로 부설할 것을 자의적으로 결정했

52) 철도청, 『한국철도 100년사』, 대전: 철도청, 1999, 82쪽.
53) 정태헌, 앞의 글, 9293쪽.

다. 일본이 군대 및 군수품을 수송한다는 명목이었다. 일본에 전황이 유리하게 전개되면서, 일본은 한국에 대해 압박 강도를 높였다. 일본은 서울-의주 간 군용철도부설을 성취하기 위해 임시 군용철도감부를 설치했다. 한국 주재 일본 군사령관 아래에 이 기구를 전속시켰다. 경의철도가 군사 목적으로 사용된 것을 알 수 있는 대목이다. 러일전쟁 발발 이후인 1904년 3월 대한제국은 일본의 강압으로 용암포를 개항장으로 선언했다.

전쟁은 1년 6개월간 지속되었다. 러시아는 군사 작전에서 실패를 범했고, 러시아 국내 정치도 급변하면서 일본이 승리하였다. 일본은 전쟁 승리로 한반도의 남북을 종단하는 1천 km이상에 달하는 철도망 건설에 성공하였으며, 다른 철도 부설은 물론 남만주철도와 연계하고 이를 토대로 대륙 진출의 발판을 마련했다.[54] 경부철도, 경인철도, 경의철도는 전적으로 일본 자본, 기술이 투여되어 부설되었다. 이 3개의 철도는 일본 제국의 식민지 구도를 형성하였고, 조선을 식민지화한 중추적 역할을 담당한 간선철도였다. 한국을 식민지화한 것도 철도로 대표되는 인프라 구축에 따라 급진전 되었다. 1910년 합병 이후 한반도종관철도는 식민지철도 시스템으로 가동되었다. 1910년 조선을 합병한 일본 정부와 한국 통감부는 한반도철도와 중국의 안봉 철도를 직접 연결한다는 목적하에 1911년 1월 압록강 철교를 가설했다.[55]

---

54) 박종철, 앞의 글, 278~279쪽.
55) 이기완, 앞의 글, 107쪽.

7. 결론

이 글은 횡단철도의 군사 전략적 가치와 경제적 가치의 담론을 제시하고 이를 한반도와 연계하여 횡단철도의 역사적 의의를 모색하는 해석적 시도이다. 동아시아 국제관계사 측면에서는 군사, 전략적 가치를 경제적 가치보다 더 중요시하는 관점도 분명히 존재했다. 횡단철도는 단지 러시아 1개 국가에만 국한해서 해석할 수는 없고, 영국, 독일, 미국, 일본, 청나라, 조선 등과도 상호 복합적이고 중층적으로 연결되어 있었기 때문이다. 러시아 내에서도 횡단철도 부설을 한반도까지 연결하여 군사적, 전략적 목적을 달성해야 한다는 급진파의 움직임도 있었다. 그러나 비떼를 중심으로 철도를 경제적 발전에 더 기여하는 정책을 추진하는 세력이 매우 강했다. 러시아 내에서 철도의 군사적, 경제적 가치가 병렬적으로 존재하였지만, 동아시아 국제관계사 측면에서는 횡단철도는 군사적 함의가 더 강력하게 발동되었다고 할 수 있다.

이 글은 횡단철도에 관련된 쟁점을 통해 당시 한반도종관철도와의 관련성을 고찰하였다. 동아시아 국제관계사는 철도를 중심으로 펼쳐졌다. 그러므로 철도와 제국주의의 상관관계는 매우 높다. 19세기 말, 20세기 초 조선과 만주를 둘러싸고 철도와 국제관계사는 매우 역동적으로 진행되었다. 철도는 근대 동아시아를 이해하는 바로미터이다. 그리고 철도는 제국주의 침략의 척도였다. 일본은 한반도종관철도를 완성하고 러일전쟁에 승리하면서 만주로 세력권을 넓혀나갔다. 러시아는 중국 대륙과 만주를 정복하기 위해 동청철도와 동청철도의 남만주지선, 즉 남만주철도를 부설했다. 일본이 러일전쟁에서 승리하고 만주와 중국 대륙으로 진출하면서 남만주철도를 장악하였다. 일본이 만주로 진출하기 위해 가장 먼저 구축해야 하는 철도가 한반도종관철도였다. 일본은 지속적으로 철도 네트워크를

확장해나갔다.[56]

일본은 한반도와 만주의 철도 부설에 강력한 의지가 있었다. 특히 군부가 철도를 군사적 목적으로 활용하고 싶었고, 철도를 침략전쟁의 기반시설로 간주하였다. 한반도철도를 구상하고 건설하는데 제일 적극적인 세력이 군부였다. 러일전쟁을 전후로 군부의 역할이 확대되었는데, 군사 분야에만 국한한 것이 아니라 모든 국가정책 수립의 핵심 역할을 보장받았다. 군부는 내각으로부터 정치적으로 독립되었다.[57] 일본 군부는 군수품, 각종 물자를 운송하는 수단으로 철도를 상정하고 있었기 때문에 한반도철도가 남북으로 종관하여 만주로 연결된다는 점에서 지대한 관심을 지니고 있었다. 시베리아횡단철도의 건설로 촉발된 러시아의 남진 정책이 던져준 위협에 대해 일본은 한반도종관철도 건설로 극복하면서 대륙진출 정책을 추진하고 이에 대응하자는 주장이 군부를 통해 제기되었다.

만주로 세력을 이어가기 이전 한반도종관철도의 부설과 완성, 그리고 이 철도를 자신의 세력권 안으로 두는 것은 일본이 추구한 동아시아 패권의 기초 사업이었다. 그것이 일본의 입장에서 본 한반도종관철도의 역사적 의의였다. 적어도 일본에 그러한 가치로 매겨질 수 있는 것이 한반도종관철도였다. 일본이 한반도종관철도 건설에 더 적극적으로 나설 수밖에 없었던 배경이 러시아에서 1891년 횡단철도를 기공하면서부터였다. 일본은 횡단철도를 한반도에 대한 세력 확장의 수단으로 보았으며, 이러한 관점을 중심으로 한반도종관철도를 완성하면서 러시아에 강력히 대립할 수 있었으며, 종국적으로 러일전쟁에서도 승리하였다.

---

56) 이군호, 「일본의 중국 및 만주침략과 남만주철도: 만주사변(1931) 이전까지를 중심으로」, 『평화연구』 12-1, 2004, 147쪽.

57) 신동준, 『근대일본론』, 서울: 지식산업사, 2004, 232~272쪽.

참고문헌

강성학, 『시베리아 횡단열차와 사무라이. 러일전쟁의 외교와 군사전략』, 서울: 고려대 출판부, 1999.

김원수, 「일본의 경의철도 부설권 획득기도와 용암포사건: 러・일 개전과 관련하여」, 『한일관계사연구』 제9권, 한일관계사학회, 1998.

김지환, 「제정러시아의 제국주의와 동방정책의 역사적 고찰－동청철도를 둘러싼 중러 관계의 변화를 중심으로」, 『중국학보』 제50집, 한국중국학회, 2004.

남기정, 「지정학의 시대와 러일관계의 전개」, 『평화연구』 제11집 제4호, 고려대 평화연구소, 2003.

박경수, 「近代 鐵道를 통해 본 '식민지 조선' 만들기－'文明'과 '同化'라는 키워드를 중심으로」, 『일본어문학』 53집, 한국일본어문학회, 2012.

박만규, 「한말 일제의 철도 부설 지배와 한국인 동향」, 『한국사론』 8집, 서울대 국사학과, 1982.

박종철, 「한반도 철도부설과 제국주의의 경쟁과 음모」, 조진구 편, 『동아시아철도네트워크의 역사와 정치경제학』 I: 근대화와 제국주의의 명암, 서울: 리북, 2008.

석화정, 「위떼의 동청철도 부설권 획득 경위」, 『중소연구』 71집, 한양대 아태지역연구센터, 1996.

신동준, 『근대일본론』, 서울: 지식산업사, 2004.

장은주, 「동북아철도와 러-일 관계 1891-1904－일본의 종단철도 계획에 미친 베조브라조프의 영향력」, 『역사와 담론』 30집, 호서사학회, 2001.

______, 「위떼의 만주 정책과 영-일의 대응(1896-1902)－철도 건설을 둘러싼 열강의 이해 대립을 중심으로」, 『세계역사와 문화연구』 24집, 한국세계문화사학회, 2011.

정세진, 「제정러시아의 철도 역사에 관한 소고: 시베리아횡단철도와 중앙아시아 철도를 중심으로」, 『슬라브학보』 32권 1호, 한국슬라브・유라시아학회, 2017.

______, 「19세기 시베리아횡단철도 건설의 과정과 목적: 경제적, 산업적 가치를 중심으로」,『한국시베리아연구』 제22권 2호, 배재대학교 한국-시베리아센터, 2018.

정재정, 『일제침략과 한국철도』(1892-1945)』, 서울: 서울대학교 출판부, 1999.

정태헌, 『한반도철도의 정치경제학－일제의 침략통로에서 동북아공동체의 평화철도로－』, 서울: 선인, 2017.
조진구 편, 『동아시아철도네트워크의 역사와 정치경제학』 I: 근대화와 제국주의의 명암, 서울: 리북, 2008.
조철호, 「초국가적 동북아 철도 네트워크의 기원과 성격: 시베리아횡단철도 건설과 군사적 제국주의」, 『한국정치외교사논총』 제33권 1호, 한국정치외교사학회, 2011.
조철호・김현철, 「시베리아 횡단열차와 러일전쟁: 철도의 군사적 가치를 중심으로」, 『한국평화연구학회 학술회의 2008 추계 학술세미나』, 한국평화연구학회, 2008.
진시원, 「동북아시아 철도건설과 지역국가관계의 변화: 19세기 후반과 20세기 초반 제국주의시기를 중심으로」, 『평화연구』 제12권 2호, 고려대 평화연구소, 2004.
______, 「동아시아 철도네트워크의 기원과 역사: 청일전쟁에서 태평양전쟁까지」, 『國際政治論叢』 제44집 3호, 국제정치학회, 2004.
안병민, 「러일전쟁과 시베리아횡단철도 그리고 일본」, 조진구 편, 『동아시아철도네트워크의 역사와 정치경제학』 I: 근대화와 제국주의의 명암, 서울: 리북, 2008.
이군호, 「일본의 중국 및 만주침략과 남만주철도: 만주사변(1931) 이전까지를 중심으로」, 『평화연구』 제12권 1호, 고려대 평화연구소, 2004.
이기완, 「제국주의 시기 일본의 대외정책과 한반도 철도: 1876~1910」, 『세계지역연구논총』 제38권 3호, 한국세계지역학회, 2020.
이노우에 유이치, 석화정・박양신 역, 『동아시아 철도 국제관계사』, 서울: 지식산업사, 2005.
이수석, 「일본제국주의 정책과 한반도 철도건설의 역사」, 조진구 편, 『동아시아 철도네트워크의 역사와 정치경제학』 I. 근대화와 제국의 명암, 서울: 리북, 2008.
이완종, 「러시아의 극동진출과 중-러 국경획정과정 연구」, 『북방사논총』 4호, 고구려연구재단, 2011.
이웅현 편, 『동아시아철도네트워크의 역사와 정치경제학』 II, 서울: 리북, 2008.
이용상・정병헌, 「일제강점기의 우리나라 철도성격규명에 관한 정성적 연구」, 『한국철도학회논문집』 15권 3호, 한국철도학회, 2012.

이철우, 「일본의 철도부설과 한국민족주의의 저항」, 『평화연구』 제12권 2호, 고려대 평화연구소, 2004.
철도청, 『한국철도 100년사』, 대전: 철도청, 1999.
최덕규, 「비떼의 대한정책과 한러은행」, 『슬라브학보』 제14권 2집, 한국슬라브유라시아학회, 1999.
______, 「러시아의 대만주정책과 동청철도(1894-1904)」, 『만주연구』 제 6집, 만주학회, 2004.
최문형, 『국제관계로 본 러일전쟁과 한국의 병합』, 서울: 지식산업사, 2004.
최연혜, 『시베리아횡단철도: 잊혀진 대륙의 길을 찾아서』, 서울: 나무와 숲, 2006.
황영삼, 「시베리아 철도부설과 제정러시아의 東아시아 정책」, 『슬라브연구』 제16권 2호, 한국외대 러시아연구소, 2000.
홍웅호, 「1858~1898년 러시아의 동아시아 팽창과 만주」, 『동북아역사논총』 14호, 동북아역사재단, 2006.

井上勇一, 『東アシア 鐵道國際關係史』, 東京, 1989.
宓汝成, 『近代中國鐵路史資料』, 文海出版社, 1977.

ГАРФ, ф.543, оп.1, д.357, лл.1~13.
Дальман, Дитмар, *Сибирь с XIX в. и до настоящего времени*, Москва: Росспэн, 2016.
Олех, Л.Г., *История Сибири*, Ростов-на-Дону: феникс, 2013.
Сибирь в составе Российской империи. соч. А.И. Миллер, Москва: Новое литера турное обозрение, 2007.
РГИА Ф. 560. Оп. 28. Д. 537. Л. 2~4.

Asakawa, K., *The Russo-Japanese Conflict*, New York, 1904.
Duus, Peter, *The Abacus and the Sword, The Japanese Penetration of Korea, 1895-1910*, Berkeley, Los Angels, London: University of California Press, 1995.

Kajima, M., *Geschichte der Japanischen Aussen- beziehungen. 3 Bde*, Tokyo, 1980.

Malozemoff, A., *Russian Far Eastern Policy 1881-1904*, Berkeley, 1958.

Nish, I. H., *The Origins of the Russo-Japanese War*, London & New York, 1985.

Romanov, B. A., *Rossija v Man'czurii*, Leningrad, 1928.

6 7 8

김정은 시대 전민과학 기술을 통한 인재화의 꿈

‖ 김은정

국문요약

이 글에서는 김정일에게서 찾고 있는 북한의 과학기술의 강조가 건국초기부터 제기되었음을 검토하고 이 기조가 시대에 따라 어떻게 변화 발전해 왔는지 살피고자 한다. 그리고 북한의 고등교육을 중심으로 기존의 교육과 현재 교육의 차이를 차이점을 도출해 내려 한다. 이를 위해 기존의 교육과 김정은 시대의 원격교육과 원격시험 등 변화된 북한의 교육에 대해 살폈다. 김정일 시대가 과학기술을 발전시켜 과학자, 기술자, 전문가를 육성하는 것이었다면 김정은 시대는 교육의 과학화, 인재양성을 표방하면서 고등교육 강화를 꾀하고 있다. 고등교육의 강화가 초·중교육의 강화를 견인할 수 있다고 생각하기 때문이다. 교육방법 또한 2012년을 기점으로 세계적인 교육발전이라는 목표에 대한 질적 담보를 위해 기존의 원리교육에서 벗어나 실용교육으로의 전환을 꾀한다. 실용교육의 중심에 원격교육이 있는 것이다. 김정은 시대의 교육의 주요 특징은 교육 수준을 높이는 교육 혁명과 통합을 통한 원격교육의 확산, 대학의 구조 개혁, 원격시험을 통한 지식의 정보화에 있다. 과학기술전당의 개관 이후 북한의 원격교육은 보편화된 것으로 보인다. 북한이 현재 원격교육 프로그램 개발은 물론, 교육의 질을 위해 교사와 교수를 평가하고 교육하는 프로그램과 교수안 개발에 박차를 가하고 있음을 알 수 있었다.

1. 들어가기

북한의 교육은 사상교육이 많은 비중을 차지한다. 교육법에 의하면 북한 교육의 목표는 사회주의 교육을 발전시키고, 자주적인 사상과 창조적 능력을 가진 인재를 키우는 것[1]에 있다. 북한의 사회주의교육은 학교교육, 학교전교육, 그리고 성인교육으로 4가지로 구분되며. 의무교육은 학교교육을 우선하여 실시[2]하고 있다.

북한의 교육제도는 초등의무교육을 준비하는 초등의무교육 기반 조성기(1945~1956), 전반적 초등의무교육제(1956~1958), 전반적 중등의무교육제(1958~1967), 전반적 9년제 기술의무교육제(1967~1972), 전반적 11년제 의무교육제(1972~2014.03.31), 12년제 의무교육제(2014.04.01~현재) 등 여섯 단계로 나눌 수 있다.

북한은 교육정책이나 교육의 필요성을 기술할 때 김일성의 교시인 "사회주의 교육에 관한 테제"(1977.09.05)[3]나 김정일의 교시 "교육사업을 더욱 발전시킬데 대하여"(1984.07.22)[4] 등을 반복적으로 인용하면서 교육정책 방향의 당위성을 주장한다. 김일성은 조선로동당 중앙위원회 제5기 제14차 전원회의에서 '사회주의 교육에 관한 테제'를 연설하였다. 연설에 의하면 사회주의 교육의 기본원리는 북한 인민들을 혁명화, 노동계급화, 공산주의화하는 것이고, 교육목적은 그들을 자주성과 창조성을 가진 공산주의적 혁명적 인재로 키우는 것이다.[5] 즉 북한 사회주의 교육의 기본과업

---

1) 장명봉 편, 『북한 법령집』, 북한법연구회, 2015, 909쪽.
2) 김일성, 『김일성 저작집』 32, 조선로동당출판사, 1986, 401~403쪽.
3) 김일성, 「사회주의 교육에 관한 테제」, 『김일성 저작집』 32, 조선로동당출판사, 1986, 372~418쪽.
4) 김정일, 「교육사업을 더욱 발전시킬데 대하여」, 『김정일 저작선집』 8, 조선로동당출판사, 2006, 101~130쪽.

은 사람들을 사상적으로 개조하며 그들의 문화수준을 높이는 것에 있다. 이를 실현하기 위해 북한은 1) 깨우쳐 주는 교육, 2) 이론과 실천의 결합, 3) 교육과 생산노동의 결합, 4) 조직생활과 사회정치활동의 강화, 5)취학전 교육・학교교육・성인교육의 추진[6] 등 다섯 가지의 교육 방법을 제시하고 있다.[7] 여기서 3)은 소련대학의 특성 중의 하나인 학교와 생산 현장의 연계[8]를 참조한 것으로 보인다.

북한은 김일성종합대학 설립 이후 무상교육을 통해 사회복지의 기반 구축에 박차를 가했다. 1949년 9월 10일 최고인민회 제1기 4차 회의에서 헌법 제18조에 의하여 1950년 9월 1일부터 조선민주주의인민공화국 전역에 전반적 초등의무교육제 실시, 인민학교에서는 무료 교육제를 실시하고 빈한한 농민의 자녀에게는 교과서, 학용품 등을 국가에서 무상으로 배급한다는 내용의 전반적 초등의무 교육실시에 관한 법령을 채택한다. 그러나 한국전쟁의 발발로 각 급 학교 교육 기관이 전시태세로 개편되면서 사실상 무기휴교[9]에 들어가게 된다. 한국전쟁은 북한의 교육 구상을 무산시켰고, 1970년대 천리마 운동 등의 과도한 생산 경쟁은 오히려 북한의 경제성장을 후퇴시켰다. 이후 대북제재와 고난의 행군이라는 국난 등 북한의 어려운 경제 상황은 북한의 교육에도 영향을 미쳤다. 북한은 일제 강점기에

---

5) 김일성, 「사회주의 교육에 관한 테제」, 『김일성 저작집』 32, 조선로동당출판사, 1986, 374쪽.

6) 김일성, 「사회주의 교육에 관한 테제」, 『김일성 저작집』 32, 조선로동당출판사, 1986, 390~399쪽.

7) 김일성, 「사회주의 교육에 관한 테제」, 『김일성 저작집』 32, 조선로동당출판사, 1986, 390~399쪽; Kim Eun-Jung, Shin Ju-Cheol, Kim Yong-Deog, "A Study on North Korea's Education~Centering for Middle School", *The New Educational Review* 35-1, WYDAWNICTWO ADAM MARSZAŁ.EK, 2014, pp.153~154.

8) 정근식・김윤애・임수진 「북한에서의 소련형 대학의 이식과 희석화」, 『아시아리뷰』 7-1, 2017, 서울대학교 아시아연구소, 111쪽.

9) Eun~Jung Kim, "Education System in Democratic People's Republic of Korea", *Asian Education Systems*, adam marszal, 2016, p.103.

확립된 초등교육 4년 체제를 2012년까지 유지했는데 이것은 북한의 경제 상황이 영향을 미친 것이다. 북한이 2012년 학제 개편과 교육과정 개정, 고등교육 부문의 제도 개혁을 한 것은 경제난 이후 무너진 공교육 체계를 복원하고 교육의 질을 향상시키려는 시도로 볼 수 있다.

김정일 시대는 경제난으로 인해 보통교육이 무너진 상태였다. 2002년 교과서와 학제를 개편하는데 이는 보통교육을 정상화시키기 위해서였다. 2002년 9월 8일 조선중앙방송이 기존의 인민학교를 소학교로, 고등중학교를 중학교로 지칭하기 시작했으며, 2003년까지 대학의 학제는 4~7년이었으나 2004부터 4~6학년제[10]로 바뀌었다. 그렇다고 김정일 시대에 전 인민의 고등 교육화를 포기한 것은 아니었다. 현 시기 북한의 고등교육의 변화는 2006년 김책공업대학 방문을 기점으로 포착된다. 그 중심에 북한의 원격교육이 있다.

고등교육에 대한 연구는 주로 대학 대학운영체계,[11] 북한 고등교육의 변천과정,[12] 북한의 고등교육기관,[13] 이공계 대학 교육과정, 김일성종합대학 창립과 운영,[14] 박사원[15] 등의 연구가 진행되어 왔다. 이 외에도 대학교육 정책의 변화, 원격교육[16] 등의 관점에서도 "전민과학기술인재화" 정책

10) 조선중앙통신사 편, 『조선중앙년감』, 중앙통신사, 2005, 189쪽.

11) 김동규, 「북한의 대학교육 운영체계에 관한 연구」, 『北韓硏究學會報』 2-2, 북한연구학회, 1998, 181~194쪽; 한만길 · 손계림, 「북한 대학의 입학, 학사운영 그리고 학위제도」, 『大學敎育』 81, 한국대학교육협의회, 1996, 50~60쪽.

12) 김형찬, 「북한고등교육의 변천과정」, 『北韓 』 101, 북한연구소, 1980, 174~194쪽; 조정아 · 이교덕 · 강호제 · 정채관, 『김정은 시대 북한의 교육정책, 교육과정, 교과서』, 통일연구소, 2015, 1~337쪽.

13) 김형찬, 「북한 고등교육 기관의 종류」, 『大學敎育』 45, 한국대학교육협의회, 1990, 45~51쪽.

14) 조정아 · 이춘근, 「북한의 고등교육개혁과 이공계 대학 교육과정」, 『北韓硏究學會報』 12-1, 북한연구학회, 2008, 207~233쪽.

15) 박지영, 「북한박사원에 관한 연구」, 북한대학교대학원 석사학위논문, 2010, 1~82쪽.

16) 이인정, 「김정은 시대 북한 원격교육 현황 연구: 교육컨텐츠, 표준, 인프라를 중심으로」, 『통일교육연구』 14-2, 한국통일교육학회, 2017, 1~13쪽.

이 일부 논의되고 있다. 일련의 선행연구는 북한 정치 또는 이념을 중심으로 변화양상을 천착하면서 북한의 교육을 국가에 충성 하는 과학기술 엘리트에 기반한 정권 안정화 작업 등으로 해석[17]하고 있다.

기존 연구에서 김일성－김정일－김정은 시대로 이어져 오는 교육의 변화 가운데 북한의 과학중시사상을 김정일에게서 찾고 있다. 이 글에서는 과학기술 강조의 기조가 건국초기부터 제기되었음과 북한의 교육이 시대에 따라 어떻게 변화 발전해 왔는지 검토하고, 이를 위해 북한 교육의 변화 일환 중의 하나인 원격교육과 원격시험 등 변화된 북한의 교육에 대해 살피고자 한다.

2. 북한의 교육과 과학기술 중시

주체형 공산주의 육성이라는 이념적 목표를 제거하고 북한의 교육을 살펴보면 북한교육의 핵심 목표는 과학기술 발전으로 현대사회의 일원으로 자리매김하는 것에 있음을 알 수 있다. 북한은 건국 초기 과학기술에 기반한 정권 안정화를 도모했으며 그것을 교육에서 찾았다.

북한이 교육과 관련하여 처음 시도한 작업은 기존에 남아 있는 교육기관의 복구정비 및 운영사업, 일제사상 잔재와 봉건유습 제거투쟁이었다. 당면하게는 부족한 교원들을 선발배치하고 교육시설들을 복구 정비함으로써 학교운영을 정상화하여 청소년들에게 우리말과 우리글을 가르치는 것이었다. 친일파와 민족반역주의자 청산 및 일제사상 잔재와 봉건유습을

17) 이미경, 「김정은 시기 과학기술교육정책의 특징과 정치적 함의」, 『사회과학연구』 58-1, 강원대학교 사회과학연구원, 2019, 339~367쪽.

없애지 않고서는 민주주의 새 조선을 건설[18]해 나갈 수 없다고 판단했기 때문이다. 따라서 해방 직후 북한이 교육부분에서 가장 먼저 실행한 것이 교과서와 서적의 우리말 출판과 학교에서의 조선말 교육[19]이었다. 김일성은 공화국 건국에 앞서 1) 새 민주조선 건설의 기초 축성과 친일분자 그리고 기타 반동분자의 숙청으로 민주주의적 민족통일전선 형성, 2) 증산운동 전개로 실업퇴치와 인민생활의 안정을 도모, 3) 토지개혁 실시, 4) 교육제도 개혁, 5) 모스크바 3상회의 결정 옹호와 해설 선전, 6) 소련인민과의 친선관계 강화[20] 등 건국실현을 위한 6대 과제를 제시한다. 이때 4)의 교육제도 개혁의 목표는 민주주의적 교육제도의 실시로 각 부문의 전문가들과 기술자들을 양성하는데 있다. 여기서 민주주의적 교육제도란 봉건잔재와 일본제국주의 잔재를 완전히 제거하고 어느 특권 계급만을 위한 교육이 아니라 광범한 인민대중을 위한[21] 교육을 하는 것이다. 그리고 김일성은 5)와 6)을 과제로 제시한 이유에 대해 '소련은 믿음직한 벗으로 지원을 받고 있기 때문에 우리는 이 유리한 조건을 민주주의 자주독립 국가건설에 백방으로 이용해야'[22]하기 때문이라고 설명한다. 김일성의 이러한 발언에서 당시 건국 전 북한의 주변국에 대한 입장과 태도를 읽을 수 있다.

이후 1946년 3월 6일 북조선임시인민위원회 제4차 회의에서 김일성은 교육부문의 과업을 교원양성사업, 교육기관 내의 반동분자 제거, 학생들의

---

18) 김일성, 「새 조선 건설과 공산주의자들의 당면과업지방에 파견되는 정치공작원들과 한 담화 1945년 9월 20일」, 『김일성 저작선』 1, 조선로동당출판사, 1979, 277쪽.
19) 김일성, 「목전 조선정치정세와 북조선 임시인민위원회의 조직에 관하여」, 『김일성 저작선』 2, 조선로동당출판사, 1979, 27쪽.
20) 김일성, 「3.1운동 27주년을 맞이하여－3.1운동 27주년 평안남도경축대회에서 한 연설」, 『김일성 저작선』 2, 조선로동당출판사, 1979, 99~100쪽.
21) 김일성. 「20개조정강」, 『김일성 저작선』 2, 조선로동당출판사, 1979, 127쪽.
22) 김일성, 『김일성 저작선』 2, 조선로동당출판사, 1979, 100쪽.

학습조건 보장(교과서 편찬), 졸업반 학생 사회진출, 교육기관들에 대한 지도 강화, 인민교육제도[23] 등 여섯 가지로 규정하고 있다. 1946년 3월 23일 방송을 통해 20개조 정강 중 교육부분인 16조의 전반적 의무교육제 실시와 국가경영인 소·중·전문·대학교들의 확장 및 국가의 민주주의적 제도에 따라 인민교육제도를 개혁할 것[24]에 대한 법령이 발표되면서 북한에서 전반적 의무교육제가 선포된다. 이 의무교육제에 대한 문제는 종합대학 창설이 제기된 1945년 11월 3일 교육부문일군들과 한 담화[25]에서부터 언급되고 있다.

북한의 초기 교육사업의 목표는 조선 문화 부흥[26]으로 교육을 통해 이루고자 한 것은 급속한 문화수준의 제고와 조선민족 문화건설이었다. 초기에 간행된 문건들을 보면 북한이 처음부터 사회주의 사상과 우상숭배에 초점을 맞췄던 것이 아님을 알 수 있다. 북한은 건국을 준비하면서 인재양성의 필요성을 절감하게 되었으며, 그리하여 1946년 9월1일 고등교육실시를 위해 김일성종합대학 건립을 결정하면서 북한은 교육체계와 제도 수립에 박차를 가하기 시작한다.

이 당시 북한에서 주력했던 것은 일제의 영향권 하에서 교육을 받았던 청소년의 재교육으로 일제의 봉건적 잔재 소탕과 문맹퇴치에 전 총력을 기울이고 있는 8천여 개의 성인학교를 중심으로 2백여만 명에 달하는 문맹자를 교육 시켜 3년 이내에 문맹의 완전퇴치[27]하는 것이었다. 당시

---

23) 김일성, 「교육부문앞에 나서는 몇가지 과업에 대하여」, 『김일성 저작선』 2, 조선로동당출판사, 1979, 105~112쪽.

24) 김일성, 「20개조정강」, 『김일성 저작선』 2, 조선로동당출판사, 1979, 127쪽.

25) 김일성, 『김일성 저작선』 1, 조선로동당출판사, 1979, 387쪽.

26) 北朝鮮人民 敎育文化後援會, 「敎育事業을 推進 朝鮮文化를 復興」, 『로동신문』, 1946.03.16, 4쪽.

27) 安含光, 「藝術文化의 顯示的 生態의 性格과 要望」, 『朝蘇文化』 2집, 朝蘇文化協議會, 1946, 64~75쪽.

문맹퇴치는 사회주의국가의 전 인민 대상 주력 교육 사업이었던 것으로 보인다. 이기영은 "人民의 나라 蘇聯의 躍進相"에서 소련이 10월 혁명 이후 소비에트 학교제로 개편하여 1930년도에 의무교육을 전반적으로 실시하고, 각 농촌과 도시에서는 문맹퇴치 사업 전개하고 있음과 인민학교와 성인학교 교육 그리고 지도계통[28] 등 소련의 교육제도를 상세하게 설명하고 있다. 소련의 이러한 일련의 문맹퇴치와 도서관과 극장 건립의 방식은 그대로 북한에 이식되며, 북한의 교육 목표의 일환이 된다.

1946년 10월 15~16일 양일간에 열린 북조선 문화인 전체대회 보고자 중의 한사람인 안막은 "북조선의 1만 8천명의 교육인들은 북조선 교육문화 직업동맹에 튼튼히 뭉치어 조선의 민주주의 교육문화의 발전을 위하야 일본제국주의의 노예적 교육의 악랄한 잔재의 소탕을 위하야 헌신적인 노력을 다하여 왔"[29]다고 연설하면서 1946년 10월 기준 '김일성종합대학의 창설을 위시하여 30여개의 각종 기술전문학교, 271개의 중학교, 2천3백8십7개의 소학교와 각종 연구소의 급속한 증가와 도서관 박물관 전람회 구락부 극장 등의 확장, 광범한 노동인민대중의 계몽을 위한 1만 2천여 개의 성인학교 강습소 독보회'[30] 등이 만들어졌다고 보고하고 있다. 이 보고를 보면 북한이 교육을 위해 학교, 연구소 설립과 도서관, 박물관, 극장 등을 건립하여 강습 등을 활발히 벌였음을 알 수 있는데 이는 소련이 1930년에 16차 당 대회 이후 1933년 전 소련에서 전반적 초등의무교육을 실시하고 동시에 교육 전파의 일환으로 도서관과 박물관[31] 증설에 힘썼던 것과 같이 동일한 과정을 밟고 있음을 알 수 있다. 그리고 이 때 교원의

---

28) 李箕永, 「人民의 나라 蘇聯의 躍進相」, 『朝蘇文化』 3집, 朝蘇文化協議會, 1946, 96~99쪽.
29) 安漠, 「現段階 朝鮮文化人의 基本 任務」, 『朝蘇文化』 3집 朝蘇文化協議會, 1946, 155쪽.
30) 安漠, 「現段階 朝鮮文化人의 基本 任務」, 『朝蘇文化』 3집 朝蘇文化協議會, 1946, 155쪽.
31) 김철우, 「쏘련의 社會主義的 文化發展」, 『朝蘇文化』 2집, 朝蘇文化協議會, 1946, 100~112쪽.

부족으로 문학, 예술, 과학, 기술자들이 망라된 문화인 집단이 북한 교육에 기여를 했던 것으로 보인다.

이기영의 글에서도 알 수 있듯이 북한은 건국 초기 소련의 교육제도와 방식을 참조했던 것으로 보이며, 이를 위해 시찰단을 소련으로 보낸 것을 『노동신문』에서 확인할 수 있다. 1947년 당시 방소 교육시찰단의 일원이었던 북조선 노동당 선전선동부장 김창만은 소련의 원조가 있는 한 조선 인민의 승리는 확고하다면서 소련의 과학기술의 발전에 대한 소회와 북한 유학생들을 위해 기숙사를 지어 관리하고 있다[32]며 감사를 표하고 있다. 뿐만 아니라 민청학생부장 주□록은 소련의 6~15세 학생들이 방과 후 소년궁전 시설을 이용하면서 새로운 진로를 탐구하고, 인민학교를 졸업한 학생들은 모두 운전을 할 수 있다며 소련의 교육 사업이 눈부시게 발전하고 있다[33]고 모스크바 사범대학과 레닌그라드 소년궁전에 대한 감상을 쓰고 있다.

북한의 고등교육은 김일성종합대학 설립에서부터 시작된다. 김일성종합대학 설립의 목표는 정치, 경제, 문화의 모든 분야에서 일할 새 조국 건설에 필요한 간부 양성과 종합대학을 모델로 하여 빠른 기간 내에 많은 대학을 건설[34]하는 것에 있었다. 그러나 북한이 대학창립을 준비하던 당시 북한에는 고등교육을 받은 전문가, 기술자들은 물론 대학교수 교양의 경험을 가진 사람이 거의 없었다. 따라서 교수의 확보는 대학 설립에 있어 중대한 문제였으며, 김일성은 자신의 이름을 서명한 위촉장을 남한의 교수들에게도 보냈다. 이를 통해 확보한 교원의 수는 68명이었다. 김일성종합대학은 문학부(3), 법학부(2), 이학부(2), 공학부(7), 농학부(3), 의학부

32) 김창만 담, 「방쏘 敎育視察團에게 듣는다」, 『로동신문』, 1947.09.28, 1쪽.
33) 周□錄 씨 담, 「방쏘 敎育視察團에게 듣는다」, 『로동신문』, 1947.09.28, 1쪽.
34) 김일성, 『김일성 저작선』 1, 조선로동당출판사, 1979, 383~385쪽.

(3), 철도공학부(4) 등 7개 학부의 24개과의 1500명의 학생[35]으로 시작하였다. 당시 문학부에 지원한 교원 이력서를 보면 경성제대 출신과 소련 대학 출신이 대부분으로 자신의 출신 성분을 소시민[36]으로 기록하고 있었다.

아래 <그림 1>을 보면 김일성종합대학 문학부에는 소설가 김사량도 지원하고 있다. 김일성종합대학 교원 지원서에는 이력서와 함께 개인별 조사서가 첨부되어 있다. 아래와 같은 김사량의 이력 조사서의 조사책임자로 문학부장 박극채가 그의 신원을 증명하고 있다. 박극채는 교토대에서 경제학을 전공하고 1932년 보성전문학교(현 고려대) 경영과 교수를 거쳐 경성제국대 법문학부 교수로 재직하다 월북하여 김일성종합대학 교수로 재직한 인물이다. 그는 김사량의 출신성분을 소시민, 사상을 진보적, 성격을 쾌활, 기타사항으로 그를 현 문학에서 대표적 인물로 보고하고 있다.

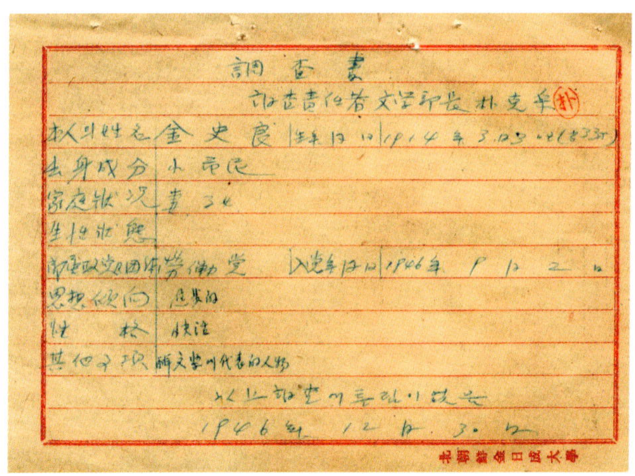
調査書
調査責任者 文學部長 朴克采
本人의姓名 金史良
出身成分 小市民
思想傾向 進步的
性格 快活
其他事項 現文學에代表的人物
1946年 12月 3日
北朝鮮金日成大學

<그림 1> 金大(김일성종합대학)교원 이력서, 문학부 김사량 조사서, p14.: RG 242 National Archives Collection of Foreign Records Seized: Captured Korean Documents, Doc. No. SA 2011.

35) 김창호, 『조선교육사』 3, 사회과학원출판사, 1990, 182~183쪽.

36) RG 242 National Archives Collection of Foreign Records Seized, Captured Korean Documents, Doc. No. SA 2011.

김일성종합대학에 개설된 과는 이후 근로자 중심의 기능별 대학 설립의 토대가 된다. 반면 김일성종합대학을 통해 민족 간부를 양성하겠다는 목표와는 별도로 북한은 1946년 7월1일 3개월 과정의 중앙고급지도간부학교를 개교하는데 이는 당장 당 간부가 되어 국가를 운영하고 경제기관을 관리 운영[37]할 인재가 시급했기 때문이다. 1949년까지 북한에 종합대학 1개, 공업대학 2개, 농업대학 1개, 의학대학3개, 사범대학/교원대학 5개, 외국어대학1개, 예능대학 2개 등 15개 대학과 55개의 전문학교, 4개의 야간대학, 5개의 통신대학[38]이 개교하였다. 창립 당시 야간대학의 학과 구성은 주로 이학과 공학 등 이과 계통이며, 통신대학은 교육 기반의 특성과 한계 때문인지 이공계에 비해 인문계열이 다수를 차지하고 있다.

북한의 고등교육의 강조는 과학기술의 발전과 등가관계에 있다. 김정일 시대에 와서 과학기술이 강조되는 것 같지만 북한은 건국초기부터 과학기술을 강조하여 왔다.

> 우리는 오직 자기의 공장, 기업소들을 잘 관리운영하며 민족경제의 자립적토대를 튼튼히 닦아야만 나라의 진정한 자주독립을 보장할수 있으며 조국의 륭성발전을 실현할수 있습니다. 이를 위하여 우리에게 절실히 요구되는것은 과학과 기술을 가진 인재이며 과학자, 기술자 여러분의 비상한 정력과 고귀한 재능과 창조적열성입니다. (…) 어떤 나라를 막론하고 자체의 민족기술간부가 없이는 경제적으로 자립할수 없으며 새 사회를 건설할수 없습니다. 쏘련이 현대적인 공업과 대규모의 기계화된 농촌경리를 가진 세계적인 강국으로 된것도 자체의 우수한 과학자, 기술

---

37) 김창호, 『조선교육사』 3, 사회과학원출판사, 1990, 186쪽.
38) 김창호, 『조선교육사』 3, 사회과학원출판사, 1990, 206쪽.

자들과 전문가들을 많이 가지고있기때문입니다. 우리 조선도 지금은 비록 뒤떨어진 처지에 있지마는 앞으로 짧은 기간에 민족경제의 자립적토대를 가진 부강한 나라로서 세계 앞선 나라들의 대렬에 들어서게 되자면 지금부터 능력있는 기술인재를 많이 길러내야 합니다. 대학과 기술전문학교들도 세우고 이르는곳마다에 기술야학과 강습소들도 내와 기술자, 전문가들을 많이 길러내야 하겠습니다. 여기에서 과학과 기술을 이미 가진 여러분들의 역할이 매우 중대합니다. 여러분은 당면한 연구사업과 기술지도를 책임지고 수행하는 한편 기술자, 기능자들을 길러내는 사업에 모든 힘을 바쳐야 할것입니다. 이와 함께 여러분자신이 세계의 선진적 과학기술의 성과들을 더 많이 배우기에 힘써야 하겠습니다. 우리는 배우는데서 조금도 교만하지 말아야 하며 언제나 허심하고 겸손하여야합니다.[39]

위의 인용에서 김일성은 과학기술의 발전이 북한 경제의 자립적 토대를 만드는 근간이 된다고 말하며 소련을 예로 들고 있다. 소련이 강국이 될 수 있었던 것이 과학기술에 있었기에 북한도 짧은 기간에 민족경제의 자립적 토대를 가진 부강한 나라로서 선진국의 대열에 들어서려면 지금부터 능력 있는 기술인재를 많이 길러 내야 한다고 강조하고 있다.

김정일 시대에 들어와 과학이 다시 강조되는데 2000년 7월 4일 『로동신문』과 『근로자』에 실린 공동논설 「과학중시사상을 틀어쥐고 강성대국을 건설하자」에서부터 본격적인 과학강조가 시작된다. “오늘날에 와서 과학기술에 대한 태도는 곧 혁명에 대한 태도, 사회주의에 대한 태도로 과학기

39) 김일성, 「현시기 과학자, 기술자들의 임무에 대하여」, 『김일성 저작선』 2, 조선로동당출판사, 1979, 493~496쪽.

술 발전이 답보하면 혁명도 주눅이 들고 사회주의도 빛을 잃게 되며 과학기술을 홀시하는 것은 혁명을 하지 않겠다는 것과 같다"[40]며 김정일은 나라를 빨리 발전시키는 조건으로 '과학을 중시하고 과학발전을 앞세우는 것은 우리의 국가정책이며, 과학기술은 강성대국 건설의 힘 있는 추동력이고, 과학기술을 가까운 앞날에 세계 선진 수준에 올려 세우려는 것은 우리 당의 확고한 결심'[41]이라고 교시한다. 정치는 과학기술의 발전을 담보하는 결정적 요인으로 현대의 정치가는 과학을 알고 과학에 의거하여 혁명과 건설을 이끌어 나가야 한다며 '과학중시정치'를 강조했다.

북한은 고난의 행군시기를 거치며 피폐화된 경제를 보면서 기존의 과학기술 중시에서 과학기술에 정치를 결합하여 돌파구를 찾으려 한 것이다. 이 공동논설은 먹고 입는 문제 해결과 생산 정상화, 국토관리사업 개선 등을 위해 외부 선진과학기술 도입 의지도 내비치고 있다. 과학중시는 2001년 신년사에서도 보인다.

> 인민경제의 기술적개건은 현 시기 경제사업의 중심고리이며 더는 미룰수 없는 절박한 과제이다. 우리는 모든 공장, 기업소들을 대담하게 현대적기술로 갱신해 나가며 최신과학기술에 기초한 새로운 생산기지들을 일떠세워야 한다. 온 사회에 과학기술을 중시하는 기풍을 세우며 기술혁신의 불길이 세차게 타 오르게 하여야 한다.(…) 우리 제도제일주의를 구현하자면 과학기술과 교육사업발전에 전 국가적인 관심을 돌려야 한다.[42]

40) 「과학중시사상을 틀어쥐고 강성대국을 건설하자」, 『로동신문』, 2000.07.04, 1쪽.
41) 「과학중시사상을 틀어쥐고 강성대국을 건설하자」, 『로동신문』, 2000.07.04, 1쪽.
42) 『로동신문』, 2001.01.01, 1쪽.

위의 신년사에서 볼 수 있듯 2001년 역시 고난의 행군 시기로 북한은 식량난, 전력난, 경제난으로 힘든 시기였다. 따라서 인민경제의 활성화 방안으로 공장과 기업소를 현대적 기술로 갱신하고자 했다. 그러기 위해선 위의 인용문에서 볼 수 있듯 과학기술을 우선하는 교육 사업을 추진해야 했다. 즉 김일성 시대에 과학기술은 경제발전의 토대였지만, 김정일 시대에는 과학기술의 근본이 정치가 되어야 하며, 토대는 교육발전으로 변화한다. 같은 해 1월 28일 김정일의 "컴퓨터 수재 양성 사업을 강화"[43]하라는 교시는 2000년 이후 북한의 교육 방향을 가늠케 한다.

과학은 고등교육법에서도 강조되는데 북한이 고등교육 사업에 대해 구체적으로 언급한 것은 1965년 2월 23일 고등교육성 당 총회에서였다. 이때의 김일성의 연설 주제는 크게 세 가지로 나뉜다. 1) 인테리를 노동계급화하며 혁명화 2) 교수교양사업과 과학연구 사업에서 주체 강화 3) 간부양성사업의 질의 문제[44] 등이다. 김일성은 두 번째 과학연구 사업을 강화[45]하기 위한 방도로 자연 기술과학 분야의 주체 확립, 외국의 과학기술 성과를 적극적으로 도입, 외국의 선진기술을 배워 자립성을 강화하라고 제시한다. 김정일 시대는 과학기술을 발전시켜 과학자, 기술자, 전문가를 육성하는 것이었다. 반면 김정은 시대는 교육의 과학화, 인재양성을 표방하면서 북한은 고등교육을 강화를 꾀하고 있다. 고등교육의 강화가 초·중교육의 강화를 견인할 수 있다고 생각했기 때문이다.

북한 고등교육법 1조의 고등교육의 사명은 "고등교육기관의 조직운영과 교수교양, 과학 연구사업에서 제도와 질서를 엄격히 세워 고등교육을 발전시키며 정치사상적으로 튼튼히 준비되고 높은 과학기술지식과 창조

43) 김정일, 『김정일전집』 20, 조선로동당출판사, 2013, 352~358쪽.
44) 김일성, 『김일성저작집』 18, 조선로동당출판사, 1982, 189~228쪽.
45) 김일성, 『김일성저작집』 18, 조선로동당출판사, 1982, 202~216쪽.

력을 갖춘 유능한 과학자, 기술자, 전문가를 더 많이 키워내는데 이바지하는 것"[46]이다. 총 7장 68조로 구성되어 있는 북한의 고등교육법은 2011년 12월 14일 최고인민회의 상임위원회 정령 제 2036호[47]로 채택된다. 그 가운데 5장의 50조 과학연구사업의 조직은 김정은의 교육정책이 김일성, 김정일의 사업을 계승 발전하고 있음을 보여주는 예이다.

김정은의 "새세기 교육혁명을 일으켜 우리나라를 교육의 나라 인재강국으로 빛내이자!"[48]는 구호 이후 교육정책에 따라 북한은 고등교육에서 학술형 인재, 실천형 인재를 키워 내야하며, 이를 위해 "교육내용을 실용화, 종합화, 현대화"[49]하여야 한다고 주장한다. 여기서 말하는 '학술형 인재는 튼튼한 기초학력과 복합형의 지식구조 높은 정보 소유능력과 경쟁 능력, 협동능력[50]을 가진 사람이며, 실천형 인재는 배운 지식을 재현시키는데 머무르는 것이 아니라 축적된 지식에 토대 아래 제 머리로 착상 설계하고 새것을 발명 창조 할 줄 아는 사람[51]을 의미'[52]한다. 이를 통해 전민의 과학기술 인재화, 인재강국화를 하겠다는 것이 북한의 목표였다. 그러나 과학중시 기조가 교육을 물론 사회 전반에 현재까지 이어지고 있는 것에서 다른 의미로 북한이 이미 선언한 강성대국 목표를 달성하지 못했음을 알 수 있다.

---

46) 장명봉 편, 『북한 법령집』, 북한법연구회, 2015, 919쪽.
47) 『로동신문』, 2011.12.15, 1쪽.
48) 『로동신문』, 2014.09.05, 1쪽.
49) 『로동신문』, 2014.09.05, 1쪽.
50) 최용선, 「정보산업시대의 요구에 맞게 과학기술 인재육성 사업을 개선하는데 나서는 중요한 문제」, 『철학경제학』 60-1, 김일성종합대학 학보, 2014, 67~70쪽.
51) 박영도, 「새세기 인재양성을 위한 중학교 교육에서 나서는 중요한 문제」, 『교원선전수첩』 3, 교육신문사, 2012.03, 32쪽.
52) Eun-Jeong Kim, "Changes in North Korea's higher education and education management system during the Kim Jong Un Era", *Asia Pacific Journal of Education* 41-2, 2021, p.4.

3. 과학기술과 전인민의 인재화의 구상

북한의 전인민의 인재화의 구상은 2006년 1월 24일 김정일이 새로 건설된 김책공대 전자도서관을 돌아보면서 시작된다. “원격교육을 하면 지방에 있는 통신과정 학생들이 대학에 올라오지 않고 교육을 받을 수 있어 좋아할 것”[53]이라는 교시 이후 원격교육에 대한 추진이 본격적으로 이루어진다.

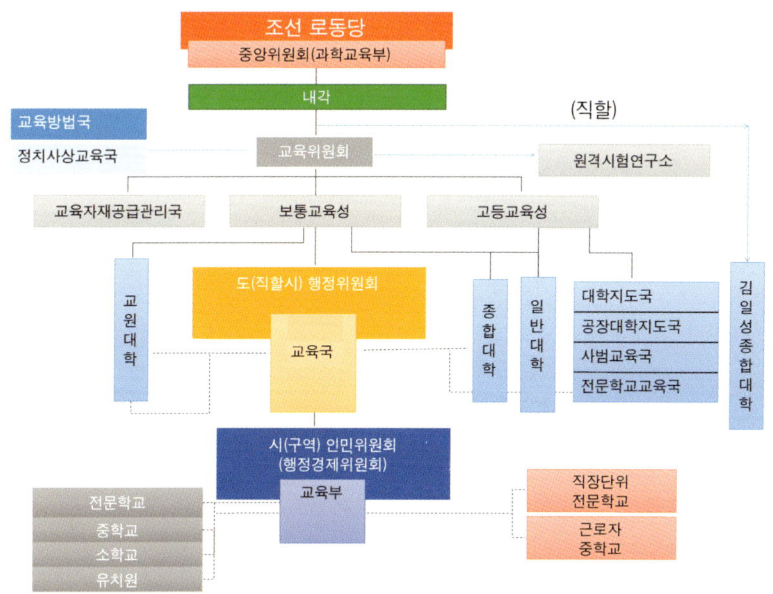

〈그림 1〉 2011~2023.10 북한 교육중앙행정체계[54]

53) 『조선신보』, 2006.01.25, 1쪽.

54) 이전 시기의 그림과 비교분석은 p.8 참조. 〈그림 1〉은 2010년 이후 변화된 북한 교육의 중앙행정조직체계로 『조선중앙년감』과 『북한의 주요기관 단체 인명록』(2006~2018)을 참조하여 그린 것이다(Eun-Jeong Kim, “Changes in North Korea’s higher education and education management system during the Kim Jong Un Era”, *Asia Pacific Journal of Education* 41-2, 2021, p.9).

이에 따라 변화된 것이 행정체계이다. 2010년 이전까지 북한의 교육은 조선로동당 산하에 있는 과학교육국의 감독 아래에 있었다. 북한은 2010년 9월 28일 3차 당 대회를 통해 과학교육국을 과학교육부로 명칭을 변경하고 중앙당 비서국 산하 21개 전문부서를 19개로 변경한다.

교육성이 교육위원회로 재개편되면서 보통교육성과 고등교육성이 부활했으며, 교육성 산하에 있던 공장대학지도국이 고등교육성 산하로 내려왔다. 교육성이 직접 관리하던 대학지도국, 사범대학지도국, 전문학교 교육국 역시 고등교육성 산하로 편입되었으며 교원대학만 보통교육성에 관리하고 있다. 반면 김일성종합대학은 내각에서 직접 관리하고 있음을 알 수 있다.[55] 원격 시험 연구소는 2017년~2018년 4월 사이 교육 위원회 산하에 신설된 것으로 보인다. 이러한 행정체계의 개편은 북한에서 인재강국을 위한 고등교육의 강화의 기초 작업으로 보인다.

이 당시 이러한 개편은 당의 기조와도 연관이 있지만 그 이전 북한의 대학 추천제도나 입시제도의 문제점과도 관련이 있어 보인다. 북한에서 대학에 입학하지 못한 나머지 학생들은 군에 입대하거나 건설현장, 탄광, 공장 등으로 진출한다. 학생들의 진로는 개인의 의사보다 출신성분과 당성을 주요 기준으로 하여 국가에 의해 결정되며, 당 간부의 자녀나 혁명가 유자녀들이 입학 시 특혜를 받는다는 것은 이미 잘 알려져 있는 사실이다. 중학교를 졸업하고 대학에 입학하는 직통생들을 제외하고 일반 인민들은 중학교 졸업 후 군 입대를 하거나 공장이나 건설현장, 탄광, 기업소 등에 취업을 한 후에 군대, 기관, 기업소, 단체의 추천을 받아 대학에 입학할 수 있는 자격을 취득한다. 여기서는 입당과 영웅칭호가

55) Eun-Jeong Kim, "Changes in North Korea's higher education and education management system during the Kim Jong Un Era", *Asia Pacific Journal of Education* 41-2, 2021, p.6.

매우 중요하다.

김정은 시대 이전의 소설을 보면 당원이 아닌 노·농 계급의 학업에 대한 북한의 입장이 잘 드러나 있다. 대학진학의 길은 열려 있지만 대부분의 작품들이 비당원인 인물들의 학업 포기로 소설이 마무리 된다. 최학수의 『평양시간』의 상철은 제대 후 아파트 건설현장에 배치된다. 하지만 그는 건설현장을 대학에 진학하기 전까지 스쳐 가는 곳으로 생각을 한다. 그는 천문학자가 되고 싶었기 때문이다. 그러나 상철의 모본인 탁준범은 그의 꿈을 자유주의적인 발상이라고 생각한다. 『조선문학』(1998.10)에 실린 백보흠의 단편소설 『백두바람』의 주인공 문공술은 3년 안에 입당과 대학진학의 두 고지를 점령하겠다는 목표를 세우고 공장노동자가 된다. 노동현장에서 공을 세우는 것이 당원이 될 수 있는 지름길이기 때문에 백두산의 삭도 건설에 자원을 한다. 문공술이 공장에 취업한 이유는 그가 보낸 편지 속에서 잘 드러난다.

> 내가 고등학교를 졸업하고 왜 5월 10일 공장으로 진출하였겠습니까. 로동현장에서 당원이 되고 영웅이 된 다음 이름있는 대학으로 진학할 작정이였지요.[56]

위의 인용문을 보면 주인공은 입당을 명예가 아닌 공로에 대한 보상의 차원으로 인식하고 있다. 그의 이러한 생각이 북한에서 일반적이었다는 것이 1999년 『조선문학』 7호에 게재된 정영종의 『사랑의 메아리』에서 드러난다. 전쟁에서 팔을 잃은 간호부 출신인 최신혜가 대입시험의 점수가 모자라 낙방 할 위기에 처하자 그녀를 입학시키기 위해 특별하게 추가시험

---

56) 백보흠, 「백두바람」, 『조선문학』, 문학예술종합출판사, 1998.10, 51쪽.

이라는 혜택을 주고 있다. 『사랑의 메아리』처럼 국가가 일반남성과는 달리 상이군인은 대학진학을 유도하고 있기 때문에 인민들은 대학진학 자격 취득을 희생이나 공로에 대한 혜택 또는 배치의 문제로 이해하고 인식할 수밖에 없었다. 그러나 이렇게 대학을 진학하려는 인물들은 결국 학업을 포기하고 현장에 남는다. 그들이 학업을 포기하는 이유는 학업욕망에 대한 죄의식 때문이다. 주변 인물들과 당원들은 고등교육을 받은 사람보다 고등교육을 받지 않아도 현장 경험이 풍부한 창조성 있는 사람이 필요하다는 이유로 끊임없이 그들에게 죄의식을 심는다. 결국 노·농계급에게 필요한 것은 고급지식이 아니라 현장에서의 경험이라는 국가의 인식은 그들의 학업에 대한 욕망을 좌절시키거나 지연시켜 왔다.[57] 김정은 시대 이전까지 인민들의 대학 진학에 대한 당의 시선은 정책과는 괴리되어 있었으며, 노동력을 현장에 유치하려는 계획은 오히려 유능한 인재의 대학진학을 막아 왔다. 그런데 당원 중심의 10%의 대학 진학률로 과학기술 정치를 통해 기술경제를 창조하기에는 무리가 있었다.

또한 『평양시간』의 상철이 대학진학을 포기했다고 해서 학업의 욕망까지 버린 것이 아니었다. 평생 건설현장을 떠나지 않겠다고 결심한 대신 택한 것이 통신 교육이었다. 국가의 욕망이 개인적 욕망을 누르기는 했으나 결국 학업욕구에 대한 결핍을 통신 수업으로 대체하겠다는 결심은 결핍이 해소되지 않았음을 보여준다. 이러한 인민들의 학업에 대한 욕망의 좌절이 계속 누적되어 온 것도 원격교육 도입의 계기가 되었을 것으로 보인다.

북한은 1950년대부터 1990년대까지 국가재건과 사회주의 전면 건설이라는 국가 이념 아래 노동인력을 확보할 필요가 있었다. 그러나 교육기

57) 김은정, 「북한 소설에 나타난 욕망연구」, 『북한연구학회보』 10-2, 북한연구학회, 2006, 178쪽.

조가 과학기술발전으로 변화하면서 2000년대에 들어 강성대국의 목표 아래 육체노동이 기본이 되는 현장 노동자보다 과학·기술직 노동자 확보의 필요성이 강조되기 시작한다. “전민과학기술인재화”의 목표는 과학기술적 문제를 해결할 수 있는 인재양성과 사회의 모든 성원들을 대학졸업 정도의 지식을 소유한 지식형 근로자[58]로 육성하는 것이다. 원격교육은 대학에 진학하지 못한 노동자들의 학업욕망을 충족 시켜 주는 동시에 전문적인 기술자를 육성해 내는데 기여한다는 점에서 전 인민을 인재화하는 목표에 부합한다. 원격교육이 시작되면서 북한의 고등교육은 학업중심의 고등교육과 일하면서 배우는 고등교육이라는 이원체제로 나뉘게 된다. 이는 기술교육과는 다른 체제이다.

2007년 2월 9일 처음 문을 연 김책공대의 원격교육센터 ‘리상’과 온라인학부를 필두로 김형직사범대, 평양외대 등 주요대학과 인민대학습당 등의 도서관은 현장 노동자를 위한 사이버 강의를 시작한다. 위에서 언급한 것처럼 김책공대의 온라인학부는 2007년 2월 9일에 창립되었다. 2019년 기준 원격대학 ‘리상’에는 24,000명의 학생이 등록되어 있으며, 기계 제작, 컴퓨터 공학, 금속 공학, 제어 공학, 응용 전자 공학, 물리적 탐사 및 광산 기계 공학을 포함한 30개 이상의 과정[59]이 개설되어 있다. 뿐만 아니라 김책공업종합대학을 비롯한 중요대학에는 원격 실습관리 프로그램, 실시간 질의 응답체계 등을 도입하여 근로자들이 학업에 도움이 될 수 있게 원격교육을 여러 측면에서 과학화·실용화[60]하고 있다.

---

58) 리광삼,『경애하는 최고령도자 김정은동지께서 밝히신 전민과학기술인재화에 관한 주체의 리론』, 사회과학출판사, 2017, 51쪽.

59) http://www.kut.edu.kp/index.php/page?menu_id=4&submenu_id=14 (검색일: 2023.11.11)

60) 「조선에서 교육체계를 더욱 완비」,『조선중앙통신』, 2019.09.03.

김일성종합대학 원격교육학부는 '룡남산'을 통해 2015년 4월 1일부터 첫 원격교육을 시작했다. 2015년 4월 4개의 학과와 300명의 학생으로 개교를 한 원격교육학부는 2019년 5월 20개 학과[61]의 과정안을 집행하고 있으며 2019년까지 학생 수는 12,000여명이었다. 김일성종합대학 원격교육학부에서는 원격교육 시작 전 520여 개 과목의 원격교수안 13,000여 건을 제작[62]하였다. 북한은 2013년 1월 9일 중앙통신을 통해 '미 구글 대표단이 인민대학습당, 김일성종합대학, 전자도서관, 조선컴퓨터센터를 참관했다'[63]고 보도할 만큼 자체 개발한 원격교육 시스템에 자신감을 보였다. '룡남산'이 미국의 이러닝 시스템 표준안과 같기 때문이다. 그러나 '룡남산'이 등장한 2015년 이후에도 『로동신문』에 김책공대의 원격교육체계가 전국의 근로자들로부터 높은 인기를 얻고 있다고 지속적으로 소개되는 것을 보면 노동자들에게 직장업무와 연계된 적합한 원격교육을 시키는 곳은 김책공대로 보인다. 원격시험 연구소에서는 교수방법과 학습프로그램 개발 및 사이버 강의 대학의 관리를 하고 있다.

북한은 원격교육은 초기에는 교원위주의 실시간 강의 및 질의응답체계로 진행되었으나 2016년부터 강의를 받는 학생위주의 실시간 강의 및 질의응답체계[64]로 바뀌었다. 2018년 북한은 김책공대에서 공학교육의 특성에 맞는 새 교육방법을 개발하였으며, 김형직사범대학 교육과학대학에서 학습태도 평가기술에 기초한 교수 지원체계를 개발하였고, 평양기계

---

61) 설치된 학과는 정치경제학과, 경제관리학과, 혁명력사학과, 주체철학과, 법학과, 재정학과, 응용수학과, 응용물리학과, 정보과학과, 합성화학과, 생명과학과, 국토환경학과, 기상수문학과, 지리정보학과, 해양학과, 응용지질학과, 역학과, 재료공학과, 자동화공학과, 산림학과 등이다. (http://www.ryongnamsan.edu.kp/univ/ko/education/distance~education 검색일: 2023.11.11)

62) 김일성종합대학이나 김책공대의 홈페이지는 2019년 이후 현재까지 개편되지 않았다.

63) 통일부, 『북한동향』, 통일부, 2013.01, 59쪽.

64) 「원격교육체계의 질개선」, 『조선중앙통신』, 2016.06.08.

종합대학에서는 학생들의 상태 정보를 실시간 장악하고 평가하여 대책을 세우는 교수 조종 지원체계[65]를 개발하여 학생과 교수를 지원 관리하고 있다. 교수 조종 지원체계는 매주 학습자의 진도와 평균보다 낮은 교과목을 알림 형태로 알려주고, 성적 향상을 위한 과외 수업과 과제를 내주는 시스템이다.

원격교육이 시작된 이후 북한은 사회주의 교육을 발전시키는 방도로 원격교육을 강조하고 있다. 2017년 9월 5일은 "사회주의 교육에 관한 테제" 발표 40주년이 되는 해였다. 이 날 『로동신문』 사설의 주요 골자는 "사회주의 교육에 관한 테제"를 발전시키기 위해 1) 전반적 12년제 의무교육이 전면적으로 실시되면서 새로운 교종인 기술고급중학교 신설, 2) 과외 교육교양 거점을 통해 과외교육을 개선 발전, 3) 전국적 범위에서 전국 교원들을 위한 원격 재교육 체계를 빠른 기간 안에 완성, 4) 교원양성부분 대학들의 원격통신 교육체계의 발전, 5) 고등교육부문에서는 키워 내야 할 인재의 유형과 양성목표를 과학적으로 현실성 있게 세워 그에 맞게 교육체계를 완비할 것[66]을 주문하고 있다. 사설을 보면 교원양성 및 교원들의 재교육을 원격교육으로 실현하려는 계획을 세우고 있음을 알 수 있다.

북한의 원격교육법은 2020년 4월 12일 최고인민회의 법령 제5호로 채택되었다.[67] 원격교육의 사명은 사회의 모든 성원들이 일하면서 고등교육을 받을 수 있는 정연한 원격교육체계와 질서를 세워 전민과학기술인재

---

65) 「교육사업에서 큰 걸음을 내짚은 한해」, 『내나라』, 2018.12.28.

66) Eun jeong, Kim, "Changes in North Korea's higher education and education management system during the Kim Jong Un Era", *Asia Pacific Journal of Education* 41-2, 2021, p.6.

67) 「조선민주주의인민공화국 최고인민회의 제14기 제3차회의 진행」, 『조선중앙통신』, 2020.04.13.

화, 인재강국화 실현에 이바지[68]하는데 있다. 김일성－김정일 시대에는 공산주의적 새 인간형인 주체형의 인간을 양성하는 원리교육 중심이었다. 북한은 주체 101년인 2012년을 기점으로 세계적인 교육발전의 목표를 질적으로 담보하기 위해 기존의 원리교육에서 벗어나 실용교육으로의 전환을 꾀한다. 실용교육의 중심에 원격교육이 있는 것이다.

김정은 시대의 교육의 주요 특징은 교육 혁명과 통합을 통한 원격교육의 확산과 대학의 구조 개혁이다. 그 일환으로 북한 대학의 종합대학화와 일원화 그리고 유형별 대학의 특성화[69]를 추진하여 고등교육 체제를 개편한다. 이는 2014년 8월 30일 '새세기 교육혁명'을 강조한 김정은 위원장의 노작에서 제시된 과업으로부터 본격화되었다. 교육강령 작성과 집행, 교육내용 및 방법 개선 등을 하나의 종합대학에서 담당하게 하는 것으로, 종합대학을 발전시키고 이를 본보기로 하여 해당 부문의 나머지 대학들을 변모시켜 고등교육의 수준을 제고하겠다는 정책에서 나온 것이다.

북한의 원격교육은 희망하는 모든 공민이 그 대상이지만 원격교육을 받으려는 공민은 먼저 기관, 기업소, 단체에서 대학추천을 받아야 한다. 그리고 기관, 기업소, 단체는 원격교육을 받으려는 공민을 대학에 추천하려 할 경우 정해진 양식의 입학원서를 거주 지역 시(구역), 군인민위원회와 도(직할시)인민위원회를 거쳐 해당 대학에 제출하여야 한다. 입학원서에는 원격교육을 받으려는 공민의 이름, 직장 및 직위, 직종과 함께 전자인증의 식별자와 지망하는 학과, 원격교육을 받을 장소, 원격으로 학기, 학년

68) 원격교육법, https://www.unilaw.go.kr/bbs/selectBoardArticle.do# (검색일: 2023.11.04)

69) 평양철도대학, 한덕수평양경공업대학, 장철구평양상업대학, 평양기계대학은 부문별 종합대학으로 개편됐다. 이에 따라 명칭도 평양철도종합대학, 한덕수평양경공업종합대학, 장철구평양상업종합대학, 평양기계종합대학으로 각각 바뀌었으며, 전문대학은 기술대학으로 개편되었다(「북한, 대학체계 개편…종합대학・직업기술대학 신설」, 『연합뉴스』, 2015.05.15, https://www.yna.co.kr/view/AKR20150515180400014, 검색일: 2023.11.14).

말 시험을 칠 장소 등을 미리 밝혀야 한다. 해당 인민위원회는 원격교육을 받으려는 공민의 입학원서를 접수한 때로부터 7일 안에 검토하고 해당 대학에 통보하여야 한다. 해당 대학에서 발급한 입학 통지서를 중앙교육 지도기관을 경유하여 해당 인민위원회에 보내고 입학통지서를 접수한 인민위원회는 7일 안에 입학한 공민에게 통지하여야 한다. 이 절차를 거쳐 고급 중학교를 졸업한 노동자들이 원격교육을 받을 수 있게 된다. 원격교육 사업을 담당하는 기관은 <그림 1>에서 볼 수 있듯 중앙위원회이다.

50조에는 행정적 책임에 대해 다음과 같이 기술되어 있다. 1. 원격교육을 받으려는 공민의 대학추천과 입학사업을 바로 하지 않아 원격교육에 지장을 주었을 경우, 2. 원격교육을 위한 준비와 집행을 바로 하지 않아 원격교육과정안 집행에 지장을 주었을 경우, 3. 원격교육을 위한 전자증명서 발급, 정보통신 보장, 원격학습 장소와 시간보장 등을 바로 하지 않아 원격교육에 지장을 주었을 경우, 4. 원격교육망 관리를 책임적으로 하지 않아 원격교육에 지장을 주었을 경우, 5. 원격교육망에 비법적으로 가입하여 원격교육에 지장을 주는 행위를 하였을 경우, 6. 원격교육을 받는 학생의 학습과 시험에서 부정적 행위를 조장, 묵인시켰을 경우, 7. 그밖에 이 법을 어겨 원격교육 사업에 엄중한 결과를 발생시켰을 경우[70] 행정적 책임을 묻고 1~7의 행위가 범죄에 해당하는 경우 개인 뿐 아닌 기관, 기업소, 단체의 책임 있는 일군에게 해당한 형사적 책임을 지우는 것이 특징적이다.

북한에서 첫 원격 대학 졸업생이 배출된 것은 2015년 10월 28일이다. 29일 조선중앙통신에 김책공업종합대학 원격교육대학이 28일 첫 졸업식

---

70) https://www.unilaw.go.kr/bbs/selectBoardArticle.do# (검색일: 2023.11.11)

을 했다고 보도하고 있다. 김일성종합대학에서는 2018년 2월 28일 원격교육대학 1기 졸업식이 진행[71]되었다. 이를 볼 때 2015년을 기점으로 북한의 대학 원격교육은 정착을 한 것으로 보인다. 그리고 북한은 2023년 4월 12일 14기 최고인민회의 상임위원회 전원회의에서 국가의 발전과 과학기술 인재 관리법을 채택한다. 채택된 법의 내용을 일부 살펴보면 다음과 같다. 법은 6개장, 43개 조문으로 이뤄져 있으며 과학기술 인재의 체계적 양성, 효율적 조직·동원, 빠짐없는 등록 및 관리, 역할제고 및 공적평가, 사업·생활 조건 보장, 사회적 우대 관련 내용이 포함되어 있다. 이를 토대로 북한의 과학기술 인재는 '대학졸업 정도의 지식과 그것을 과학기술 활동 실천에 적용할 수 있는 높은 응용능력, 기술기능을 소유한 과학자, 기술자 또는 그와 같은 지식과 능력을 갖춘 사람'으로 규정[72]되어 있다.

북한은 기존의 노·농 계급의 입학을 만류하던 태도에서 벗어나 원격교육이 시간과 장소에 구애가 없고, 24시간 가동하고 있어 그 어느 때든지 누구나 대학공부를 쉽게 할 수 있으며 마음만 먹으면 한번에 2~3개 대학을 다닐 수 있어 지식경제 시대에 알맞은 교육 형태라고 선전하고 있다. 2023년 11월 5일 진행된 최고인민회의 상임위원회 상무회의에서 북한은 교육위원회를 교육성으로 다시 개편하였다. 조선중앙통신은 회의에서 교육법 수정보충에 관한 문제들이 상정심의 되었으며 교육법에서는 교육내용과 방법의 개선, 교육강령의 작성과 집행, 교육기자재의 생산 공급을 비롯하여 교육 발전에 대한 문제들을 보다 세분화하는 논의가 진행되었다고 보도했다. 상무회의에서는 "교육위원회를 교육성으로 할데 대한 문제를 심의하고 고등교육성과 주체99(2010)년 6월 23일에 채택된 최고인민회

71) 「김일성종합대학 원격교육대학 첫기 졸업식 진행」, 『조선의 오늘』, 2018.02.28, https://dprktoday.com/news/31420 (검색일: 2023.11.14)

72) 「국가의 발전과 과학기술인재관리법」, 『로동신문』, 2023.05.13, 1쪽.

의 상임위원회 정령 제 915호 「조선민주주의인민공화국 교육성을 조선민주주의인민공화국 교육위원회로 개편함에 대하여」의 효력을 없애기로 결정하였다."[73]고 보도하고 있다.

교육성으로 개편된 이유는 중앙과 지방, 도시와 농촌의 교육 수준 격차를 줄이기 위함과 더불어 교원 자질향상, 교육조건과 환경개선을 위함이다. 북한은 학년 간 격차를 줄이기 위해 교육과정을 개편하였지만 2014년 이후에도 이에 대한 격차를 물론 도시와 농촌의 격차도 크게 좁혀지지 않았음을 알 수 있다.

북한은 2023년 교육위원회를 교육성으로의 개편하면서 '교수과정의 과학적 설계와 새로운 교육방법 창조'에 방점을 두고 있다. 이를 실현하기 위해 북한은 교육구조의 변화를 강조하고 있다. 먼저 교육과학연구단위들에서 교육구조에 대한 학술적인 연구를 심화시키도록 조직사업을 한다는 것이다. 둘째, 교수관리 제도도입이다. 교육성에서는 교육부문 일군들과 교육자들의 실무수준을 높이기 위해 보통교육부문과 고등교육부문으로 나누어 지역, 단위별로 강습을 진행하는 한편 교원양성부문 대학교육행정일군들을 위한 강습, 교육강령에 반영된 과목강습, 기술대학부문의 우수 교원들을 담당한 대학들에 배정하여 교육실무 강습과 외국어 강습을 진행하고 있으며, 학술중심인 대학들은 과목강습을 진행하고, 이외에 경연, 전시회 등도 개최되고 있다. 셋째, 과학기술부문 대학, 교원양성부문 대학, 직업기술대학, 공장대학 등에서 해당 교종의 특성에 맞게 양성해야 할 인재 유형의 규정이다. 인재유형의 규정을 통해 교육내용 개선과 과학기술 인재양성사업, 일류급 학과로 만들기 위한 사업들이 추진[74]되고

73) 「조선민주주의인민공화국 최고인민회의 상임위원회 상무회의 진행」, 『로동신문』, 2023.11.05, 2쪽.

74) 본사기자 공로혁, 「당의 교육혁명방침관철에 더욱 매진하자 당중앙위원회 제8기 제6차, 제8

있다.

그러나 현재 교수과정을 과학적으로 설계하고 새로운 교육방법을 창조하기 위한 사업은 원만한 수준에 이르지 못한 것으로 보인다. 북한은 그 원인을 교육내용을 새롭게 개발하는 것이 아니라 다른 단위의 교육내용을 답습하는 편향의 지속과 교육구조와 내용, 방법에서 교원진영을 질량적으로 편성하지 못한 것에서 찾고 있다. 이를 볼 때 북한은 당분간 교수관리를 통해 교육내용의 수준을 높이고, 학년 간 도시. 농촌 간의 격차를 좁히는 것에 집중할 것으로 보인다.

4. 교육정보화 실태

앞에서 살펴봤듯이 김정은 집권 이후 북한의 교육정책은 유의미한 변화를 보여 주고 있는데 그 변화 중 하나가 세계적 교육 추세를 반영한 교육제도 개선과 교육 정보화의 추진이다. 북한은 교육의 정보화를 미래행 급행열차라고 부르는데 미래행 급행열차라는 용어는 김정은의 ≪우리는 과학기술이라는 기관차를 앞세우고 모든 부문이 세계를 향하여 힘차게 달려나가도록 하여야 합니다.≫[75]라는 말에서 시작됐다. 북한은 '과학기술이라는 기관차'라는 그의 말을 인용하여 원격기술과 그 체계를 미래행 급행열차라고 부르고 있다.

원격시험이 도입되기 전 북한의 대학입학시험은 전국 대학에서 동시에 실시되며 필기, 체육(체력장), 인물심사(면접시험) 등으로 이루어졌다. 필기시

차전원회의 결정관철을 위한 올해 교육부문의 사업을 놓고」, 『로동신문』, 2023.12.08, 5쪽.

75) 고철명, 「미래행차표를 떼는 곳에서 화학기술전당을 찾아서」, 『로동신문』, 2019.10.06, 5쪽.

험은 김일성 주석, 김정일 총비서 혁명역사, 문학, 수학, 화학, 물리, 영어 등 6개 과목이고 문제는 교육성에서 일괄적으로 출제한다. 혁명역사, 문학, 영어는 각각 4문제,[76] 화학과 물리는 각각 이론 2문제, 문제풀이 1문제, 수학 3~5문제 등으로 모두 주관식이며 점수는 과목당 5점 만점제이다. 시험 출제는 보안유지를 위해 입시 4~5일 전에 출제위원들을 일정 장소에 불러 숙식을 시키면서 출제하게 한 뒤 인쇄하여 각 대학에 수송한다. 필기시험은 주로 오전에 한 과목당 45분씩 3과목을 보며 이틀에 걸쳐 시험을 본다.[77] 그러나 현재 원격시험으로 전환되면서 시험시간은 60분으로 증가하였으며, 첫 시험 과목은 수학[78]이다.

〈표 1〉 주체99(2010)년 국어문학시험 기출문제[79]

1. 불후의 고전적명작 ≪진달래≫의 사상예술성을 분석하시오.
2. 총서 ≪불멸의 력사≫ 중 장편소설 ≪1932년≫에 모셔진 위대한 수령님의 고매한 풍모를 구체적인 자료를 들어 분석하시오.
3. 위대한 수령님께서 창시하신 주체적인 문예사상과 리론의 내용을 쓰시오.
4. 문학작품의 성격에 대하여 작품을 례들어 쓰시오.
5. 간단히 쓰시오. ①사실주의창작방법의특징, ②혁명가극 ≪당의참된딸≫의 종자는 무엇이며 어디에서 표현되는가?
6. 다음의 단어결합에서 성구를 찾고 그 까닭을 설명하시오.
7. 다음의 문장에서 품사와 토를 분석하시오.
8. 다음의 문장에서 성분을 분석하시오.

---

76) 인터뷰자인 최경아는 문학도 4문제라고 했으나 1991~2010년까지의 북한 중학교, 제1중학교, 현직생 대학입학시험문제와 답과 제대군인 대학입학시험문제와 답이 실린 기출문제를 보면 4문제 출제가 기본이지만 간혹 5~10문제가 출제되는 해도 있었다(리수향 · 최학, 『국어문학학습문답집』, 교육도서출판사, 2011).

77) 최경아(가명), 청진에서 교사로 재직 중 2014년 탈북, 인터뷰, 2016.04.26. 오후 12~2시, 이문동 음식점.

78) 최성진, 『미래행 급행열차』, 문학예술출판사, 2018, 386쪽.

79) 리수향 · 최학, 『국어문학학습문답집』, 교육도서출판사, 2011, 91~94쪽.

위의 <표 1>은 2010년 시행된 북한의 대학 입학 국어 문학 시험기출문제이다. 상당히 단조로움을 알 수 있다. 북한의 대입 시험문제는 4문제에서 많게는 10문제까지 출제된다.

북한이 보도하고 있는 대학입학 원격시험 방식은 대학입학 원격시험에 시험봉사프로그램, 채점프로그램을 비롯한 10여개의 각종 기능을 가진 프로그램들이 이용되었으며, 대학입학 원격시험에서는 고급 중학교와 제1중학교 수학 수재반, 금성제1중학교, 금성제2중학교의 컴퓨터 수재반을 비롯하여 각이한 교종별 교육강령에 따라 구축된 수십 개의 학과목별 문제 자료 기지들에서 수천 개의 문제를 자동 출제하여 수험생들에게 제시하고 그들의 시험결과를 즉시 채점하여 성적을 보여주었을 뿐 아니라 교육위원회와 해당 대학들에 즉시에 전송[80]하게 되어 있다.

북한에서 2015년 대학 입시를 원격시험으로 치른 곳은 량강도와 자강도, 함경남북도, 평안북도, 황해북도를 비롯한 7개도와 김일성종합대학, 김책공업종합대학, 김형직사범대학, 평양건축종합대학, 한덕수평양경공업대학, 평양기계종합대학, 라진해운대학, 정준택원산경제대학 등 10개 대학이다.[81] 원격시험이 시행된 곳이 7개도로 국한 된 것은 기반 구축과도 연관이 있다. 소설 『미래행 급행열차』를 보면 북한 내에 원격시험을 치를 수 있을 만큼의 컴퓨터를 전자도서관이나 대학이 보유하고 있지를 못했고, 서버의 전력을 감당할 수 있는 전기도 충분치 않았다. 원격시험 프로그램이 개발되더라도 구현을 할 수 있는 공간과 시설, 장비 등이 문제가 되었던 것이다. 때문에 김광우가 2차 대비시험을 위해 "ㅎ도 림산시

80) 「우리 식의 대학입학원격시험체계 확립」, 『조선의 오늘』, 2017.05.18, https://dprktoday.com/news/20349 (검색일: 2023.11.11)

81) 차지연 기자, 「북한, 대입시험에 원격시험제 도입…내년 전국 확대」, 『연합뉴스』, 2015.04.27, https://www.yna.co.kr/view/AKR20150427151200014 (검색일: 2023.11.11)

공업대학"에 왔을 때 대학 교무처장인 최윤호는 대학교무 부학장 지석영의 비협조로 요청받은 컴퓨터를 대수를 구하지 못해 시험 준비를 못한 상태였다. 이에 김광우가 도당위원회와 인민위원회 교육부 담당, 학교 후원단체 책임자를 만나러 가서 도 차원에서 문제를 해결하고, 모자라는 부분은 학부모들의 도움까지 받아야 했다.

이들의 이러한 움직임을 보면 원격시험은 앞에서도 언급했지만 당의 전폭적인 지원을 받지 못한 것으로 보인다. 이때 큰 힘을 발휘하는 곳이 학교 후원단체인 기업소들이다. "국가적으로 교육을 중시하고 교육부문에 대한 투자를 체계적으로 늘리며 전사회적으로 교육부문을 적극 도와주어야 한다."는 김정은의 교시 따라 2018년도에는 국가과학원, 석탄 공업성, 육해운성, 문화성, 기상 수문국을 비롯한 성, 홍남비료연합기업소, 대안친선유리공장, 중앙기관들에서 대학과 학교에 현대적인 교육설비와 교구비품, 건설 및 마감자재, 실험실습설비와 시약, 교육의 정보화를 실현하고 대학, 학교들의 면모를 일신하는데 필요한 교육설비들과 자재 등을 지원[82] 했다고 보도했는데 종류와 품목의 수를 보면 이후 북한이 교육체계의 변환을 하면서 지난시기보다 적극적으로 타 기관과 기업의 후원을 독려한 것을 알 수 있다.

---

82) 「교육조건과 환경개선」, 『려명』, 2018.12.28.

〈그림 2〉 김정숙 평양제사공장 원격시험장, ≪조선의 오늘≫, 2016.04.18.

〈그림 3〉 2016년 김책 공업대학 원격강의 모습 , 『조선의 오늘』, 2016.04.18.

〈그림 4〉 김책공업대학 전자도서관과 원격교육대학, 『조선의 오늘』, 2016.04.18.

북한의 원격교육의 확대와 원격시험은 공간, 시설, 장비 마련과 시스템을 구축하는데 초기비용이 들지만 이러한 기반이 구축이 되면 교육조건 및 환경 개선은 물론 국가적으로 교육예산 절감 및 전문화된 고등교육 시설확보라는 측면에서 교육과 경제적인 기여를 할 수 있다. 때문에 북한의 원격교육을 통해 고등교육은 전문화된 분야에 적합한 직업인들을 양산하는 기관으로 확장되고 있다.

5. 나오기

북한은 전인민의 고등고육을 통해 국제 사회의 일원으로 뒤처지지 않은 상태에서 자신들의 꿈인 강성대국을 유지하려하고 있다. 과학기술의 발전이 북한 경제의 자립적 토대를 만드는 근간이라고 생각했던 김일성처럼 김정일은 고난의 행군시기를 거치며 피폐화된 경제를 보면서 기존이 과학기술 중시에서 과학기술에 정치를 결합하여 돌파구를 찾으려 했다. 그리고 김정은은 지식경제를 표방하며 과학기술의 발전을 지식에서 찾았다. 교육방법 또한 김일성－김정일 시대에는 공산주의적 새 인간형인 주체형의 인간을 양성하는 원리교육 중심이었다. 그러나 북한은 2012년을 기점으로 세계적인 교육발전의 목표를 질적으로 담보하기 위해 기존의 원리교육에서 벗어나 실용교육으로의 전환을 꾀한다. 실용교육의 중심에 원격교육이 있다. 김정은 시대의 교육의 주요 특징은 교육 혁명과 통합을 통한 원격교육의 확산과 대학의 구조 개혁이다. 그 일환으로 북한 대학의 종합대학의 일원화와 대학의 유형별 특성화를 추진하여 고등교육 체제를 개편한다.

지난 세월 북한의 교육에 대한 수준은 노・농 계급에게 필요한 것은 고급지식이 아니라 현장에서의 경험이라는 인식이 컸다. 이러한 국가의 인식은 당원이 아닌 인민들의 학업에 대한 욕망을 좌절시키거나 지연시켜 왔다. 따라서 김정은 이전까지 북한의 인민들에 대한 대학 진학에 대한 당의 시선은 정책과는 괴리되어 있었으며, 노동력을 현장에 유치하려는 계획은 오히려 유능한 인재의 대학진학을 막아 왔다. 그리고 10%의 대학 진학률로는 과학기술 정치를 통해 기술경제를 창조하기에는 무리가 있었다. 이를 극복하기 위한 대안이 김정일 시대부터 진행되어 온 원격교육의 현실화였다. 원격교육의 사명은 사회의 모든 성원들이 일하면서 고등교육을 받을 수 있는 정연한 원격교육체계와 질서를 세워 전민과학기술인재화, 인재강국화 실현에 이바지하는데 있다. 2023년 5월 25일 조선중앙통신은 '전국각지의 공장, 기업소, 농장들이 과학기술전당의 과학기술보급실망체계에 가입하였으며 수많은 근로자들이 원격교육체계에 망라되어 실력을 쌓아 가고 있고, 과학기술전당이 준공된 때로부터 현재까지 이곳을 찾은 참관자 수와 열람자 수는 연 440여 만 명, 과학기술전당 홈페이지를 이용한 사람들의 수는 연 7800여 만 명에 달하며 그들이 봉사 받은 자료는 연 4억7,900여만 건에 달한다'[83]고 보도하고 있다. 2023년 2월 28일 보도를 보면 초기 노동자 중심의 원격교육대학에서 벗어나 현재는 공업대학은 물론, 예술, 건축, 교육 등 주요대학에서 도와 시, 군의 책임간부들 및 공장, 기업소를 비롯한 많은 단위의 간부들도 원격교육체계 속에 원격교육대학에 입학하여, 재교육을 받거나 관련 업무와 관련된 교육을 받고 있는 것으로 볼 때 김정은이 원격교육을 통해 꿈꾸던 전민과학기술을 통한 인재화의 꿈이 이제는 북한 내에서 안착하여 보편화된 것으로 보인다. 2017년 북한은 교원양성 및 교원들의 재교육을 원격교육으로 실현하려는

83) 조선중앙통신, 「과학기술전당을 통한 학습열의 고조」, 『조선중앙통신』, 2023.05.25.

계획을 세웠으며, 현재 북한은 교수와 교사 평가 관련 프로그램개발과 원격교육을 통한 재교육과 강습, 전시회 등을 통해 교육의 질을 보장하려고 하고 있음을 알 수 있다.

현재 북한의 원격교육의 수준을 평가할 수 있는 신뢰할 수 있는 통계자료가 부족하며, 통계자료의 경우 남한에서는 검증도 불가능하여 활용하기 힘들다. 북한의 교육체계에 따른 고등교육 수준을 확인하기 위해서는 그간 개발된 교수안과 교육안 및 대학 교재에 대한 분석이 필요하다. 세계적인 수준의 교육발전이라는 목표를 향하고 있는 북한의 교육 수준은 각 국가 간의 교육 비교를 통해 가능하다. 이를 위해 교수법에 대한 연구도 병행되어야 할 것이다.

참고문헌

기초자료

RG 242 National Archives Collection of Foreign Records Seized, Captured Korean Documents, Doc. No. SA 2011.

『조선문학』 1998.1-10월호.

『조선문학』, 문학예술종합출판사, 1999. 7월호.

김일성, 『김일성 저작선』 1-2, 조선로동당출판사, 1979.

______, 『김일성 저작집』 18, 32, 조선로동당출판사, 1982, 1986.

김정일, 『김정일전집』 20, 25, 조선로동당출판사, 2013, 2015.

김창호, 『조선교육사』 3 평양, 사회과학원출판사, 1990.

리광삼, 『경애하는 최고령도자 김정은동지께서 밝히신 전민과학기술인재화에 관한 주체의 리론』, 사회과학출판사, 2017.

리수향 · 최학, 『국어문학학습문답집』, 교육도서출판사, 2011.

장명봉 편, 『북한 법령집』, 북한법연구회, 2015.

조선중앙통신사 편, 『조선중앙년감』, 중앙통신사, 1949~2005.

朝蘇文化協議會 中央本部, 『朝蘇文化』 2-3집, 朝蘇文化協議會, 1946.

최학수, 『평양시간』, 문예출판사, 1976.

최성진, 『미래행 급행열차』, 문학예술출판사, 2018.

통일부, 『북한기관. 단체별 인명집』, 서울: 통일부, 2009~2018.

______, 『북한동향』, 서울: 월간 북한동향, 2013.1-8호.

______, 『북한의 주요기관 단체 인명록』, 2006~2018.

논문

김은정, 「북한 소설에 나타난 욕망연구」, 『북한연구학회보』 10-2, 2006.

이미경, 「김정은 시기 과학기술교육정책의 특징과 정치적 함의」, 『사회과학연구』 58-1, 강원대학교 사회과학연구원, 2019.

이인정, 「김정은 시대 북한 원격교육 현황 연구: 교육컨텐츠, 표준, 인프라를 중심으로」, 『통일교육연구』 14-2, 한국통일교육학회, 2017.

김동규, 「북한의 대학교육 운영체계에 관한 연구」, 『北韓硏究學會報』 2-2 북한연구학회, 1998.
김형찬, 「북한 고등교육 기관의 종류」, 『大學敎育』 45, 한국대학교육협의회, 1990.
______, 「북한고등교육의 변천과정」, 『北韓』 101, 북한연구소, 1980.
박영도, 「새세기 인재양성을 위한 중학교 교육에서 나서는 중요한 문제」, 『교원선전수첩』 3, 교육신문사, 2012.03.
박지영, 「북한박사원에 관한 연구」, 북한대학교대학원 석사학위논문, 2010.
서재천, 「북한 정치교육정책의 변천연구」, 서울대학교 대학원 석사학위논문, 1981.
우정수, 「남・북한 교육정책 비교연구」, 고려대학교 대학원 석사학위논문, 1991.
정근식・김윤애・임수진 「북한에서의 소련형 대학의 이식과 희석화」, 『아시아리뷰』 7-1, 2017, 서울대학교 아시아연구소.
조정아・이춘근, '북한의 고등교육개혁과 이공계 대학 교육과정', 『北韓硏究學會報』 12-1, 북한연구학회, 2008.
조정아・이교덕・강호제・정채관, 『김정은 시대 북한의 교육정책, 교육과정, 교과서』, 통일연구소, 2015.
최용선, 「정보산업시대의 요구에 맞게 과학기술 인재육성 사업을 개선하는데 나서는 중요한 문제」, 『철학경제학』 60-1, 김일성종합대학 학보, 2014.
최종석, 「고등교육사업을 개선하기 위한 앞길을 밝혀준 불멸의 지침」, 『고등교육』, 교육신문사, 2015.01.
한만길・손계림 「북한 대학의 입학, 학사운영 그리고 학위제도」, 『大學敎育』 No.81, 한국대학교육협의회, 1996.
Eun~Jung Kim, "Aisan Education Systems Education System in Democratic People's Republic of Korea", *Asian Education Systems*, adam marszal, 2016.
______________, "Changes in North Korea's higher education and education management system during the Kim Jong Un Era", *Asia Pacific Journal of Education* 41-2, 2021.
Kim Eun~Jung, Shin Ju~Cheol, Kim Yong~Deog, "A Study on North Korea's Education~Centering for Middle School", *The New Educational Review* Vol.35, No1, WYDAWNICTWO ADAM MARSZAŁ.EK, 2014.

신문 및 기타
「국가의 발전과 과학기술인재관리법」, 『로동신문』, 2023.05.13.
「김일성종합대학 원격교육대학 첫기 졸업식 진행」, 『조선의 오늘』, 2018.02.28, 출처: https://dprktoday.com/news/31420 (검색일: 2023.11.11)
「조선민주주의인민공화국 최고인민회의 상임위원회 상무회의 진행」, 『로동신문』, 2023.11.05.
고철명, 「미래행차표를 떼는 곳에서 화학기술전당을 찾아서」, 『로동신문』, 2019.10.06.
김정일, 「과학중시사상을 틀어쥐고 강성대국을 건설하자」, 『로동신문』, 2000.07.04.
김창만 담, 「방쏘 教育視察團에게 듣는다」, 『로동신문』, 1947.09.28.
본사기자 공로혁, 「당의 교육혁명방침관철에 더욱 매진하자당중앙위원회 제8기 제6차, 제8차전원회의 결정관철을 위한 올해 교육부문의 사업을 놓고」, 『로동신문』, 2023.12.08.
본사기자, 「새 세기 교육혁명의 열매－원격시험체계」, 『조선의 오늘』, 2016.04.18, 출처: https://dprktoday.com/news/10501# (검색일: 2023.11.11)
北朝鮮人民 教育文化後援會, 「教育事業을 推進 朝鮮文化를 復興」, 『로동신문』, 1946.03.16.
원격교육법 출처: https://www.unilaw.go.kr/bbs/selectBoardArticle.do# (검색일: 2023.11.04)
周□錄 씨 담, 「방쏘 教育視察團에게 듣는다」, 『로동신문』, 1947.09.28.
차지연 기자, 「북한, 대입시험에 원격시험제 도입…내년 전국 확대」, 『연합뉴스』, 2015.04.27, 출처: https://www.yna.co.kr/view/AKR20150427151200014 (검색일: 2023.11.11.)

찾아보기

ㅁ 차

ㅁ 카

ㅁ 타

ㅁ 파

ㅁ 하

필자소개(게재순)

공임순(Kong Imsoon)

한국 현대문학을 기조로 역사와 정치에 관심을 지니고 있다. 서강대학교 국어국문학과를 졸업하고 동대학원에서 현대소설로 석박사 학위를 취득했다. 박사 학위 논문은 『한국 근대 역사소설의 장르론적 연구』이다. 한국 근대 역사소설의 기원과 전개 및 발전 양상을 다루었다. 현재 서강대학교 인문과학연구소에서 학술연구교수로 재직하며, '해방과 야담(작)가들: 식민지시기 유명 야담가의 명멸과 세대교체의 양상'에 대한 과제를 수행하고 있다. 주요 논문으로는 「1960년과 김구: 추모 · 진상규명 · 통일론의 다이어그램」(2014), 「김학묵이라는 에이전시: 서울대학교 사회사업학과 신설을 둘러싼 미국발 원조의 회로」(2017), 「1958년 북한발 '고아 구제' 담론과 남한/일본에서의 북한행 역진」(2021) 등이 있으며, 주요 저서로는 『우리 역사소설은 이론과 논쟁이 필요하다』(2000), 『스캔들과 반공국가주의』(2010), 『3 · 1과 반탁: 한반도의 운명적 전환과 문화권력』(2020) 등이 있다.

조영추(趙穎秋 ZHAO YINGQIU)

중국 난징대학교 한국어문학과를 졸업하고 동대학원에서 석사 학위를 취득했으며, 연세대학교 국어국문학과 박사학위를 받았다. 학위 논문으로 『해방기 소련 기행문학 연구: 이태준과 한설야, 오장환을 중심으로』를 발표했으며 현재 중국 중산대학교 중문학과(주하이 캠퍼스) 부연구원으로 재직 중이다. 주요 공저서로는 『한국근대문학의 변경(邊境)과 접촉지대』(2019), 『동아시아 역사와 자기서사의 정치학』(2018) 등이 있으며, 공역서로는 『集體情感的譜系：東亞的集體情感和文化政治』(2018) 등이 있다.

박영은(Park Young Eun)

러시아 문학 · 영화 · 철학사상 연구자. 한국외국어대학교 노어과를 졸업하고 동대학원에서 석사 및 박사학위를 취득했으며, 이후 러시아국립영화대학교(VGIK) 박사과정을 수료했다. 학위 논문으로 『아나톨리 김의 우주론 연구』를 발표했으며, 한국외국어대학교 외국문학연구소 연구교수 및 책임연구원을 거쳐 현재 한양대학교 아태지역연구센터 교수로 재직 중이다. 주요 논문과 저서로는 「트랜스휴머니즘(Transhumanism)사상의 철학적 근원에 대한 고찰」(2013), 『러시아 문화와 우주철학』(2015), 「The Influence of Konstantin Tsiolkovskii on Russian Culture」(2017), 「유라시아 문화지형도 내 한민족예술의 다문화적 접변 양상 고찰: '홍범도 장군' 콘텐츠의 OSMU 방식을 중심으로(2020), 「A Study on the Literary Activities and Performing Arts of Soviet Koreans during the Japanese Colonial Era」(2021) 등이 있다.

홍성후(Sunghu, Hong)

명지대학교 미술사학과 박사과정을 수료했다. 한국이미지언어연구소 연구원을 지냈고 현재 한국미술사연구소 연구원으로 재직 중이다. 주로 식민지와 북한의 미술을 연구하고 있다. 주요 논문으로는 「1950년대 이쾌대의 인물화 연구」(2019), 「월북 이후 이석호의 조선화」(2019), 「혁명과 풍자」(2021), 「1959-1960년 정종여의 중국방문과 《조선조형예술전람회》」(2021), 「환상과 허구의 예술」(2022), 「장진광의 연안 항일투쟁과 미술활동」(2022), 「조선사진동맹과 허바허바사장」(2023), 「도산과 정관, 그리고 이국전」(2023), 「조선미술가동맹 서기장 김종권의 행적과 연안파 숙청」(2023) 등이 있으며, 공저로 『평양, 1960』(한상언영화연구소, 2020)이 있다.

함충범(Ham, Chung Beom)

한양대학교 연극영화학과에서 영화학 박사학위를, 고려대학교 중일어문학과에서 문학 박사학위를 받았으며, 서울시립대학교 국사학과 박사과정을 수료한 상태이다. 고려대학교 일본연구센터 연구교수, 나고야대학교 대학원 문학연구과 객원연구원, 한양대학교 현대영화연구소 연구교수를 거쳐, 현재 한국영상대학교 영화영상학과 교수로 재직하고 있다. 주요 연구 분야는 한국영화사, 북한영화사, 일본영화사 등을 아우르는 동아시아영화사이다. 지금까지 다수의 학술논문을 발표해 왔으며, 최근의 학술서로 『한일 영화 교류 · 관계사』(한국학술정보, 2021)와 『스크린 위의 테크노피아: 영화 텍스트에 재현된 기술-문명의 세계』(한국학술정보, 2022), 공저로는 『동아시아 미디어 젠더 문화: 교차하는 대중문화의 다이너미즘(東アジアのメディア・ジェンダー・カルチャー: 交差する大衆文化のダイナミズム)』(佐野正人・妙木忍 편저, 2024) 등이 있다.

정태수(Chung Tae-Soo)

한양대학교를 졸업하고 러시아국립영화대학교(VGIK)에서 석사, 박사학위를 취득했다.
학위논문으로 『1930년대에서 1960년대 전반기까지 소련영화창작법칙의 전개』를 발표했으며 현재 한양대학교 연극영화전공 교수로 재직 중이다. 주요 저서로는 『세계영화예술의 역사』(2016), 『정치이데올로기와 영화』(2020), 『한국영화역사』(2024) 등이 있다.

신보람

전북대학교 국제인문사회학부 부교수. 영국 University of Cambridge에서 소비에트 시대 중앙아시아 문화 정체성을 탐구하는 논문으로 박사학위를 받았다. 관심 연구 영역은 유라시아 문화와 역사 그리고 디지털 문화이다. 최근 논문으로는 "Connecting the two Easts: Central Asian cultural diplomats and Soviet Internationalism of the late Stalinist era, 1947 - 1950" 등이 있다.

정세진(Jung Se Jin)

러시아 및 유라시아 역사, 종교문화사 연구자. 한국외국어대학교 노어과에서 학사와 석사를 마쳤다. 1989~1996년까지 한국경제신문사 기자로 근무하였다. 모스크바국립대학교에서 『19세기 전반기 북카프카스의 카프카스 전쟁과 이슬람 요소 연구』로 역사학 박사학위를 취득했다(2005). 한국외국어대, 연세대, 한동대에서 강의하였고, 2008년부터 현재까지 한양대학교 아태지역연구센터 교수로 재직하고 있다. 단독 저서로 『중앙아시아 민족정체성과 이슬람』, 『러시아 이슬람: 역사, 전쟁, 이념』, 『코카서스 국가 조지아: 역사 · 종교 · 국내정치 · 국제관계』, 『중앙아시아 국가 타지키스탄: 일반 개관 · 이슬람 · 국내정치 · 국제관계』 등 7권이 있으며 『유라시아 지역의 국가 민족정체성』 등 23권의 공동 저서를 집필하였고 『알타이 역사: 고대, 중세』를 단독 번역했다. 러시아 역사, 러시아 지역학 및 중앙아시아, 카프카스 역사와 지역학 관련, 국내외 저널에 90여 편의 논문을 게재하였다.

김은정(Eun Jeong, Kim)

한국외국어대학교에서 국어교육과 국문학을 전공하였으며, 북한 문학 『천세봉 장편소설 연구』로 문학박사학위를 받았다. 현재 한국외국어대학교 외국문학연구소 HK교수로 재직하고 있다. 주요 연구 분야는 수령형상문학 · 항일혁명문학 · 전쟁기 문학이며, 현재 관심분야는 북한 교육체계이다. 주요 저서로 『사적 기록성과 미적 거리』(2013),『북한 아동영화와 미디어의 횡단』,(2019), *Asian Education System*(공저, 2016) 등이 있다. 주요 논문으로는 「정치적 연출과 기억의 재구성」(2013), *A Study on North Korea's Education-Centering for Middle School*(2014), *North Korea's Response to US Army Propaganda Leaflets during the Korean War*(2016), *Changes in North Korea's higher education and education management system during the Kim Jong Un Era*(2020), 「코리아 문학의 시각과 문학교육」(2020) 등과 번역서 등이 있다.

**소비에트 체제와
유라시아시대
북한 대중문화의 접변과 변곡**

초판1쇄 발행 | 2024년 12월 31일

엮은이 한양대학교 아태지역연구센터 러시아 · 유라시아연구사업단

주간 조승연
편집 · 디자인 오경희 · 조정화 · 오성현 · 신나래 · 박선주 · 정성희
관리 박정대

펴낸이 홍종화
펴낸곳 민속원
창업 홍기원
출판등록 제1990-000045호
주소 서울 마포구 토정로25길 41(대흥동 337-25)
전화 02) 804-3320, 805-3320, 806-3320(代)
팩스 02) 802-3346
이메일 minsokwon@naver.com
홈페이지 www.minsokwon.com

ISBN 978-89-285-2071-8 94910
SET 978-89-5638-985-1

이 책은 2018년도 한국연구재단의 지원을 받아 수행된 연구임 (과제번호 : 2018S1A6A3A02024971).